经济巨擘

思想碰撞与传承

New Ideas
From
Dead
Economists

[美] 托德·布赫霍尔茨（Todd G. Buchholz）
[美] 马丁·费尔德斯坦（Martin Feldstein）
著

风君
译

中国科学技术出版社
·北 京·

NEW IDEAS FROM DEAD ECONOMISTS; 4TH EDITION by Todd G. Buchholz and Martin Feldstein, ISBN: 978-0-593-18354-0
This edition published by arrangement with Dutton, an imprint of Penguin Publishing Group, a division of Penguin Random House LLC.
Simplified Chinese translation copyright © 2023 by China Science and Technology Press Co., Ltd. All rights reserved.

北京市版权局著作权合同登记　图字：01-2023-5231。

图书在版编目（CIP）数据

经济巨擘：思想碰撞与传承 /（美）托德·布赫霍尔茨（Todd G. Buchholz），（美）马丁·费尔德斯坦（Martin Feldstein）著；风君译. — 北京：中国科学技术出版社，2024.1（2024.7 重印）

书名原文：New Ideas From Dead Economists: The introduction to modern economic thought

ISBN 978-7-5236-0298-0

Ⅰ.①经… Ⅱ.①托…②马…③风… Ⅲ.①经济思想—研究 Ⅳ.① F0

中国国家版本馆 CIP 数据核字（2023）第 223141 号

策划编辑	齐孝天　王秀艳	责任编辑	杜凡如
封面设计	东合社·安宁	版式设计	蚂蚁设计
责任校对	焦　宁	责任印制	李晓霖

出　　版	中国科学技术出版社
发　　行	中国科学技术出版社有限公司
地　　址	北京市海淀区中关村南大街 16 号
邮　　编	100081
发行电话	010-62173865
传　　真	010-62173081
网　　址	http://www.cspbooks.com.cn

开　　本	787mm×1092mm　1/16
字　　数	369 千字
印　　张	28.25
版　　次	2024 年 1 月第 1 版
印　　次	2024 年 7 月第 5 次印刷
印　　刷	北京盛通印刷股份有限公司
书　　号	ISBN 978-7-5236-0298-0/F·1191
定　　价	89.00 元

（凡购买本社图书，如有缺页、倒页、脱页者，本社销售中心负责调换）

{对本书的赞誉}

如果你今年只读一本经济学书籍,那就读这本。
——劳伦斯·H. 萨默斯（Lawrence H. Summers），
美国财政部前部长,哈佛大学政治经济学教授

可读性强……生动有趣……对于那些想要睿智地谈论经济和世界市场的外行读者很有价值。
——《国家评论》（National Review）

一流的书。
——《基督教科学箴言报》（Christian Science Monitor）

诙谐幽默……浅显易懂……这是一部最严重的"经济学恐惧症"患者也可乐在其中的经济思想史。
——"凤凰共和国"（Phoenix Republic）

一本写作手法出色,解了我们燃眉之急的经济史指南,讲述了那些塑造了我们的繁荣并仍然生生不息的思想。
——小阿尔弗雷德·L. 马拉伯瑞（Alfred L. Malabre Jr.），
《理解新经济》（Understanding the New Economy）一书作者

以妙趣横生的机智言语点亮经济学之光。

——美联社（Associated Press）

对当代宏观经济理论和问题的出色回顾……一本无出其右的著作。

——《选择》期刊（Choice）

既有用又有趣……强烈推荐。

《图书馆杂志》（Library Journal）

成功地将广泛的经济理论和哲学融入一个可以理解的日常视角。

——《书单》杂志（Booklist）

推荐序

我们所有人都会受到政府经济政策和私人经济决策的影响。缺乏经济学常识的人不可能成为一个知情的选民,甚至无法成为日报的合格读者。如果我们对塑造自身经济生活的力量懵然未知,那么又有谁能规划我们以及我们孩子的未来人生呢?

我们今天争辩的各类经济政策问题——贸易政策、通货膨胀、政府的适当角色、消除贫困以及提高经济增长率的方法——都已经被经济学家们探讨了两个多世纪了。今天的许多经济政策,不论良莠,都是已故经济学家思想的产物。而要理解今天许多围绕经济政策而来的争辩,就要求我们至少对那些早期经济学家的观点有基本的认识。

在过去的两百年里涌现出的经济学巨擘,都是关注他们所处时代关键政策问题的人。他们研究经济的运行状况,为的是倡导更好的经济政策。不过,尽管关心政策,但他们并非诡辩者或政客,而是试图通过以符合专业辩论标准的分析和论证过程,来说服与他们同时代的政府要员和普罗大众。

就像任何一门科学学科一样,经济学通过发现前人思想的局限性而不断进步。尽管经济学并不能像自然科学那样诉诸实验方法,但经济学家也可以凭借系统性观察和经验分析来为其理论破旧立新。

由于不同时代下技术、政治和体制环境的变动不居,我们很难对某种并未实行的替代性经济政策可能产生的影响得出明确结论。对此类问题盖棺定论也许需要耗费数十年的时间,而新一代的经济学家和政策官员也终会意识到,即使在如今这个多变的环境中,过往的结论也可能仍然有效。

18世纪现代经济学的创始人亚当·斯密驳斥了他那个时代的传统智慧，他主张政府对经济的干预通常是有害的，而私人买卖双方之间的竞争最有利于公众利益的实现。近年来，世界各国政府都已认识到基于私营企业而非政府计划和公有制的市场经济的优越性。美国的降低税率，英法国营企业的私有化，中国个体承包责任制的起死回生，以及被称为"改革"的苏联经济结构调整，都是亚当·斯密早期思想直接传承的体现。

约翰·梅纳德·凯恩斯的理论于20世纪30年代的大萧条时期在英国发展起来，并帮助各国政府避免重新陷入大规模失业的窘境。但凯恩斯主义反对储蓄、支持增加消费支出的论点正逐渐被抛弃，因为它们不适用于当今截然不同的经济形势。现在我们明白，总体而言，增加储蓄可以为对新工厂和设备的投资增加奠定基础，从而促进经济的快速增长和生活水平的提高。

当美联储官员就货币政策和利率做出决策时，他们所依据的观点和证据不仅要考虑华盛顿公布的最新数据，也可能追溯到约翰·斯图亚特·穆勒（John Stuart Mill）等19世纪经济学家的思想理论。而当财政部官员就企业和个人的适当税收规则展开辩论时，他们可能也会用到一个多世纪前大卫·李嘉图和阿尔弗雷德·马歇尔（Alfred Marshall）等人的分析论证法。同样，对贸易政策、能源和环境法规以及反垄断立法的分析，也须基于过去几个世纪以来发展起来的各类思潮。对于任何想要了解新政策可能如何影响经济，以及为何选择这些政策的人来说，熟悉这些经济思想都至关重要。

在这本书中，作者托德·布赫霍尔茨通过对参与构建经济学大厦的诸位伟大经济学家的研读，对这门学科的关键思想进行了生动有趣而又通俗易懂的介绍。有别于标准经济学教科书所侧重的形式化模型和复杂图表，布赫霍尔茨在本书中致力给出的，是清晰明了的非技术性解释和切合时代的翔实案例。

  我初次邂逅作者还是他在哈佛大学教授经济学导论课程的时候。布赫霍尔茨是一名优秀的教师，他在教授这门课程的 30 多名教师中脱颖而出，被选为年度"杰出经济学导论教学奖"的获得者。在这本可读性很强的书中，他在课堂上运用的那些娴熟教学技巧得到了绝佳展现。

——马丁·费尔德斯坦（Martin Feldstein）
写于马萨诸塞州剑桥

前言

画家文森特·梵高（Vincent van Gogh）在短短两年时间内绘制了28幅自画像！我可不想以这种方式来自省，因此得以完好无缺地保留了自己的两只耳朵。自1989年年初，我将《经济巨擘》（New Ideas from Dead Economists）一书的手稿送交给E. P.达顿出版社以精装本出版后，就再也没有翻阅过这本书了。我猜想有些作者会经常重温他们的作品，玩味自己那些巧妙的遣词造句或颇有先见之明的想法。不过对我而言，相比在之后的几年里一遍遍重读自己的作品，我更愿意将时间花在持续观察世界经济上，以见证本书中所述观点和那些伟大经济学家们的思想如何在现实中经受考验，历久弥新。而如今的我，已有了白宫经济学家、华尔街顾问、投资基金经理一系列头衔和身份，且已为人父，这都是我在写作本书第一版时所不曾拥有的。这些年来，我以这些身份所赋予的不同视角对经济趋势和历次危机进行了细致研究，其间所获也促成了这一新修订版的问世。

我们的世界已经经历了天翻地覆的变化，其中多数变化是积极的。新药物、新技术的出现，更多的就业机会，较温和的通货膨胀和更少的犯罪，这些都对美国颇有裨益。要知道在1989年，我们还没有互联网，没有防脱发药物，配备安全气囊的汽车也少之又少；在20世纪90年代，我们从未指望失业率能跌破5%，也不曾奢求美股市值会在这段时间里连涨三倍有余，又在21世纪初再涨75%（当然其间也有一些惊悚的下行时刻）。2020年的新冠疫情没有像20世纪30年代的大萧条那样带来大规模的银行倒闭和施粥所，却引发了一场大停滞，人们无法外出购物或探视亲友。

自本书第一版出版至今，我们还见证了一种被我称为"剪刀经济"（scissors economy）的现象。技术进步使得美国人在许多购买行为中省去了中间商。当互联网让人们在购物时可以货比三家时，谁还需要股票经纪人或保险代理人呢？你只需几秒就可以直接从阿拉斯加买到一条红鲑鱼，或是订到一张到非洲马里廷巴克图城的机票。如今的消费者所拥有的掌控权比以往任何时候都大，他们可以轻松定制商品，这在以往可是只有达官显贵才能负担得起的奢侈享受。就连狗粮也可以在网上订购，并根据你爱犬的年龄、体重、毛质类型以及它的饮食是偏好禽类、畜类还是植物类蛋白而量身定制。

在科技驱动的经济中，消费者将更多的收入花费在诸如视频游戏和流媒体娱乐等数字产品上。数字产品通常具有"零边际成本"（zero marginal cost），这意味着卖家无须为多生产一份产品而付出更多的代价。以往，黑胶唱片、卡带和CD均由高级塑料制成，经过机器压制和组装，再运送到商店贩卖。每当一个音乐工作室推出一张新唱片时，都需要在原材料、加工和运输方面靡费颇多。如今，当音乐艺人邀请你下载一首歌曲时，你的额外下载几乎不花费任何费用。当然，人们在一个商品从无到有的初始创建过程中可能会投入大量资源。我曾与人合伙创办了一家教育软件公司，为孩子制作基于"数学箭头"（Math Arrow）矩阵的数学游戏。设计游戏，编写软件代码，雇用漫画家绘制游戏中"袋鼠凯尔"的形象，这些工作让我们支出不少。但当家长或孩子下载游戏并开始玩时，公司就几乎不再花什么钱了。这种商业模式与我们书中第一位出场的伟大经济学家亚当·斯密（Adam Smith）在1776年所观察到的可谓大相径庭。他观察的对象是扣针厂，而不是在数字流中飞速移动的无数字节。

在美国各地，随着有线电视、卫星、光纤和无线技术围绕着你的电视、智能手机和流媒体业务你争我夺时，旧有的垄断公用事业已经崩溃。而每当你看到一户人家屋顶上太阳能电池板在熠熠闪光时，你毋宁说是集中供电公司眼中闪烁的泪光。华盛顿特区曾有一个引人注目的广告，宣传一家新开业的电信公司。广告海报上呈现的是一个脖子上套着绳子的雕像，大字标题写道"没有永恒的帝国——那些让你为一个修理工等待5个小时的'公司帝国'就更不能了"。

当然，剪刀经济也并没有将所有中间人都一刀裁去。在现代经济中，我们大多数人都无法避免在"中间层"埋头苦干的命运。会花一个上午的时间亲手采摘草莓，或者在铁砧上亲自锤锻钢材的人可谓寥寥无几。但剪刀经济给身处"中间层"的人带来了新的负累：他们必须证明自己的价值。传统零售商可能会哀叹销售的"亚马逊化"，但亚马逊正是通过交易过程为其自身打造了一个繁荣的市场，贝宝（PayPal）、文莫（Venmo）和其他公司也是如此。亚马逊的成功来自其众多令人惊叹的创新：当日送达、快速退款、易于阅读的客户评价，以及可给出合理购物推荐的算法。西尔斯百货（Sears）曾是亚马逊强大的竞争对手，这家公司在1973年建造了当时世界上最高的摩天大楼，并且在整个20世纪80年代都雄踞美国最大零售商宝座，其宣传口号为"美国人的购物之地"。而到了2018年，西尔斯却故步自封，创新寥寥，它被赶出了自己建造的大楼，沦落到申请破产保护的境地。亚马逊会继续保持领先地位吗，还是说，会有更灵活的新竞争对手出现并胜它一筹？

欧洲和亚洲政治经济领域所发生的剧变也十分引人瞩目。欧洲一直处在一种"分久则合，合久则分"的状态。1989年，柏林墙轰然倒塌，将数以亿计的东欧人从苏联的桎梏中解脱出来，并将他们推向竞争激烈的市场。在市场大潮之中，一些人出人头地，另一些人则挣扎求存。在柏林墙倒塌后的短短几年内，随着东欧民众的思想重获自由并试图寻求对市场经济的理解，本书的捷克文和保加利亚文版本得以付梓。2000年，西欧各国放弃了德国马克、意大利里拉、法国法郎等主权货币，转而统一使用欧元。在2020年，欧盟对其成员国的政治和法律要求令固守英镑的英国感到郁郁不得志，后者随即向欧盟挥手作别。在亚洲，日本经济发生了180度的大转变，从20世纪80年代末曾经咄咄逼人的经济巨人形象，变为90年代卑躬屈膝的经济侏儒。在1989年曾攀升到3900点高位的日经指数在2020年已暴跌至1900点。那些日本高超管理技术的神话如今是否还有人提及呢？与此同时，中国崛起为世界贸易强国，其工厂中生产的产品数量已超过了其他任何国家。而中国的国内生产总值（GDP）在20世纪70年代还几乎没有得到正式统计。

柏林墙的倒塌

随着美苏两国发动冷战，双方的洲际弹道导弹均严阵以待，互相瞄准，随时准备给全人类带来灭顶之灾。大多数地缘政治战略家认为，这种僵持的均势——"稳定的冷战"——是一个不错的结果，并有希望延续到21世纪。即使是最乐观的冷战斗士里根，也未曾料到苏联会在1991年以那样一种迅速而和平的方式土崩瓦解。他的众多顾问和几乎所有的反对者都要求他在面对苏联时谨言慎行。当里根恳求时任苏联领导人戈尔巴乔夫"推倒这堵墙"时，美国国务院的"专家"们曾对这一态度强硬而又异想天开的做法嗤之以鼻。为什么要以一项不可能完成的任务去激怒苏联这头巨熊呢？可事实证明，这头熊也并不是那么强壮，这项任务也并非如此遥不可及。仅仅几年之后，东西柏林的民众便手拿铁镐和锤子在柏林墙的残垣断壁上通宵庆祝，他们的收音机还高声播放着朝气蓬勃、振奋人心的美国摇滚音乐。类似的欢庆场面，也在华沙、布拉格和布达佩斯等地相继上演。

在时任德国总理赫尔穆特·科尔（Helmut Kohl）的大胆领导下，

联邦德国接纳了民主德国,并向相对贫困的民主德国同胞们提供了大量的财政资助。[1]今天,德国东部的居民仍然不如他们的西部同胞兄弟挣得多,但他们的的确确已经适应了西方资本主义的运作方式。波兰、捷克和匈牙利的经济也在努力实现转型。尽管经济仍动荡不休,但民主选举制度在很大程度上强化了市场导向的政策路径。在造访波兰团结工会运动曾经的大本营格但斯克时,当地年轻波兰人的创业活力让我印象深刻,他们所开设的商店已遍布了这个古老的波罗的海的港口城市。布拉格、布达佩斯和爱沙尼亚的首都塔林也呈现出勃勃生机的景象,人们的生活日渐丰富多彩,不再是原来那种一成不变的灰暗色调。

在俄罗斯,转型道路一直坎坷不平。1998年,俄罗斯在经济上似乎已沉疴难治,卢布贬值大半,在恐慌的抛售者的推波助澜下,俄罗斯股市也是一片哀鸿。俄罗斯债券已一文不名,持有这些债券的外国投资者唯一能做的大概是用它们当刷墙纸。为什么俄罗斯的资本主义实验失败了?在其通往自由市场的道路上,发生了一个不那么有趣的意外状况:这个国家走上了一条危险的"裙带"资本主义歧路,在这种制度中,之前的领导者们利用手中的关系,将原先的国家垄断部门摇身变为继续由他们把持的私人垄断企业。矿主们通过火车、卡车走私贵重金属,甚至将其塞进风衣口袋里偷运出境,并以此大发横财。苏联警察的高压铁腕已成往事,新生的民主俄罗斯用以处理犯罪和解决商业纠纷的手段只剩一个脆弱的法律体系。莫斯科的豪华夜总会里充斥着凭借敲诈盘剥聚敛起不义之财的新贵们,比起发达国家,它更像阿尔·卡彭(Al Capone)[1]统治下的芝加哥。亿万富豪们建立起自己的私人安保部队。而叶利钦总统领导的

---

[1] 美国黑帮成员,芝加哥黑手党领导人,20世纪20—30年代最有影响力的黑手党领导人,被称为"芝加哥地下市长"。——译者注

政府甚至不知如何迫使这些寡头纳税。如此情景下，俄罗斯政府迅速积累了巨额财政预算赤字，令其不得不通过出售债券的方式向外国人借钱。在1996—1997年股市疯狂上涨的泡沫背后，这个国家看起来已是腐败丛生、穷困潦倒，随时可能陷入动荡之中。因此，不管是当地人还是外国人，都在暗地里将钱转移到国外，而此举也令新兴中产阶级刚刚积累的少量财富被一笔抹消。

俄罗斯的遭遇是前车之鉴，还是说，仅仅是一个令人沮丧的故事？俄罗斯1998年经历的崩盘告诉我们，市场经济必须建立在可靠的法律体系之上。自由市场并不意味着彻底的混乱无序，它仍需要基本规则支撑。没有法庭来执行合同，没有警察来惩治黑帮，也没有机构来收取税款，俄罗斯所走上的这条裙带资本主义之路注定是一条不归路。在西方，有一个说法，"正义女神是盲眼"。而俄罗斯的问题在于，这位女神对正义视而不见。当然，这对俄罗斯而言只能说是祸不单行。纵观整个20世纪，这个国家在经济上都是失败的。当你参观圣彼得堡和乌克兰敖德萨等历史悠久而又富丽堂皇的古老城市，亲眼见证那些壮丽恢宏的19世纪建筑和令人惊叹的歌剧院时，你就会明白，苏联的问题并不在于它跟不上时代的步伐，而是它甚至无法达到1917年沙皇俄国树立的标准。让我们期待在刚刚揭开序幕的21世纪中，俄罗斯能经历一场新的革命，一场让经济自由和法治并存的革命。

日本：从日升之国到日落之地？

当我撰写本书第一版时，学者和媒体记者们都将日本奉为世界经济之王。一系列起着诸如《日元！日本的新金融帝国及其对美国的威胁》(*Yen! Japan's New Financial Empire and Its Threat to America*)

和《主从易位：我们如何将自己的未来拱手交给日本》(*Trading Places：How We Are Giving Our Future to Japan*)等耸人听闻书名的书籍向读者描绘了这样一幅情景：日本将接管世界，而美国人将沦落到只能靠卖汉堡来维持生计。当时，日本投机商大肆搜罗梵高、莫奈的作品以及高尔夫球场会员资格，就好像这些藏品只不过是廉价旅游纪念品一样。他们将洛杉矶市中心地段和夏威夷最好的房产尽数收入囊中。日本银行主导了金融业，分析人士甚至估计，东京皇宫所在土地价值超过了加州的所有地价之和。一位著名的日本政治家写了一本抨击美国霸权的畅销书，书名即为《日本可以说不》(*The Japan That Can Say No*)。而曾经如此不可一世的经济强国，又是如何落到今天这步田地的呢？事实证明，日本投资者的点石成金之术可谓适得其反，他们将宝贵的资产换成了毫无价值的消遣玩意儿。随着东京股市的毁灭性崩盘，印象派画作和夏威夷房地产的价格也应声而落。在油嘴滑舌的好莱坞制片人的蛊惑之下，他们对电影公司的投资基本血本无归。回过头再看日本，随着房地产价格和收入的双双下降，人们原先那种傲慢骄横的气焰不再，取而代之的是卑躬屈膝和诚惶诚恐的姿态。1998年，日本银行利率降至零，这意味着你可以免费从政府获得贷款。唯一上升的则是失业率。

究竟发生了什么？一个现成的答案是，1989年日本央行上调利率，故意戳破了股市泡沫。但这并不能解释日本经济此后将近10年的颓势。对此，我想到了两个罪魁祸首。第一，日本政府鼓励本国优质企业主导制造业，而美国则转向金融和医疗保健等服务行业。尽管日本银行在规模上占据了全球主导地位，但它们在赢利能力和老练程度方面却远远落后。大多数的新金融产品，从股票指数基金到复杂衍生品，都是在美国或英国创造出来的。为什么日本公司未能发展出这些创意？因为它们在国内几乎没有面临竞争压力。财务省庇护了保险公司，令其免受来自储蓄银行的挑战，又庇护储蓄银行，令其不受企业银行的侵害。在美国，这些行业面临着激烈的竞争，而日本政府却在官僚主义的藩篱之后建起安全无忧的封地，让身处其中的企业不知竞争为何物。财务省的所作所为，基本上是在强迫家庭将钱存入收益率低得可怜的银行账户，从而给企业带去一批非自愿的债权人。亚当·斯密可能对此早有预见。这些银行力保自己的本土地盘风平浪静，波澜不惊，结果却反而让它们在真刀真枪的竞争中落于下风。

日本在信息技术领域的表现也堪称软弱无力。我的一位日本朋友第一次接触互联网时注意到，几乎所有的网站都是英文的，他随即摇了摇头说："我们要完蛋了。"尽管日本企业成功地赢得了电子消费品等制成品的市场份额，他们却发现位于韩国和马来西亚的工厂令它们的价格优势不复存在。很快，他们放弃了抵抗，关闭了日本的工厂，并在中国开设了成本更低的替代厂房。"终身就业"的概念就此消亡，工薪一族的信心也随之破灭。日本评论员称这种现象为"甜甜圈"经济，因为日本经济已经如这种甜点一样呈现中空形态。

伴随这些结构性缺陷而来的是疲软无力的财政和货币政策。根本而言，日本央行在实行降息前空等太久，错失良机，而财务省在经济衰退期间甚至实际上还提高了税率。凯恩斯曾告诫世人，在大萧条期间，当经济每况愈下时，你更不应该惩罚打压消费者。这番谆谆教诲直到最近才在日本激起些许波澜，尽管本书的日本版早在1991年就已经出版上市了！在日本首相安倍晋三力推的"安倍经济学"主导之下，日本经济终于有所斩获。安倍敦促央行无视通货膨胀担忧，转而向经济中注入大量日元，以鼓励消费者。他所面临的最大问题是结构性的。日本人口老龄化的速度就像寿司经受日晒的变质速度一样快：到2050年，老年人口将占该国总人口的40%；到2100年，日本总人口将比2000年减少三分之一。安倍试图通过鼓励更多女性进入职场来绕过人口结构的障碍。他宣称"安倍经济学就是女性经济学",且当前日本女性就业比例高于欧美。但毋庸置疑的是,这些女性雇员也一样会经历老龄化,最终也会退休。为了避免从"日升之国"沦为"日落之地",日本可能不得不依赖新技术以应对劳动力不足,兴许它会成为机器人的"崛起之国"。

中国经济的崛起

自1990年以来,中国的迅猛发展可谓令人叹为观止,但又有些令人生畏,该国国民生产总值在1990—2012年以每年10%的增速飞速发展。当我在1993年造访上海时,占据这座城市天际线的是外滩那些装饰艺术风格的老式建筑,比如和平饭店。第二次世界大战结束之际,当我父亲还是一名17岁的水手时就来到过这里,如今这座建筑依然矗立,引人无限遐思。而到了2005年,这座城市的面貌已焕然一新。在一江之隔的浦东,数十座有未来主义特点的摩天大楼拔地而起,将对岸那殖民时代的"万国建筑群"笼罩在自己投下的阴影之中,似乎也喻示了对那段过往时代的全面超越。从1990年到2005年,大约有5亿中国人摆脱了贫困。[2]这可能是世界历史上"向贫困宣战"运动所取得的最大胜利。

诚然,中国已成为当今全球经济中一股不容小觑的巨大力量,考虑到30年前这个国家在经济领域还积贫积弱,这种反差就尤其鲜明。不过,尽管中国目前在世界贸易中占得鳌头,但未来10年其将面临极为严峻的挑战。和日本一样,当中国不得不用日渐稀少的年轻劳动力来供养不断增加的老年人时,它也会遭遇人口问题。中国迅速崛起的中产阶级将在海外旅游、医疗和奢侈品上花费更多。当一个国家的国民从贫穷状态跃升至中产阶级时,他们会期望三样东西：汽车、蛋白质（肉类和谷物）和医疗保健。如果中国政府允许更多进口，这就为外国企业在中国销售商品提供了巨大的机会。中国向汽车代步时代的转变已经开始了，你可以看到北京的大街上已经塞满了汽车。中国的未来之路将崎岖坎坷，但也令人神往，其有望成为推动全球繁荣的一股重要力量。

态度胜过纬度

大多数人，包括许多专业经济学家，在考量一个国家的经济时，眼光就像一个潜在的购房者考虑样板房一样。哥斯达黎加太热了！委内瑞拉有石油真是一桩幸事啊！可惜澳大利亚离这儿太远了！好吧，如果你想在伊利诺伊州皮奥里亚买一套三居室的殖民风格住房，房产界关于"位置、位置，还是位置"的老生常谈可能有点用处，但在分析一个国家时，它几乎一文不值。我们不妨以墨西哥为例。墨西哥与美国接壤，地理位置得天独厚。这个位置并不曾变动，可美国的财富和技术并未因此受到太大影响。现在再看看澳大利亚——你在洛杉矶国际机场转机后还要坐12个小时的飞机才能到那里，可该国的发展却是一片欣欣向荣！更何况这里还曾是罪犯的流放之地，这些人可是乘着漏水的破船远渡重洋才来到此处的！

经济教科书经常花许多篇幅强调所谓"要素禀赋"（factor endowments），告诉我们拥有大量矿产和自然资源的国家有很大的优势。事实果真如此吗？荷兰不过是一个下沉的威尼斯，还没有后者迷人的桥梁和美味的冰激凌，然而在17世纪，它却一举超越了它那些更具禀赋的邻国。还有今天的以色列。这可是上帝选民的应许之地，然而上帝却没给这个地方带来一滴油，可周围的阿拉伯地区却到处流油。我们可以去读读马克·吐温对这片干旱而又空旷的土地的描述。以色列的土地并不适合种植绿色植物，连在餐盘上用来点缀的欧芹都种不出来，但这个国家依然繁荣昌盛。在经济发展的竞赛中，你是愿意押注一个拥有百万吨级富锌资源的国家，还是一个民智已开、思想自由的国家？

大量的资源禀赋甚至可能成为一种诅咒。非洲很多地方的地下都遍布金属矿藏。然而，那些原本最有希望的经济体却发展迟缓，诸如津巴布韦，因其资本无法在社会层面扩散。让我们再回想一下教科书上展示每个国家自然资源的地图册。当我还是一个孩子时，我一直认为苏联似乎拥有所有好东西，这不公平，他们甚至有铝土矿，这个词听起来像一种地球版本的神秘氪星石，而它落入敌人的武库之中显然并非好事。但苏联不但没有点石成金，反而点金成石。它将珍贵的金属矿藏和肥沃的土壤变成了饥荒和贫困。再回溯到公元 1500 年，元青花瓷烧制的年代，当时的中国人已经拥有抢在英国前先一步跨入工业革命所需的所有技术，但上层官吏们对待贸易和金融流动的态度却是肆意的践踏与扼杀。因为"左派"们拒绝相信"态度胜于纬度"，他们只能对苏联建国 70 年来从不间断的"恶劣天气"感到遗憾，并以此为苏联失败的借口。正如里根所说，苏联的农业耕作只有四个错误，那就是"春夏秋冬"的季节问题。

那么，什么因素最重要呢？是态度，而不是纬度。而一个国家态度的最好体现可能正是它从伟大的经济学家那里所汲取的智慧。

经济思想史告诉我们，成功往往源自对知识的如饥似渴，源自内心的谦卑和不拘一格的包容态度。而这正是你将在本书之后的篇幅中学到的。

从 20 世纪 90 年代到 21 世纪初，现实赋予了我们很多机会来检验伟大经济学家的智慧，评价他们的思想。如今，当我们迈向本世纪中叶时，我们将面临全新的、有时颇令人困惑的挑战——而届时那些已故经济学家们的思想理念正可助我们一臂之力。

托德·布赫霍尔茨

写于加利福尼亚州圣迭戈

目录
Contents

第 1 章
经济学家的困境
— 001 —

第 2 章
卷土重来的亚当·斯密
— 013 —

第 3 章
马尔萨斯：关于人口爆炸的悲观先知
— 061 —

第 4 章
大卫·李嘉图：自由贸易的呐喊
— 099 —

第 5 章
约翰·斯图亚特·穆勒的风暴之心
— 131 —

第 6 章
卡尔·马克思，共产主义的先驱者
— 159 —

第 7 章
阿尔弗雷德·马歇尔和边际革命
— 179 —

第 8 章
新旧制度主义者
— 215 —

第 9 章
凯恩斯：公子哥成了救世主
— 253 —

第 10 章
米尔顿·弗里德曼与货币主义者对抗凯恩斯之战
— 285 —

第 11 章
公共选择学派：政治就是一门生意
— 321 —

第 12 章
理性预期与行为经济学的狂野世界
— 357 —

第 13 章
乌云背后的一线希望之光
— 383 —

*

致谢
395

注释
397

第 1 章

经济学家的困境

CHAPTER 1

做一名经济学家并不是个轻松差事。企业高管抨击他们没有足够精确地计算成本和收益，而利他主义者则指责他们汲汲于成本和收益。对政客们来说，经济学家可谓大煞风景，因为他们不会允许前者承诺繁荣却不付出相应的牺牲代价。甚至包括乔治·萧伯纳（George Bernard Shaw）[①]和托马斯·卡莱尔（Thomas Carlyle）[②]在内的一批才华横溢的文人作家都曾在创作之余对经济学家发表过一番不恭之词。事实上，自从卡莱尔将经济学称为"阴郁的科学"（dismal science）以来，经济学家就一直是千夫所指。

然而，经济学家却感到自己蒙受了不白之冤，因为他们通常并非恶行的始作俑者，而只是坏消息的信使而已。他们所传递的信息也很简单直白：人类必须做出艰难的选择。我们不再身处伊甸园，这个世界也并非到处流淌着奶和蜜。我们必须做出各种抉择，是要更清洁的空气还是更快的汽车，更大的房子还是更大的公园，抑或是更多的工作还是更多的娱乐。经济学家并不会告诉我们哪些选择是不好的。他们只是说，我们不可能鱼与熊掌兼得。世事总有选择取舍，而经济学正是关于选择的学问。它并不会告诉我们具体该选择什么，而只是帮助我们理解自身选择所带来的后果。

当然，伟大的经济学家并不甘于仅仅做个信使。尽管他们曾

[①] 爱尔兰现实主义剧作家，诺贝尔文学奖获得者。——译者注
[②] 苏格兰哲学家，评论家、讽刺作家、历史学家及教师，作品在维多利亚时代颇具影响力。——译者注

备受嘲讽，甚至被冠以各种揶揄味道十足的诨名——笨蛋斯密、秃头书呆子穆勒、锦衣玉食的公子哥凯恩斯等——但他们的动机却无可指责。具有讽刺意味的是，经济学家虽然在我们当今这个时代遭受如潮恶评，但正如凯恩斯曾指出的，这门学科中大多数杰出实践者的初衷均是出自善意，是为了寻找改善世界的方法。阿尔弗雷德·马歇尔尤其认为，经济学应该是一门将精于盘算的科学与对人的奉献加以调和的职业。中世纪有三大职业——旨在保障身体健康的医学、旨在实现政治健康的法学以及旨在塑造精神健康的神学——而马歇尔则希望经济学能成为第四种崇高的职业，其目标不仅仅是为富人服务，而是为所有人提供更好的物质健康。马歇尔以过人的勇气，试图在两种强有力但又有各自缺憾的经济学发展趋势之间进行调和：一种趋势让经济学成为脱离实际用途的数理经济学，另一种则是抛弃理论反思的纯粹情感激进主义路线。他在剑桥大学努力建立的相关课程将最具科学头脑和最富激情的一群人聚集在了一起，其中最为出色的代表便是凯恩斯。

将经济学与现实世界联系在一起的最紧密纽带始终是政治。事实上，直到 21 世纪，经济学也还被称为"政治经济学"（political economy）。几乎所有杰出的经济学家都曾在政府的某个层级任职。其中大卫·李嘉图和约翰·斯图亚特·穆勒两人还曾在英国议会的选举中赢得席位。在这些最伟大的经济学家身上，我们自始至终所看到的，不仅有科学兴趣所闪出的火花，而且也不乏激昂澎湃的热情。在无数平平无奇的演算符号和统计数字之后，我们仍能从中窥见他们惊世骇俗的观点。

纵观经济思想史，我们看到政府和经济学家之间时而对抗时而合作的趋势。当亚当·斯密痛斥欧洲王室与商人之间的不伦结合时，现代经济学开始崭露头角。亚当·斯密、卡尔·马克思和托斯丹·凡勃伦（Thorstein Veblen）这几人为数不多的共识之一，就是他们都意识到商人喜欢利用政治来为自己寻求庇护。斯密在一篇著名的声明中告诫人们，商人们彼此会面，绝大多数都是为了密谋算计消费者。可以肯定的是，即使在今天，那些在地方商会会议上滔滔不绝鼓吹自由市场的雄辩者一旦有机会，就会想尽办法确保自身的垄断地位，与政府签署独占合同，或支持通过保证其自身收益的法规。值得庆幸的是，政客们并不会对商人有求必应。第二次世界大战后，英国的社会党领导人承诺通过工会联合和国有化，即可实现英国的繁荣，令其成为人间乐土。但事与愿违的是，英国经济却从此每况愈下。温斯顿·丘吉尔（Winston Churchill）的一位传记作家曾讲述丘吉尔在下议院外的男厕偶遇工党领袖的一则轶闻。那名工党领袖先进了厕所，占了一个小便池。过了一会儿，丘吉尔也进来解手，看见他的对手也在，他却没有立即解手，而是干站在一排小便池的另一端。"今天感觉咱们彼此不太友好啊，是吧，温斯顿？"这名工党领袖见状问道。"没错。"丘吉尔吼道，"因为你每次看到什么'大家伙'，就想着把它国有化！"[1]

大多数美国总统对经济学原理几乎一无所知。约翰·F.肯尼迪（John F. Kennedy）曾经承认，他之所以能记住美国联邦储备委员会管控的是货币政策而不是财政政策，仅仅因为时任委员会主席威廉·麦克切斯尼·马丁（William McChesney Martin）的名字和"货币"（money）一样以字母"M"开头。显然，在肯尼迪的任期内，像沃尔克（Volcker）、格林斯潘（Greenspan）或鲍威尔（Powell）等人恐怕要与这一职务无缘了。①

对经济学家来说，选战大概是最难挨的时刻。每当一位政治家向其选民允诺更多的人造黄油和军火弹药时，经济学家都必须站出来警告这些承诺可能招致的灾难性后果。经济学家在提高民众

---

① 这几人为之后几任的美联储主席。——译者注

经济素养方面取得的任何进展,都可能被候选人不切实际的胡言乱语在转瞬间彻底抹去。选举年的演讲就相当于黄金时段电视节目的政治版本。当一个总统候选人出现在电视屏幕上时,他不能让自己看起来比《老友记》(Friends)中的乔伊·崔比安尼(Joey Tribbiani)①更老于世故。当然,对于一些政客来说,这算不上一个很大的挑战。

由此不难看出为什么政客会误解他们的经济顾问。经济学家彼此之间沟通所用的语言和他们对公众宣讲的语言截然不同。这些同行间说的是"模型化"的语言。在试图解释一个复杂多变的世界时,他们必须化繁为简,首先简化归并出在任何给定的时间里最重要的因素,因为每一个经济现象都可能受到成千上万个事件的影响。例如,美国消费者的支出水平可能取决于以下因素:天气、音乐品位、体重、收入、通货膨胀率、政治运动以及美国奥运代表队的成绩。为了对这些因素加以孤立并对其进行重要性排序,经济学家必须设计出相应模型,将无穷可能原因中的部分排除在计算之外。最出色的经济学家,正是那些最持久、最稳健模型的设计者。

当然,所有的科学家都必须构建模型。多年来,物理学一直以牛顿万有引力模型为基础。天文学家则仍在沿用哥白尼提出的天体运行范式。托马斯·库恩(Thomas Kuhn)②的经典之作《科学革命的结构》(The Structure of Scientific Revolutions)便追溯了这些模型的发展历程。[2]那么,为什么经济学的建模比这些"硬科学"(hard

---

① 美国著名情景喜剧《老友记》的主角之一,人物设定为头脑简单、为人幼稚、毫无城府。——译者注
② 美国科学史家,科学哲学家,代表作有《哥白尼革命》(The Copernican Revolution)和《科学革命的结构》。

science)①更困难呢？此处可以举个例子，想象一个外科医生在给一个患者做肾脏手术。在检查完 X 射线摄影胶片后，外科医生知道了患者的右肾位于其结肠下方两三厘米处。然而，不妨设想一下，当外科医生切开一个切口时，肾脏却改变了位置，这会是什么情景？而这正是经济学家面临的状况，当他们孤立原因并估计其影响时，影响的程度就会发生变化。随着人际关系和社会制度的变化，我们进行科学探究的主题也在不断流变之中。因此，经济学可能不是一门"硬科学"，但这并不意味着它是一门"容易的科学"。②因为它是如此变动不居，以至于对其所做的研究如同刻舟求剑。[3] 难怪凯恩斯勋爵坚持认为，成就经济学大师所需具备的一系列特质，比成为骑士甚至圣徒所需更为罕见，他写道：

> 他必须既是数学家又是历史学家，同时还是政治家和哲学家。……他必须理解符号的意义，同时又能诉诸语言。他必须在同一思维过程中，从一般性的角度去思考特殊性，并同时触及抽象和具体层面。他必须在研究现在的同时回顾过去、展望未来。他既要考量人的本性，又不能遗漏人所制定的制度习俗。他必须富有追寻目标的激情而又排除先入之见。他要像艺术家一样超然物外，但有时又要像政客一样与世浮沉。[4]

---

① 以客观量度和观察物质数据为基础的学科的统称，包括数学、物理学、化学、天文学、地理学、生物科学等学科。与之相对的"软科学"（soft science）则是主要研究人类社会及其现象的社会科学及人文科学类学科。——译者注
② "硬科学"的英文"hard science"中的"hard"除了坚硬，也有"困难"之意，作者在此借这一歧义而进行了调侃。——译者注

经济学的源起

当我们准备钻研经济思想史时,应该从何处起步呢?我们可以从《圣经》(Bible)开始,其包含了许多关于土地、劳动力、资本和债务减免的表述。但《圣经》所呈现的更多是清规戒律而非细致分析。[5]虽然亚当·斯密的名字和他的道德立场都来自《圣经》,但显然该书并未给他的经济理论提供多少灵感。

我们也可以将对亚里士多德的观点探讨作为起点,他曾以雄辩有力的言论赞扬私有财产,并谴责单纯为财而敛财的行为。但亚里士多德对经济学的了解仅限于认识到时间是一种稀缺资源而已。因此,他将自己的时间更多投入到了哲学研究和亚历山大大帝的教育之中,而不是经济理论。这种选择也算卓有成效。亚里士多德无疑仍是哲学巨擘之一,但即使冒着得罪那些视亚里士多德为偶像的西方文明史公开课拥趸的风险,我们也得承认,他在经济学科领域只能说建树甚微。

在中世纪,神学家们也会讨论经济问题。天主教的经院学者会围绕市场中的正义和道德问题而争论不休。特别值得一提的是,他们构建了"公正价格"(just price)的学说,并完善了教会对高利贷的看法。《旧约全书》(Old Testament)明确禁止向同一群体内部成员发放有利息的贷款,而中世纪的神学家则试图将利息的不同组成部分,如风险、机会成本、通货膨胀和不便补偿等一一分开,以打破这一严格禁令并使其有机可乘。神学家们面临着痛苦的选择。一方面,如果他们继续墨守挑战正当商业活动的正统圣经阐释,经院学派就会成为无本之木,因为许多人甘冒神罚的风险也想着撞大运赚上一笔。但另一方面,如果神学家只是轻易宽恕乃至纵容一切形式的重商主义,他们作为教会领袖的信誉便岌岌可危。他们的大部分经济理论，设计初衷都是在世俗性和神圣性之间求得两全。这种立场对经济学研究而言既显憋屈难受，也绝对谈不上有利。他们之所以谈论经济，只是出于身为上帝牧者对"迷失羊群"的职责罢了。但是他们的职责其实是引导羊群前往天堂，而不是为他们谋求更高的生活水平。而当新教徒们的出现让原先还算划一的羊群分裂成不同小群体后，这任务就变得更加难办了。[6]

上文提到了重商主义者，对于他们，我们可不能就这么一笔带过。一般而言，这些人是16世纪至18世纪侍奉欧洲君主的一个作家和宫廷顾问群体。他们并没有一本共同的"正典"，并且有各自不同的利益诉求。随着英国、法国、西班牙、葡萄牙和荷兰的王室竞相巩固自身国界，同时又跨越重洋争夺海外殖民地，律师和商人们开始为各国国王和王后就如何管理经济出谋划策。

对此进行回顾总结，我们便可以列出他们的建言中经常出现的几个原则：首先，一个国家应该通过向王室的忠诚臣民授予垄断权、专利权、补贴和特权来维护国家内部秩序。其次，一个国家谋求殖民地的目的应该是获取贵金属和原材料，这些是衡量国家财富的出色指标，也可以为征服战争支付开销。最后，一个国家应该限制其对外贸易，使其制成品出口大于进口。通过持续的贸易顺差，就可以从债务国身上获取黄金（财富）。

因此，在重商主义的指引之下，我们看到国家纷纷致力于开疆拓土。但与此同时，我们也看到国家对其内部经济的控制日趋收紧，借助行业公会、垄断和关税，政治宠臣们牢牢把持着国家的经济权柄。在一些国家，这种控制所涉及的范围更甚于其他国家。在路易十四（Louis XIV）统治时期，其财政部部长让-巴蒂斯特·科尔贝尔（Jean-Baptiste Colbert）对许多商品的生产进行了巨细靡遗的规定，并赋予行业公会极大的权力。在一次令人惊叹的旨在展示皇权的活动中，他曾宣布来自第戎的织物都必须包含1408条织线！

重商主义者为亚当·斯密树立了一个完美的批评靶子，因此我们似乎可以以他为起点，开启我们的现代经济思想探究之旅。斯密从几个层面上严厉批驳了重商主义理论。首先，重商主义者以金属货币和贵金属的多寡来衡量财富，而斯密则认为，真正的财富应该以家庭的生活水平的高低来衡量。成袋的金币未必就能换来成袋的食物。其次，他指出财富必须从一个国家消费者的角度来衡量。将财富全部交由一国总理或阿谀奉承的商人一手掌控，这种策略对于这个国家的公民可能并非幸事。最后，斯密认识到，个人的积极性、发明和创新能激发经济的更大繁荣。重商主义政策将垄断权和保护权肆意授受，结果只会使国家陷于瘫痪。这些言语可谓现代经济学的初试啼声。

我们该对经济学家不予理会吗？

自亚当·斯密时代以来，真正脱颖而出的经济学大师可谓凤毛麟角。主流经济理论也并不能放之四海皆准。令情况雪上加霜的是，今天的经济学家陷入了一种前后不靠的境地：回顾过去时，他们难以对 20 世纪 70 年代初至 90 年代初生产率增长为何出现下降作出解释，而放眼将来时，他们又无法设计出在 21 世纪中期偿还政府债务的最佳方式。不过，经济学家们对有一点倒是十二分的赞成，那就是国家和个人若无视经济理论的基本原理，就是在冒愚蠢的风险。一个国家若是为唤回重商主义时代的昔日荣光而提高贸易壁垒，最后只会令其本国消费者受池鱼之殃。农产品价格高企的国家同样会伤害自己的消费者，并只能眼睁睁看着过剩的谷物在仓库里腐烂。对于这两点，几乎没有经济学家会有异议。然而，能将这两点听进去的政客却是寥寥无几。

即使政府并不总是采纳经济学家的建议，我们也可以指望经济学家告诉我们，我们的生活目前达到了什么水平，将来可能会达到什么高度。自工业革命令英国大放异彩以来，美国人就一直期待着自己的国家能强大富饶。我们总是将现在看作一个卑微的起点，去希冀未来的持续进步。然而回顾历史，我们会发现人类的进步从来就不会持续不断。每个年头都可能成为全新黑暗时代的序幕，而如今的工业化国家集团每次都逃过此劫，这就等于是在不断为人类创造一项持续发展的新纪录。看看法国史学家乔治·杜比（Georges Duby）笔下11世纪的欧洲吧。令人不寒而栗的是，这可怕的几十年时光，是发生在古希腊、古罗马、古巴比伦和古埃及等文明荫庇之下相对富裕繁荣的年代之后，而不是之前：

……公元1000年的西方世界，一个饿殍遍地的蛮荒世界，人丁稀薄，但对当时的社会而言仍然过剩。几乎两手空空的人们挣扎求生，却只能沦为喜怒无常的大自然的奴隶，沦为因缺乏耕作而贫瘠不堪的土地的奴隶。当农民播种一粒小麦时，即使年景不算差，也从不会期望收获三粒以上；所谓的"好年景"不过意味着复活节之前可以吃到面包。在这之后，他将不得不靠草皮树根之类从森林和河岸边搜集的充饥之物勉强果腹，还得空着肚子进行繁重的夏季劳作，然后疲惫不堪地苦苦等待收获……有时，当大雨导致土地漫灌，妨碍了秋耕的进行，或是当暴风摧毁了庄稼，日常性的食物短缺就会发展成饥荒，掀起一波致命的饥饿浪潮。那个时代的编年史家都描述过这样的饥荒，无一不是触目惊心。"人们互相追逐只为以对方为食，许多人割断了同伴的喉咙，就像饿狼一样饮其血，啖其肉。"[7]

发达国家有朝一日会不会再次经历这样的恐怖梦魇？它们是否会重蹈那些第三世界邻国的覆辙？即使是凯恩斯这样的经济学大师，在他最为离奇荒诞的预知梦境中，恐怕对此也无从知晓。但我们确实知道，伟大经济学家的目标就是避免我们堕入这黑暗的深渊。

　　令人感佩的是，伟大经济学家所创立的那些理论中，有许多至今仍能为我们所用。他们所留下的睿智理论，几乎每一条都有着即使在今天也切实可行的细节，或是时至今日也能找到可做比对的示例。本书试图通过对主流经济学的探究来寻求这些大师们的智慧，并致力于提出这样一个问题：是谁首先获得了这些洞察，并建立了这些持久耐用的模型？我们可以以他们为师，从他们身上获益良多。书中一些示例取自当代，如此行文其实只为博君一笑而已。大卫·李嘉图当然不曾真正接触《吉利根岛》(*Gilligan's Island*)一剧中的角色并对其解释比较优势法则。我在书中以这些落难漂流者为例也并非不敬，只是希望能以一种生动的方式为读者理解这些晦涩难懂的范式提供些许帮助。须知经济学也不一定是枯燥呆板的。既如此，为什么不让这些已故的经济学家自己出场，来扭转他们所背负的恶名，亲自为我们现身说法，并以这种生动有趣的形式在那位指斥经济学"阴郁沉闷"的卡莱尔那里扳回一城呢？想来这些经济学家若真在天有灵，他们大概也宁可笑对我们这种看似冒犯的引用，而不愿因为自己的努力被世人遗忘而失望沮丧，或因为担心人类社会重蹈 11 世纪的覆辙而在自己的棺材里辗转难眠吧。

第 2 章

卷土重来的亚当·斯密

CHAPTER 2

亚当·斯密

当罗纳德·里根赢得 1980 年总统大选时，华盛顿的保守派支持者们欢欣鼓舞。在鸡尾酒会和各种会议上，他们弹冠相庆，并期待在"里根经济政策"下实现共赢共荣。这些人还注意到，他们都系着同样款式的领带，上面印有亚当·斯密的头像。

为什么那些自诩爱国的政治家和活动家们要以这位 18 世纪苏格兰人的形象示人呢？他们领带上印着的，为什么不是西奥多·罗斯福（Theodore Roosevelt）、托马斯·杰斐逊（Thomas Jefferson），甚至是巴里·戈德华特（Barry Goldwater）[①]？相比在他以后涌现出的数以千计的经济学家和政界领袖，亚当·斯密难道真就更能在当代经济危机中适逢其会吗？

亚当·斯密相信他的思想将永远有其普遍适用性。这是 18 世纪知识分子的共同特质，那是一个真正的革命时代。当时，法国和美国的政治运动正如火如荼。到斯密写出他最伟大的作品《国富论》（*The Wealth of Nations*）时，商人们已经在不列颠群岛和七大洋间穿梭往来，开展贸易。随着人口不断增长，商人们开始组织小型工厂，银行系统逐渐遍及英国和整个欧洲大陆。但最有力、最深刻的启蒙运动是由那些致力于对身边世界的新解释进行探索的思想家们引发的。无怪乎斯密曾在他的演讲中宣称："人是一种充满渴望的动物。"[1]

从中世纪到哥伦布发现新大陆的时代，神学家主导了欧洲知

[①] 美国政治家、共和党人，被视为 20 世纪 60 年代开始美国保守主义运动的主要精神人物，被称为美国的"保守派先生"。——译者注

识分子的思想。教会长老根据宗教教义阐释自然现象。但到了斯密出生的那个世纪，越来越多的人开始追随弗朗西斯·培根（Francis Bacon）[①]和尼古拉·哥白尼（Nicolaus Copernicus）大胆开辟的道路，探寻对自然事件的合理解释。最终，科学家摆脱了教会的统治，开始应用"科学方法"研究自然规律，而不再顾忌其结论可能引发的激烈争议。

伽利略·伽利雷（Galileo Galilei）抨击了所谓"上帝只给了人类两本书，就是《圣经》和'自然'"这种宗教领域的陈词滥调。他声称"自然之书"的语言正是数学，他借助数学和实验，而非《圣经》的经文证明了自由落体定律。伽利略知道他的所作所为称得上离经叛道，因此一直小心翼翼、如履薄冰，以免被教会定罪。1632年，当他用望远镜实验证实了哥白尼的异端邪说——地球绕太阳旋转时，出于恐惧，他将这个发现献给了教皇。他对地球运行轨迹的观点是正确的，不过他对教会怒火的恐惧也没错，因为宗教裁判所最终还是判他有"强烈异端嫌疑"。

在《方法论》（*Discourse on Method*，1637）一书的末尾，法国哲学家勒内·笛卡尔（René Descartes）预言了18世纪即将到来的思想大爆发，他认为通过实用科学，人可以成为"自然的统治者和主人"。

不过，启蒙运动中最耀眼的人物非艾萨克·牛顿（Isaac Newton）莫属。他追随伽利略踏上科学探索之路，在宗教经文之外探寻世事的答案，并通过他的万有引力理论、物理运动定律和微积分的发现对这些答案加以了揭示。牛顿似乎将上帝描绘成一个只在创世之初才发挥关键作用的存在，而上帝之于今日的世界，就像一个当铺老

[①] 英国唯物主义哲学家、散文家、实验科学的创始人、近代归纳法的创始人。——译者注

板之于一块原先抵押在当铺却已被赎回的手表一样，只能眼睁睁看着而无可奈何。德国哲学家戈特弗里德·威廉·莱布尼茨（Gottfried Wilhelm von Leibniz）认为，牛顿把上帝描绘成一个"蹩脚的钟表匠"，这让他对上帝的亵渎罪加一等。

亚当·斯密就是在此时势下应运而生的。就像伽利略和牛顿一样，斯密也在探寻事物的因果关系。在接触经济学之前，斯密曾试图精研天文学，并讲授哥白尼的学说。但很快，他就将自己的目光从天上行星的轨迹转向了地上人类的行为。他心中有一个愿望：从那些他在街道、码头和新兴工厂里耳闻目睹的、看似混乱无序的现象中理出一番头绪。

斯密生于1723年，由母亲玛格丽特（Margaret）抚养，在苏格兰的柯科迪长大。柯科迪是一个小港口，与爱丁堡隔福斯湾遥遥相望。他的父亲是一名海关审计官，在他出生前几个月就去世了。一些生来就没有父亲的遗腹子最后成功重塑了自我，闯出了自己的一片天地，就像马克·吐温笔下的汤姆·索亚（Tom Sawyer）和索尔·贝娄（Saul Bellow）笔下的奥吉·马奇（Augie March）。另一些则试图在别处寻觅一个父亲的替代者——比如在天堂的那位天父。而斯密可谓是两者兼而有之。我们稍后便会看到，斯密提出的"看不见的手"（invisible hand）的概念，本意正是试图为他所目睹的周遭所有纷繁芜杂的事物给出一种自然秩序。

斯密从小体弱多病，终生未娶，一生之中大部分时间与母亲相依为命。他的母亲玛格丽特健康长寿，一直活到了90岁高龄。当她去世时，斯密悲痛欲绝，他写道："我对她的爱和尊重无疑超过我对其他任何人的。我不禁感到……她的离去对我真的是一个十分沉重的打击。"[2]

亚当·斯密是一个长相古怪的苏格兰人，虽然我们从华盛顿政客们领带上印着的肖像上看不太出这一点。他鼻子硕大，眼睛凸出,下唇外翻,一副神经紧张兮兮的样子,说话还结结巴巴的。斯密曾自承相貌过于"与众不同",他说:"除了我的书,我一无是处。"凭借优异的成绩,斯密在14岁时便考入苏格兰格拉斯哥大学(University of Glasgow),后又获得牛津大学贝列尔学院(Balliol College)的奖学金,从而进入牛津大学深造。和当时的大多数大学生一样,斯密原打算攻读神学并成为一名神职人员。也和任何时代的不少大学生一样,斯密对他的老师牢骚满腹,并写道:"如果有人在牛津因过度学习而危及自身健康,那也是咎由自取。"³他对大学讲师的抨击尤为猛烈:"在牛津大学,大部分的公共课教授这些年来甚至连假装教学都做不到了。"⁴更有甚者,斯密还对学术审查制度大加挞伐,并向朋友抱怨称,大学官员没收了他手中大卫·休谟(David Hume)①大受欢迎的著作《人性论》(A Treatise on Human Nature)。尽管他被允许阅读所有的古希腊文和拉丁文经典著作,但却被禁止阅读他那个时代最具影响力的作品之一。

尽管受到学术上的限制,但斯密仍深受休谟怀疑论的影响[《人性论》的副标题便是《在精神科学中采用实验推理方法的一个尝试》(An Attempt to Introduce the Experimental Method of Reasoning into Moral Subjects)],因此他拒绝作为预备神职人员而继续深造。相反,他回到了柯科迪,随后在那里发表了关于修辞学和法律方面的公开讲演,并广受欢迎。

1748年,斯密回到格拉斯哥大学教授逻辑学。第二年,他接替了前任教师弗朗西斯·哈奇森(Francis Hutcheson)出缺的伦理学教席。作为一名"校园激进派",哈奇森拒绝用拉丁语讲课,此举激怒了校方。教务评议会随后控告他传播以下几种"错误和危险"的

---

① 苏格兰不可知论哲学家、经济学家、历史学家,被视为西方哲学历史中最重要的人物之一,是亚当·斯密的良师益友。——译者注

信条：

1. 道德善的标准是促进他人的幸福。

2. 即便不依靠上帝，也可辨别善恶。

我们会看到，斯密对哈奇森的许多"危险言论"可谓兼收并蓄。面对占据统治地位的教条，哈奇森选择以无畏的姿态维护学术自由。与伽利略不同，哈奇森并没有试图通过把他的观点献给教皇来避免责难，实际上，这种做法在新教主导的苏格兰也没多大用处。

有趣的是，斯密的观点在今天通常与保守主义政治联系在一起，但由于他的思想根源相当激进，一些当代保守派与他也是颇难相与。那些声讨国际贸易的反全球主义者和极端民族主义者将他们所见的问题归咎于斯密。而自由意志主义者却试图将他的那套资本主义理论和上帝、母亲、苹果派和民主供奉在同一个圣坛之上。[1]

"斯密教授"自然不会沿用他先前所抨击的牛津大学教授们令人昏昏欲睡的教学风格，而是很快以清晰易懂的讲课和对学生的关心而赢得了声誉。尽管斯密忙于讲课、辅导和组织非正式的讨论，他也拨冗担任了学院的财务主管，后来还做了院长。

斯密从未教过经济学课程。事实上，他也从未上过经济学课程。因为那时候就没人上过。直到 19 世纪，学者们还将经济学视为哲学的一个分支。一直到 1903 年，剑桥大学才开设了一个独立于"伦理科学"的经济学课程。尽管如此，斯密还是设法在他的法学讲课里夹带了他对经济学的一些初步想法。下述文字是当时一位学生的笔记，从中已可初窥日后斯密在《国富论》中对劳动所做关键分析的端倪：

"劳动分工是公众财富增加的重大原因，而公众财富总是与民众

---

[1] 上帝、母亲、苹果派和民主被认为是美国人最珍视的对象，也是美国价值观的体现和具象化。——译者注

的勤奋程度成比例,而不是像人们愚蠢地想象的那样与金银的数量成比例。"[5]

到目前为止,我们已经讨论了斯密的教育和他的外表,但尚未提及他的怪癖个性。这个话题略显棘手。西格蒙德·弗洛伊德(Sigmund Freud)[①]观察到,人们有一种夸大祖辈身份地位的倾向。他称之为"家庭罗曼史"(family romance)。后世的经济学家可能会失望地发现,他们尊崇的"经济学之父"若论才智不及牛顿,论诙谐又不如伏尔泰,而要论风流倜傥,更是远远比不上拜伦。事实上,尽管"家庭罗曼史"的倾向依然存在,但经济史学家们也承认,斯密其实有点笨手笨脚的。虽然斯密在他的讲座中展现了不俗的观察力——比如指出约翰·弥尔顿(John Milton)用的是鞋带而不是鞋扣——但在他自己的生活中,他却常常心不在焉。

现在,职业经济学家已经对众多讲述斯密如何心不在焉的故事心生厌烦。但这些逸闻趣事仍然为经济学领域的新人们所津津乐道。

一天,时任政府高官的查尔斯·唐森德(Charles Townshend)[②]造访格拉斯哥,斯密带他参观了一家制革厂。结果斯密一边对自由贸易的优点滔滔不绝,一边径直踏进了一个臭气四溢的巨大废料池中。工人们赶忙把他从不可名状的黏液中拖出来,扒光了他的衣服,再给他裹上毯子,而斯密只能抱怨说他从来都不能把自己的生活打理得井然有序。

又有一天,斯密还在睡梦之中就爬下床开始走路。他就这么一直走着。走了足足 15 英里(1 英里 ≈ 1.609 千米)后,教堂的钟声才

[①] 奥地利精神病医师、心理学家、精神分析学派创始人。——译者注
[②] 英国大臣,曾因四项向北美殖民地征税的法案——《唐森德税法》(Townshend Acts)而激起北美殖民地人民的愤怒抗议,后成为"波士顿倾茶事件"的导火索。——译者注

将他从梦游中惊醒。于是人们看到这位当时最负盛名的经济学家穿着睡衣往家跑,衣摆还在微风中飘荡。

哲学家斯密

早在亚当·斯密写出其代表作《国富论》之前,他便因1759年的一部论述道德行为的著作《道德情操论》(*The Theory of Moral Sentiments*)而声名鹊起。随着该书销量的迅速攀升,他也被冠以"哲学家斯密"之名。《道德情操论》秉承了启蒙运动一直以来的传统,就像科学家们致力于寻找太阳系的起源一样,斯密也在寻找道德认同与不认同的起源。

一个主要由自利驱动的人,怎能做出令他人满意的道德判断呢?毕竟,每个人都处在其自我世界的中心,就像太阳位于众行星的中心一样。太阳会在乎那些较小的行星们怎么想吗?斯密在这个悖论中苦苦挣扎,他不断自问,如果人们都是自私的,为什么每个城镇不会像政治理论家托马斯·霍布斯(Thomas Hobbes)[①]在《利维坦》(*Leviathan*)中所描绘的那样,处于凶险的"自然状态"(state of nature)之中呢?根据霍布斯的说法,在政府出现之前,人的生命可是"孤独、贫困、卑污、残忍而短寿的"。

最后,斯密构思了一个巧妙的答案来解释这个悖论。他指出,当人们面临道德选择时,他们会在脑海中想象出一个"公正的旁观者"(impartial spectator),这名"旁观者"会仔细审视当事人的处境并提出相应建议。人们并非一味遵循自己的利益,而是接受这名想

[①] 英国政治家、哲学家,因提出"自然状态"和国家起源说而闻名。——译者注

象中的旁观者的建议。如此一来，人们的决定便基于同情，而不是自私。

许多批评者贬低现代经济学家，称他们只假设自私的动机，只会关心成本和利益，而忽视了人类更高尚的一面。他们宣称，经济学家是道德上的侏儒。这种攻击性论断也许对某些经济学家恰如其分，但对亚当·斯密却绝不适用。他不仅认识到同情和情操的存在，还用了一整本书的篇幅来描绘这些情感。此外，《道德情操论》还颇有先见地点出了许多概念，而这些概念要到一个多世纪后才由弗洛伊德的精神分析学说真正发展完善。弗洛伊德提出的"超我"（superego）概念，即一种约束人类避免做出某些行为的良知，当他们不听从这种内心呼声时，"超我"便会让他们心生内疚。而斯密所描述的那种存在于内心的公正"旁观者"，其实已与此概念相去不远。

随着斯密的著作在英国和欧洲大陆的广泛传播，他也名声日隆。那些富家子弟的父母们听说了这位苏格兰人所取得的骄人成就后，纷纷将自己的孩子从他们原先就读的法国、瑞士和莫斯科的学校转入斯密所在的格拉斯哥大学深造。就连发明了脚蹼和富兰克林式取暖壁炉，并因在雷雨中开展放飞风筝实验而闻名的本杰明·富兰克林（Benjamin Franklin）也前来拜会。如果斯密身处21世纪，在播客和电视脱口秀上宣传他的书，会是何种情景呢？考虑到他时常恍恍惚惚，心不在焉，他可能会成为一个有趣的嘉宾，尤其是穿着睡衣出现在深夜电视节目上时。当然，斯密并不满足于在象牙塔里故步自封。在格拉斯哥，他努力和城镇居民与大学师生打成一片，并与许多银行家、商人和政治家会面洽谈。在政治经济学学会（Political Economy Club）中，他试图弄清商人到底是如何经营他们的业务的。正如我们将看到的，他从中学到的就是不要相信商人的动机。

前往法国，结识重农学派

很快，就连当时的国际化大都会格拉斯哥也开始让斯密心生厌倦，他于1764年辞去教授职务，转而担任已故的老巴克勒公爵（Duke of Buccleuch）儿子的家庭教师。这个男孩的母亲达尔基思伯爵夫人（Countess of Dalkeith）刚刚再嫁给了对斯密颇有钦佩之意的查尔斯·唐森德，后者日后成为英国财政大臣，并因他所提出的税收刺激大西洋彼岸的美洲殖民者上演"波士顿倾茶事件"而被载入史册。这份家教工作包括游历欧洲各国，帮助孩子培养良好的修养，参加奢华的舞会，以及每年300英镑的用度另加每年300英镑的补贴（大约是他之前收入的两倍）。我们今天大概会称此安排为"间隔年"，不过斯密对此并不热衷。这个终其一生也不曾真正了解为人子或为人父真实想法的人揣测道①，"父亲把儿子送到国外，是因为这样一来就可以让自己至少在一段时间内免受令人不快的情形困扰，也就是说，不必眼睁睁地看着儿子游手好闲、疏于管教或自毁前程。"⁶手握这份任教聘约，斯密咨询了他内心那位公正无私的顾问，而这位顾问想必满怀同情地欣然应允。于是他接受了这份工作。迫于学校的要求，斯密不得不在学期中途离开格拉斯哥。他试图退还从那些热衷于他的学生那里收取的学费，采取的办法倒也简单粗暴，就是揪住这些年轻学生的外套把他们拉过来，把现金塞进他们的口袋里，再把他们一把推开。可学生们却拒绝了他的好意，并把口袋里的钱又如数还给了斯密。

这趟旅程的第一站，也是最无聊的一站，是法国的图卢兹。斯

---

① 如前所述，斯密的父亲在他出生前去世，他一生与母亲相依为命，并且终生未娶，故有此说。——译者注

密对此地的不满让人想起了某场老式歌舞表演中的台词，说的是在纽约布鲁克林待上一晚就如同度过一周。不过相比图卢兹，斯密大概更乐意在布鲁克林待上一周，因为至少那里的人会说某种形式的英语，而斯密几乎不会说法语。而且，他们在图卢兹待了一年半，而不是一个星期。塞缪尔·约翰逊（Samuel Johnson）[①]曾经说过，没有什么比知道自己将在两周内被绞死更能使一个人集中精神的了。图卢兹当然还算不上一个绞刑台，但它确实促使斯密集中精力撰写《经济学论述》。在给休谟的一封态度相当谦逊的信中，他写道："为了消磨时间，我开始写一本书。"[7]

在法国南部逗留一段时日后，一行人前往日内瓦，斯密在那里还遇到了伏尔泰（Voltaire），最后他来到了巴黎。当时的巴黎洋溢着艺术气息和知识分子的创造力。斯密十分享受那里的戏剧，他与抛头露面的名流们相谈甚欢，并偶遇了一个充满活力的经济学派，即重农学派（physiocracy）。重农学派由弗朗斯瓦·魁奈（François Quesnay）创立，他是法王路易十五（Louis XV）的侍医，有身居高位的庇护者，自视也甚高。重农学派用高深莫测的语言提出了一些相当简单的理念，并创作了一份名为《经济表》（*Tableau économique*）的神秘图表。魁奈身边聚集了不少对他推崇备至的追随者，他们称他为大师、父亲、"欧洲的孔夫子"和"当代的苏格拉底"。[8] 重农学派大力推动了启蒙运动对自然规律的探索，但他们不相信人类可以完全掌控自然——只有当人们了解了自然规律才能繁荣昌盛。实际上，"重农学派"（*physiocracy*）一词的原意便是"自然的主宰"。

《经济表》这一著作生动地阐述了重农主义思想。如同克洛

[①] 英国作家、文学评论家、诗人和词典编纂家。其编纂的《英语大词典》对英语发展作出了重大贡献。——译者注

德·贝尔纳（Claude Bernard）[①]等医生开始解剖人体并描摹血液流动轨迹一样，魁奈也绘制了经济学中收入的流通循环。魁奈眼中的政治体，其组成不是手、脚、胳膊和腿，而是三个自然相互依存的阶级：农民、手工业者和土地所有者（地主和君主）。不幸的是，他的这份图表晦涩诘屈，似乎只有他自己能看懂。魁奈承认，即使是他的主要弟子老米拉波（Mirabeau）[②]，也"陷入这种诘屈之中无法自明"。[9]尽管如此，米拉波仍盛赞《经济表》是可与文字书写相媲美的卓越发明。

重农学者大力论证了两大观点：第一，财富来自生产，而不是像重商主义者认为的那样来自对金银的获取；第二，只有农业生产才能创造财富，而商人、制造商和其他工人则不能。要是在当代的经济学考试中，他们大概能得一半分数。他们声称，一个生产商品的国家比一个仅仅储备贵金属的国家更富有，这相当正确，但他们又认为制造业、商业和服务行业是"不育的"、没有生产力的，而只是财富的转移者，这就是失分项了。我们大可不必跟着他们的复杂模型七弯八绕，而只需记住重农学派所提倡的政策，就是使农业这个唯一的生产部门变得更加多产。例如，他们敦促政府将经济从贸易限制中释放出来，因为这些限制人为地压低了农场租金，阻碍了对土地的投资。此外，他们提议对地主征税，不是为了惩罚他们，而是因为只有他们才有能力支付课税，因为只有他们拥有经济中的"生产"部门。总而言之，重农学派欣然接纳私有财产和私有收益的

[①] 法国生理学家。内环境概念的提出者，在传统经验医学向现代医学转变过程中起到了重要作用。——译者注
[②] 即米拉波侯爵，法国政治经济学家，重农学派经济思想的先驱之一，是法国大革命时期君主立宪派领导人之一米拉波伯爵的父亲，因此人称老米拉波。——译者注

概念，但同时也明晰了随之而来的所有者责任。毕竟，他们的分析强调，这些都不过是"自然而然"的事情。

亚当·斯密颇为专注地聆听了这帮法国学者的宣讲。他们的分析印证了他的一些想法，但他并不认同他们关于生产和非生产部门的划分。休谟也不接受重农学派的主张，他甚至让一个朋友"抨击他们，碾压他们，捣碎他们，将他们化为齑粉"。[10]

而斯密之所以没有表现出如此激烈的反对之情，也许正是因为他那公正无偏的良心。斯密承认，重农学派"虽有许多缺点"，但或许"在政治经济学这个题目下发表的许多学说中，要以这一学说最接近于真理"。但是，他也带着一丝屈尊俯就的口吻补充说，这是一个"未曾，也许永远不会危害世界上任何地方的学说"。[11] 他以这种不痛不痒的方式轻轻掸了掸重农主义者头顶上的假发，指出后者只是给了世界一种无害的教义而已。

1766 年，公爵生病的弟弟在巴黎去世，令其家人陷入了悲痛之中。斯密的旅程也告一段落，他借道伦敦回到家乡柯科迪。在接下来的 10 年里，斯密专心著书，也经常去伦敦的文学俱乐部（Literary Club）与爱德华·吉本（Edward Gibbon）①和埃德蒙·伯克（Edmund Burke）②等人高谈阔论，推杯换盏一番，还不时与塞缪尔·约翰逊（Samuel Johnson）和詹姆士·包斯威尔（James Boswell）③以粗言秽语互相攻讦。约翰逊称斯密是"笨狗"，包斯威尔则视他为"头戴丝带假发的无信仰者"。尽管他们言辞刻薄，但每当斯密造访巴黎时，他都会受到这帮健谈者的热烈追捧。

---

① 近代英国历史学家，史学名著《罗马帝国衰亡史》一书的作者。——译者注
② 爱尔兰政治家、作家、演说家、政治理论家和哲学家，英美保守主义的奠基者。——译者注
③ 英国传记作家，是塞缪尔·约翰逊生平传记的创作者。——译者注

《国富论》问世

1776年3月,斯密之前为消磨时间而写的《国富论》终于出版了。斯密的偶像休谟对这本书大加赞扬,但也警告说该书可能比较慢热。这是斯密有生以来第一次为休谟的判断错误而感到高兴。这本书一经发行便大获成功,六个月后第一版便告售罄。那位为我们带来了诸如《友谊地久天长》(*Auld Lang Syne*)和《致小鼠》(*Mice an'Men*)等脍炙人口的名篇的诗人罗伯特·彭斯(Robert Burns)宣称,"斯密先生在他的书中所展现的智慧,寻常人等怕是连一半都难以企及。"

但这是本好书吗?我得说,岂止是好书,简直就是旷世杰作。在书中,斯密以神祇般的目光俯瞰世间众生,洞察世事纷纭,在长达九百多页的作品中洋洋洒洒堆满了分析、预言、事实和寓言——其中大部分内容清晰、引人入胜,旨在帮助读者理解全书主旨。《国富论》带着读者领略了哲学、政治和商业各自精彩纷呈的世界,而向导正是目光敏锐,谨慎多疑,但又最终归于乐观主义的斯密本人。恰逢工业革命爆发之际,斯密以胸有成竹之姿为这场革命的每一个参与者指点迷津。他以精湛的驾驭力,为上至商人修士,下至贩夫农民的所有读者指明了这场看似动荡的社会巨变背后蕴含的真意。此外,斯密在提出经济政策时,并没有对某个群体或阶级有所偏袒。所以没人能指责他阿谀奉承或言不由衷。虽然他终究还是赞同资产阶级的崛起,但也不忘告诫社会大众不要天真地听信资本家的甜言蜜语。在某种程度上,1776年出版的《国富论》就是经济学家们发表的"独立宣言"。

完整版的书名揭示了斯密这部代表作的关键主旨:《国民财富的性质和原因的研究》(*An Inquiry into the Nature and Causes of the*

Wealth of Nations），请注意，斯密专注于一个特定的目标：揭示出能够阐释如何获得财富的因果规律。光是这个书名，就足以让他名垂启蒙运动的青史。书中通过对指导"经济人"（economic actors）的规律进行解释，继而归纳这些行为规律对社会的潜在影响来证实斯密的猜想。"经济人"这个术语听起来似乎有些专业，但斯密所指的其实就是人，因为我们每个人在某一时刻都可以是经济行为的参与者。就像没有王子就没有《哈姆雷特》一样，如果缺乏对人的了解，斯密也无法构建起经济学。在这一点上，他追随了马基雅维利（Machiavelli）[①]和霍布斯这两位先驱的脚步，他们在看待人时，所见皆是"实然"而非"应然"。霍布斯说生命"不过是肢体的一种运动……心脏无非就是'发条'，神经只是一些'游丝'，而'关节'不过是一些使整体得以活动的齿轮罢了。"（原文重点）人是可加以了解的，也是有瑕疵的。[12]

斯密在人类本性中发现的重要自然驱动力或"倾向"构成了他的分析的基础，也是古典经济学的基石。所有人都向往更好的生活。斯密发现了一种"改善自身状况的愿望，这种愿望虽然总体上波澜不惊，但我们从出生一直到死，从没有一刻曾放弃过"。我们一生到死，对于自身地位，"几乎没有一个人会有哪怕一刻觉得完全满意，不求进步，不想改善。"[13]然后，斯密指出"人性中的某种倾向……就是互通有无，物物交换，彼此交易……这种倾向为人类所共有"。[14]

为了增加国家的财富，斯密认为社会应该利用这些自然驱动力。政府不应该压制利己主义者，因为自利是一种丰富的自然资源。如果仅仅依赖于施舍和利他主义，人们将被愚弄戏耍，而国家将会陷于穷困。斯密指出，人类几乎随时随地都需要同胞的协助，但"要

---

① 意大利中世纪后期的政治思想家，近代政治思想主要奠基人之一，代表作有《君主论》（*The Prince*）。——译者注

想仅仅依赖他人的恩惠就必定是徒劳的。他如果能够向他们表明，给他人做事对他们自己有利，他要达到目的就容易多了"。在经济思想史上被引用最多的一段话中，斯密宣称："我们每天所需的食物和饮料，不是出自屠户、酿酒家或烙面师的恩惠，而是出于他们自利的打算。"[15] 即使是那些喜欢杀牛宰羊、酿造啤酒或烘焙蛋糕的人，如果没有报酬，也不会整日忙于此道。斯密从来没有说过人们仅仅出于自身利益而行事，他不过是指出，利己主义比善良、利他主义或殉道精神更加有力，也更为持久。简而言之：社会不能将其未来建立在最高尚的动机上，而必须尽可能充分地利用最强烈的动机。

但是，如果每个人都各行其道，为什么整个社会不会像一个因信号灯失灵而瘫痪的复杂高速路交叉口一样，陷入无政府状态呢？当不同人的私利彼此发生冲突时，我们不应该像身处那个瘫痪的交叉口一般见证惨烈的碰撞事故吗？如果没有交通管理部门制定谁走谁停的规则，道路就不安全，那么如果没有中央计划主管部门决定由谁生产和生产什么，一个社会又是否能够维持生存呢？

答案是"是"。它不仅会幸存下来，而且可能会比依赖中央计划的社会更加繁荣。更令人惊讶的是，这样的社会将在产出和社会和谐方面胜过任何基于利他主义的经济体系。斯密曾研究过天文学，他信奉行星之间的自然和谐，即使每颗行星只是在自己的轨道上运行。他认为，人们可以在各行其道的同时维持相互协调，彼此帮助——但这并非有意为之。在他的经典表述中，斯密宣称，如果所有人都寻求促进自身利益，整个社会就会繁荣兴旺："他通常既不打算促进公共的利益，也不知道自己是在什么程度上促进那种利益……他所盘算的只是他自己的利益。在这场合中，就像在许多其他场合一样，他受一只'看不见的手'（invisible hand）的指导，去尽力达到一个并非他本意想要达到的目的。"[16] 这只"看不见的手"

成为亚当·斯密经济学一目了然的象征。

不过,斯密并没有将其论点建立在任何虚妄之物上。"看不见的手"只是社会和谐的真正协调者,即自由市场的象征。弗里德里希·冯·哈耶克(Friedrich von Hayek),20世纪自由市场最有力的支持者之一,他曾说过,如果市场体系不是自然产生的,它将被宣称为人类历史上最伟大的发明。正是因为市场竞争的存在,才让一个谋求自利的人在早晨醒来,看向窗外的土地,并以其手中原材料从事生产时,所生产之物并非自己想要,而是他人所需;生产数量也并非自己所愿,而是邻居所好;就连出售价格也非自己所求,而是依据左邻右里对他的工作价值所作的评价而定。

自由市场运行不息

让我们以一名自私自利的邻居约翰为例。与亚当·斯密不同,约翰并没有在小镇的广场上被钟声惊醒,而是在自己的床上正常醒来。吃早饭时,约翰一边看报纸,一边欣赏着挂在餐桌上方的那只他自己雕刻的、惟妙惟肖的秃鹫木雕,它仿佛随时准备扑向餐桌上的残羹冷饭一样栩栩如生。约翰非常喜欢雕刻秃鹫。他突然想到一个主意:为什么不雕刻更多的秃鹫然后卖掉呢?毕竟,雕刻秃鹫用到的、从塔斯马尼亚进口,并经过特殊处理的木材每块只需要50美元,而且他每周就可以雕刻一只。他决定以每只200美元的价格出售秃鹫木雕,其中丰厚的利润足以让他发家致富,想到这里他不禁开始想象自己坐拥豪车,在度假胜地阿卡普尔科纵情狂欢的情景了。最重要的是,他喜欢雕刻。

他开始动手雕刻,租了一家店面,还邀请邻居和当地的艺术评论家参加开业庆典。结果庆典之上,众人哄堂大笑,而他却哭丧着脸。他们认为这些秃鹫木雕简直丑陋不堪。这让他不禁抱头大哭。没人愿意为此掏钱。最后，还是他母亲勉为其难地出了49美元拿走一个。他就此放弃，洗手不干了。"看不见的手"对他的快速放弃跷了个大拇指，以示赞同。为什么会这样呢？

因为约翰生产的不是他邻居想要的东西，而是他自己想要的。他也没有定一个邻居们愿意支付的价格，而是漫天要价。但在约翰的例子中，没有人会付给他雕刻秃鹫所付出的实际成本。约翰的要价不应该高于成本吗？不。答案并不在于要价更高，而是这个产品根本不该生产！为什么"看不见的手"会赞同约翰关门大吉呢？为了制作这些雕塑，约翰用掉了稀缺的资源。地球赋予我们的资源是有限的。如果约翰用掉了珍贵的塔斯马尼亚木材，其他人就不能用了。如果人们不能生产出比他们所用原料本身更有价值的东西，"看不见的手"就会强迫他们放弃。约翰拿了价值50美元的木头，一番精雕细琢，结果他雕出来的秃鹫反而不值这个价了。社会不能容许这种以贬损资源价值的方式浪费资源的行为。那些利用木材制作名贵小提琴或为残疾人制作拐杖的人，他们提升了这些资源的价值，也增加了社会的财富。他们理应得到"看不见的手"的掌声，而约翰则活该挨上一拳。

我们回头再来看看约翰的情形。回到家后，他倒了一杯茶，对餐桌上挂着的那只秃鹫骂骂咧咧的，还用拳头在空中比画一番，结果杯里的茶洒到了桌子上。现在他开始咒骂自己把茶洒在了他一个月前刚做的新桌子上。这时他脑海里再次灵光一现。他自问，为什么不做桌子来卖呢？这次他也算吃一堑长一智，找到了一家木材厂，愿意按每张桌子100美元的价格为他提供木材。切材、刨平和组装一张桌子大约需要两周的时间。根据他之前做木匠活的经验，他估计自己每周的工作时间值200美元。再考虑到工具、租金和其他杂项费用，他计算出每张桌子的总成本约为575美元。约翰去店里浏览了一下类似的餐桌，发现他可以卖到 585 美元的价钱。他不仅能给自己挣到每周 200 美元的工资，而且还能获得利润。

"看不见的手"最终为他跷起了大拇指。他利用稀缺资源，创造出了更有价值的事物——不是根据他自己的品位，而是根据社会的所需。

到目前为止，我们已经领教了"看不见的手"是如何对生产进行鼓励和劝止的。而亚当·斯密也向我们展示了市场是如何调节价格的。记得吗？斯密笔下的人都是自私自利的。那为什么约翰不把餐桌价格提高到 585 美元以上来增加利润呢？因为他不能。如果约翰提高价格，利润反而将大幅下降，因为人们会直接绕过他的店铺，从标价更低的竞争对手那里购买餐桌。当然，所有的家具制造商可以聚在一起，协商共同提高价格。但是，即使他们能够就价格达成一致，也会有其他自利者因为看到家具生意的高利润而争相进入这个行业。这些企业就可以通过低价出售和窃取同业联盟的业务来赚取巨额利润。

价格和利润会向企业家们发出信号，告诉他们生产什么和定什么价。高价格和高利润会在企业家耳边鼓噪，催促他们开始生产某种商品。而低利润或亏损则会揪住他们的领子无情地胁迫他们停止生产。

不过，价格和利润并不是简单的抽象概念。高利润到底意味着什么？它意味着人们需要或想要一种产品。当房主和汽车司机更青睐流媒体音频设备而不是 CD 播放机时，对流媒体设备技术的需求增加了，生产商就可以为其定更高的价。相应地，CD 制造商对此信号的应对措施就是减少 CD 播放器的产量；工人们从一种工厂转移到另一种之中，价格也会回归正常水平。从 2000 年到 2018 年，CD 销量暴跌了 90%，而听一首歌的成本也下降了。[17] 相比《辣身舞》(*Dirty Dancing*) 霸榜的 1987 年，消费者在 2018 年购买的 CD 要少得多。

同样地，2004年"百视达"（Blockbuster）[①]在全球拥有超过9000家门店。现如今，只有俄勒冈州的本德市还保留着一家孤零零的店面，其目的也只是为了吸引那些对20世纪90年代有着怀旧之情的游客来这里参观而已。尽管视频行业还在折腾不休，但在家看电影的成本却更低了。在过去的10年里，个人电脑和平板电视的价格均呈下降趋势，原因不仅是成本下降，还在乎有很多高科技制造商加入了利润竞争的行列。从长远来看，任何行业的利润都不应超过正常水平。自由市场会自发地引导无数逐利的约翰们，去满足陌生人的需求。其间，既不需中央计划者的催促，也无须监工们的逼迫。

劳动分工

亚当·斯密确实如其所言，向我们展示了"看不见的手"是如何调节产量、价格和利润的。但这位开朗的苏格兰人还曾承诺让我们明白什么才能增加一国的财富。如果他回答不出这个问题，他恐怕也不会比重农主义者高明多少。所幸他以一个简洁的四字答案再次胜出：劳动分工。斯密从逻辑和经验这两方面论证了他的论点。当他描述一个扣针工厂时，经验方面的论证可谓活灵活现，这也成了经济学思想中最著名的段落之一。马克·吐温说过，所谓经典，就是人人都有，但没人愿意去读的书。更可悲的是，经典往往变成了枯燥无聊的陈词滥调，让我们难以体会它们最初面世时所包含的那种力量感与澎湃张力。想象一下下面这段文字当初所带来的冲击

[①] 美国的一家家庭影音产品出租连锁店，在发展高峰时期，拥有超过60000名员工和9000家门店。但终因经营不善，未能跟上流媒体潮流而宣告破产。
——译者注

力吧，要知道斯密写下这段话时，工厂生产还远未普及，世界上大部分的商品还是由三到四人组成的小作坊生产的：

  一个劳动者，如果对于这个职业……扣针的制造没有受过相当训练，那么纵使竭力工作，也许一天也制造不出一枚扣针，要做二十枚，当然是绝不可能了。但按照现在的经营方法，不但这整个作业已经成为专门职业，而且这种职业还分成若干部门，其中有大多数也同样成为专门职业。一个人抽铁线，一个人拉直，一个人切截，一个人削尖线的一端，一个人磨另一端，以便装上圆头；要做圆头，就需要有两三种不同的操作；装圆头，涂白色，乃至包装，都是专门的职业。这样，扣针的制造分为了十八种操作。有些工厂中，这十八种操作，分由十八个专门工人担任……我见过这样一个小工厂，只雇用十个工人……这十个工人每日就可成针四万八千枚，即（平均）一人一日可成针四千八百枚。但如果他们各自独立工作，不专习一种特殊业务，那么，他们不论是谁，绝对不能一日制造二十枚针，说不定一天连一枚针也制造不出来。[18]

  只是通过专门化和任务分工，一天的产出就可以激增至少400 000%！斯密该如何解释这一点呢？我们是否又要将此归功于某只"看不见的脚"，或是在我们睡觉时为我们工作的无私小精灵呢？公平而论，斯密从来没有承诺在任何情况下产出都会有400 000%的飞跃。但他确实提出了劳动分工提高产出的三种方式：第一，每个工人在其特定任务中培养出更多的技能和熟练程度。第二，工人们从一项任务转换到另一项任务时浪费的时间更少。这点很说得通，特别是当改变任务迫使工人必须改变其服装、工具或工作地点时。第三，专门化的工人将更有可能发明机械来帮助他们完成每天都得从事的特定任务。斯密认为，推动发明的往往是工人，而非工程师：

  用在今日分工最细密的各种制造业上的机械，有很大部分，原是普通工人的发明。他们从事着最单纯的操作，当然会发明比较便捷的操作方法。不论是谁,只要他常去观察制造厂,他一定会看到极像样的机械,这些机械正是普通工人为了要使他们担当的那部分工作容易迅速地完成而发明出来的。[19]

请注意,虽然斯密一开始是称赞劳动分工提高了生产力,但他最后则将技术进步归功于劳动分工。

从20世纪70年代中期直到80年代末日本股市泡沫破灭前,商业顾问、经济学家和商业作家们对日本工厂进行了细致研究,以探寻它们成功背后的秘密。正是这些工厂所取得的成功颠覆了底特律的汽车制造商"三巨头"[①],并使宝丽来(Polaroid)和康柏(Compaq)等美国科技公司纷纷以破产收场。在某些方面,日本的工厂似乎没有实行那么"斯密式"的分工,他们采用工作循环而不是装配流水线。然而,日本企业声称,他们的员工比美国同行发明和创新得更多。对日本方式的赞颂让一些企业起而效仿,也让坊间流传一些寓言,比如日本、法国和美国公司高管分别被判处死刑的故事。故事中,刽子手让这三人提出最后的一个要求。法国人说:"我想要一瓶赤霞珠红酒和一顿丰盛的宴席,特色菜是蜗牛、野雉和法式焦糖奶油布丁。"日本高管则回答说:"我想做一个关于日本企业管理优点的讲座。"最后,美国人提出了他的临终要求:"你能在日本人开始他的管理讲座之前给我个痛快吗?"

斯密提出,为了提高效率,工作应该按任务分配。但他也告诫道,劳动分工会导致不同任务的工资水平出现差异。斯密关于工资率的复杂假设使我们难以对此进行简明扼要的讨论。但他确实为经济理论家们解释为何一个群体的收入高于另一个群体提供了有力的依据:

---

① 即通用(General Motors)、福特(Ford)和克莱斯勒(Chrysler)三大汽车制造商。——译者注

1. 一份工作可能会带来不甚愉快的工作条件，因此除非有工资补偿，否则就鲜有人会接受雇用，这就是所谓的"补偿性差异"（compensating differentials）。帝国大厦顶层擦窗工的待遇肯定要超过一个只需擦拭塑料贴面午餐柜台的餐馆打杂。当然，擦窗工的视野也会更好一点。

2. 有些工作需要特殊培训。法庭速记员就比法警挣得多。

3. 不安定或缺乏保障的工作可能薪水更高。建筑工人的时薪比其他接受过同等培训程度的工人要高，因为天气条件不允许他们与后者工作同样长的时间。

4. 当工作需要高度信任时，工资就会上涨。由于外行人无法评估钻石的价值，许多人觉得从蒂芙尼（Tiffany）这样虽价格高昂但值得信赖的商店购买钻石要比从折扣店购买更令人安心。

5. 当成功的概率很低时，成功时所获的回报就会很高。民事诉讼中的律师通常会按照所谓"胜诉酬金"的方式受理案件——也就是说，他们只有在胜诉的情况下才能获得报酬。但如果他们真的打赢了官司，他们的酬劳甚至会超过速记员。斯密不认为所有的经济人都能表现出完全理性。他猜想，从事高风险职业的人高估了他们成功的概率，因此其最终收入会比他们预期的要低。

城镇和国家之间的劳动分工

斯密从未保证过单凭劳动分工就能给一个国家带来财富。制造商、供应商、城镇和城市之间的自由贸易也是不可或缺的。如果因为贸易限制或运输成本太高而不能交易，一万枚扣针又有什么用呢？制造商还不如每天只生产二十个，或者干脆一个都不做。此外，劳动分工不仅仅发生在工厂里的工人之间，也可以发生在城镇之间。

就像特定的个人一样，特定的城镇也可以专门化。博伊西可以生产小麦，而波士顿则生产博士（Bose）耳机。关键是，只有市场扩张，亦即越来越多的地区通过贸易路线彼此相连，一个国家的财富才会增长。

想想 1750 年的美国吧。其东部沿海的贸易路线可以将货物从巴尔的摩顺利地运送到波士顿，然而宾夕法尼亚州以西的殖民地却不得不自谋生路。一个自给自足的殖民地，就类似于一个必须自己切截、弯折、装圆头和交货的扣针工人。在美国，随着水路与陆路交通路线的开发和运输成本的降低，越来越多的城镇可以被纳入一个共同的市场之中，从而令个别社区和整个国家的财富均实现增长。事实上，随着海运业制造出更安全的船只，并发展出更卓越的航海技术，横跨大西洋的航运成本降低了，这使北美殖民地和英国在整个 18 世纪都充满活力。即使是击败海盗也为国家的财富增长作出了贡献。

爱默生式的自力更生也许是美国人精神的一部分，但美国人的钱袋变鼓却并非拜其所赐。

在为自由贸易大声疾呼的同时，斯密也坚持认为，如果英国能以低于本国生产成本的价格从另一个国家购买商品，那么英国就能从这类贸易中获益。英法之间也许素有罅隙，但如果一瓶法国白葡萄酒售价一英镑，而一瓶英国白葡萄酒售价两英镑，那么英国人再生产葡萄酒就是愚蠢之举。法国在葡萄酒方面可是有着"绝对优势"（absolute advantage）的。当然，如果法国葡萄酒的价格是英国同类产品的两倍，英国再购买法国葡萄酒就成傻瓜了。斯密的观点很好理解，因为英国为什么要浪费稀缺资源去生产成本更高的葡萄，而不是利用这些资源以低于法国的成本生产羊毛呢？根据斯密的观点，一个国家应该只进口那些另一个国家在生产上拥有绝对优势的产品（请记住斯密的这一观点，因为大卫·李嘉图在日后以才华横溢的方式对此观点进行了修改,并让此后的几乎所有经济学家相信,单是国际贸易本身就可以使一个国家富裕起来,即使其他任何国家的生产成本都不比本国低)。

亚当·斯密以他的呢绒大衣为例,列举了为他提供这件保暖衣物所需的所有来自不同行业、地理分布各异的劳动者:牧羊人、拣羊毛者、梳羊毛者、染工、纺工、织工、商人和水手(假定他的大衣部分需要进口)。最令人惊讶的是,这些劳工不必彼此相识,也不必认识斯密,更不必知道斯密为什么要一件大衣。他们只需要知道,放牧羊群或给羊毛染色所获的报酬足以使他们的劳动物有所值;也就是说,有人愿意为他们对最终产品所做的贡献买单。哈耶克在一篇重要的文章中进一步阐述了斯密的观点,指出信息分散是社会发展的最大障碍之一。没有一个中央计划者可能收集到决定社会是否应该为亚当·斯密这个人生产一件大衣所需的所有信息;即使他掌握了所有信息,情况也有可能改变。但市场价格体系却能告诉个人他们需要知道的一切。哈耶克在下面的段落中使用了锡作为例子:

假设某种原材料,比如锡,在这个世界上的某个地方有了新的用途,或者其供给来源之一消失了。对于我们来说,无所谓这两者之中何者使得锡变得更为稀缺了,而且重要的正是这个"无所谓"。所有锡的使用者仅仅需要知道,他们使用的锡在别的地方有了更为有利的用途,因而他们必须节约锡的使用。对于他们中的大多数人来说,无须知道更为急迫的需要来自何地……如果他们中只有一部分人直接了解到新的需求,并且将资源转移到那个需求;如果有人意识到由此造成的这个缺口需要用其他资源来填补,其影响就会迅速扩散到整个经济系统。受到影响的就不仅仅是锡的利用,还有锡的替代品、这些替代品的替代品,锡制品的供给,以及锡制品的替代品的供给等。而完成这些替代的大多数人对这些变化的最初原因根本一无所知。

他还引用了哲学家阿尔弗雷德·诺尔司·怀特海(Alfred North

Whitehead)的名言来强调这一点:"所有的书本和名人演讲都一再重复一个错误的公理,我们应该培养起对自己正在做的事进行思考的习惯。可事情却恰恰相反。文明的进步依靠的恰恰是增加我们无须思考就能执行的重要操作的数量。"[20] 通过我们并不理解的符号和信号,我们得以利用他人的知识。

哈耶克还运用他的"无知论"来批驳建立在完全利他主义基础上的经济乌托邦幻想。每个人都是世界上最了解自己想要什么的权威专家。没有人比他更清楚自己,没有人能比他更好地判断某个替代选择对他实现自己向往之事的影响。因此,人们应该关心自己的利益。如果所有人都致力于实现"公共利益",他们就必须像了解自己一样了解其他人。举个例子,吉尔(Jill)是一位道德高尚的善人,她爱世人,可能也会爱一位与她素昧平生的杰克(Jack)。但是她又如何知道他想要什么,还有他对自己想要的东西有多看重呢?假设吉尔和杰克都是利他主义者。吉尔正在出售她的房子,买家就是杰克。因为她爱杰克,所以她想仅以10万美元的价格把房子卖给他。而既然杰克也爱吉尔,他就不愿付这么少的钱。他出价20万美元。她拒绝了,并提出只接受11万美元。因为自己的恩惠被拒绝而觉得受到了伤害的杰克坚持要给21万美元。我们不知道这种奇怪的讨价还价会如何收场,而这正是哈耶克的观点。这场讲价中没有市场信号出现,社会丧失了分配稀缺资源的能力,因为没有人承认他们对房子的估价。正如亚当·斯密所说:"他追求自己的利益,往往使他能比在真正出于本意的情况下更有效地促进社会的利益。我可从来没有听说过,那些佯装为公众幸福而经营贸易的人做了多少好事。"[21]

哈耶克的逻辑受到了他的老师路德维希·冯·米塞斯(Ludwig von Mises)的影响,米塞斯在1920年反对社会主义,理由是没有一个政府能够完成组织一个高效经济所需的所有计算。米塞斯是奥地利经济学派(Austrian school of economics)的领袖,该学派奉行自由放任的观点，对数学模型持怀疑态度。米塞斯相信经济真理是不证自明的，并对基于真实数据的模型持反对意见，他的观点直到最近才受到人们的追捧。今天，新奥地利学派正试图扩大米塞斯及其维也纳导师卡尔·门格尔（Carl Menger）和欧根·冯·庞巴维克（Eugen von Böhm-Bawerk）的理论成果的影响力。

　　米尔顿·弗里德曼（Milton Friedman）沿袭了从斯密到哈耶克一脉相承的传统。如果你手里有他的《自由选择》(Free to Choose) 这部著作，你会看到一张弗里德曼举着一支铅笔的照片，这支铅笔就是自由贸易奇迹的象征。弗里德曼坚持认为，没有任何个人能知道如何制作铅笔的全过程。[22] 要制作一支铅笔，你必须学会如何锯倒俄勒冈州的一棵大树。但首先你需要用钢来做锯子。所以你得订机票前往巴西的铁矿，然后戴上矿工头盔去挖矿。然后，你要去匹兹堡，设法将铁矿石变成钢铁。也不要忘记组成铅笔的金属箍、石墨芯和橡皮擦。它们需要你前往斯里兰卡和印度尼西亚才能获取。然而，即使在经历千辛万苦的行程，学习了交换材料所需的各种化学、工程和外语知识之后，你认为你能像铅笔制造商迪克森·泰康德儒格（Dixon Ticonderoga）那样，以 13 美分的价格生产出一支铅笔吗？他家的铅笔还装在一个便携纸盒里，盒子上有漂亮的图形印刷，因此颇吸引了一批拥趸呢。乔治·卢卡斯（George Lucas）在给天行者卢克一把光剑之前，用一支迪克森铅笔勾勒出了星战世界的草图，而《查理和巧克力工厂》（Charlie and the Chocolate Factory）的原著作家罗尔德·达尔（Roald Dahl）每天早上在动手写第一个字之前会削上 6 支这样的铅笔。[23] 真正令人拍案的是，无论是铁矿工人、砍树工、橡胶园的农民还是平面艺术家，他们都不需要聚集在一间会议室里，就能合力缔造出制造铅笔的奇迹。不需要中央计划官员来指导运营，价格体系和市场这只"看不见的手"便可协调这一切。在你的一生中，你听说过铅笔短缺吗？或者铅笔制造商哄抬价格的消息？铅笔当然是一个微不足道的小物件（除非你在高考那天早上没带铅笔就去了考场）。但那些更为复杂的例子，无论是每片1美分的阿司匹林，还是每台价值1100万美元的航空喷气发动机，都是通过同样的机制呈现给我们的。只要给予足够时间，市场就会推动生产商以更低廉的价格提供更优质的产品。

普通人的主题

虽然斯密时常赞扬自由贸易和商人的事业，但他并不是资产阶级雇用的枪手。《国富论》中充斥着对商人的批评。该书也并非旨在为富人辩护。斯密大力赞扬自由贸易和劳动分工，因为他确信，这些机制对普通大众带来的帮助更甚于其对王公贵族们的：

没有成千上万人的帮助和合作，一个文明国家里卑不足道的人也无法取得日用品的供给……的确，同那些更为奢侈的大人物相比，他的食宿条件无疑显得极其简陋；然而，也许一个欧洲王子的生活条件也并不总是比一个勤劳节俭的农民高得多，正如后者的生活条件已经超过了不少非洲国王一样，要知道这些国王可是他所统治的成千上万名衣不遮体的未开化臣民生命和自由的绝对主宰。[24]

就像他的追随者一样，斯密天真地认为，在市场体系下，即使是穷人和政治弱势者也能兴旺发达。相反，在中央集权体制下，政治权力决定经济地位：只有国王和领主的同党才能聚敛财富。米尔顿·弗里德曼在他的《资本主义与自由》（*Capitalism and Freedom*）一书中再次发展了斯密的观点，一方面，他认为市场体系有效地减少了种族或民族歧视，因为消费者从出价最合理者那里购买商品，而不是根据卖家的宗教信仰或肤色是否恰当来购买；另一方面，他指出，在社会主义制度下，少数群体的成员要想获得提拔，就必须获得计划制订者的政治偏爱。[25]

弗里德曼的观点仍然存在争议，批评人士提出了许多反例，例如，对于少数族裔员工，公司高管也只有在其"领导能力"和"个性"等"软"变量得分很高的情况下才会提拔他们。此外，还有批评者主张，经济力量可以通过竞选捐款转化为政治力量，因此经济贫困阶层丧失了政治话语权。弗里德曼承认了后一种观点，但他也对批评者进行了回击，即主张建立一个不允许干预大多数经济事件的"小政府"。对此的辩论仍十分激烈，相关文献数量也不断增加。

尽管斯密自信地认为他已经揭露了如何获得更大财富的秘密，但他并未致力于建立一种绝对正确的教义。他欣然承认了劳动分工中存在一些缺陷，这也再次证明了他的敏感性并不限于成本和收益。回想一下，他最初的志向可是伦理学。斯密坚信，身体状况会影响人的心智，他担心流水线作业会摧垮工人的智力和勇气："一个人如果终其一生都只是在重复一些效果一成不变的简单作业……就没有机会发挥他的理解力，或行使他的创新能力，以找出解决困难的应急手段……因此，他自然会失去这种尝试努力的习惯，并变得极其蠢笨无知。"在家长心态的驱使下，斯密建议以公共教育来医治公众的愚钝，因为受过教育的工人更有可能在从事体力劳动的同时迸发想法，磨炼心智。斯密说道："国家只要以极少的费用，就几乎能够便利全体人民，鼓励全体人民，甚至强制全体人民获得这种最基本的教育。"[26]

至此，让我们来总结一下《国富论》。亚当·斯密认为劳动是经济增长的主要引擎，当①劳动力供应增加，②劳动得到分工，或③新机器带来的劳动力素质提升时，这台引擎就会加速运转。只要人们的想象力中持续迸发出对有利可图的投资和发明的新想法，并且允许自由交换，经济就有继续增长的动力。最重要的是，一般公众可以由此享受更高的生活水平。诺贝尔经济学奖得主保罗·萨缪尔森（Paul Samuelson）虽与米尔顿·弗里德曼的分歧颇多，但当他利用现代数学方法重新审视亚当·斯密的增长理论时发现，如果"发明不断涌现……利润率和实际工资达到的平均数将高于它们的最低可维持水平"。萨缪尔森由此宣称："亚当·斯密的理论在一场当代的检验中表现出色，这个结果令人欣慰。"[27]

政策与实践

亚当·斯密并不是躲在象牙塔里不问世事的理论家。他希望世界能够遵循他所指出的规则，因此对会晤结交政治家和权力掮客十分热衷。当英国首相威廉·皮特（William Pitt）采纳他的建议，或是当反对党领袖查尔斯·詹姆斯·福克斯（Charles James Fox）引用了他的只言片语，称他的作品所揭示的"真相"简直"无可争辩"时，他都会激动不已。至于福克斯在没有真正读过他的作品的情况下就引用了其中著名段落的做法，他也是不计较的。在《国富论》中，斯密对北美殖民地的形势发展颇有先见之明，对其遭遇也表现出同情。令他失望的是，英国的领导者并不能预见到殖民地将赢得独立战争，并成为"世界上有史以来最伟大和最强大的帝国之一"。[28]

哈里·杜鲁门（Harry Truman）总统曾恳求给他找一位"一只手"的经济学家。为什么呢？因为他已经对那些总是说"一方面（on the one hand），我们可以……另一方面（on the other hand）却又可能如何……"的经济学家感到不胜其烦了。亚当·斯密当然双手俱全，不过他可没有模棱两可，而是自信地指出了政体应该遵循的最佳政策。他警告立法者说，特殊利益集团会对那些旨在增加国家财富的措施横加阻碍。这警告至今仍应在世界各地的议会中回响。斯密对经济学的自由市场观点并没有使他像伏尔泰笔下的潘格罗斯

（Pangloss）博士那样受到盲目乐观主义的谴责，后者是一个腐儒，即使周遭充满证据表明事实并非如此，仍相信自己生活在"最理想的世界中"。另外，正如讲稿撰写人威廉·萨菲尔（William Safire）所说，斯密不是一个"只会发发消极牢骚的名人"。相反，他发现了进步的障碍，并向我们展示了如何对其加以规避。让我们看看两个政策关注点。

国内贸易限制。回想一下前文所述的竞争市场体系，竞争者进入一个行业，会迫使产品价格和利润下降到"生产成本加上正常投资回报"的水平。但斯密发现，有时商人们显然赚取了过高的利润。为什么这时他的模型不起作用呢？斯密描述了两种不同的情况来解释超额利润的出现。

在第一种情况下，其他企业家之所以不能进入这个利润惊人的行业，原因仅仅是自然现象的限制。例如，只有西班牙赫雷斯附近的土地可以种植适合酿造雪莉酒的葡萄。即使英国人再有进取心，即使英国王室成员纡尊降贵亲自上阵踩葡萄酿酒，在白金汉宫附近也种不出那种葡萄。因此，赫雷斯的土地所有者可以坐享高额利润。当然，企业家可以尝试说服人们改喝波尔图葡萄酒，这有助于抹消过高的利润。

如果英国王室可以在白金汉宫的花园里种植酿造雪莉酒用的葡萄，那又会如何呢？他们还应该称这种酒为"雪莉酒"吗？欧盟坚持保护许多农业产品不受地域仿冒的影响。例如，只有在法国香槟地区生产的气泡酒才能冠以"香槟"之名。毫无疑问，意大利的酿酒师们知道如何陈酿葡萄以用于类似香槟酒的生产，但如果他们在标签上印上"香槟"这个词，他们就会锒铛入狱。因此，他们管自己酿造的果味更浓的气泡酒叫作"普罗赛克"，用的是生长在威尼斯北部的葡萄。但不要因此为意大利人感到遗憾。只有他们才能合法生产帕尔马火腿，而蓝纹奶酪也只有法国人才能称其为羊乳干酪。

意大利的帕尔马诺－雷吉亚诺（Parmigiano-Reggiano）奶酪制造商联盟甚至明确规定了奶牛的挤奶时间，以及用于制作这种奶酪的牛奶比例。[29] 正如你所料到的，只有瑞士人才能做出正宗的瑞士奶酪，尽管整个欧洲大陆都不缺打孔机。

通过限制竞争，这些"地理指标"和商标使传统生产商获取的利润更高，消费者为其付出的价格也更高。[30] 在帕尔马的比萨店里，兜售卡夫（Kraft）食品的廉价罐装帕尔玛干酪的销售人员肯定不受待见。普罗赛克酒和加州起泡酒的生产成本更低，而且在品酒盲测中表现不俗，法国的香槟酒生产商对此也心知肚明。欧洲官僚对农业保护的坚持可以被称为"风土统治"（reign of terroir）——所谓"风土"（terroir）意即"地形的特征"。这是一种发自内心的、怀旧的观念，即生产与土地，以及某个地方的文化传统联系在一起。卡拉马塔橄榄的味道之所以是卡拉马塔橄榄味，是因为当地的土壤、雨水和希腊工人的汗水造就了它们。不难发现"农业"（agriculture）一词中便蕴藏着"文化"（culture）。

欧洲并不是唯一一个给产品强加地理标签的地方。如果你在新泽西州尝试酿制肯塔基波旁威士忌，你可能会被帕迪尤卡郡的警长端着猎枪追杀。不过，总体而言，美国对地理商标的态度较为宽容，并试图通过世界贸易组织进行谈判，降低相应标准。这是一场艰难的谈判。当现代欧洲的政治家们试图淡化这些规章制度时，他们会遭到让人惊恐的反对。2019 年，法国农民怀疑法国总统埃马纽埃尔·马克龙（Emmanuel Macron）正在放松对南美牛肉的进口限制。他们随即动员了几个营的拖拉机隆隆作响地穿过波尔多以示抗议。马克龙还算幸运。20 世纪 90 年代，法国农业部部长曾在巴黎街头被挥舞着干草叉的农民追赶。请注意，这场追逐发生在 20 世纪 90 年代，而不是 18 世纪。

在此类地域热忱之中，怀旧情绪也发挥了作用。在普鲁斯特

(Proust)的《追忆似水年华》(Remembrance of Things Past，1913)中，故事叙述者马塞尔(Marcel)在茶里泡着烤好的玛德琳蛋糕时，顿时被汹涌而来的感情激流所吞没。他试图唤回年轻时的记忆："当人亡物丧、过去的一切荡然无存之时，只有气味和滋味长存……它们如同灵魂般，在其他一切事物的废墟之上，回忆、等待、期望。"在现代经济中，随着商业的发展和科学的进步让我们享受到更多的食物，寿命更为长久，生活提升至更高的水平，我们也可能会觉得我们失去了什么。马塞尔记住的，是刚烤好的玛德琳蛋糕的味道。而今天，我更可能吃到的玛德琳蛋糕是用卡车送到星巴克(Starbucks)的成品，或者是纳贝斯克(Nabisco)推出的量产版本。也许我们怀念那些过往日子的味道，或者怀念那些制造出这些味道的工匠们。尽管生活水平提高了，我们可能偶尔也会感到怀旧之痛。我把这种感觉称为"玛德琳抑郁症"，因为在现代社会的喧嚣和电子设备的哔哔噪声中，我们有时都会觉得自己像是另一个马塞尔。

但是，因此放弃现代化和国际贸易是不是真的更好呢？欧洲上一次"购买本地商品"的尝试，被称为中世纪。但即使在中世纪，居民们也会邀请旅行商人在城镇广场上开店。现代消费者可以全年无间断、全天候地购买来自各个大陆，由他人种植、收集、缝制或锻造的商品，当然南极洲除外，除非你是寻找企鹅的波普先生。[①] 在20世纪40年代，科尔·波特(Cole Porter)在一首歌词中回忆道，他的前情人还不值"过季芦笋"的价码。可在如今的人看来，芦笋不是和猕猴桃、寿司和人工养殖的鲈鱼一样，全年都可以吃到吗？

斯密指出的第二种情况更为恶劣。当一小撮商人达成协议以保持高价时，不正常的高利润可能会持续下去。为此他写道："同业中

---

① 儿童读物《波普先生的企鹅》(Mr. Popper's Penguins)中的主角，以与六只企鹅间的不解之缘而闻名，也曾被改编为同名电影。——译者注

人甚至为了娱乐或消遣也很少聚集在一起，但他们谈话的结果，往往不是阴谋对付公众便是筹划抬高价格。"[31] 根据斯密的说法，商人之间的邪恶约定通常并不稳固。因此，商人会唆使政府与他们狼狈为奸。除非政府支持这些同业联盟，否则商人们的阴谋通常不能阻止竞争者进入市场。斯密猛烈抨击了当时许多相互矛盾的限制措施，这些措施限制了贸易和劳动分工，以为某些明确群体谋求利益。学徒法和行业工会尤其阻碍了竞争的开展。斯密描述了这些举措导致的愚蠢结果：马车制造商不能合法地为他的马车制造轮子，但车轮制造商却可以在他所制造的四个轮子上装上马车车厢！如果车轮制造商可以通过法律禁止竞争，他们就可以收取高价。除了《学徒法》（Statute of Apprenticeship），斯密还对英国《济贫法》（Poor Laws）大加贬低。根据该法，为了获得救济，公民必须满足居住期限要求，这意味着他们就无法根据对不同类型劳动力的需求变化而从一个行业转移到另一个行业，或从一个城镇搬迁到到另一个城镇。斯密激烈地抨击政府授予的垄断权，称其通过"使市场存货经常不足，从而使有效需求永远不能得到充分供给。这样，他们就以远高于自然价格的市价出售他们的商品，并提高他们的……工资或是利润"。[32]

那么，斯密对商人共谋的恐惧在大西洋这一边的美国得到了怎样的回应呢？美国更关心的是垄断和寡头垄断（少数公司共同主导一个行业），而不是学徒制，后者在美国从来没有像在欧洲和亚洲那样盛行过。每个高中生都在课上学过所谓"强盗大亨"（robber barons），即那些19世纪的实业家，如铁路巨头范德比尔特（Vanderbilt）、钢铁大王卡内基（Carnegie）和石油大王洛克菲勒（Rockefeller），他们践踏竞争对手，在火车、钢铁和石油行业称霸一方。1898年，威廉·麦金莱（William McKinley）总统开启了反托拉斯时代，以打击当时的垄断巨头，这一纲领后来在西奥多·罗斯福的总统任期得到了强制执行。但许多教科书却忽略了这一点：在强盗大亨时代（通常定义为1865年至1900年），美国的消费价格基本持平或下降，而人均国民生产总值却稳步上升。很难理解为什么这些大亨会利用他们一手遮天的权力来增加产量和降低价格。经济理论告诉我们，垄断者的做法本该恰恰相反。答案是：他们的市场支配力不是永久不变的，他们需要不断地击退市场入侵者，这就要求他们压低价格。尽管如此，美国的经济学家和政治家们仍旧担心大公司会令自己免受竞争的影响，从而大获其利。因此，多年来美国政府将成千上万的公司告上了法庭，并根据《谢尔曼反托拉斯法》（Sherman Antitrust Act）和《克莱顿法》（Clayton Act）起诉它们操纵价格和限制竞争，尽管这些公司会通过它们的律师撒泼吵闹一番。此外，司法部经常试图阻止公司合并。反托拉斯的举措在整个20世纪都一直在持续。尼克松政府对国际商业机器公司（IBM）发起了长达13年的"拆分战"，声称这家"蓝色巨人"垄断了计算机行业，直到1982年才不了了之。如今IBM甚至不再生产个人电脑了。2005年，联邦贸易委员会介入了百视达和好莱坞娱乐视频公司的合并，显然是担心这些不幸的公司会在VHS录像带和DVD市场一家独大。联邦贸易委员会是在保护消费者免受那些烦人的VHS播放器上不停闪烁的"12：00"字符的骚扰吗？在整个20世纪70年代，一些经济学家和法学教授——通常是芝加哥大学教授米尔顿·弗里德曼、乔治·斯蒂格勒（George Stigler）和理查德·波斯纳（Richard Posner）的校友——主张，虽然价格操纵不受欢迎，但通过合并实现的"做大"未必有害无益，因为大公司并不一定会阻止市场进入，实际上可能还会促进效率。

亚马逊和沃尔玛是世界上最大的两家零售公司。沃尔玛是由山姆·沃尔顿（Sam Walton）创立的，他来自阿肯色州，是一个狡猾而抠门的家伙，他把自己的第一家店命名为沃尔玛（Walmart），只因他不想花钱买多余的字母来拼出自己的全名。[33]而亚马逊则是杰夫·贝佐斯（Jeff Bezos）在自己的车库里卖书创办的，他还曾警告早期投资者说，他有 70% 的可能性会破产。而事情的发展却与他的预测相反，贝佐斯成为全球最富有的人。这两家起于寒微的零售商如今已经发展成为业务涵盖极其广泛的企业，不仅改写了零售业的规则，还将玩具反斗城（Toys "R" Us）、巴尼百货（Barneys）和凯马特（Kmart）等著名竞争对手纷纷推向破产。尽管如此，他们对消费者的主要影响还是压低了价格。

许多当代学者认为，传统的反托拉斯者对市场的观察过于狭隘。现代竞争不仅包含国内公司，也涉及外国公司。作为证据，他们会将 20 世纪 80 年代通用汽车（General Motors）的失败与现代汽车（Hyundai）的胜利联系在一起。现代汽车是一家韩国汽车制造商，在登陆美国市场的几个月内就对汽车城底特律造成了巨大冲击，让通用汽车的资产负债表非常难看。在电视机市场上，索尼（Sony）打败了 Zenith 和 RCA，之后三星（Samsung）和夏普（Sharp）又从索尼手中夺走了市场份额。摩托罗拉（Motorola）在 20 世纪 90 年代主导了早期的手机市场，但现在除了推出一款益智游戏外，已经基本销声匿迹。

在 20 世纪 90 年代，最热门的反垄断案是美国司法部对微软发起的。政府的反垄断监管机构认为，微软在电脑操作系统上的垄断地位令其能够阻止竞争对手将产品呈现给消费者。许多记者将微软创始人比尔·盖茨（Bill Gates）比作约翰·D. 洛克菲勒，认为通过垄断计算机操作系统，盖茨就可以像垄断石油市场的标准石油公司那样为所欲为了。当芝加哥学派的主要思想家之一、前法官、耶鲁大学教授罗伯特·博克（Robert Bork）发表简短声明，攻击微软的垄断行为时，微软的反对者们欢呼雀跃。就在当时的世界首富比尔·盖茨在证人席上坐立不安的戏剧性视频公布之后，微软与司法部达成了和解。然而，令微软的对手们感到遗憾的是，和解协议并没有迫使微软将其软件代码的核心抹消，也没有阻止它将新程序绑定到 Windows 程序栏上。事实上，和解协议无非是要求微软与其他人"共享"它的界面。很多时候，当律师在法庭上唇枪舌剑时，技术的新飞跃却使法庭上的解决方案既陈旧过时又浪费精力。就在盖茨在西雅图出席听证会时，史蒂夫·乔布斯（Steve Jobs）正在库比蒂诺发布 iMac，并计划用 iPhone 和 iPod 打开新市场。

在斯坦福大学（Stanford University）一场引人注目的毕业典礼演讲上，史蒂夫·乔布斯回忆了自己从大学辍学并走上挑战 IBM 之路的历程："我失去了我的宿舍，所以只能睡在朋友房间的地板上。我去捡 5 美分的可乐瓶子，仅仅为了填饱肚子；在星期天的晚上，我需要走 7 英里的路程，穿过这个城市到一座印度教克利须那派寺庙，只是为了能吃上顿像样的饭。但我乐此不疲。这些跟随好奇心和直觉所做的事情后来都被证明是无价之宝。"[34] 30 多年来，司法部一直致力于打击 IBM。但造成更激烈竞争的，却是像史蒂夫·乔布斯这样的辍学学生，而不是一板一眼的反垄断律师。

当下，世界经济的竞争一如既往地激烈。许多进入现代经济的门槛正在降低，而不是抬高。几乎所有行业都有侵入者蓄势待发，威胁着要窃取市场份额。宝洁（P&G）公司曾拥有男士剃须刀市场 70% 的份额，直到有些胆大的家伙创立了 Dollar Shave Club，并在油管视频网（YouTube）上发布了一个令人发指的广告，名为"我们的刀片真（脏话）棒"，这一广告在 2012 年迅速病毒式传播，吸引了数百万订户。亚马逊让各个行业的公司忌惮不已，不是因为它的价格更高，而是因为价格更低，交货更快，甚至还有无人机送货。

"零工经济"（gig economy）也带来了更廉价的商品。爱彼迎（Airbnb）已经切实将美国城市的空闲客房数量增加了 25%。优步（Uber）的估值超过了赫兹租车（Hertz）和阿维斯租车（Avis）。在 20 世纪 60 到 70 年代反托拉斯执法的巅峰时期，初创公司需要筹集数千万美元来建立工厂，雇用员工。如今，拥有强大知识产权和出众领导能力的公司，只需一个网站、几把转椅和一台单杯咖啡机，就可以与当下市场领军者一较高下。

即使是那些看起来完全禁止私营经济进入的领域也会吸引竞争。热门电影《隐藏人物》（*Hidden Figures*）讲述了黑人女性的励志故事，她们帮助美国国家航空航天局（NASA）完成数学运算，将航天员约翰·格伦（John Glenn）送入轨道。但是，即使是高风险的、以前无人涉足的太空领域，也已经成了激烈竞争的战场，贝佐斯的蓝色起源（Blue Origin）、理查德·布兰森（Richard Branson）的维珍银河（Virgin Galactic）、埃隆·马斯克（Elon Musk）的SpaceX，还有波音（Boeing）和阿丽亚娜太空公司（Arianespace）都参与到航天业务的争夺之中。

反垄断执法应聚焦于那些会通过持续提价行为而损害消费者利益的合并案例上。例如，当地医院的合并往往会导致价格提高，而走路都颤颤巍巍的患者通常没有心理或生理余裕去货比三家。

尽管过去10年美国处于低通货膨胀环境，但特朗普政府在打击托拉斯方面比其前任更积极。例如，特朗普的司法部曾试图阻止AT&T和时代华纳（Time Warner）的合并，理由是合并会推高消费者在家观看电影和电视节目的成本，但以失败告终。联邦贸易委员会起诉高通（Qualcomm）向苹果施加了据称会造成亏损的合同条款。过去几年，这种对企业巨头的新担忧在过去几年中也得到了一些学院派经济学家的支持，他们指出，各个行业的市场份额日益集中，并警告称，物价正在上涨。[35]

尽管如此，在技术发展如此迅速的形势下，很难预测企业交易的影响。AT&T和时代华纳也许有朝一日真会掌控在业内呼风唤雨的力量，但两者合并后的公司必须面对一个事实，即30%的千禧一代已经与有线电视供应商"断线"了。奈飞（Netflix）、迪士尼、葫芦

（Hulu）、油管视频网、亚马逊和其他好几家公司都提供流媒体服务。与此同时，身段灵活的新内容公司 Snapchat 吸引了 1.6 亿观众，他们每天的视频观看量超过 100 亿次。到底谁是失败者呢？

然而，最大的讽刺已经昭然若揭了。在 20 世纪的很长一段时间里，许多著名的经济学家，如琼·罗宾逊（Joan Robinson）、爱德华·张伯伦（Edward Chamberlin）和约翰·肯尼斯·加尔布雷斯（John Kenneth Galbraith）纷纷宣称，时移世易，加上企业的日益膨胀，亚当·斯密笔下那个完全竞争的简单世界已经变得越来越无关紧要了。然而，许多现代经济学家仍坚持认为，由于国际竞争的存在，亚当·斯密的远见正日益重新焕发光彩，变得愈发具有现实意义！[36]

国际贸易限制。斯密曾写道："在每一个私人家庭的行为中被认为是精明的事情，在一个大国的行为中就很少会是荒唐的了。"[37] 在证明了绝对优势理论后，他无情地抨击了那些为保护自己免受外国生产商竞争而进行游说的商人和屈服于这种要求的政府。通过关税或配额，政府其实在迫使消费者补贴商家，因为这种情形下消费者支付的价格高于必要价格。没有了国外的竞争，国内商人就可以提高他们的价格和利润。反对自由贸易的力量看起来"就像一支过度壮大的常备军一样……不但可以胁迫政府，并且往往可以威吓立法机关"。令斯密感到不忿的是，那些反对自由贸易的官员大受吹捧，而那些为公众利益斗争的官员却背负了辱骂和恶名。[38]

如果是在一场快速辩论中，反自由贸易的一方通常会提出更简明扼要的论点。自称社会主义者的参议员伯尼·桑德斯（Bernie Sanders）称自由贸易是一场"逐底竞争"。特朗普则称自由贸易协定是"对美国工人发动的贸易战"。[39]

几年前，我曾在芝加哥一家氛围阴沉昏暗的大酒店里与一位哗众取宠的工会领袖辩论，后者在辩论中真的当众脱下鞋子拍打讲台，并引发了当时聚集在那里的人群的欢呼。毫无疑问，这双鞋是在国

— 051 —

外生产的，这更强化了他的观点。而自由贸易的倡导者通常需要至少两句话来阐述他们的观点，不管手里有没有鞋。

数据并没有证明贸易让人们更快乐，但它确实为贸易提高生活水平提供了一个令人信服的例子。也许看待这些收益的最好方式是问，一个普通人要工作多少小时才能获得生活所需的足够食物，并购买他们想要的东西？1870年，儿童通常在13岁时就开始工作。那什么时候退休呢？至死方休。人们每年在地里或工厂里工作大约3000个小时，并设法再挤出1800个小时操持家务。他们醒着的时候，有61%的时间都在工作。到1950年，孩子们直到平均17.6岁才开始工作，而成年人每天也只将45%的时间花在工作上。今天，我们从20岁开始工作，期待着16年后就享受退休生活，而且我们醒着的时间中只有28%用于工作。[40]童工法出现于20世纪初。现在的父母可能更担心他们的孩子在正式入职前甚至没有做过一份兼职工作，因此缺乏坚实的职业道德。

在互联网出现之前，不想亲自去购物的美国购物者会翻看西尔斯百货和彭尼百货（J. C. Penney）的商品目录然后下单。值得庆幸的是，这些老旧的目录还保存在图书馆里，让经济学家可以比较不同时期的物价水平。例如，1959年，一个普通工人需要工作两周才能买得起一台冰箱；今天，则只需几天就够了。彼时一台真空吸尘器需要一个多星期的劳动来换取；而今天，它只需要不到一天的工作量。[41]虽然美国的收入差距很大，但贫困家庭肯定也从中受益。1971年，只有约20%的美国家庭拥有洗碗机，约40%的家庭能看彩色电视。而到了2005年，即使在"贫困家庭"中，也有大约40%不再需要用手洗碗，78%有空调，且这些家庭几乎都至少拥有一台彩色电视机。其他国家也实现了类似的成就。就在20世纪60年代中期，三分之一的英国家庭还没有冰箱，这或许可以解释为什么人们至今仍可忍受没有冰镇过的常温啤酒。[42]

拒绝贸易的国家往往会陷入停滞或衰退。1991年苏联解体后，我从白宫请了几天假去访问列宁格勒，当时这座城市刚刚更名为圣彼得堡。在菲德尔·卡斯特罗（Fidel Castro）1959年革命之前，古巴的人均GDP在拉丁美洲名列前茅。随后，由于古巴领导人没收私人财产，禁止企业家赚取利润，古巴经济跌入谷底。卡斯特罗的支持者们可能会将这一暴跌归咎于美国的贸易禁运，但这也同样证明了我的观点：那些被切断贸易的国家（无论是否自愿）都会陷入停滞。自1959年以来，拉丁美洲的生活水平平均翻了一番，而古巴的人均GDP在此期间几乎一动未动。[43]当你看到照片上那些瘦削的古巴农民在年久失修的土路上推着他们1956年产的雪佛兰老爷车时，你就知道是谁该做出改变了。如果劳尔·卡斯特罗（Raúl Castro）的继任者允许一个更活跃的企业家阶层存在，我们大概可以期望有一天古巴会更加繁荣。

在19世纪初，当英国和葡萄牙商人乘坐冒着煤烟的蒸汽轮船驶入日本的港口时，德川幕府的统治者感受到的是震惊、敬畏和恐慌。幕府的将军们在锁国几百年后，蓦然间意识到他们的国家在经济和军事上都已经落于人后。

世界银行对20世纪80到90年代间选择了截然不同的两条路的国家进行了成对比较。在这些国家对中，前者选择全球化，而后者则坚持与世隔绝：越南对缅甸；孟加拉国对巴基斯坦；哥斯达黎加对洪都拉斯。选择开放的国家在20世纪80年代和90年代的平均增长率分别为3.5%和5%。而那些孤立的经济体中，相应的数值分别只有0.8%和1.4%。[44]当一个国家将自己封闭在孤立的茧房之中后，随着时间推移，其经济就会像一个通风不良的饲养缸一样，变得陈腐发臭。或者，它会变成一个阴暗潮湿的监狱，这用来形容某些国家可谓恰如其分。1953年朝鲜战争平息后，北面的朝鲜还比南面的韩国稍微富裕一些。在之后的50到60年代，苏联、中国、波兰甚至阿尔巴尼亚都向朝鲜提供了大量援助，以帮助该国重建，此外还有日本之前在三八线以北建造的工厂。尽管朝鲜获得了多国的共产主义援助，如今韩国的富裕程度却是朝鲜的20倍，韩国人的寿命比朝鲜人长了10年，身高也高了五六厘米。韩国人把这一成就称为"汉江奇迹"。韩国生产世界级的三星平板电视、超级智能的LG冰箱、行驶平稳的现代和起亚汽车，以及魅力十足、让世界各地观众为之倾倒的韩流歌手。朝鲜又生产什么呢？

自由市场并非没有痛苦的市场

自由市场并不是一个没有痛苦的市场。我们应该承认，当一个国家开放其市场时，有些人会是输家。如今已很难找到一双美国制造的鞋。2015年，奥巴马总统参观了耐克位于俄勒冈州的总部，对一项新的全球贸易协定表示欢迎，他说该协定将帮助美国人。如果奥巴马在演讲中低头看表来计时，他看到的大概率也不会是"美国制造"的手表。美国的制表业已经没落，先被瑞士赶超，后又陆续被日本和中国超过，还被瑞士二次超越。或许总部位于底特律的Shinola公司（以一种曾经著名的鞋油命名）或苹果公司的iWatch会让这一产业卷土重来吧（尽管iWatch的大部分零部件来自亚洲）。

如果我们接受斯密的基本理论，那他是否允许自由贸易的大原则下也有些许例外呢？有，但不多。他也琢磨过"幼稚产业"（infant industry）的论点，该论点要求在产业发展的最初几年征收"临时性"关税作为对该产业的保护，但斯密拒斥了这种论点。几年后，亚历山大·汉密尔顿（Alexander Hamilton）在美国大肆宣扬幼稚产业保护理论，而日本则在两百年后成功扶植了一个襁褓中发展而来的半导体产业。斯密质疑的是，即使该产业成熟，政府是否还有足够的政治意愿取消补贴。到那时，这个产业虽然已有了成年人的胃口，却依然会向婴儿一样大声哭闹来博取优待。或者，在一种新的说法中，这个行业会像一个气喘吁吁，口中流涎的年迈老人一样，继续要求政府帮助其对抗竞争。美国钢铁业就把这两手都玩得很顺，先是以年老昏聩的样子要求保护，后来又宣称自己是一个"重生的婴儿"，需要倍加呵护。但对钢铁业的保护尤其有害，因为它会推高从洗碗机到自卸卡车在内所有商品的价格，并削弱美国的机械出口。

2018年，特朗普总统关上了外国钢铁制造商进入美国的大门，对它们的在美销售征收高达25%的关税。随着美国钢铁价格上涨约10%，汽车和家电制造商很快感到自己不堪重负。虽然特朗普大肆宣扬关税能刺激美国钢铁公司花费10亿美元升级工厂，并使该行业增加了1.27万个工作岗位，但智库经济学家估计，汽车、摩托车和洗衣机等产品的成本升高将成为消费者的沉重负担，以至于每增加一个钢铁业工作岗位就会给经济造成约90万美元的损失。[45]

斯密对将关税作为对另一个国家保护主义报复的做法并不赞同，因为报复性关税只会从世界上抹掉更多潜在财富。当然，如果一个成功的报复措施能让最先违规的一方知难而退，那也算是好事。但是，报复性关税是否会引起对方的新一轮报复反制呢？对此又有谁能未卜先知？奥巴马总统对中国的低端汽车轮胎征收35%的关税，然后惊讶地发现，作为回击，中国将美国进口鸡肉的关税提高了50%至100%。由于两国间橡胶轮胎的纠纷，被殃及的马里兰州和阿肯色州的家禽养殖户在销售上损失了10亿美元。[46] 20世纪30年代的大萧条之所以加剧，正是因为一些国家设置了高关税，其部分原因是为了回击其他国家。斯密嘲讽地指出："判断这种报复是否可能产生对应的效果，或许不是立法者的学识能力所及……而是某种阴险狡诈的动物的伎俩，我们一般称这种动物为政客或弄权者。"[47]

虽然美国明确保护某些产业，但政治家和经济学家们常常拿来作为"自由贸易明目张胆的破坏者"的例子却是日本。该国有两种回击手段值得一提。据说日本通过各种故弄玄虚的规定保护国内市场，因此哈佛大学经济学家亨利·罗索夫斯基（Henry Rosovsky）开玩笑地建议，日本进口商品应通过爱达荷州博伊西的报关代理人进入美国。罗索斯基建议扩充该地员工队伍，把工作时间延长到朝九晚五，但只在周一营业，而且只在那些名字以"r"结尾的月份（9—12月）里营业。在另一个案例中，得克萨斯州前州长约翰·康纳利（John Connally）在1980年竞选共和党总统候选人提名时曾主张，需要采取更强有力的措施。他建议完全阻止日本产品出口到美国，并告诉日本人"坐在横滨码头的丰田车里听他们的索尼音响吧"。结果这位在竞选活动中花费了数百万美元的康纳利，在美国获得的选票数量寥寥无几，大概与他在横滨可能获得的票数差不多。

亚当·斯密的自由贸易逻辑只是偶尔屈从于保护主义的诉求。例如，他允许以关税来抵消国内产品的国内税。他还承认，出于英国的国家安全考虑，需要维持一个健康蓬勃的造船业，因此对以国防为由的关税要求网开一面。他知道17世纪威尼斯衰落的故事。威尼斯，曾经一度被称为威尼斯共和国（Serenissima Repubblica di Venezia），作为连接亚欧的枢纽，该地区获得了巨大的财富，涉足包括香料、玻璃、书籍在内的各种贸易和银行服务（在穆拉诺岛，你仍然可以欣赏到当时流传的精致玻璃制品）。但威尼斯总督决定将军队外包给法国和荷兰的雇佣军。雇佣兵的问题很明显：如果你的敌人愿意付更多的钱，他们就会掉转炮口对准你。当奥斯曼人在威尼斯雇佣的海军面前悬赏黄金时，这些海军立刻改旗易帜，于是威尼斯失去了海外的财富。1615年，这些雇佣兵甚至威胁要炸毁总督府，谋杀元老院的元老。在《奥赛罗》（Othello）中，莎士比亚表达了对勇敢的摩尔人的赏识，虽然他身上有悲剧性的缺点，还是个雇佣兵，但在威尼斯仍然忠于职守。尽管斯密也在自由贸易体系里留了这些后门，但他仍坚持认为，对国内产业的保护阻碍了"财富的增长"。

在斯密身处的时代，国防就是炮弹和火枪而已。而在当今的科技世界，我们必须问，国家安全到底意味着什么？2020 年，当新冠病毒袭击美国时，许多美国政客和普通公民都震惊地发现，美国的抗生素和呼吸机有很大一部分都来自中国。面对这场令人窒息的全球疫情，即使是自由贸易的鼓吹者也不得不认识到，这些救命的商品可不像儿童玩具那样可有可无。

如果政府不应该保护本国产业，规范管理劳工，或者袒护商人，它又该做些什么呢？斯密在哪些时候会解开政府这只"看得见的手"的镣铐？他明确界定了政府的恰当角色：第一，提供国防；第二，通过法院系统执行司法；第三，维护公共机构和资源，如道路、运河、桥梁、教育系统和国家主权尊严。

救世主再临

1980 年那些佩戴印有亚当·斯密头像领带的人普遍信奉，国家政府的管理范围应该是有限的，社会福利项目应该减少，政府的价格管制也应该减少，联邦政府对地方政府事务的干预和援助还是应该减少；自由市场将提供公民生活所需的大部分物资。1981 年罗纳德·里根上任时，他的首席经济顾问曾开玩笑说："不要只是站在那里。撤销一些管制！"尽管放松管制的趋势始于卡特政府时期于 1978 年通过的《航空管制解除法》（*Airline Deregulation Act*），但里根加快了这一步伐，将天然气、石油和航空价格统统交由"看不见的手"调控，同时废除了卡特时代的工资和物价指导方针。

尽管里根的政策初见成效，但当强大的海运、货运和建筑业利益集团开始与政府对抗时，放松管制的努力却步履蹒跚。里根第一个任期结束后,放松管制派发现在莫斯科取得的进展要比在华盛顿更多。例如,有线电视行业发现国会先对其进行了监管,然后又放松了监管,松紧程度取决于选民对有线电视收费的愤怒程度。不过银行业成功地争取到了与证券公司联姻的新自由,而在私营行业推出革命性的互联网时,联邦政府却基本置身事外。通过开放如此多的行业并任其陷入残酷的竞争,政府迫使美国公司变得精简高效,坚韧不拔,这些特点让它们在全球市场上混得风生水起。在20世纪90年代,欧洲和日本的公司还没有准备好面对如此强大的竞争对手,因此美国公司在世界市场中的份额水涨船高。

反对放松管制的人士经常指出,奥地利和挪威等国的监管比美国严格得多,但这些国家的家庭收入和美国差不多,国民似乎也一样幸福。因此,他们辩称,政府管制不会阻碍经济增长。在我本人的评论文章中,我回应了这种观点,并指出像美国这样一个相对不受监管的经济体会比其他国家产生更多有市场价值的创新。其结果便是,即使是高度监管的国家也能从竞争异常激烈的美国市场中获益。例如,互联网在很大程度上是在美国从无到有发展起来的,但现在全世界的消费者都可以上网。

安迪·沃霍尔(Andy Warhol)[①]说过,在未来,每个人都会出名15分钟。而亚当·斯密已经名声显赫长达两个多世纪了。我们为何对他如此念念不忘?在西方文明最具革命精神的时代,社会的动荡不休、知识体系的剧变和经济的爆发式增长让小人物们陷入了困惑与彷徨,而亚当·斯密挺身而出,为当时的世界重定了秩序。他没有发明市场,也没有发明经济学。但他给全世界上了一堂市场和经济课。在此后将近75年的时间里,经济学家所知的大部分知识均源

[①] 美国艺术家、印刷家、电影摄影师,是视觉艺术运动波普艺术的开创者之一,也发明了广为流传的"成名15分钟"理论。——译者注

自《国富论》。

在《国富论》出版200年后，斯密的思想得到了复兴和推崇。但是斯密，这个试图寻找父亲却找到一份终身职业的人，后来怎么样了呢？从此他过上了幸福快乐的生活。事实确实如此，但也不无讽刺。说这是事实，因为他与当时名流交往甚笃，他的书被翻译成几乎所有欧洲语言，在英国和欧洲大陆广受赞誉，在他发言时，还能看到政府官员卖力地做笔记。说来讽刺，在1790年去世前的13年里，他一直在为国王陛下的海关税务司工作，这个职位与他父亲的职位雷同。在接受这个职位后，斯密做了一个单身汉会做的事情，在自己的衣柜里寻找合适的衣服。他"非常惊讶"地发现，他"几乎没有一条袜、一条领带、一对褶边或一条口袋手帕"不是从国外偷偷运进来的走私违禁品。[48]面对这种滑稽局面，他采取了两个行动：首先，他把这些衣服都付之一炬。然后，他开始游说首相及其副官们取消对从爱尔兰和美国进口商品的"不公正的压迫性限制"。

尽管这份工作让他有点陷入认知失调，但斯密对自己的职位还是颇感自豪，他还被授予过城市警卫队荣誉队长的称号，为此他曾扛着拐杖在街道上巡逻，就像一个扛着火枪的士兵。他于1790年7月17日去世，当时他对朋友们说，他必须离开这个房间，但会在"其他地方"见到他们。也许，无论何时何地，无论是男是女，只要是有人的市场，无论是街角的摊位，在线拍卖网站，还是光鲜亮丽的超市，我们都能找到斯密所在的"那个地方"。亚当·斯密终其一生为了实现自由贸易而勇往直前，并以此为国家财富的增长贡献良多。

第 3 章

马尔萨斯：关于人口爆炸的悲观先知

CHAPTER 3

托马斯·罗伯特·马尔萨斯

回顾1908年，芝加哥小熊队在一场决定性的比赛中面对纽约巨人队，争夺全国棒球联盟的锦标。在第九局戏剧性的一幕中，巨人队替补的一垒手，一个年轻有为的球员，无意中没能触到二垒而被判出局，巨人队立即提出抗议，比赛被要求重赛。然而小熊队随后仍在一场定胜负的复赛中获胜，赢得了冠军。

这个年轻人的名字叫弗雷德·默克尔（Fred Merkle），但从那一刻起直到他去世，"蠢蛋"默克尔这个诨名便与他如影随形。尽管后来他付出了艰苦卓绝的努力，但也从未能摆脱这个诨名。

今天几乎每个人都对西格蒙德·弗洛伊德的大名，以及他提出的弗洛伊德式口误和性别符号略知一二。任何一个受过教育的人如果否认自己了解弗洛伊德，那他一定是在压抑自我。

托马斯·罗伯特·马尔萨斯（Thomas Robert Malthus）从未打过棒球，也从未看过心理分析师。然而，他却与弗洛伊德齐名，而他所背负的骂名与"蠢蛋默克尔"相比也是犹有过之。以疯癫古怪著称，可能比马尔萨斯更需要心理分析师的诗人拜伦曾写过嘲讽马尔萨斯的诗，还让孩子们唱着这些诗嘲笑后者。马尔萨斯去世后几十年，马克思对他进行了猛烈抨击。在他去世一个世纪后，凯恩斯则热烈赞扬了他，并预言在他去世200周年之际，"我们将怀着丝毫不减的敬意纪念他"。但这"丝毫不减"的对比标杆又在哪里呢？

马尔萨斯究竟犯下了什么卑鄙的罪行，连柯勒律治（Coleridge）这样的浪漫主义诗人都哀叹："看，这个强大的国家，它的统治者和智者都在听信……马尔萨斯之言！何其悲哀，何其悲哀！"

第 3 章 | 马尔萨斯：关于人口爆炸的悲观先知

1798 年，马尔萨斯将那些怀抱乌托邦式信念，憧憬着 19 世纪美好前景的人们从浪漫的梦想中惊醒。他被报纸媒体口诛笔伐，只因他预测，人口过剩将带来一个社会分裂和衰败的未来，而不是令人欢欣鼓舞的美景。在新世纪的前夕，马尔萨斯让人们大为扫兴。至少他的理论是这样。

马尔萨斯于 1766 年 2 月 13 日出生在英国萨里郡的卢克里，那里是他的古怪父亲丹尼尔·马尔萨斯（Daniel Malthus）的乡间别墅所在。在只有三周大的时候，他就遇到了两位"仙女教父"，大卫·休谟和让－雅克·卢梭（Jean-Jacques Rousseau）[1]，他父亲丹尼尔·马尔萨斯是这两位先贤的崇拜者。这个被称为罗伯特的男孩，在小小年纪便显露出早慧迹象，并很快获得了私人辅导的待遇。长大后，马尔萨斯外表高大威猛。1784 年，他进入剑桥大学的耶稣学院（Jesus College），在那里学习如何成为一个神职人员的同时，还修习数学和哲学。和亚当·斯密一样，马尔萨斯也对牛顿十分着迷，并认真阅读了他的《自然哲学的数学原理》（*Philosophiae Naturalis Principia Mathematica*）。尽管马尔萨斯对知识的兴趣浓厚，并以神职为自己的志向，但他也是一个讨人喜欢又诙谐风趣的剑桥学生，时常摆出一副滑稽的表情或装出独特的声调以逗人一笑。马尔萨斯戴的假发是齐脖的金色卷发，而其他人戴的多是辫子假发。他可能是一个潮流引领者，因为 10 年后，几乎所有的大学生都开始戴长卷发式的假发。更令人震惊的是，大多数学生给假发扑的是白粉，但马尔萨斯有时会用粉色。也许他是一个超前的朋克音乐人呢。不幸的是，我们现在看不到任何一幅能展示马尔萨斯年轻时耀眼外表的画像，因为马

---

[1] 法国 18 世纪启蒙思想家、哲学家、教育家、文学家，启蒙运动代表人物之一。主要著作有《论人类不平等的起源和基础》《社会契约论》《爱弥儿》等。

尔萨斯拒绝正经端坐好让人给他画肖像。尽管他摆着一副谈笑风生的派头，但天生的唇腭裂让他颇有些自惭形秽。也许他给假发扑上艳色，只是为了让别人的注意力从他脸部移开而已。直到去世前一年，马尔萨斯才最终同意给后世留下画像以供纪念，但这位画家显然对油画进行了巧妙处理，以使马尔萨斯的形象严肃持重，不至惊世骇俗。有趣的是，这幅肖像中的他手里拿着一本书，食指切在书缝里，正好将书分成两半，这也是对他理论的一个隐喻。

在 1788 年毕业前，耶稣学院的院长告诫马尔萨斯，腭裂导致的语言缺陷会影响他在教会的晋升机会，尽管马尔萨斯在剑桥大学赢得了希腊语、拉丁语和英语演讲的奖项恐也无济于事！马尔萨斯无视这一劝告，一心接受了神职，并在奥克伍德的一个教堂短暂修行，后于 1793 年作为研究员回到耶稣学院学习。虽然他之后再也没有全职从事神职工作，但经济学家仍然称他为"马尔萨斯牧师"，这或许是因为，相比一个喜欢插科打诨的俗人形象，清教徒式的悲观主义形象与他的人口理论更加契合吧。在此不妨回顾一下 H. L. 门肯（H.L.Mencken）[①]对清教徒的定义：对某人在某时某地享乐的可能性有一种挥之不去恐惧的人。从心理上讲，如果我们把马尔萨斯描绘成一个清教徒，也许我们会更愿意对他和他所给出的警告置若罔闻。毕竟清教徒就是那样，不是吗？

戳破乌托邦的幻梦

当马尔萨斯回到耶稣学院时，革命的浪潮正汹涌澎湃。1793 年，

[①] 20 世纪 20 年代期间美国知识生活的中心人物，擅以讥讽刻薄的写作方式嘲弄思想狭隘的美国文化生活以及严厉肃穆的美国清教徒。——译者注

革命党人将路易十六（Louis XVI）送上了断头台，法兰西共和国向英国宣战。尽管这是一个悲惨的时代，但一些作家和革命鼓吹者宣称，革命大潮最终会带来自伊甸园以来人类所知的最平静、最有田园牧歌风格的时代。卢梭早些时候写过乌托邦式的散文，他认为人类生来是幸福和自由的，但却被社会腐化而堕落。伏尔泰对此讽刺道，卢梭的极端自然主义让人们在读他的著作后简直想用四肢着地爬行。在英国，诗人华兹华斯（Wordsworth）也抒发了这种对美好未来的喜悦之情，他写道："黎明是幸福的，但年轻就是天堂。"[1]但马尔萨斯拒斥了这种乌托邦的美好愿景。他尤其反对威廉·葛德文（William Godwin），这是一位牧师兼时事评论作者，也是1793年发表的《论政治正义及其对道德和幸福的影响》（*An Enquiry Concerning the Principles of Political Justice, and Its Influence on General Virtue and Happiness*，简称《政治正义论》）一文的作者。葛德文非常朴素地认为"人是可臻完善的，或者换句话说，是可以持续不断地取得进步的"。不过他的女儿，也就是《弗兰肯斯坦》（*Frankenstein*）的作者玛丽·雪莱（Mary Shelley）可能不认同这一点！因为"真理无所不能"，所以人类可以将自己转变为更能与他的邻里和谐相处的存在，"每个人都将以友善之心为所有人谋福利"。[2]卢梭宣称公民社会的历史就是人类弊病的历史，葛德文顺着这一思路设想，当人类至臻完美时，政府、法庭、犯罪、战争、忧郁和痛苦都将一扫而空。尽管葛德文娶了历史上最伟大的女权主义哲学家之一、《女权辩护》（*A Vindication of the Rights of Women*，1792）的作者玛丽·沃斯通克拉夫特（Mary Wollstonecraft）为妻，但他认为婚姻本身就是恶的。在葛德文的愿景中，即使是死亡和睡眠也可以被摒弃："每代人之间并不能前后相继……在能够驱逐死亡之前，我们必须先驱逐睡眠，即死亡的意象。睡眠是人的躯体最明显的弱点之一。这是……一种不正常和紊乱的身体机能状态。"[3]同样的梦幻憧憬也充斥着法国哲学家和数学家孔多塞侯爵（Marquis de Condorcet）的头脑，他的《人类精神进步史表纲要》(Sketch for a Historical View of Human Mind Progress) 于 1794 年出版。孔多塞当时虽然沦为被罗伯斯庇尔抓捕的逃犯，但仍表现出了惊人的乐观，可惜他在不久后仍被逮捕并迎来 "永久的沉眠"。

最令马尔萨斯恼火的是，葛德文和神学家威廉·佩利（William Paley）认为人口增长是一个好迹象，因为它意味着更多的总体幸福。佩利宣称，人口的减少是一个国家可能遭受的最大灾难。在 18 世纪结束之际，一些掌握了少许不可靠数据的学者估计，在过去的 100 年里，人口增长非常缓慢，而另一些人甚至争辩说，人口已急剧下降。既然强大的劳动力支撑着经济增长，英国首相威廉·皮特（William Pitt）便提出了一项法案，增加了对有子女夫妇的贫困救济支付，这是后世更多类似项目，如 "有子女家庭补助项目"（Aid to Families with Dependent children，于 1935 年大萧条期间推出）和随后的 "贫困家庭临时救助项目"（Temporary Assistance for Needy Families）的前身。

不出所料，对于葛德文、佩利和已故的卢梭组成的 "人多力量大" 联盟，老马尔萨斯当然是心服口服。但当父亲点头时，儿子却在摇头。他们在树林里聊天散步，双方都试图说服对方相信自己的观点才是理性所导向的结论。最后，儿子罗伯特对他那多愁善感、动不动就热泪盈眶而又不切实际的论调感到失望透顶，一怒之下奋笔疾书，写就了他的成名作《论影响社会改良前途的人口原理，兼对葛德文先生、孔多塞先生和其他作家推测的评论》(An Essay on the Principle of Population as It Affects the Future Improvement of Society, with Remarks on the Speculations of M. Godwin, M. Condorcet, and Other Writers)，简称即《人口原理》(An Essay on the Principle of Population)。而见识了儿子所表现出的过人才智后，父亲再次热泪盈眶，并着手安排将这篇文章匿名发表。

令人不安的理论

这篇文章引发的震撼可谓空前绝后。想象一下，地球正以惊人的速度缩小。每隔25年，它就会分裂成两半，一半留在轨道上，另一半旋转着朝太阳飞去，被烈焰引燃，并最终炸成碎末，化为星际尘埃。于是人们必须赶在灾难降临前拖儿带口，带上能带的全部家当，争先恐后互相践踏着逃往剩下的那一半地球。更糟糕的是，他们都不知道地球的哪一半会逃过一劫。马尔萨斯的预言与此略有不同，但若论恐怖程度也相去不远了。马尔萨斯描述的不是地球的分裂和爆炸，而是人口以爆炸性的速度膨胀并蔓延到各地，而食物供应却仅有寸进。马尔萨斯假设农民们现在都在最肥沃的土地上进行种植、耕作和收获。人口的增长将迫使他们去开垦更加贫瘠匮乏的土壤，并产生"收益递减"（diminishing returns）。虽然马尔萨斯所生活的时代离14世纪的黑死病已经颇有一段时日，但那段挥之不去的恐怖记忆让他认识到，瘟疫过后工资却上涨了。因为黑死病夺去了当时欧洲三分之一的工人的生命。由于工人不足，地主就需要支付给幸存者更多的工钱。收入更高的农民开始需要更多的蛋白质，这就导致农民从种植农作物转向饲养牛羊以获取肉类，也因此推动了皮革和羊毛贸易。尽管亨利八世（Henry VIII）的大臣托马斯·莫尔（Thomas More）爵士[①]谴责了这一趋势，并描述了"温顺驯服"的羊

[①] 欧洲早期空想社会主义学说的创始人，以名著《乌托邦》（Utopia）而名垂史册。他对英国"圈地运动"所发出的"羊吃人"的抨击也十分有名。——译者注

群如何"把人吃掉……踏平整个田野、住宅和城市",但向畜牧业的转型为女性带来了新的机会,使她们能够推迟结婚,脱离自己的丈夫。瘟疫以一种有悖常理的方式提高了人们的生活水平!像马尔萨斯这样的人,能看到黑死病的光明面,也能看到光明事物的黑暗面。[4] 利用本杰明·富兰克林提供的当时美国人口数据,马尔萨斯断言人口倾向于每 25 年翻一番。当然,翻倍的速度可能更快。实际上,马尔萨斯选择了相对保守的数字。富兰克林声称,一些村庄的人口仅在 15 年内就翻了一番!尽管富兰克林并未提供关于食物供应的可靠数据,但马尔萨斯仍得出结论,粮食产量永远无法跟上人口增长的步伐。马尔萨斯假设,不受限制的人口以几何级数增长,而食物仅以算术级数增长。

这些级数各自意味着什么?几何级数(或指数比率)意味着一个数字不断地与一个常数相乘——例如重复加倍。而算术级数只是与一个常数相加。马尔萨斯给出了一个很好的例子:如果现在的人口是 10 亿,人口增加的数列就是 1、2、4、8、16、32、64、128、256,而食物增加的数列则是 1、2、3、4、5、6、7、8、9。在一开始,每个人有一篮子食物,而 200 年后,256 个人只能分享 9 个篮子的食物。自那以后仅再过 100 年,13 个篮子的食物就得供养 4096 个人!

几何级数给人的观感可能非常震撼,令人惊讶,并且颇有误导性。我们不妨举几个例子。如果斯科特想借丹尼斯的电视看 2 月 2 日的《超级碗》,并承诺在 1 月 1 日支付 1 便士,之后每天翻倍,直到比赛开始那天为止,结果会如何?要么斯科特是个亿万富翁,要么丹尼斯蠢到接受"大富翁"里的假钞,否则前者真的会付不起这笔租金。因为在比赛开球时,斯科特将欠丹尼斯 42 949 672.96 美元!银行的复利也是几何级数的例子。[5] 回想一下荷兰人以大约 24 美元的价格从印第安人手中买下曼哈顿岛的故事吧。如果印第安人把这笔钱存入一个复利账户,他们的继承人今天就能把这个岛的地皮再

第 3 章 | 马尔萨斯：关于人口爆炸的悲观先知

加上帝国大厦、林肯中心、中央公园的溜冰场，以及自 17 世纪以来所有的"地面改善设施"全部都买回来。

复利也会产生误导，我们可以在最近的一个例子中看到这一点。1981 年，国会通过了一项允许设立"个人退休账户"（Individual Retirement Accounts）的法案，本质上是允许人们每年存入最多 2000 美元的免税基金，直到退休。报纸上立刻出现了广告，宣称一个 25 岁的人只要每年节省 2000 美元，就可以手握 100 多万美元的退休金体面地退休。在复利魔法的推动下，广告图表里宣称的退休金额一飞冲天。但图表旁边那小到不起眼的印刷字体道出了真相。银行假设未来 40 年的利率为 12%，但没有告诉读者，如果利率在 40 年内平均为 12%，通货膨胀可能也会持续肆虐 40 年，并使大部分收益化为乌有。想象一下，有一名节俭的雅皮士，40 年来一直埋首桌案，两耳几乎不闻窗外事。2021 年，他终于退休了。他手里颤颤巍巍地拿着那张 1981 年的泛黄广告，找到了仅存的最后一部投币式电话，要求银行安排一辆装甲运钞车来运送他存了 40 年的那笔财富。银行解释说，近 1000 万美元外加一台附赠的和面机正等着这位雅皮士来领取呢。听了这话他喜极而泣，因为他可以靠做意大利面供养自己了。然后他听到咔嗒一声。只听见话务员插话道："要再通话一分钟的话，请再存入 40 万美元。"事实上，20 世纪 80 年代早期的广告非常具有误导性；1981 年至 2020 年间，银行给予储户的平均年回报率约为 4%，而不是 12%！

《人口原理》的结论不管对马尔萨斯还是对其他人来说都不算新鲜，因为富兰克林和亚当·斯密的苏格兰对手詹姆斯·斯图亚特（James Steuart）爵士[①]都曾发表过类似的预见性文章。马尔萨斯本人

[①] 英国经济学家，重商主义后期代表人物，马克思曾评价他是"亚当·斯密进入经济殿堂的领路人"。——译者注

在此前两年的一篇未能找到出版社发表的文章中也已提出过他的担忧："我不同意佩利大主教的说法，他认为任何国家的幸福程度都可以用人口数量来衡量……实际人口可能只是过往幸福的残迹罢了。"尽管马尔萨斯的理论并非原创，但它凭借精练的措辞描绘了震撼的情景，展示出说服艺术的全新技巧。马尔萨斯成为这一理论的代言者，并由此引起了英国的注意。

如果地球真的一再减半，我们将看到陷入疯狂的人们四处奔逃。但如果只是僧多粥少的局面，实际会发生什么呢？在几何级数的增长导致人口爆表之前，有两种阻碍会遏制增长："积极抑制"（positive checks）和"道德抑制"（preventative checks）。马尔萨斯所说的"积极"显然不是乐观之意。他指的是提高死亡率的抑制办法。有哪些"积极的"力量可以把我们从人口的几何级数增长中"拯救"出来？战争、饥荒和瘟疫。潜伏在每条暗巷里的黑死病，实际上时刻准备着拯救我们。高婴儿死亡率则将我们从人口过剩中解放出来。而饥荒始终萦绕在我们身边：

> 饥馑似乎是自然界最后、最可怕的手段。人口增加的能力远远大于土地生产人类生活资料的能力，因而人类必然会在这种或那种情况下过早地死亡。人类的各种罪恶积极而有力地起着减少人口的作用。它们是破坏大军的先锋，往往自行完成这种可怕的行为。如果它们在这消灭人口的战争中失败了，疾病流行季节、时疫、传染病和黑死病就会以骇人的队形进击，夺走千万人的生命。如果仍未尽全功，严重而不可避免的饥馑就会从背后潜步走近，以强有力的一击，使世界的人口与食物得到平衡。[6]

所谓"道德抑制"，就是降低出生率的方法，这种方式似乎不那么剧烈，但也没什么作用。马尔萨斯认为，只要人们克制自己的情欲，推迟结婚，他们就会过得更好。毕竟，孩子会降低一个家庭的生活水平。但马尔萨斯觉得这种方法希望渺茫，因为他这是在劝和尚吃斋——做无用功而已。读他文章的中上层阶级自会拥护他的论点，可他们的生育率本就不高。而他又怎么可能去说服那些似乎生育能力总是更强、子孙也更多的下层阶级不结婚或不生子呢？在《济贫法》鼓励夫妻生孩子的情况下更是如此。马尔萨斯描绘了一个周而复始的循环，在这个循环中，严酷的自然抑制下的人口增长将使工资仅维持在勉强糊口的水平。如果工资上涨，工人们会生更多的孩子，导致食品短缺，于是生活水平不可避免地下降。

马尔萨斯轻描淡写地承认，他所描述的情景有一种"忧郁的色调"（我们能称黑色为色调吗？）。之后，马尔萨斯哀悼道，"唉！要防止悲剧重演，这实在是超出了人类的能力范围。"就如同《创世纪》（Genesis）第3章17节中的文字在牧师耳边回响："地必为你的缘故受诅咒。你必终身劳苦，才能从地里得到吃的。"尽管如此，马尔萨斯还是努力保持乐观和他的说教式幽默。宣称生命是"是一种恩赐，与未来状态无关……我们有一切的理由认为，世间的罪恶只不过是那一产生精神的伟大过程的一个要素，并未超过绝对必需的程度。"[7]是上帝，而不是他马尔萨斯，设置了"马尔萨斯陷阱"（Malthusian trap），以希望人类因此表现出同情和美德。

这本匿名出版的小册子所展现出的影响力对佩利和葛德文的派系而言犹如致命瘟疫，令他们的追随者纷纷改旗易帜，这情形就好像他们的乌托邦遭遇了一场"知识饥荒"一样。佩利甚至转而追随那些背他而去者。葛德文进行了反击，但在马尔萨斯的立场上看，他依旧执迷于乌托邦式的幻想，认为道德约束可以预防灾难。然而，马尔萨斯的关键胜利是赢得了英国首相皮特的支持。尽管在1796年，皮特曾在议会上慷慨激昂地主张救济穷人，但仅仅时隔四年之后，他就采纳了马尔萨斯的论点，撤回了对一项新法案的支持。皮特现在成了马尔萨斯的拥趸，既然济贫措施只会鼓励穷人生孩子，这就只会让"积极抑制"涂炭生灵的日子离我们更进一步。通过增加工作激励以及减少对食品供应的索求,从而将济贫开支从公共账目中抹去实际上是一种"权宜之计"。同样,马尔萨斯对公共疫苗接种也不感兴趣,尽管他在世时亲眼见证了一位名叫爱德华·詹纳(Edward Jenner)①的乡村医生成功地为他园丁的儿子接种了天花的疫苗。

尽管查尔斯·狄更斯(Charles Dickens)借其作品中人物埃比尼泽·斯克鲁奇(Ebenezer Scrooge)②之口道出了马尔萨斯的观点——后者曾咆哮道,许多穷人应该早点去死,以"减少过剩的人口"——但我们并不能就此将马尔萨斯贬低为一个铁石心肠、憎恨穷人的人。事实上,《人口原理》中充满了富于同情的陈述,比如他指出当"积极抑制"发威时,穷人受害最深。正如凯恩斯后来坚称的那样,对真理的热爱和敏锐的公益精神驱使着马尔萨斯得出了他的结论。但对于皮特首相,他恐怕得有一个够粗壮的喉咙,才能把他1796年曾说过的话咽回肚里去:"让我们将救济视为一种正确且高尚的事业……这将使拥有一个大家庭成为一种祝福,而不是诅咒;我们可以在那些自力更生的人和那些在养育了许多子女并以此让国家人丁兴旺,并向国家索取帮助以支持他们生儿育女的人之间划出一条适当的界限。"⁸

即使有皮特首相的支持,马尔萨斯仍然对未来持怀疑态度。俊男美女,加上酒精作祟,总会不可抗拒地唤起人们的性欲。正如一些传道者深有体会的,当听者更为强势时,言语往往是软弱无力的。

当整个国家都在大肆宣扬他的警世之言时,马尔萨斯却开始对他曾使用的那些颇为"漫不经心"的科学方法感到不安。毕竟,他

---

① 英国医生、科学家,以研究及推广牛痘疫苗,防止天花而闻名,被称为"免疫学之父"。——译者注
② 狄更斯的小说《圣诞颂歌》(*A Christmas Carol*)中的老守财奴。——译者注

的结论仅是基于前殖民地的零散信息得出的。此外，他对自己书中近乎宿命论的悲观主义也感到不安。因此对《人口原理》加以修订似乎是恰当之举。马尔萨斯开始了详尽的研究，他游历了瑞典、挪威、芬兰、俄罗斯诸国，甚至在1802年法国和瑞士尚未与英国兵戎相见时前往这两国考察。他研究了民事记录和法律，了解到奥地利和巴伐利亚仍然坚持17和18世纪禁止贫民结婚的法令。1801年，英国公布了第一次人口普查数据，这让马尔萨斯感到惊讶，但却加强了他的论点。根据这项研究，在18世纪后期，英国人口急剧增长，而此前大多数人认为增长非常缓慢。大约100年前的1696年，统计学家先驱格雷戈里·金（Gregory King）曾错误地预测，人口在600年内也不会翻倍。

  1803年，马尔萨斯出版了作品的新版本，并加上了新标题：《人口原理，或关于其过去及现在对人类幸福影响的见解；以及有关我们将来消除或减轻由此而引起的灾难前景的研究》（*An Essay on the Principle of Population, or A View of Its Past and Present Effects on Human Happiness, with an Inquiry into Our Prospects Respecting the Future Removal or Mitigation of the Evils Which It Occasions*）。葛德文和孔多赛已不再是他主要讨伐的对象，对他们的乌托邦式预言的探讨所占篇幅也削减了。除此以外，书中所有内容都有所扩充，即使不是以几何级数，至少在长度、深度和分量方面是如此。马尔萨斯用来自非洲、西伯利亚、土耳其、波斯、中国的无数轶闻和示例来阐述自己的理论观点，美国的例子当然还是不能少，这次甚至包括了美洲印第安人。再没有人能以他的书没有事实经验依据为由攻击他了。从语气上，第二版相比其前身有所缓和，他至少给读者留了点希望，因为工人阶级可能会改变他们的习惯，在繁衍后代之前表现出"道德克制"。当然，改变态度需要时间。书中更温和的语气也影响了他对《济贫法》的讨论。马尔萨斯并不主张立即废除这些法案,而是提出"逐渐地、非常渐进地废除",以使在世或此后两年内出生的人都不会受到伤害(原文强调)。[9]而且取消的只是对四肢健全者的救济。为了促进粮食供应,马尔萨斯还敦促限制粮食进出口。限制措施将提高英国的粮食价格,从而刺激国内生产。虽然马尔萨斯大体上是主张自由贸易者,但他建议粮食应该是个例外。我们将在下一章讨论李嘉图的贸易论点时再行探究。

新版一出,当时负有盛名的作家和政治家们再次承认马尔萨斯的逻辑十分有力。各大期刊的评论则盛赞马尔萨斯(他这次署了真名)的洞察力和勤奋,虽然这次的版本算不上简明扼要。从都灵到塔斯马尼亚,他的作品被传诵一时,甚至在正式版登陆美国以前,已有盗版在那里现身流传。不到两年之后,《月刊》(*Monthly Magazine*)宣布准备在1806年出版第三版,第二年又推出了第四版。不出所料,每次新版都会引发争议。他在知识阶层中的敌对者对第二版的攻击相比第一版更加恶毒和粗俗,因为他们现在有了一个明确的靶子,而不再是一个匿名作者。诗人罗伯特·骚塞(Robert Southey)在给朋友的信中写道:"马尔萨斯是英国批评家的最爱,就像其他沾了月经的阳痿者一样。我将很高兴为针对这个恶毒傻瓜的日常抨击助上一臂之力……我们也许花几个晚上就能把他彻底打垮。"[10]说实在话,这算不上一首诗。骚塞的言辞恶毒程度甚至超过了柯勒律治,后者也只是将马尔萨斯称为"丑陋的怪物"而已。柯勒律治对马尔萨斯的怨恨始于马尔萨斯投票将前者从耶稣学院开除,原因是他未经允许就擅自离校参军。尽管受到尖刻的批评,马尔萨斯还是赢得了经济学家的赞誉,并很快成为这一专业领域中的领袖人物。詹姆斯·穆勒(James Mill)、大卫·李嘉图,以及后来的约翰·斯图亚特·穆勒和阿尔弗雷德·马歇尔都接受了《人口原理》,尽管他们在自己的作品中有时对其内涵视而不见。

马尔萨斯的研究所鼓舞或激怒的,可不止经济学家。多年后,

| 第 3 章 | 马尔萨斯：关于人口爆炸的悲观先知

一名跟随英国皇家海军"小猎犬号"前往加拉帕戈斯岛的勇敢"昆虫收集者"，即查尔斯·达尔文（Charles Darwin），对他亦青睐有加。如果马尔萨斯所说的大灾难发生了，到底谁能存活下来呢？当然是"适者生存"。达尔文本人其实不太适应这趟旅程，经常被沮丧、无精打采、消化不良和可怕的瘙痒所困扰。他写道，在"为了消遣"而阅读马尔萨斯的著作时，他被一个想法所"震撼"，即生存斗争将导致"新物种的形成"。与此同时，达尔文的竞争对手阿尔弗雷德·拉塞尔·华莱士（Alfred Russel Wallace）在他的自传中也写道，马尔萨斯为理解进化现象提供了"长期以来一直在寻求的线索"。[11]

马尔萨斯著作的第二版出版后不久，他本人便抛开道德约束，在 38 岁时娶了哈丽特·埃克萨尔（Harriet Eckersall）。由于他的婚姻违反了耶稣学院研究员应遵循的单身原则，马尔萨斯辞职并于 1805 年接受了凯雷伯利学院（Haileybury College）的一个职位。凯雷伯利学院是东印度公司的培训学校，该公司为英国政府管理印度。马尔萨斯被任命为历史学、政治学、商业和金融学教授，他就此成为英国第一位政治经济学教授。因此，我们可以认为马尔萨斯是第一位职业的经济学家，尽管他之前还担任神职。[顺便说一句，亚当·斯密的信徒抨击东印度公司是一种有害的垄断，而功利主义的杰里米·边沁（Jeremy Bentham）的追随者则为该公司辩护，认为即使没有该公司，新进入印度市场的英国人也会剥削当地人。]

在凯雷伯利，马尔萨斯再次证明，这个描绘悲惨的瘟疫和饥荒的人也喜欢玩乐。一位朋友形容他颇有兴致，时常嬉戏取乐，除了鼓励年轻人钻研学问外，也时刻和他们打成一片，参与各种天真的追求和娱乐。不到 3 年，马尔萨斯就有了 3 个可以和他一起玩耍的孩子。评论家们喜欢嘲笑他虽主张控制人口，自己繁殖后代起来却不含糊。虽然马尔萨斯家只有 3 个子女，但不知为何，1958 年和 1967 年"人人丛书"（Everyman's Library）版本的《人口原理》又给他凭空加了8个孩子，而且全都是女孩！

他是个合格的预言家吗？

马尔萨斯催生了成千上万的信徒，其中不少人是在20世纪60年代、70年代甚至21世纪初涌现出来的，他们积极地鼓吹自己所信奉的大师做出的预言对当今世界的意义。在研究最新文献之前，让我们以一种"事后诸葛亮"的方式来审视一下马尔萨斯的预测。马尔萨斯99.99%是正确的——直到他生活的那个年代为止是这样。换句话说，从公元前大约30万智人学会直立行走开始，一直到他所生活的18世纪，当人们生育更多的孩子，确实会引发食物短缺，并因此遭受了更多的苦难。但从他出生的时候开始，马尔萨斯的预测就开始出现偏差。人口没有继续呈几何级数增长，食物供应也并未如蜗牛行步。穷人可能会遭遇苦难，但并非因为马尔萨斯列举的原因。相反，在马尔萨斯所关注的英国和欧洲大陆，人们吃得更好，活得更久，并在生育方面表现出远超马尔萨斯所预期的更多"克制"。

马尔萨斯不但忽视了一些明显的统计问题，也对历史上一些最重要的趋势视而不见。在小的方面，他忘了问本杰明·富兰克林，那些不断增长的人口数字是否区分了移民和本土出生的美国人。换句话说，由于他将富兰克林不同类别的数据混为一谈，马尔萨斯实际上就是在假设，那些乘船来到纽约的荷兰人后裔，其实是美国偏远村庄的英国血统母亲所生。由于他看到了这个统计数字的上升，他便宣称这些英国母亲的生育能力非常强——这大概可以归为有缺陷的统计方法所缔造的"无痛分娩方式"。更重要的是，马尔萨斯忽视了医学的进步、农业革命的发生和工业革命的开始，所有这些都将把他的预测像太妃糖一样扭曲得不成样子，而不复稳定的几何趋势。

第 3 章 | 马尔萨斯：关于人口爆炸的悲观先知

当老马尔萨斯和让－雅克·卢梭在森林中一边徜徉，一边思考人类是否可臻完善时，18 世纪的农民们确确实实在不断完善扩大粮食产量的有力手段。18 世纪初，欧洲的农业生产率并不比两千年以前更高。但从 1700 年到 1800 年，英国每个劳动者的粮食产量翻了一番。在法国，尽管受到了革命和战争的影响，但从马尔萨斯出生到《人口原理》第一版问世这段时间，法国的粮食产量增长了大约 25%。这一飞跃可归功于数项农业创新，包括作物轮作、选种、工具改良以及用马代替牛耕作，从而使耕作时间减少了近 50%。到 1750 年，快速的农业发展让英国不仅养活了自己的公民，而且还有 13% 的谷物和面粉余裕可供出口。如果一个国家的农业进步了，更多的公民就可以在城市或非农业领域工作。1690 年时，75% 的英国人从事农业，而到 1840 年，这一比例只剩下 25%。[12] 在今天的美国，只需要很小一部分人口就能养活整个国家，并向国外出口数百万吨的玉米、猪肉、小麦和其他食品。在过去的 50 年里，美国人口增长了 1.3 亿，但其 3.31 亿国民加起来只能吃掉美国农民所种植大豆的一半。大量的青大豆和豆浆被装船运往海外。近年来，有许多新的农业模式涌现出来，还有水产养殖——鱼类和贝类的养殖——如今已能够比传统的野生捕捞（无论是用钩还是用网）收获更多的海鲜水产。不断扩大的粮食供应不仅没有限制人口增长，反而让更多的人成为父母。此外，充足的食品供应还让人们腰围见长，成年人的平均体重增加了 25 磅（1 磅 =0.45 千克）多。

更值得注意的是，马尔萨斯时代生活水平的提高并没有导致生育率的螺旋式上升。在研究人口统计数据时，马尔萨斯没有发现人口的增长可能源于死亡率的下降。从 1740 年起，由于农业革命改善了饮食条件，加上健康和医疗条件的改善，欧洲的死亡率有所下降。在 18 世纪以前，医生"救死"的人可能比救活的人更多；热衷放血疗法的医生用手术刀在活人身上做的手术，可能还不如巫医给巫毒娃娃扎几针来得有效。18世纪时，出生时的预期寿命约为30岁，1850年这一数字提高到40岁，1900年提高到50岁，今天已提高到近80岁。[13] 得益于农业革命，收成不再大起大落，除了19世纪40年代的爱尔兰，饥荒在西欧已经绝迹。英国的最后一次饥荒还发生在《人口原理》问世近一个世纪之前。

但是为什么人口没有飙升呢？经济学家指出"人口结构转型"（demographic transition）有4个阶段。在第一阶段的前工业化社会，高死亡率抵消了高出生率，使人口保持稳定。在第二阶段，工业发展早期，健康状况的改善降低了死亡率，因此出生率显得过高，人口激增。由于马尔萨斯正是在这个时代收集数据的，他未能预见，可能也无法预见接下来会发生什么。在第三个阶段，城市化和教育程度的提高让许多人少生孩子。因此，死亡率虽持续下降，但出生率也在下降，从而将人口曲线拉平。最后阶段，在一个成熟社会中，随着节育措施的成功实施，而且夫妻双方通常都有工作，夫妻似乎希望生养1到3个孩子就够了，人口数量也基本企稳。

儿童的角色在历史上也发生了变化。在农民社会，需要更多的孩子去干田间活或钻矿井。我们的曾祖父母和曾曾祖父母可能有六七个或更多的兄弟姐妹。在农业社会，孩子的数量是生殖力的标志。更富有的夫妇膝下自然有更多子女。在罗杰斯和汉默斯坦的音乐剧《国王与我》（*The King and I*，根据19世纪暹罗蒙固王事迹改编）中，这位剧中君主夸耀自己有106个孩子，当这些孩子跑到国王脚下，向他们的父亲磕头，而他们的父亲似乎乐此不疲时，百老汇的观众们都不禁惊叹连连。而如今，各国王室成员可能只有寥寥几个王子公主，尽管数量不多也足以给王室带来麻烦。在中上等收入家庭中，与其说孩子是男子生殖力的象征，不如说是一个附属品，就像香奈儿的手袋或插在充电插座上的新款特斯拉电动车一样。

我可以假设以下经验法则：在现代（后工业化时代），如果一个国家连续两代人（25年）的GDP年平均增长率超过2.5%，生育率将下降到刚刚超过更替水平。也就是说，平均每对夫妇生育2.5个孩子。如果GDP连续三代人增长，生育率将下降到每对夫妇生育不到2.1个孩子，人口将需要移民才能保持稳定规模。

卡尔·马克思曾经说过，只要历史的列车一转弯，所有的知识分子都会被甩出去。马尔萨斯没有预见到人口转型的第三和第四阶段。于是，当实际统计数字大幅偏离了他所绘制的图表预测时，马尔萨斯也只能被这列历史的列车所抛弃了。

我们要为此责备他吗？毕竟，几乎没有什么确凿的事实可以供他所用。的确，他所驳斥的那些过于乐观的论点大多是空中楼阁式的幻想，相比之下，他的工作已经极尽翔实和脚踏实地了。不过，如果我们按照他后来在《政治经济学原理》（Principles of Political Economics）中所陈述的标准，他也有过失："错误的主要原因，以及目前盛行于政治经济学的科学作家之间的分歧，在我看来，似乎是一种试图对理论进行简化和概括的草率尝试……（而不是）通过参考扩展的和全面的经验来充分地考验他们的理论，在如此复杂的主题上，这些经验本身即可构建其真实性和效用。"[14]鉴于他对农业革命的失察，以及对人口增长原因的分析过于草率，他自己也"过于简化和概括"了，以至于按他自己的标准也难辞其咎。

马尔萨斯所犯错误最重要的教训是：永远、永远不要在没有粗体、下划线并大写的免责声明和应有的谦虚态度的情况下依据过去的数据加以推断。如果埃斯库罗斯（Aeschylus）[①]生活在现代世界，他大概会写一出悲剧，讲述一个高尚的研究者因为不够谦虚的推断而遭到众神惩罚的故事。如果埃斯库罗斯想要给他的现代悲剧找个主角，他可以在马尔萨斯的信徒中碰碰运气，他们就像卡珊德拉

---

① 古希腊著名悲剧作家，代表作为《被缚的普罗米修斯》。——译者注

(Cassandra)^①一样，高呼末日即将来临（所不同的是，卡珊德拉是对的，而他们不是）。

事实上，埃斯库罗斯可能对他那个时代即将到来的人口结构转型有所察觉了。我对古希腊和古罗马的研究表明，那些在历史中被反复传颂的古代富足社会在获得财富后便开始与马尔萨斯的增长模型背道而驰。[15] 公元前 480 年，斯巴达三百勇士击退波斯大帝薛西斯（Xerxes the Great）所统领的数千人波斯军队的事迹，如今早已被各种书籍、电影乃至电子游戏演绎了无数次。斯巴达，从婴儿尚在襁褓之中时便已开始军事动员，且以一种适者生存的方式进行。一个公共委员会将对婴儿进行检查，以确定哪些婴儿足够健康，值得被养育。7 岁时，男孩们会被带到营地开始接受战斗训练，在公共食堂吃饭，在营房睡觉。成年后，斯巴达方阵中的士兵身着红色披风，手持青铜盾牌，挥舞着青铜长矛，看起来不可向迩。

但所有这些威猛强大的斯巴达人都去哪儿了呢？DNA 测试无法明确辨别斯巴达人的身份，他们也没有留下多少书面记录。我们也只能从亚里士多德和其他一些三流历史学家的记载那里了解个大概。简而言之，当斯巴达人征服了其他地区，比如拉科尼亚和梅塞尼亚，他们把被征服的人押回斯巴达做奴隶，为他们做农活。与此同时，有了可供驱使的奴隶后，斯巴达妇女不必操劳家务，而是帮助管理家庭农场。斯巴达法律赋予妇女继承财产和受教育的权利，这在某种程度上比雅典的法律更进步。但由于苦活累活有其他人做，斯巴达人便决定少生养孩子，这就使财富和土地集中到少数继承人手中。亚里士多德指出，斯巴达的人口在其取得军事胜利后便开始减少，"尽管该国的国力足以供养 1500 名骑兵和 30000 名重装步兵，但其常

---

① 古希腊神话中特洛伊的公主，阿波罗的祭司，是一位有预言能力却不被听信的女先知。——译者注

备部队还不足千人。"[16]到了公元前4世纪初,斯巴达的人口已经减少了80%,当公元前371年底比斯人向他们进军时,斯巴达的兵员太少了,以致军械库中的青铜长矛都没有足够的战士来用。

古罗马的立法者们也注意到,在经历征服和丰收之后,罗马的出生率下降了。老普林尼（Pliny the Elder）[①]曾抱怨说,即使是一个孩子也是沉重的负担。奥古斯都大帝对此忧心忡忡,他甚至敦促元老院通过法律,惩罚未婚者、独身者和无子女者。其中一项法律,即《波贝乌斯法》(lex Papia Poppaea)对无子女的男性征收50%的遗产税。但这些法律收效甚微,因此罗马不得不征募日耳曼部落加入陆军和海军,这些"外族"对罗马皇帝可没有什么忠诚可言。

大约在这个时代,足迹遍布希腊和罗马文化的地理学家斯特拉博（Strabo）注意到,这些古代土地上的雕像似乎比人还多。如今,在许多工业化国家,出生率低于人口更替率,因此,如今每个新生婴儿到底能对应几座雕像呢,这个问题值得我们关注。

世界末日已延期?

20世纪60年代到70年代,受到对环境污染、人口爆炸和能源价格不断上涨的忧虑所驱使,一些组织试图描绘这个世界的黯淡未来。令人沮丧的事实再次呈现在人们眼前：按照目前的趋势,资源将会枯竭,而那些未曾枯竭的自然资源也会被工业污染；产出将会猛跌；人口增速将超过食物供应。这些话出自何人之口呢？1968年,迪士尼公司发布了一个由唐老鸭出演的10分钟动画短片,警告家庭,如果他们有好几个孩子,母亲将"疲惫不堪……孩子将病困交

---

① 古罗马的百科全书式作家,以其所著《自然史》一书著称。——译者注

加,郁郁不乐",而家庭将没有足够的食物喂牛,只能让父亲自己推犁耕地。此外,他们将负担不起"现代化的便利设施",伴随着这台词,影片不失时机地展示了一台笨重的老式收音机。[17]而最骇人的一项研究是由一群欧洲学者组成的"罗马俱乐部"(Club of Rome)汇编的,并通过一本畅销书《增长的极限》(The Limits to Growth)进行了呈现。[18]罗马俱乐部利用先进的计算机技术推断世界发展趋势,并预测除非采取比马尔萨斯所主张的更严厉的预防措施,否则一百年内必有大灾。而所谓预防措施,就是立即停止经济增长,遏制人口膨胀,并对资源进行回收利用。这些预测如此令人震惊,因此俱乐部又对其进行了重新评估,并在不久后发布了一项更令人舒心的研究结果。一位经济学家将该俱乐部描述为"计算机版的'狼来了'"。尽管如此,最初的报告还是得到了公众的关注。1973年,时任世界银行行长的罗伯特·S.麦克纳马拉(Robert S. McNamara)将"人口爆炸"与核战争的威胁相提并论。1974年,经济学家罗伯特·海尔布隆纳(Robert Heilbroner)发表了《对人类前景的探究》(An Inquiry into the Human Prospect)一书,他在书中认为现代人已经无可救药。在预测工业趋势时,他得出结论认为资源无法跟上工业需求的增长步伐。即使资源能满足需求,也会让我们被温室效应所笼罩。他建议,也许转而接纳一种更为苦行僧式的生活方式会比较明智。目前,对这一建议,大多数人的回应都可以套用电影大亨塞缪尔·高德温(Samuel Goldwyn)的荒谬发言:"好主意,但别包括我。"

1980年,应吉米·卡特(Jimmy Carter)总统的要求,美国国务院和环境质量委员会发布了《致总统的2000年全球报告》(The Global 2000 Report to the President)。尽管这份报告比罗马俱乐部的研究报告要乐观和合理得多,但它仍宣称:"如果目前的趋势持续下去,2000年的世界将比我们现在生活的世界更拥挤,污染更严重,生态更失衡,更容易受到破坏……除非技术取得革命性进步,否则到2000年,地球上大多数人的生活将比现在更不安定……除非世界各国采取果断行动改变目前的趋势。"[19]《华盛顿邮报》(Washington Post)对此表示赞同,并撰文称,"该报告的预测明显过于乐观了。"不过,大多数经济学家仍对这些报告持怀疑态度。

建立此类模型者,也运用了马尔萨斯那种悲观和静态的预设。一些人将这些模型称为"PIPO",即"由里到外的悲观主义"(pessimism in, pessimism out)。这些模型的一个关键假设违反了经济学的核心原则——价格将向经济主体发出信号,告诉他们什么时候应该囤积或节约。回想一下我们之前围绕亚当·斯密和哈耶克关于锡的例子所展开的讨论吧。如果对锡的需求增加了,价格就会上涨,人们就会尽量少用锡,企业家就会受到激励去寻找锡的替代品或锡的额外供应。而根据罗马俱乐部最初的报告,如果相关需求增长,除了世界将耗尽锡以外,其他什么也不会发生。确实,有些产品的供应可能是定量的,没有替代品,而且不断增长的需求不会导致更高的价格。但这些情况只是例外。诺贝尔奖得主瓦西里·莱昂蒂夫(Wassily Leontief)在1977年为联合国研究了这个问题,并报告说:"已探明的全球金属矿物和化石燃料资源一般足以在本世纪剩下的几十年里满足世界的需求……以相对较高的速度支持世界经济发展。但是……这些资源很可能会变得更加昂贵。"[20]

现在回过头来再看,连莱昂蒂夫都太悲观了。从20世纪80年代开始,能源价格开始缓慢下滑,并一直持续到20世纪末(除了1990年战争导致的短暂上涨)。到20世纪90年代中期,扣除通货膨胀因素后的油价比60年代初还要低,要知道那时离1973年欧佩克石油禁运还远着呢。到2020年,扣除通货膨胀因素后的油价大致仅相当于20世纪70年代的通行价格。就连金价在70年代曾一度飙升至每盎司(1盎司=28.35克)400美元后,在1998年已跌至300美元以下,直到最近几年才又有所攀升。1980年,一位名叫朱利安·西蒙(Julian

Simon）的乐观经济学家向一位名叫保罗·埃尔利希（Paul Ehrlich）的悲观生物学家发起了挑战。埃尔利希以研究蝴蝶进入学术圈，却以《人口炸弹》（*The Population Bomb*）和《富裕的终结》（*The End of Affluence*）这两部作品享誉世界。整个70年代，埃尔利希在NBC的《今夜秀》（*Tonight Show*）上现身20次，他预测，除非世界立即实施"人口零增长"，否则10年内将有数亿人饿死。西蒙和埃尔利希打赌，让后者选择任何商品，西蒙打赌其价格会随着时间的推移而下降，而不是上升（表明不存在短缺）。于是埃尔利希购买了价值1000美元的5种金属。1990年，他们会核对这些价格。如果价格涨了，西蒙就会给埃尔利希补偿增加值。而如果价格跌了，埃尔利希就得付给西蒙差价。不出所料，最后出钱的是埃尔利希，因为尽管世界经济和世界人口都保持增长，资源价格却下降了。西蒙收到了一张576美元的支票。为什么西蒙赢了这场赌约？第一，"石油恐慌"模型并没有预料到，企业家会从英国北海或墨西哥开采出大量石油。第二，提出这类模型的预言家和马尔萨斯一样，把一场让农民可以用更少的种子收获更多作物的农业革命忽略了。20世纪50年代，植物遗传学家兼病理学家诺曼·博洛格（Norman Borlaug）通过研究如何将一种茎秆粗壮的矮秆小麦与一种麦穗更大的小麦杂交，助力了一场"绿色革命"的发生。他的成果带来了黄金大丰收，养活了印度、墨西哥和非洲的数百万人。第三，他们低估了发明稀缺商品替代品的动力。现在，铝材、钢材和塑料公司正积极角逐，为新型汽车领域提供材料。1967年的电影《毕业生》（*the Graduate*）中，一个中年角色给达斯汀·霍夫曼（Dustin Hoffman）饰演的年轻大学毕业生提供了一个热门投资建议——"塑料"。事实证明，这个主意可比那些所谓的专家们提出的大多数想法都高明多了。石器时代的结束并不是因为我们找不到更多的石头。同样，我们停止使用化石燃料，也不会是因为用光了最后一滴石油。我们之所以停用，是因为化石燃料已经变得相对昂贵，要么是有了更便宜的替代品，要么是政府对其加以调控。

　　世界末日模型假设，技术的发展速度不可能超过资源需求增长的速度。虽然技术可能并非希腊戏剧中甫一出场便可扭转乾坤的救星，也不是好莱坞西部片中的无敌骑兵队，但我们也不能太贬抑其作用。例如，这些模型谴责汽车造成的污染，并以此预言石油等化石燃料终将枯竭。根据这些模型，汽车和石油虽然对现代社会至关重要，但具有破坏性。可在20世纪，这两者分别取代了什么？是用于运输的马匹和用于供能的木材。在纽约中央公园附近，如今只有几十辆马车在运营。但马粪的气味依旧刺鼻不已。想象一下，一个世纪前，当马匹还是主要交通工具时，恶臭和疾病是如何在城市中蔓延的！木材可能比石油更具可再生性，但事实证明化石燃料更便宜。推动这种转变的是价格，而不是某种恶兆模型。关键在于，对经济资源和技术的长期预测需要的大概是神赐的天赋，仅有一个经济学学位还不够格。

　　可是这是否意味着经济学家必须面带傻笑袖手旁观，让"看不见的手"去解决欠发达国家的污染和饥饿问题就好呢？并非如此。我们稍后将更全面地讨论污染问题，但就目前而言，经济学家必须承认，污染的出现往往表明亚当·斯密的简单模型存在缺陷。我们可以把污染当作经商的成本。但雾霾与人工成本、机械成本或租金有什么区别？除雾霾以外的这些其他成本均由公司支付。它们对公司运营而言是"内部"的。但是公司不会为空气污染买单。这是一种"外部"效应，由全社会通过呼吸污浊的空气来承担。结果呢？制造商生产了比实际可生产的更多的商品，因为生产成本貌似比实际成本低。为了实现理想的产量，制造商应该被迫承担常规成本再加上对社会的污染成本。为了实现这一目标，经济学家经常建议对污染征税。

"马尔萨斯陷阱"似乎更适用于欠发达国家，在这些国家，医疗服务的改善降低了死亡率，而出生率继续维持在较高水平。尽管存在悲观论调，但由于教育普及运动、补贴计划生育以及伴随经济发展的自然"人口转型"，许多贫穷国家的生育率在过去20年里也有所下降。在巴西，一些社会科学家认为，电视上展现的中产阶级生活态度导致了出生率的急剧下降，这让20世纪70年代的预测变得荒腔走板。另一方面，降低出生率的做法在一些社会备受争议。在一些国家，计划生育政策挑战了传统习俗和宗教戒律。尽管如此，斯里兰卡、印度尼西亚和印度的几个邦的出生率都出现了大幅下降。根据世界银行的调查，从1960年到2000年，183个国家的生育率下降（只有4个国家的生育率上升：乍得、刚果、赤道几内亚和东帝汶）。马尔萨斯关于更好的教育将有助于限制出生率的建议似乎是合理的，因为识字率已经大幅上升。出生率是不是降得太厉害了呢？我们将在后面几章讨论退休计划和政府债务时探讨这个问题。就目前而言，需要注意的是，新加坡华裔的出生率下降得太快，以至于政府开始担心人口不足。在"两个就够"的口号坚持了20年之后，新加坡官员如今宣称："三个也不嫌多，只要你养得起，再多都行！"为了提高出生率，俄罗斯承诺年轻夫妇可以免费入住汽车旅馆，甚至还有机会赢得一台新冰箱。

与此同时，贫穷国家正在提高其农业产量。中国和印度占世界人口的40%以上，也贡献了世界上大多数贫困人口。然而，在过去的25年里，这两个国家在农业上几乎都实现了自给自足，印度现在还是小麦和大米的出口大国。为了对抗严重的饥饿和营养不良，印度进口了诺曼·博洛格在绿色革命中研制的一万八千颗"神奇种子"。随着这些种子落地生根，发芽生长，印度将在10年之内逐渐克服普遍的饥饿状况。[21] 1978年，中国开始重组农业部门，从中央控制的生产单位转向分散的市场力量。物价最终被允许浮动，成为向中国经济主体发出的信号，粮食产出迅速增长。

非洲国家有时发现，在减少人口和提高粮食产量两方面的努力都难以取得成功。尽管婴儿出生的速度比20世纪50年代慢了，但由于预期寿命大幅提高，总体人口增长率仍有所提高。直到最近，马尔萨斯的幽灵似乎还在埃塞俄比亚这样的国家上空徘徊，在那里，干旱和战争起到了积极抑制作用。尽管如此，这些饱受蹂躏的国家仍有可能养活本国人民。经济学家指出了两个主要问题。第一，由于收入偏低，贫穷国家无力积累和投资新技术，而收入低是因为生产技术效率低下。因此，他们陷入了一个恶性循环，而外部援助正试图打破这个循环。第二，也是更为重要的一点是，许多政治根基不稳的政府通过压低食品价格来安抚城市消费者。但人为压低的价格减少了农民的投入，阻碍了产量进一步的增长。其结果是，消费者看到低价标签时喜笑颜开，可抬头一看却悲哀地发现货架空空如也。

第三世界国家经常以支撑本国货币的做法令这一问题雪上加霜，这种政策鼓励进口，却抑制出口。近年来，许多学者重新审视了人口增长是否会损害第三世界国家这一基本问题，并得出结论认为，对于某些国家，尤其是那些拥有大量可耕地的国家，快速的人口增长可能不会造成破坏。更密集的人口可能会降低向客户运输商品的成本，并刺激国内对商品的需求。世界银行指出，大多数发展中国家可以在不降低生活水平的情况下吸纳高达2%的人口增长。[22] 非洲国家人口年均增长为3%，而亚洲和拉丁美洲国家约为2%。当然，这让我们有理由抱有希望。但这种希望在很大程度上取决于政府是否会制定富有成效的经济政策，鼓励成人开展贸易，并促进对儿童的教育。

自从本书第一版在1989年出版以来，许多非洲国家实际上已经抛弃了使他们的人民遭受持续饥荒的那些僵化的政策。埃塞俄比亚曾经是干旱和农业绝境的典型国家，在过去的几年里也已经有了显著的转变，20世纪90年代该国粮食产量翻了一番，2000年以来人均GDP翻了4倍多。虽然马克思主义独裁者门格斯图（Mengistu）强迫农民加入合作社，然后以低价收购他们的产出，但自1991年以来，他的继任者允许农民以市场定价，鼓励他们生产更多的粮食，并更好地保护他们的土地。[23]外国投资大量涌入，埃塞俄比亚成为世界上经济增长率最高的国家之一。幸运的是，埃塞俄比亚并非孤军奋战，因为加纳和乌干达也开始向饥饿宣战，而不是向农民宣战。近几十年来，撒哈拉以南非洲地区的居民每日食物消费量增加了100卡路里，而平均寿命增加了约10岁。[24]可惜的是，被罗伯特·穆加贝（Robert Mugabe）统治了40年的津巴布韦尚未加入此列。

马尔萨斯和移民

当马尔萨斯警告说欧洲的经济增长会刺激人口过度拥挤时，他的读者们立刻想出了一个巧妙的解决方案：把穷人运到新大陆人烟稀少的辽阔平原上。当然，北美和澳大利亚为他们提供了取之不尽的土壤以供劳作。马尔萨斯对此持怀疑态度。他认为，一旦欧洲穷人登上拥挤的船只，新一代的穷人就会涌入城镇和村庄，取代他们的位置。此外，他推测北美的定居者最终会砍伐树木，污染环境，并掠夺当地居民。他之前曾谴责西班牙拓荒者摧毁了许多原住民村庄。马尔萨斯对让人们离开他们家园的想法充满了伤感之情，他说，移民"扯断了"与自然母亲相连的脐带，横渡汹涌的大海，就像"将他们的死亡与所有先前的纽带分离"。[25]结果，在他的杰作再版的过程中，马尔萨斯软化了他反对移民的立场，并最终对政府将爱尔兰和苏格兰贫苦农民送往美国的计划给予了支持。他也对凯尔特贫民表示同情,认为他们的生活条件和政府的移民政策"有辱人格"。但马尔萨斯在他不断演变的移民观点中增加了一个附带条件:政府应该将那些移民者原先居住的村舍夷为平地,这样它们就不会被新涌现的穷人填满。最好把土地转交给绵羊和肉牛。

在马尔萨斯的时代,他曾警告说,整个地球将变得过于拥挤,而现在的许多抗议者则担心,他们的国家人满为患,是因为涌入的移民太多了。在意大利、瑞典和德国,新的政党建议撵走那些新移民。第二次世界大战后,德国向 700 万外国人敞开了大门,其中许多是土耳其和阿拉伯籍务工人员。但最近,这些人不再被民众视为客人,而更像是不受欢迎的擅闯者。甚至在澳大利亚,盎格鲁人也在抗议亚裔的涌入。要知道这个国家以前本来就是英国囚犯的流放地!

在德国总理安格拉·默克尔(Angela Merkel)于 2015 年决定向 100 万主要来自叙利亚的难民开放边境后,欧洲的形势在过去几年变得更加严峻。默克尔和她的经济顾问们以两个理由为他们的决定辩护。第一,他们表示,帮助战争难民是德国和欧洲的道德义务。第二,她和她的经济顾问认为,由于出生率下降,德国需要更多的外来工人,但德国并没有诉诸有组织的方法来应对涌入的难民潮。政府的一项研究表明,暴力犯罪在收容难民后的第一年内上升了 10%,其中 90% 的犯罪是年轻男性犯下的。[26] 毫无疑问,这一名副其实的难民潮助长了英国的脱欧运动,因为许多英国选民认为,他们的国家已经放弃了控制自己边境的权利,甚至在与犯罪率的斗争中也只能束手待毙。除了叙利亚难民危机,意大利还在努力遏制来自北非的难民潮。在 2016 年至 2018 年期间,有 30 万人乘坐漏水的船只,主要通过西西里岛抵达意大利,给公共服务造成了严重压力,也引发了本国公民的愤怒。据联合国报道,在从非洲港口匆忙逃离到地中海过境期间,约有 15 000 人死亡,这可谓马尔萨斯式的噩梦。但请记住，这些难民并非逃离饥荒，而是逃离战争、恐怖主义和本国黯淡的经济前景。

而在美国这个移民国家，我们有时也会听到人们谴责新移民，尤其是在经济增长放缓、失业率上升的时期。即使是像富兰克林这样的宽容的废奴主义者，也把德国新教移民蔑称为"帕伦廷乡巴佬"。几乎没有"本土主义者"（不要把他们和美洲原住民混淆）担心的是移民会如马尔萨斯所言，吃光他们所有的食物。相反，他们声称，移民抢走了在这个国家出生者的工作，从而降低了美国人的生活水平，同时破坏了美国的"文化完整性"。当然，这些论点并不新鲜。在1845年至1855年间，超过100万爱尔兰人为了躲避马铃薯晚疫病造成的饥荒而横渡大西洋。他们很快就占了纽约人口的四分之一以上，而他们并不总是受到热烈欢迎。[27]爱尔兰裔美国人如今会满是苦涩地讲述他们的曾祖父读过的招聘广告，其中有一句标语就是："爱尔兰人免谈。"如同1991年的电影《追梦者》（*The Commitments*）中，一个角色所宣称的："爱尔兰人是欧洲的黑人。所以大声说出来吧——我是黑人我骄傲！"然而，在今天的墨西哥移民眼中，爱尔兰裔美国人看起来和那些随迈尔斯·斯坦迪什（Miles Standish）[①]一起乘坐"五月花"号（Mayflower）来到这里的清教徒并无二致。一本名为《爱尔兰人是如何变成白人的》（*How the Irish Became White*）的书便描述了原先备受嘲弄的爱尔兰人是如何在美国社会占据一席之地的。[28]在爱尔兰裔美国人中，像乔治·M.科汉（George M. Cohan）这样杰出的爱国之子所取得的成就无疑成为移民的奋斗目标。科汉声称自己是在美国独立日（7月4日）出生的，甚

[①] 英国军官，乘坐"五月花"号来到美洲的首批乘客之一，被清教徒雇用为普利茅斯殖民地的军事顾问。在普利茅斯殖民地的管理和保卫中扮演着重要的角色。——译者注

至还把这一点写入了他的歌曲《胜利之歌》(Yankee Doodle Dandy)中。作为奴隶的孙子,歌手路易斯·阿姆斯特朗(Louis Armstrong)后来也上演过类似的"生日"爱国闹剧,尽管他的实际生日离7月4日也就差了一个月。

但本土主义者认为,"如今时代不同了"。首先,过去几十年的移民并没有像20世纪初欧洲难民潮中数以百万计的移民那样迅速被同化。为什么没有呢?让我们思考三个因素:语言混杂、通信手段和老茧。

早期的移民潮从多语言混杂的欧洲国家逃离,彼此操着不同的语言。1910年,除了英语,其他移民语言都是少数群体语言。其中德国人占比最大,为18%,但没有一个移民群体拥有足够大的"市场份额"来主导或建立一个持久的文化聚居地。从1915年到1965年,欧洲人占了1100万新移民的75%。相比之下,如今近一半的移民来自拉丁美洲,大部分来自墨西哥(只有约15%来自欧洲)。由于人数优势,许多家庭可以在生活和工作中继续用到西班牙语。说西班牙语的有线电视和卫星电视在佛罗里达州、得克萨斯州和加利福尼亚州随处可见。在18~34岁人群的黄金时段收视率竞争中,西班牙语环球广播电视台(Univision)经常击败说英语的福克斯电视台(Fox)、美国国家电视台(NBC)、哥伦比亚广播公司(CBS)和美国广播公司(ABC)等。而拜现代通信技术所赐,新移民可以很容易地打电话、发短信、发电子邮件,甚至坐飞机回家看望他们的亲戚。长途电话费已从每分钟几美元暴跌到几美分,即使是最低工资的工人也能享受给家里打电话的"奢侈"。相比之下,1912年,一位身处美国的德国小姐要想和家乡的年迈母亲联系,唯一途径是通过汉堡航运公司从德国运送到美国的邮包。称美国为种族"大熔炉"的比喻已经被束之高阁,取而代之的是"沙拉拼盘",意指各种族虽然混杂而居,但每个种族都会保持自己的身份认同,抵制被同化。尽管来自同辈的压力曾经促使移民儿童学习英语，但如果他们过快接受美式习惯，就连华裔年轻人也会很快互相嘲笑对方是黄皮白心的"香蕉人"。

经济学家更关心第三个因素。新移民是像当年的爱尔兰人、德国人、意大利人、波兰人和犹太人那样，最终赶上了本国的收入水平，还是在这方面落于人后，过度依赖公共援助项目？虽然大多数经济学家一开始对宽松的移民政策举双手赞同，但最新的数据却让他们陷入苦恼之中。问题在于：经济发展如此依赖高技术水平，以至于不熟练的劳动者几乎无缘跻身主流社会。19世纪80年代，艾萨克·布雷克斯通（Isaac Breakstone）和约瑟夫·布雷克斯通（Joseph Breakstone）从在街角的手推车上销售乳制品做起，最终建立了Breakstone这个成功的全国性品牌。但这种推车小贩式资本发家方式在今天已经没有多少机会了。在早期的移民潮中，移民手上都有老茧。1900年，这个国家需要有满手老茧的体力劳动者，因为69%的人口在农场、森林、煤矿或工厂工作。[29] 刚从船上下来的新移民，即使面临歧视，也要学会去胼手胝足地劳动。我的祖父萨姆·刘易斯（Sam Lewis）当年从伦敦来到这里，他告诉我，当来自爱尔兰的船只停靠在曼哈顿时，统舱的男性乘客会有一个选择："是钩子还是棍子？"——这意味着他们要么当个码头工人拖板条箱，要么当个警察挥舞警棍，因为爱尔兰老板主导着这两个职业。

在1900年，连高中学历都属稀罕物，只有不到14%的美国人获得文凭，不到3%的人上了大学。今天，一个来自尚未经历工业革命（更不用说半导体、云技术和人工智能革命了）的国家的移民能有发迹机会吗？确实，许多高技能的中国和印度移民在硅谷通过设计计算机设备、软件和新媒体赚取了财富，但这些故事在墨西哥出生的南加州园丁中则闻所未闻。无论我们是用歧视、家庭传统、法律结构还是教育背景来解释，数据结果确确实实揭示了种族差异的存在。最近来自拉丁美洲的移民初来乍到时的收入比当地人低 30% 左右，且这一水平从那时起就停滞不前。1980 年之前来到美国的危地马拉人，到 20 世纪 90 年代时收入还减少了 28%。即使在亚裔内部，也存在差异。当华人的平均收入已完全赶上当地人时，老挝人还落后22%。[30] 此外，据一些研究人员称，当无技能移民上岸后，他们可能会使无技能的本地居民，尤其是城市黑人的工资下降 2.5% 至 5%。

当然，数据可能会变化，对我们学校系统的改革也会对此有所裨益。即便如此，由于数据是汇总的，其对移民的个人贡献鲜有体现。如果当年阿尔伯特·爱因斯坦（Albert Einstein）留在德国并被迫帮助第三帝国，如今的世界会是什么样子？确实，因为他的天才，20 世纪 30 年代盎格鲁人对德国移民的敌意也在很大程度上被一笔勾销。史蒂夫·乔布斯的生父逃离叙利亚，在加利福尼亚州萨克拉门托经营一家不大不小的咖啡店。正是这位移民的儿子彻底改变了我们分享音乐和故事的方式。无论如何，自由女神像被安置在纽约港并不是作为经济的象征。尽管偶尔会有反对的逆流，但美国大体仍对那些渴望自由呼吸的移民群体持欢迎态度，而我们也在这个过程中变得更为富有。

还有一个让经济学家充满希望的原因：当数百万婴儿潮一代在未来 20 年退休时，美国将需要更多的工人来养活退休人员。这将是劳动力大军中的新成员有望抓住的一个新机会。我们将看到他们是否会对此加以利用。

全球变暖：马尔萨斯的复仇？

大自然母亲变化叵测。我们现在航行、泅渡和竞逐水上摩托艇的海洋，曾经如同沸腾的大锅。蒙大拿热带蕨类植物带附近便埋有恐龙化石。在现实版的《侏罗纪公园》（Jurassic Park）里，热带蕨类植物曾在南极附近留下了煤矿。数百万年后，维京人在还被绿色覆盖的"格陵兰岛"上狩猎，英国人饮用的葡萄酒还出自英格兰中部的葡萄园。后来，在文艺复兴时期，一个小冰期开始了。寒冷的凛冬启发了佛兰德画家老彼得·勃鲁盖尔（Pieter Bruegel the Elder）创作了他的开创性作品《雪中猎人》（Hunters in the Snow），而荷兰人则喜欢在运河上滑冰，这在今天可不常见。[31] 卡特政府发表预测环境灾难和能源价格暴涨的《2000 年全球报告》之前，国会就气候问题举行了听证会。尤其考虑到，20 世纪 60 到 70 年代是一个以暴风雪多发为标志的严寒 10 年，于是一些科学家警告说，由于气温在 40 年代达到顶峰，一个新的冰河时代即将到来。计算机模型也警告称，地球可能已经进入了全球变冷的长期轨道。毕竟，上一个冰河时代的温度只比我们现在的低 10 华氏度。微小的温度变化便可能导致冰川从两极扩散，像数百万年前一样，将纽约覆盖在数百英尺的蓝色坚冰之下。

可这些警告之声言犹在耳之时，气候却再次转暖。到 1990 年，国际科学家在联合国的主持下聚集一堂，并预测地球正在以危险的速度变暖，到 2100 年，温度可能会上升 9 华氏度。全球变暖可不仅是让人汗流浃背而已，它还会引发可怕的洪水和毁灭性的干旱，威胁食物和水的供应。是什么导致这场灾厄？政府间气候变化专门委员会（IPCC）在瑞典科学家斯万特·阿伦尼乌斯（Svante Arrhenius）的研究成果基础上提出了一个理论：化石燃料会增加二氧化碳排放，在大气层中形成一层隔热层，太阳的热辐射可以穿透，但热量却无法散逸到大气层外。在 100 年间，随着全球汽车数量的倍增，二氧化碳水平也跟着增加。北欧不断萎缩的冰川已经使上一个冰河时代之前深埋在冰层中的化石重见天日。气候变暖会导致海平面上升，冰川和极地冰原融化，并加剧风暴强度。许多地方会变得更加潮湿，从而引发诸如疟疾等热带疾病，并使世界农业遭受灭顶之灾。[32] 总而言之，这还是一套阴郁凄惨的马尔萨斯式的叙事，正是人口的增长摧毁了世界维持人类生活的能力。

这是真的吗？也许。怀疑论者列出了许多论据来反对这种世界末日式的设想。例如，地球温度在 20 世纪仅上升了约 1.8 华氏度，但数据极其模棱两可（卫星判读所显示的上升幅度更小）。一些科学家认为，太阳散发的光热增加足以解释这小幅上升。他们还认为，云的形成仍然是一个计算机无法模拟的复杂过程。此外，世界各地的一些冰川实际上已经开始扩散，而不是缩小。最后，怀疑论者辩称，即使气候上升 4.5 华氏度（IPCC 预测的中位数），世界上许多地方也将受益于更长的生长季节和不那么严寒的冬季。一群乐观的经济学家将他们的分析称为"李嘉图式"方法，以我们下一章中的主角命名。[33] 在李嘉图式分析中，农民会利用全球变暖的优势，转而种植更适应温暖气候的作物。例如，他们将用棉花代替麦田。早在 700 年前就已衰落的葡萄酒种植文化已经在英国乡村呈现再兴之势。当然，那些已经非常炎热潮湿的国家没有什么新的选择。季风带来的降雨对堪萨斯州的农民来说是好事，可对在越南照料稻田者来说却可能适得其反。

然而，经济学家确实指出，一个总体更富裕的世界将有更多余裕来付诸更多行动，以缓解水文地质灾害的威胁。飓风预警系统挽救了数千人的生命。1900 年 9 月，一场强风暴袭击了得克萨斯州的加尔维斯顿，使 8000 名毫无防备的居民遇难。这是美国历史上最致命的自然灾害。为什么受害者对此毫无防备？因为当时雷达、无线电和卫星都还没有发明出来。在之后的 100 年里，干旱和极端天气事件造成的死亡率下降了约 90%。从 1982 年到 2002 年，美国经历了 18 次大地震，总共夺走了 143 条生命。而建筑更脆弱、污水处理系统更简陋、消防力量更薄弱的印度，虽然只发生了 14 次大地震，但这些灾难共导致 32 117 人死亡。[34] 不断增长的 GDP 不会驯服印度地震的力量，但它会保护更多的人免受倾覆瓦砾的伤害。随着全球 GDP 的增长，应对气候变化的防御性选择变得更有经济可行性了。迈阿密海滩已经抬升了道路和桥梁，以应对周期性的洪水。根据世界银行的数据，近至 1990 年，全世界仍有三分之一的人生活在极端贫困之中。现今这个数字已经下降了三分之二。这是人类历史上最非凡的成就之一，为人类提供了必要的资本以应对和承受气候变化影响的资本。

对抗全球变暖的诸多策略包括对碳排放征税，比如耶鲁大学经济学家威廉·诺德豪斯（William Nordhaus）提出的策略，他的气候变化模型让他在 2018 年获得了诺贝尔奖。对污染征税的想法可以追溯到英国经济学家阿瑟·塞西尔·庇古（Arthur Cecil Pigou），他出生于维多利亚时代中期，并一直活到 20 世纪 50 年代，见证了女王伊丽莎白二世（Queen Elizabeth II）加冕。庇古提出了"外部性"（externalities）的概念，即一家公司的运营可能会对邻居产生外溢效应。想想看，如果温斯顿·丘吉尔抽雪茄时你就坐在他旁边，或者你住在史努比·道格（Snoop Dogg）演唱会场地的隔壁，你可能也会被弄得乌烟瘴气的。如果一家热狗公司在熏肉时散发出的蒸汽让你感到窒息，它就是在给它的邻居强加成本。庇古指出，由于热狗公司没有为它造成的这种困扰付出代价，它可能生产的热狗数量将会多于它需要为自己的污染买单的情况下所生产的。结果，这个世界的热狗和烟雾都会过多。庇古认为，如果向工厂征税，使工厂的总收益和总成本保持更紧密的一致性，那么市场将会更有效率。按照这一模型，哈佛大学经济学家格雷格·曼昆（Greg Mankiw）跟踪研究了支持对外部性征税（包括碳税）的主要经济学家和思想家，并将他们统称为"庇古俱乐部"。全球变暖本身并不能证明马尔萨斯是对的。只有当人类必须应对一个更温暖且更具威胁的气候时，真正的考验才会到来。人类会继续向大气中排放二氧化碳，直到他们自我窒息或导致植被被破坏吗？或者，他们会找到让人类这一物种得以延续的新技术工具吗？我们的曾孙们可能会揭晓这个答案。

最后的日子

马尔萨斯如果知道，在他去世 150 多年后，世界仍运转良好，好到足以令他的论点受到质疑，他一定会感到惊讶。

马尔萨斯在凯雷伯利和伦敦度过了他生命的最后 30 年，与同时代的大师鸿儒们相交甚密。用塞缪尔·约翰逊的话说，他是"交际能手"，并且是"俱乐部之王"（一个聚餐联谊社团）和政治经济俱乐部的成员。1824 年，伦敦的《绅士杂志》（Gentlemen's Magazine）报道称，英国皇家文学学会将马尔萨斯和他的对头柯勒律治都提名为"皇家伙伴"（Royal Associates），两人都获得了终身的研究津贴。据推测，他们还时常争吵。[35] 马尔萨斯继续出版书籍和小册子，其中最著名的是他的《政治经济学原理》。更重要的是，他以友好而雄辩的语气，就贸易政策和经济萧条问题与大卫·李嘉图展开了辩论，我们稍后将讨论这些问题。

直到 1834 年死于心脏病，马尔萨斯都坚决否认自己是"人类之敌"。他身后留下了一个寡妇和两个孩子，另一个女儿在此 10 年前便已去世，当时她还未成年。许多演讲者和作家仍然孜孜不倦地对他进行各种编排，客气点地说他是一个阴沉的牧师，最不客气的干脆称他为适合在万圣节出没的丑陋地精。但他其实早就指出，他的那些批评者也不过是一叶障目，以至于当他们自以为看到隧道尽头的光明希望时，浑然不知那不过是一列正向他们驶来的火车所亮着的车灯罢了。

第4章

大卫·李嘉图：自由贸易的呐喊

CHAPTER 4

大卫·李嘉图

经济巨擘：思想碰撞与传承

大卫·李嘉图（David Ricardo）从未上过大学，但他对经济理论的钻研能力胜过任何学者。他从未正式研究过金融市场，却在股票市场上赚了数百万英镑。他有着强大的头脑和务实的知识，完全碾压知识领域的对手们，这使他不仅能赢得激烈的辩论，还对对手的论点不屑一顾，声称只有大学教授才会愚蠢到相信这些论点。

一位大学教授竟然真的"蠢"到和李嘉图唱起了对台戏，他就是托马斯·罗伯特·马尔萨斯。而且，由于马尔萨斯早已饱受各路评论家们的恶意中伤，李嘉图这种经过缜密思考后的抨击反而让他颇感受用。在领教了雪莱和柯勒律治的毒舌之后，李嘉图的攻讦更像是一首小夜曲。至少，李嘉图认同他的人口原理。

李嘉图和马尔萨斯的关系始于媒体新闻论战，当时两人都发表了关于货币和贸易问题的文章，批评对方观点。后来，马尔萨斯在1811年给李嘉图写了一封信，建议说："由于我们在这个问题上大致还是同一立场的，我们不妨以私下的友好讨论来取代在媒体上旷日持久的争吵。"当时，李嘉图也正有此意。几天后，他们见面了，并从此开始了一段终生的友谊。李嘉图给这位出人意料的友人写了大量热情洋溢的信件，其间还夹杂着详细的政策相关见解。他们第一次见面后不久，他就写道，自己"等不及介绍马尔萨斯夫人和李嘉图夫人认识了"，并补充道："我们还准备了一张床随时供你落脚，你第一次到伦敦来的时候，能在我家留宿就太好了。"[1]在李嘉图于1823年去世前，他写信给马尔萨斯说，尽管彼此有无数纷争，但"我对你的好感不会因你是否同意我的观点而改变"。李嘉图的遗嘱仅被托付给三个人，马尔萨斯是其中之一。后来马尔萨斯宣称："除了我的家人，我从未如此爱过其他任何人。"

马尔萨斯甚至从未像亲近李嘉图这样，亲近"家庭成员"以外的什么人。他来自一个老派的英国家庭，并在英国圣公会担任圣职，而出生于1772年的李嘉图是一个犹太移民的儿子，他的家人曾逃离葡萄牙以躲避迫害，曾在里窝那（意大利比萨附近）做珊瑚切割工，也曾在荷兰海岸定居，随后才乘船航行穿过北海到达英国。[2] 他的父亲亚伯拉罕·李嘉图（Abraham Ricardo）是获准在伦敦皇家交易所（Royal Exchange）担任股票经纪人的12名"犹太经纪人"之一。一份19世纪早期的交易所地图显示，不同的民族和种族会被分配到交易所周围的特定位置，就像现代购物中心的美食广场一样。犹太人步道位于交易所的东南角，在法国步道对面，夹在西班牙步道和葡萄牙步道之间。[3] 具有讽刺意味的是，李嘉图家族所展开的逃亡之旅，其终点却将他们带回了离那面曾经逃离的葡萄牙国旗仅几步之遥的地方。除了皇家交易所，亚伯拉罕的营业场所还包括加罗威咖啡馆（Garraway's Coffee House），这是1666年交易所大火后发展起来的一个极具人气的咖啡馆，商人、书商和律师们在这里一边啜饮着咖啡，一边对君主和金钱高谈阔论。

马尔萨斯是在剑桥接受的精心辅导和教育，而李嘉图14岁时就作为一名报信人和父亲一起工作，他很快就开始在工作中学习复杂的金融体系和策略，并且学得相当不错。到了25岁左右，这个掌握了点金之术的男人已经建立了自己的事业，并通过股票、债券和房地产投资积累了价值数亿美元（按今天的美元计算）的财富。李嘉图家族最初从事股票和大宗商品交易，以此名利双收，随后他们开始代表英国政府向公众出售债券。马尔萨斯唯一一笔有收益的投资，还是李嘉图帮他赚的。在拿破仑统治时期，有一个事例可以从根本上说明他们两人的聪明才智到底有何不同。李嘉图为自己和马尔萨斯购买了一些英国政府的公债券,但在法国宣布新宪法之后,马尔萨斯变得紧张起来,担心这一变化会让法国领导人面临的形势好转,从而危及他自己的债券收益。马尔萨斯用一种战战兢兢的语气要求李嘉图卖掉债券,除非"这个决定是错误的,或者对你来说不方便,但无论发生什么事……我将永远记得你的好,并不打算抱怨"。这畏首畏尾的态度很能说明,马尔萨斯更适合在教堂里玩宾果游戏,而不是在证券市场博弈。结果李嘉图卖掉了马尔萨斯的债券,却将自己的债券保留了一段时间,赚的钱几乎是马尔萨斯的两倍。[4]

大卫·李嘉图努力的工作态度和独创性的投资风格让他的父亲感到骄傲,直到他们因他的婚事彻底闹翻,这是字面上的"闹翻",更是神学上的决裂。大卫的妻子普莉希拉(Priscilla),就是他想介绍给马尔萨斯夫人的那位,她既不像大卫那样是犹太人,也不像马尔萨斯家族那样是英国国教徒。她是贵格会教徒。普莉希拉和大卫的父母都不赞成他们的婚姻。当大卫拒绝遵从父母的意愿时,后者便给他诵读了逝者祈祷文,作为一个对他们来说已经死去的儿子的哀悼。这对父母再也没和儿子说过话。也许大卫之所以如此看重马尔萨斯的友谊,是他自己的家庭破裂之故吧。

由于娶了一个贵格会教徒,在上流社会看来李嘉图并没能提升自己的地位,因为贵格会教徒也是一个合法权利受到限制、不被信任的群体。如果不是大卫本人的魅力和他拥有的财富,他们会是一对被极度孤立的夫妇。然而,大卫的事业成功让他得以在格洛斯特郡购买了一处地产,还在位于伦敦繁华地带的格罗夫纳广场买了一处房子,他和普莉希拉在那里养育了6个孩子,其中一个日后还成为格洛斯特郡的高级治安官。

尽管李嘉图可谓财运亨通,但他直到27岁才读到《国富论》,而且还只是出于一次"偶然"机会。在英国度假胜地巴斯的一次无聊假期中,这位古典经济学的未来领袖偶然间翻看了这一学派创始人的最伟大作品。还记得吗，亚当·斯密正是在法国逗留的穷极无聊之中开始写《国富论》的。既然经济学似乎比起其他任何学科更显乏味，所以如果经济学教授们偶尔还能还份人情或缅怀一下学派的建立，学生们或许就不应该有所抱怨。

1809 年，李嘉图以经济学作家的身份首次亮相，在报纸上发表了有关货币和通货膨胀的文章，并获得了热烈好评。在哲学家约翰·斯图亚特·穆勒之父、政治经济学家詹姆斯·穆勒的极力促成下，李嘉图得以进入伦敦知识分子圈子，日后也加入了马尔萨斯的政治经济俱乐部和"俱乐部之王"。李嘉图极其健谈，也是一名出色的聚会东道主，他给小说家玛丽亚·埃奇沃斯（Maria Edgeworth）留下了特别深刻的印象，她说自己和他"有过一次愉快的谈话，话题无论深浅均有涉及。李嘉图态度沉稳，思如泉涌，他随时都会在谈话中发起一场新的辩论游戏。我从未与其他人如此愉快地讨论一个问题，而且与其说是为了辩论获胜不如说是为了发现真理。"[5]

这位移民之子很快就成为英国绅士的典范，他对工业革命见地不凡，在会客厅里也是风度翩翩。在詹姆斯·穆勒的鼓励下，李嘉图终于在 1817 年撰写了一篇论文《政治经济学及赋税原理》（*On the Principles of Political Economy and Taxation*），对亚当·斯密以及当代问题进行了全面的评论。两年后，又是在老穆勒的推动下，李嘉图在下议院赢得一个席位，在那里，他为政治自由和自由贸易高声疾呼。尽管他在宣誓就职时以"一个真正基督徒的信仰"起誓，但他是否真的遂了早已与他形同陌路的家人之愿，在起誓时像一个"真正基督徒"那样手指交叉以祈求好运呢，这一点我们永远无从得知了。

诡谲但绝妙的理论

我们也无从得知的另一点是，有多少议员真正理解李嘉图，尤其是他在贸易问题上的观点。这并不是因为李嘉图观点暧昧或不善言辞，而是因为他试图论证的可能是一种最复杂、最违反直觉的经济学原理。有一次，杰拉尔德·福特（Gerald Ford）总统就联邦预算赤字发表电视讲话，他效仿李嘉图以事件表作为视觉辅助工具，所有镜头都经过了精心排练，只为确保他不会做出任何尴尬的手势。如今的总统可不会尝试对李嘉图东施效颦。不幸的是，这一令人费解的原理是理解现代经济学的关键。一位傲慢的自然科学家曾请一位著名的经济学家说出一条既非显而易见却又相当重要的经济规律。经济学家脱口而出：李嘉图的"比较优势理论"（Law of Comparative Advantage）。遗憾的是，无论是过去还是现在，很少有政治家能领会这种分析。其结果便是，世界经济史中充斥着配额、关税和贸易战这样的斑斑劣迹。

在检验这个原理之前，让我们看看为什么李嘉图要费心解释它。正如亚当·斯密早就看透的，商人们明面上热衷于在"扶轮社"（Rotary Club）①的聚会上就企业的自由经营高谈阔论，暗地里却和国会山的政客们私相授受，以图私利。在李嘉图的时代，地主们在议会中暗通款曲，大搞金元攻势，以确保在拿破仑战争后自己免受粮食进口的冲击。当时，部分由于拿破仑实施的禁运，导致战争期间粮价飙升。如今和平降临，地主们却开始担心粮价骤然下跌会损害他们的利益。在议会过道的另一边坐着的，是崛起的资产阶级，亦

---

① 以增进职业交流及提供社会服务为宗旨的地区性社会团体；其特色是每个扶轮社的成员需来自不同的职业，并且在固定的时间及地点每周召开一次例行聚会。——译者注

即工业革命催生的新商人。由于资产阶级雇用劳工，他们更乐见粮价走低，这样他们就不必支付更高的工资。地主们赢得了这场力图影响政策的角逐，1815年国会通过了一项法案，禁止进口低于一定价格的谷物，实际上授予了农民垄断地位。英国词典对"谷物"（corn）的定义是燕麦、黑麦、小麦和大麦等颗粒种子[①]。因此，该法案被称为《谷物法》（Corn Laws）。如今，在英国各地，你还可以看到一些宏伟的19世纪老式建筑，称为谷物交易所，当年商人和农民曾在这些场所讨价还价。在利兹，有着夸张穹顶的谷物交易所神似罗马的万神殿，如今这一建筑已成为一个购物中心。

李嘉图预见了英国两种不同的未来：第一种，作为一个奉行保护主义的孤立岛屿，对外国商品设置重重壁垒；第二种，则作为一个外向型的贸易国，扮演"世界工厂"的角色。做出何种选择，对英国国运至关重要。因为如果英国选择前者，这种自足式的经济很快就会陷入赢弱。我们不妨首先了解一下，为什么李嘉图倾向开放政策，然后再去审视李嘉图提出的"停滞状态"（stationary state）这个难题。

回想一下亚当·斯密的绝对优势贸易模型。可以想见，他当然赞成自己的理论，并轻慢法国人："我们不喜欢他们，他们吃青蛙。而且我在图卢兹过得很无聊。但如果他们的葡萄酒比我们的便宜，我们就应该和他们干杯，喝他们的酒。而如果他们不能以更低的价格酿酒，那就让我们在英吉利海峡对岸看他们的笑话吧。"这是一种在逻辑上和直观上都十分正确的陈述。

为了更好理解李嘉图对此的应对，我们以一部有年头的荒岛求生剧《吉利根岛》（Gilligan's Island）为例。在剧中，倒霉、无能又

[①] 在美国，"corn"一词主要为"玉米"之意，故作者在此加以解释。——译者注

笨拙的吉利根（Gilligan）和能干、自信的船长一起被冲上岸。他们必须完成两项任务：捕鱼和建造住所。假设船长可以在10个小时内钓到一条鱼，在20个小时内搭起一间茅草屋，而笨手笨脚的吉利根常常把鱼钩甩到自己身上，他得花15个小时才能钓到鱼，需要45个小时才能搭起一间茅草屋。按照亚当·斯密的逻辑，船长应该离吉利根越远越好，自己建造茅屋和钓鱼，因为他在所有方面都比吉利根出色。但当李嘉图阐明船长应该与吉利根分工合作时，经济学家们至今仍为之肃然起敬！

让我们先计算一下，如果他们花一半时间钓鱼，一半时间造屋，他们各自为战时可以钓上多少鱼，造多少小屋。假设在一年内，船长将工作2000个小时，他的年轻大副吉利根则被命令工作3600个小时。如果船长花1000个小时钓鱼，他将收获100条鱼，而他花1000个小时可以建造50个小屋。而吉利根花1800小时垂钓将收获120条鱼，花1800个小时建造可以造出40个小屋。因此，岛上可用来做晚餐的鱼为220条，共计有90个舒适的小屋可作为用餐场所。

那如果他们分工合作会怎样？如果船长把他所有的时间都花在建造小屋上，他将建造100个小屋；如果吉利根专注于钓鱼，他将带回240条鱼。因此，该岛仅仅通过专门化分工就大幅提高了产量，即使吉利根在这两项任务上都远远不够胜任！

再想象一下，李嘉图对斯密羞辱法国人的回应是："我和亚当·斯密一样不喜欢法国人。但我不会因为他们做什么都不如我们成本低而嘲笑他们。尽管他们不如我们，我还是会和他们交易。"

下一个关键问题是，我们如何知道哪些领域可以进行分工？让我们回到吉利根的孤岛上。因为船长搭起一个小屋所花费的时间是抓一条鱼的两倍，所以他每次搭起一个小屋都要放弃两条鱼。但是对吉利根来说，盖房的时间是抓鱼的三倍，他每次盖房都要放弃三条鱼。既然搭建小屋对船长来说牺牲较小，所以他就应该搭建小屋。李嘉图指出，无论是人还是国家，应该加以专门化的正是那些让他们损失最少的分工。这就是他们的"比较优势"（comparative advantage）。而他们因为不生产某种产品而做出的牺牲就是他们的"机会成本"（opportunity cost）。因此，专门化取决于谁在这一分工行为中的机会成本更低。[6]

李嘉图分析的要点是：自由贸易使家庭消费更多商品成为可能，而无论贸易伙伴的经济水平是高是低。李嘉图对《谷物法》的立场是：如果法国农民愿意以低于我们养活自己的"成本"来养活我们，那么就让我们吃法国食物，把由此节省的时间花在其他事情上吧。

与贸易保护主义者的斗争

假设圣诞老人开始在美国各地免费分发玩具、饼干和衣物，美国的境况会变得更好吗？是的，因为我们可以把时间花在其他事情上，而让我们的孩子尽情享受礼物。还有一个不可避免的后续问题：每个人都会过得更好吗？答案并非如此。美泰（Mattel）和孩之宝（Hasbro）这些玩具公司的员工可能会发现，圣诞老人是一个特别不公平的贸易竞争对手，并导致他们被裁员解雇，只能到州失业办公室前大排长龙。

李嘉图和所有自由贸易者面临的问题是，全美的面包师、玩具制造商和裁缝会更希望政府拦截并摧毁圣诞老人的驯鹿车。他们会宣称，这些工作应靠我们自己加以补充和维护。但他们忘记了全国各地消费者获得的收益，尤其是对较低阶层的消费者，对后者来说，更便宜的食品就意味着更好的生活。我们不要忘了，对于普通家庭来说，生活是多么艰难。我们知道《圣经》上有句话："人不能只靠面包活着。"在李嘉图著书立说并在议会上据理力争的时代，工人们将工资的75%花在食品上，一半以上的工资用来购买谷物，制作面包。他们剩下的钱只够在面包上涂一些培根油或奶酪，然后就着茶喝下去，茶叶量每天不到十分之一盎司。他们的平均饮食摄入热量约为2300卡路里，与1800年时刚果和新几内亚的狩猎采集者持平。他们获取的热量比我们现在少40%，这让当时成年男性平均身高不到一米七。工人和农民每周工作6天，每天都是起早贪黑。虽然莎士比亚在《皆大欢喜》（*As You Like It*）中描绘了迷人的仲夏和对田园生活的赞美，马尔萨斯却指出，在农村，"农民的儿女们在现实生活中可不会觉得自己像是在浪漫故事中描述的那种玫瑰色小天使……（他们）很容易在成长过程中发育不良，需要很长时间才能长大成人"。[7]

李嘉图自然不难看出，阻止廉价粮食进口是如何伤害工人和损害其雇主利益的。

除了对消费者的伤害，保护主义者还忘记了就业机会是通过向其他国家出售商品和服务创造的。当李嘉图宣称"地主们的利益总是与社会中其他阶级的利益对立"时，无怪乎他就此成为上层阶级的公敌。尽管李嘉图才智出众，论点有力，但他没能说服议会软化态度。《谷物法》一直持续到1846年才被废除。然而，李嘉图确实说服了后世的几代经济学家，让他们相信保护主义虽然对某个特定群体有利，但基本上总是对整个经济体不利。人们有时会因为经济学家时常在施政方针上意见不一而对他们加以嘲讽。萧伯纳曾预言："就算把所有的经济学家首尾相连，他们也不会得出结论。"然而，在20世纪，数千名经济学家曾数次联署请愿书，恳请美国政府不要阻止进口。每当国内经济陷入停滞时，一些政客就会通过恐吓国外经济体的贸易保护主义措施来安抚选民。在美国和全世界最需要自由贸易的大萧条时期，美国却征收了20世纪最高的关税。当经济转向内向型时，其几乎总是掉头下行。在经济学中，从不存在什么

"朝向内部的上升螺旋"。

在20世纪80年代，日本汽车制造商开始"自愿"限制对美国的出口，以避免美国国会采取更严厉的制裁措施。由于日本汽车的供应受限，其价格自然上涨，美国制造商便能够对自己的汽车给出更高的售价。经济学家估计，美国消费者在第一个年头因此损失了3.5亿美元，而在限制措施实施的头三年里，汽车价格上涨了近3000美元。即使此举确实最多"保住"了1万个工作岗位，美国经济蒙受的损失也足以给每个工人支付3.5万美元的年薪，然后让他们坐在家里无所事事。实际情况适得其反，买得起汽车的消费者减少了，购车者的剩余资金也减少了，导致其无法购买其他商品，并使其他行业的就业机会也减少。布鲁金斯学会的罗伯特·克兰德尔（Robert Crandall）指责说："国内汽车制造商可以而且也应该降价，但政府却让美国消费者沦为俎上之肉，这可正中制造商们的下怀。"[8]

1989年，汽车业游说人士"恳求"财政部将进口的小型货车和SUV归类为卡车。如果财政部屈服于压力，这类汽车的关税将增加10倍。英国政府尤其代表路虎（Land Rover）公司抗议这一提议。英国驻华盛顿大使馆告知白宫，女王本人开的是路虎揽胜，她绝不会开卡车。

亚伯拉罕·林肯（Abraham Lincoln）曾简明扼要地阐述过一个保护主义论点："我不太了解关税，但我知道，如果我在美国买一件外套，我得了一件外套，美国得了钱；而如果我在英国买一件外套，我得了外套，英国得了钱。"他是对的——他真的对关税不太了解。像重商主义者一样，林肯不明白的是，一个国家是否富裕，是看它有没有能力消费大量的商品和服务，而不是储存了多少印有总统肖像的硬币或纸币。如果林肯在伦敦购买他喜欢的大衣，他会将一些美元兑换成英镑。于是伦敦有人手里就有了美元。伦敦人之所以舍英镑而取美元，绝不是要拿后者来糊墙的。这个伦敦人要么购买美国产品,要么用美元兑回英镑。如果他买了一件美国产品,那林肯想必会高兴,因为比起美国货,他其实更中意伦敦的大衣,而那个伦敦人也会高兴,因为他喜欢美国的商品。而如果他选择兑掉美元,他也得将其转手给其他想买美国商品的人。[9]

如果我们能用一百万艘装满美钞的小船来交换载满英国货物的玛丽皇后2号货轮,那又会如何呢?财政部就可以再印刷数十亿张面值5美元的钞票了。按照林肯的逻辑,我们会得到漂亮的毛衣、茶壶和粗花呢西装,而英国人会得到纸币!虽然林肯没有搞明白,但这绝对是一笔上好的交易!而且对我们有利。林肯不明白的是,英国人接受美元是因为他们可以用美元购买美国商品和金融资产。这个世界也许并不是由钱推着转,但钱确实在全世界范围内流通运转。一旦这种流通被阻止,商品就不能从生产成本最低的地方流向需求最强烈的地方。

问题不在于大衣是否会在美国生产,而在于我们利用宝贵的资源所生产的产品,其机会成本是更高还是更低。通过允许开展贸易,各国便可使其公民将资源从低生产率行业转移到高生产率行业。如果国家实现了转型,家庭就可以用更少的代价享受更多的商品。

然而,这种转型确实会给低生产率行业的工人和业主带来痛苦。但是贸易保护措施往往让消费者付出更大代价,对此政府的最好办法是直接补偿被解雇的工人,并支付他们的再培训费用。在20世纪80年代初,保住一名钢铁工人的饭碗,成本超过10万美元,而"挽救"一名制鞋工人的就业岗位,成本则为7.7万美元。[10]从2002年到2006年,对加拿大木材的惩罚性关税使美国新建房屋的成本上升了约10000美元。[11]此外,保护主义的逻辑会导向经济停滞。大多数提高了我们生活水平的行业和发明都会导致其他人失业。施乐(Xerox)公司曾经制作过一个获奖电视广告,描绘了一个在修道院工作的僧侣,辛苦地抄写着一页页古老的祈祷经文。有一天,他的住持表扬了他手抄的羊皮纸经文，但随后又要求他多抄 500 份。这名已经疲惫不堪的僧侣先是惊慌失措，然后大摇大摆地转过街角，走向一台新复印机。借助这机器，几秒钟就完成了任务。当他把五百份副本交给他的住持时，这位住持幸福地望着天空，宣称："这是一个奇迹。"你能想象一个组织严密的僧侣政治行动委员会要求对僧侣职位实施保护吗？成千上万的僧侣在华盛顿游行会是什么情景？有多少僧侣会被电子复印机取代？

还是那句话，自由市场并不是一个没有痛苦的市场。"看不见的手"不会像母亲庇护孩子那样保护我们。如果人们更喜欢稳定，也许他们应该选择被保护。但是，经济增长和进步的获益通常不会降临到那些蜷缩在角落里，指望政府阻止港口接受希腊人货物的人身上。

经济学家的幽默感并不是世人高看他们的理由。但社会科学领域中讥讽作品的高光时刻却出自 19 世纪 40 年代法国经济小册子作者弗雷德里克·巴斯夏（Frédéric Bastiat）之手。当时法国提高了进口关税，巴斯夏遂撰文道：

来自蜡烛、灯笼、烛台、路灯、灭火器的制造商，以及石油、兽脂、树脂、酒精等一切和照明有关的产品的制造商，致尊敬的下议院议员。

先生们：

……我们正在遭受一个外部竞争对手的毁灭性竞争，在生产照明产品方面，他的工作条件显然比我们优越得多，他以令人难以置信的低价涌入国内市场。……这个对手……不是别人，正是太阳。……我们要求你们大发慈悲，通过一项法律，勒令关闭所有的窗户、屋顶窗、天窗、内外百叶窗、窗帘、窗框、牛眼灯、舷窗盖和垂直帘；简而言之，就是所有的开口、洞、裂缝和罅隙。……如果你封闭了尽可能多的自然光，从而创造了对人造光的需求，法国的哪个行业最终不会得到促进呢？……如果法国消耗更多的油脂，就有必要饲养更多的牛和羊。……对于运输业也是如此。[12]

对我们这个时代来说，更严重的问题在于，李嘉图的分析暗示，富裕国家的保护主义使欠发达国家陷入停滞。一方面向这些国家提供数百万美元的援助和贷款，另一方面又在受援国面前设置贸易障碍，这种行为似乎自相矛盾。例如，美国国会在国内食糖生产商的压力下，阻挠了许多加勒比国家的发展计划。食糖进口配额从1977年的约600万吨收紧至1998年的120万吨。那么，当美国边境以南的拉丁美洲农民们发现古柯是一种更有吸引力的作物时，我们又何必为此感到惊讶呢？

有时，在一个较小规模内设想一下贸易保护主义论调会对我们理解其荒谬有所帮助。富人会因为与穷人交易而受到伤害吗？埃隆·马斯克应该自己做鞋，而不是买鞋吗？如果答案是否定的，那为什么美国从马来西亚购买鞋子会受到伤害呢？如果所有人都能自给自足，国家会更富裕吗？如果所有的社区都自给自足呢？每个县是否也应该建立贸易边界呢？很少有人会对此回答说是，宪法也会禁止这种行为。但是，为什么一个国家要通过拒绝国外生产的更廉价商品来致富呢？

第二次世界大战后，许多国家加入了"关贸总协定"（General Agreement on Tariffs and Trade），这是一个旨在促进自由贸易的组织，也是今天世界贸易组织（WTO）的前身。此后，多边贸易谈判启动，切实减少了世界关税壁垒。然而，极端孤立主义势力的威胁始终蛰伏。20世纪80到90年代，当一些顶级理论家开始对李嘉图的分析吹毛求疵时，保护主义者在学术领域抓住了不少把柄。诺贝尔奖得主、知名专栏作家保罗·克鲁格曼（Paul Krugman）开始提出一些相当难解的问题。例如，典型的李嘉图式例子比较的是两个人力和自然资源禀赋完全不同的国家，从而解释了为什么英国织布机可能需要埃及羊毛。但克鲁格曼指出，第二次世界大战后，大部分贸易增长都是在收入和资源相似的国家之间进行的。今天，世界上第二繁忙的贸易边界位于美国和加拿大之间，这两个国家除了一边喜欢曲棍球棍，而另一边喜欢"烧火棍"（枪械）之外，其他方面均非常神似。在欧洲，即使是全球技能指数（Global Skills index）也显示德国和瑞典基本称得上旗鼓相当，德国卖保时捷给瑞典，而瑞典卖沃尔沃给德国（尽管沃尔沃汽车公司如今是中国企业）。[13] 可为什么两个国家都生产汽车呢？这可不太像是李嘉图的论调。战略贸易理论（StrategicTrade Theory）和新地理理论［New Geography Theory，建立在19世纪末和20世纪初剑桥大学的阿尔弗雷德·马歇尔和斯德哥尔摩大学的伯蒂尔·奥林（Bertil Ohlin）和伊莱·赫克舍（Eli Heckscher）的研究基础上］的发展者解释说，公司通过专门化实现规模经济，这降低了他们的平均成本。但为了保持低成本，公司不会试图迎合所有人。沃尔沃迎合了那些将安全看得高于一切的人。它的广告针对的是"足球妈妈"和"足球爸爸"①，至于那些总想着手动飙到五挡的赛车迷是否喜欢沃尔沃则无关紧要。保时捷在专门化方面也是异曲同工。保时捷车速更快，德国的交通死亡率也比瑞典高出40%。法拉利也很快，在意大利通过了一项要求乘客系上安全带的法律后不久，那不勒斯的商人们开始出售印有黑色斜条纹的白色T恤，这也许能让你骗过交警，但可能骗不了幸运女神。[14]

许多公司往往会锁定本国的主流消费者为自身销售目标，而将少数"异类"留给外国公司去瓜分。这促进了产品的多样化，这就是为什么美国的汽车购买者可以在数百种车型中进行选择，其产地更是从南卡罗来纳州的斯帕坦堡到印度的金奈无所不包。苏联的公

---

① "足球妈妈"这个短语最初用来描述那些开车载孩子去踢足球并在一旁观看的妈妈们，其后引申指家住郊区、已婚，并且家中有学龄儿童的中产阶级女性。"足球爸爸"的含义与之类似。——译者注

民，确实自绝于自由贸易，结果他们只能在少数几辆到达后很快报废的老爷车之间做出选择。罗纳德·里根曾开玩笑说，苏联购车者如果交出了钱，会被告知10年后再回来提车。购车者问："上午还是下午？"商人回答说："都10年后了，谁会在乎是一天中的什么时候呢？"购车者："嗯，因为水管工9点来。"

当两个国家、公司或个人在一开始势均力敌，专门化如何降低成本？让我们以迈克（Mike）和曼尼（Manny）为例，他们是来自泽西海岸的两个友好的冲浪者。他们都知道如何做长条三明治，他们只是在该叫它潜艇三明治、长卷、旋转烤肉卷饼、"穷孩儿"还是特大号三明治的问题上意见不一。不管名字是什么，他们都知道这样一个三明治需要买一个长长的面包卷，把肉和奶酪切片，抹上芥末，淋上油和醋，再加上番茄、生菜等。如果迈克和曼尼走进同一家超市，他们制作三明治的成本将完全相同（假设他们的时间价值相同）。但是，如果迈克觉得他真的很享受做三明治，并且想要开始为朋友、邻居乃至陌生人制作三明治呢？他开始以更低的批发价大量购买原料商品，而不是在超市支付零售价。他自己投资购买了切片机，现在可以以更快的速度大量生产潜艇三明治。很快，他可能会将自己的品牌命名为泽西麦克（Jersey Mike），这一品牌会成为美国增长最快的特许经营餐厅，拥有1600家门店。而仍然在超市购买原料的曼尼，在价格上自然没有竞争力。在一项关于餐馆的研究中，我创建了一个名为"每克蛋白质成本"的指数，并发现快餐和休闲餐饮降低了消费者的蛋白质成本（比如烤鸡、切片火鸡、汉堡和鱼肉三明治）。人们可能对某个外卖店的相对口味有不同的看法，但像"泽西麦克"这样的外卖店的相对效率是令人印象深刻的。[15] 在我们的情境中，曼尼身上发生了什么呢？他一开始拥有和迈克一样的天赋和资源，只是对切肉没有那么热情。也许曼尼更喜欢给汽车换机油，投资汽车升降机和换胎机，并成为"沛普男孩"（Pep Boys）汽配店的总裁：曼尼会和莫伊（Moe）、杰克（Jack）一道合作，开出近1000家汽配分店。

战略贸易理论家指出，如果规模更大的公司发展得更有效率，在某些行业，只需要少数公司就可以满足世界需求，同时仍然有利可图。最好的例子来自航空行业，空客（Airbus）和波音在该领域瓜分了大型商用客机的订单，而巴西航空工业公司（Embraer）则占据了小型通勤客机的主要销售份额。加拿大的芭芭拉·斯宾塞（Barbara Spencer）和詹姆斯·布兰德（James Brander）在一篇最常被引用的国际经济学论文中警告说，在一个只有几个参与者的行业，政府可能会决定资助某个特定的公司，这样该公司就可以横扫其竞争对手。此外，这家受资助公司的竞争对手可能会自行退缩，意识到在商业角逐场上，一家得到政府公库和谈判实力保驾护航的公司是不可战胜的。

当一个市场仅限于少数玩家参与时，它可能开始变得像一场游戏，玩家必须猜测其对手将如何应对自己的动作。如果空客提高价格，波音会跟进还是打折？如果AT&T提供免费国际电话服务，威瑞森（Verizon）会如法炮制吗？20世纪40年代，早在电子游戏开始主导娱乐行业之前，一个在阿巴拉契亚度过童年时光，名叫约翰·纳什（John Nash）的年轻人将以他的聪慧头脑和汹涌澎湃的精神生活而留名于经济史［至少电影《美丽心灵》（*A Beautiful Mind*）如此刻画］。纳什认为，博弈策略是理解非完全竞争市场的关键。今天，经济学、数学、政治学甚至哲学系的教授们都在竞相论述所谓"囚徒困境"（prisoner's dilemma），这个问题正是由纳什在普林斯顿的博士导师艾伯特·塔克（Albert Tucker）所命名的。这里简述其机制。如果警察逮捕了两名嫌疑人，并把他们关在一起，他们就可以串供并否认犯罪，如果没有其他证据，他们可能会被释放。但如果警察将他们分开关押，嫌疑人就不能彼此串通，其中一个可能就会决定像在马丁·斯科塞斯（Martin Scorsese）①的电影中的台词那样"出卖"另一个，以换取宽大处理。分开关押的囚犯必定算计，我的同伙是会守口如瓶，还是食言告密？同样，如果优步（Uber）和来福车（Lyft）可以合作，通过协调价格实现利润最大化。但如果它们因反垄断法而不能合谋，其中一家可能就会试图通过降价来获得市场份额。

战略贸易理论和囚徒困境博弈并不能证明李嘉图的计算是错误的。它们只是构想在某些情境下，其他选项可能是最优的。克鲁格曼是此类理论最著名的提出者和实践者，但这是否意味着，政府可以就此将李嘉图的分析束之高阁，并跟着自己的感觉走呢？克鲁格曼对此也持谨慎态度。2009 年，奥巴马政府决定美国将"主导"太阳能电池板行业，以击败其竞争对手。美国能源部和国防部向一家名为索林佐（Solyndra）的初创公司投入了 5 亿多美元，这家公司很快就在加利福尼亚州的沙漠里建起了一座熠熠发光、足有 5 个足球场大的工厂。工厂里还有会吹迪士尼歌曲的机器人——可能它吹的是《白雪公主和七个小矮人》（Snow White and the Seven Dwarfs）中小矮人的开矿歌。结果不到两年，这家公司就宣告破产了，一些工厂剩下的玻璃管道作为户外雕塑出现在加州大学伯克利分校（University of California, Berkeley）的植物园里。在那里，它们至少可以提供视觉艺术呈现，只要不是电力驱动的就行。政府官员们显然无法理解或预测多晶硅等太阳能产品价格的变化。在一篇名为《李嘉图的难题》（Ricardo's Difficult Idea）的尖锐文章中，克鲁格曼抨击了类似劳工部前部长罗伯特·赖克（Robert Reich）这样的流行政策专家，这些人不屑与李嘉图辩论，而是假装政府在调整贸易方向和挑选博弈赢家方面扮演着重要角色。克鲁格曼在他文章的结尾写道："李嘉图的想

---

① 意大利裔美国导演，以拍摄黑帮犯罪题材电影而闻名。——译者注

法真的非常难以理解。但它也完全真实、精密、复杂，并且与现代世界紧密相关。"[16]

未来的分岔口

早些时候我们说到，李嘉图窥见了当时英国的两种未来：一个是作为外向型贸易者的光明未来，另一个是作为孤立主义者的黯淡未来。通过比较优势分析，李嘉图预见到英国将成为世界工厂。他在议会众议员前兴高采烈地宣称："如果我们摆脱了两大弊害——国债和谷物法，这将是世界上最幸福的国家，它在繁荣方面的进步将超出我们的想象。"李嘉图并没有给出马尔萨斯那样的悲观预言，而是对他的听众许以国家的进步："人会从青年步入成年，然后衰老并迈向死亡，但这不是国家的发展历程。当国家的国力达到最强盛之时，其进一步发展确实可能会遭遇阻力，但国家的自然趋势仍可令其国祚绵长，维持自身财富和人口经久不衰。"[17]

尽管对贸易秉持如此昂扬乐观的精神，一些作家还是坚持把李嘉图描绘成一个和马尔萨斯一样悲观的分析师，只是比后者聪明一点而已。事实上，李嘉图确实花了不少时间去分析那个令人沮丧的"孤立主义未来"。但我们不能忘记，这一未来只是被用作第一条道路的陪衬，以便吓唬政客们，让后者采取更自由放任的政策。

这第二条道路是什么？在进行分析之前，让我们先从一系列步步递进的推演开始。接受马尔萨斯的人口原理后，李嘉图预见到①人口增长导致人们对食物的需求更多，②继而导致农业向不那么肥沃的土地扩张，③继而导致农业成本上升，④继而导致食品价格上升，⑤继而导致需向劳动者支付更高的工资，⑥继而导致企业家利润下降，⑦继而导致拥有最优质土地者得到更高的地租。

为了理解李嘉图的博弈策略，我们必须先运行他的"博弈程序"并确定参与玩家。第一位，也是数量最多的参与者——劳动者。根据马尔萨斯原理，当工资上涨时，他们的人数会倍增，而这又会降低他们的工资。因此，经过漫长的博弈过程，根据当时的习俗和预期，工资将保持在一个足以维持他们生活的水平。李嘉图并没有嘲讽他们在生存线上苦苦挣扎，衣衫褴褛，步履蹒跚，四处寻觅残羹冷炙的窘态，他写道：

> 劳动力的自然价格不能理解为绝对固定和恒常不变的，即使是以食品和必需品作为评估标准也是如此。这一价格在同一国家的不同时期中会有所变化，在不同国家间也是迥异。这一点基本上取决于人们的风俗习惯。如果一个英国劳动者的工资只能购买土豆以果腹，蜗居泥屋以栖身，那么他就会认为自己的工资低于自然率，不足以供养一家人口。[18]

第二位参与者是农场主。但请注意，他们并不拥有自己耕种的土地。李嘉图把他们描绘成租用土地、雇用劳动者并赚取利润的资本家。农场主拥有的不是工厂里的工具，而是耕地用的犁。李嘉图同意亚当·斯密的观点，即资本家或农场主有一种"不安于现状的渴望"，想要跟随市场信号，将资源和投资转移到最有利可图的项目上。因此，他们为社会执行非常重要的任务，但未必是因为他们热爱这个社会。

李嘉图描述中的第三位，也是最有权势的参与者，是把土地租给农场主的富有地主。地主过着悠闲的生活，但最终比其他参与者获得了更多的财富。

李嘉图修改了当时的经济惯例和"租金"的定义。回想一下围绕《谷物法》的争论。一些人声称，谷物价格上涨是因为地主向农场主收取了更多的租金。李嘉图不同意这种观点，他认为价格上涨是因为战时短缺，这吸引了企业家进入农业生产。当他们进入市场时，地主们发现有更多的资本家在叩门求地，哄抬土地租金。因此，土地租金高是因为谷物价格走高，而不是相反。当战时封锁解除时，谷物价格也会随之下跌，地主们将不得不减少所收取的地租。用现代经济学术语加以解释的话，租用土地的欲望是一种"派生需求"（derived demand），由谷物的供求关系决定。

李嘉图接着论证，只有在社会对地主的地产有需求的情况下，他们才可能收取地租。有些地主的地产会比其他人的更肥沃，地租水平就会根据这种肥沃程度的差异而定。如果阿尔拥有一块能生产1000吨谷物的土地，而琼在附近拥有一块只能生产500吨谷物的土地，阿尔就能向资本家农场主收取更高的地租。

地租的出现，就是因为所有的土地本身不对等：

在社会的发展过程中，当次等肥力的土地投入耕种时，头等的土地马上就开始有了地租，而地租额的多寡就取决于这两部分土地的质量差异。当三等土地投入耕种时，二等土地的租金就会立即上升，并像之前一样，数额由生产力的差异所调节。与此同时，其余头等土地的地租将会提高。[19]

如果李嘉图是对的，土地租金就会随着人口的增长而上涨。当需要食物的人数很少的时候，他们只需耕种最好的土地就能获得足够的粮食。随着人口的增长，农民们开始开垦次优的土地。由于次优土地产量较少，优质土地的所有者现在就可以收取租金。耕种这些二等土地的工资和正常利润将决定粮食的价格。而且由于在品质较好的土地上耕种成本较低，因此产生了盈余。地主获取了这部分盈余。

为什么李嘉图的这番洞察会令人皱眉不满，甚至心生恐惧？因为根据这一推论，经济增长之路将止步于一条"沟渠"，无论是字面还是象征意义皆如此。在一段时间内，资本家农场主可以扩大生产，甚至向劳动者支付更高的工资。但很快，心满意足的劳动者就会添丁进口，结果劳动者数量的增长压低了工资。英国该如何养活这些嗷嗷待哺的民众？只有耕种更多的土地。但请记住，这些新开垦的土地产能会较低，而且耕种成本最高，因为农场主一开始已经开垦了最肥沃的土地。

粮食价格会上涨。但是资本家不会从中获利，因为他必须支付劳动者更多的工资，这样他们才能维持生活。如果资源"在农场主和劳动者之间分配，给予后者的比例越大，留给前者的就越少"。[20]此外，当农场主开始耕种劣质土地时，拥有最好土地的地主便可收取更高的租金。谁是这场博弈的赢家？是地主。那谁是输家呢？是农场主资本家。谁不输不赢保持老样子？是劳动者，只是当农场主耗尽土地时，劳动者们最终可能会遭遇饥荒。李嘉图称这种阴郁的困境为"停滞状态"（stationary state）。按字面意思，不夸张地说，饥饿会迫使社会连沟渠都被开垦耕作。而从象征的角度，这不正喻示着资本家农场主和劳动者被困在沟渠之中挥舞手臂大声呼救的情景？

为什么李嘉图如此强烈地背离了亚当·斯密所描绘的美梦？斯密笼统地假设，农业不会衰退到低生产力，而工业将不断提高生产率。用现代的术语来说，斯密看到的是农业的不变收益和工业的递增收益，这使得各方都能繁荣兴旺。李嘉图则描绘了工业的收益不变而农业收益递减的情况。李嘉图确实希望科技能周期性地拯救经济，"幸而因生产必需品的机器常有改良，农业科学也有发现，我们才能够少用一部分以前必要的劳动，因而降低了劳动者的基本必需品的价格，才屡屡遏制了这种利润倾向下降的趋势"。[21]尽管如此，我们不能自大地指望技术每次都能救我们于水火。

不过，不知你是否读过狄更斯的《圣诞颂歌》（*A Christmas Carol*）这本书？书中的鬼魂向主人公斯克鲁奇描述了未来的圣诞节，一个在饥饿、恐惧和绝望的笼罩下的阴森情景。斯克鲁奇胆怯地问，圣诞节一定会变成这样吗？伴随着嘎吱作响的锁链碰撞声和余音不绝的刺耳喘息声，鬼魂将明天留给了斯克鲁奇自己去面对。

李嘉图不是一些人所描述的丑陋地精，而更像是《圣诞颂歌》中的鬼魂，他警告英国，狭隘贪婪的政策将带来更艰难困苦、利欲熏心的时代，而一个开放、外向的贸易立场则预示着更加幸福的明天。他写道："我主张谷物自由贸易，理由如下：当贸易自由，谷物廉价时，无论资本积累的规模多么巨大，收益都不会下降。"经济增长将不会止于沟渠。尽管增长障碍来自"食品和其他原始产品的稀缺和由此导致的高价位……如果让这些产品从国外供应，以换取制成品，那就很难说财富积累的极限在哪里了"。[22]

李嘉图的分析已被证明有许多值得商榷批评和需要加以扩展之处。和马尔萨斯一样，他低估了劳动者的自我"约束力"。他们并没有像他担心的那样迅速繁衍。正如前面提到的，米尔顿·弗里德曼曾手拿一支铅笔作为他的经济自由象征。有时古典经济学家给人的感觉是他们手里拿的应该是一只兔脚——不是为了祈求好运气，而是为了象征他们对人类繁殖倾向的看法。和马尔萨斯一样，李嘉图强烈反对《济贫法》，因为它最终将带来饥饿，他还坚称"每一个穷人的朋友都必定热切希望将其废除"。

1879年，通过亨利·乔治（Henry George）的《进步与贫困》（*Progress and Poverty*）一书，李嘉图对地主阶层的猛烈抨击和对租金的细致描摹以一种朴实但却炽热的语言风格传入了美国。乔治是一名有着救世情结的记者，他带着一帮追随者发起了"单一税运动"（single-tax movement）。乔治因地主阶层的不当得利而愤愤不平，他谴责那些地主在其他人努力创造财富的时候只是坐地收租，不劳而获。乔治提议对土地大规模征税来消减地租，他比《旧约》中任何一位先知都更有魄力地预言，这样做将消除贫困；抑制贪得无厌的欲望；截断罪恶和不幸的源流；用知识之灯照亮黑暗之地；推动发明、促进发现；在政治上以强硬代替软弱；并杜绝无政府状态与专制暴政。[23]

  这个建议有几个问题。首先，经济学家会对李嘉图讨论的"经济租金"（economic rent）和农场主支付给地主的普通租金加以区分。李嘉图认为，经济租金是一种超出了维持土地、劳动力或资本当前投入所必需支付费用的部分。在李嘉图的分析中，由于土地只能用于种植谷物，所以不需要支付任何费用就可以将其作为农田。土地所有者别无选择，只能用它来生产谷物。因此，任何支付给地主的租金都是经济租金。棒球名将威利·梅斯（Willie Mays）曾经说过，他愿意免费打球。如果他真这么做，届时他得到的任何报酬都将是经济租金，因为这超出了让他打球的必要报酬。

  电影明星也能获得经济租金。假设西尔维斯特·史泰龙（Sylvester Stallone）总是在演戏和当一名职业裁缝之间进行选择。如果一部电影的片酬低于3万美元，他就会改行去缝边角和袖口。因此，如果一部新电影《洛奇大战兰博2》（*Rocky Meets Rambo II*）的3D版付给他500万美元，我们会说其中3万美元是"转移收入"（transfer earnings），497万美元是经济租金。也许亨利·乔治会有足够的勇气收走史泰龙所有的租金。

  关键是，维持土地、劳动力或资本的特定用途所做的部分支付并不是经济租金，而是转移收入。超过这部分的支付才是经济租金。因此，如果一个土地所有者每月没有收到农场主1000美元的地租的话，就会把自己的土地转用作狂欢节的帐篷场地，那么他收到的第一笔1000美元就不是经济租金。我们需要注意语言上的歧义。公寓房客通常所说的"租金"并不是经济租金，除非它超过了必要的支付额。但是亨利·乔治怎么知道总计支付中的哪一部分是需要征税的经济租金呢？在这一点上，他也许需要更多的天启之助吧。

  土地单一税运动也面临着需要加以跨越的道德障碍。如果为了公平起见，需对经济租金课以征税，那么对土地、劳动力和资本是否该一视同仁？可乔治又该如何区分史泰龙的转移收入和经济租金？参议员和著名经济学家的薪水呢？要知道并不是每个人都像威利·梅斯那样诚实。

虽然乔治从未真正实现他的单一税目标，但他却在美国和英国名声大噪，两地的狂热拥趸们建立了单一税收社团来传播其主张。《进步与贫困》一书的传播速度甚至比劳动者的繁衍速度还快。尽管这场运动最终衰落了，但乔治的支持者可以自豪地指出，财产税已成为美国州和地方财政的一个来源。只是如今他们不再像60年前那样信誓旦旦，自诩替天行道了。乔治高估了租金和租金收入在未来的重要性。19世纪，各级政府的财政扩张程度均十分惊人。即使政府可以在没有遭遇反抗或导致严重衰退的情况下收取所有租金，也照样会入不敷出。1929年，财产租金约占国民收入的6%。如今，这一比例已经稳步下降到远低于1%的水平。财产税曾经占到州和地方预算的65%，而现在只占到17%左右。

在过去的20年里，随着实体零售店的生意被网上商家抢走，曾经熙熙攘攘的商铺如今只剩空荡荡的店面。空置的店面曾经是经济衰退的信号。现在，它们则体现了技术进步和消费者不断变化的偏好（以及对替代用途想象力的缺乏）。一家夫妻五金店很难与家得宝（Home Depot）和劳氏（Lowe's）的当天送货上门服务竞争。当下，旧金山和奥克兰等城市正以一种匪夷所思的新"乔治"式手段，试图通过提高土地所有者的税收来对抗店面空置。市民领袖将这些店面的房东描绘成了贪婪的资产拥有者，只等着坐收暴利。与此同时，整个社区却是死气沉沉，一盘散沙。当然，房东们则认为自己是结构转换的受害者，在如今这个Forever 21、鲍德斯书店（Borders）和睿侠（RadioShack）等曾经名噪一时的公司纷纷倒闭的时代，能找到付得起租金的租户已经要谢天谢地了。在2015年至2018年间，尽管旧金山经济强势，总体就业增长13%，但零售岗位数量下降了

8%。[24] 土地所有者还指出，城市法规经常禁止他们将土地出租给有营业潜力的租户——例如，限制许多店面改建为餐馆。2019年，旧金山的一家沙拉三明治餐厅利用该市诘屈难懂的市政规定，试图禁止竞争对手在其附近开设新店。[25] 抛开沙拉三明治战争和空置税的争论，乔治可能会觉得有趣的是，他的子孙们课以重税的对象并不是租金，而是租金的缺席！

如果经济学家间的较量如同一场橄榄球赛，那么乔治在接到李嘉图的传球后狂奔突进时，与李嘉图同时代的马尔萨斯定然会试图反击。在《谷物法》的问题上，马尔萨斯接受了李嘉图关于租金和农业收益递减的大部分分析。但他提出了四点反驳意见。第一，他坚持认为《谷物法》实际上促进了国内粮食产量的增长，因为它提高了粮食价格。第二，马尔萨斯认为谷物是一种非常重要的商品，不能交予外国生产商之手。第三，他得出结论，较高的粮食价格实际上增加了劳动者的工资，因为劳动者的工资是根据粮食价格支付的。马尔萨斯由此声称，工资的上涨幅度将超过对更高的食品价格加以补偿所需。李嘉图并不同意这一点。用现代术语来说，他认为更高的"名义"工资并不意味着更高的"实际"工资；也就是说，工资上涨并不意味着劳动者可以购买比以前更多的东西。在李嘉图看来，马尔萨斯的观点听起来就像一个独裁者微笑着向民众挥手致意，允诺他会将工资提高一倍。人群爆发出欢呼声。他们向五层楼高的独裁者海报致敬，一片欢欣鼓舞之势。可第二天，他们去商店时，发现商店员工整晚忙活，为的是把所有价格标签都乘以二。

第四，马尔萨斯委婉地为地主辩护，采取的方式就是恭维李嘉图，称他：

凭着他的才能和勤奋，已经成了一个相当大的地主；一个更可敬、更优秀的人，一个就他的头脑和心灵的品质而言，完全配得上他所获得一切的人……在整个地主圈子里都无人能出其右。[26]

这番奉承并没有给马尔萨斯带来什么好处，除了曾有一次受邀前往李嘉图的乡间别墅以外。李嘉图从未说过，地主阶层会故意吸干一个国家的命脉。他们就像吸血鬼一样，被自身之外的力量所驱使。具有讽刺意味的是，李嘉图作为一个慷慨的地主，激怒了地主阶层；而马尔萨斯作为一名谦恭的教师，却惹恼了卑微的民众。

李嘉图和马尔萨斯围绕过剩问题和方法论的对垒

然而，李嘉图和马尔萨斯之间上演的可不只是关于地主的辩论。两位经济学家对经济萧条的看法也不一致。马尔萨斯相信"普遍过剩"（general gluts），这是一个讨人嫌的说法，意思是企业提供的商品和服务比人们想要购买的更多这种情况会时不时出现。而李嘉图可能宁愿相信葛德文式的乌托邦，也不相信普遍过剩的存在。李嘉图信奉的正是"萨伊定律"（Say's Law），该定律以法国人让-巴蒂斯特·萨伊（Jean-Baptiste Say）命名，萨伊从逻辑上证明了普遍过剩只是一种空想。（科学家热衷于发现定律和构思图形曲线，也许是因为这些定律和曲线会按照习惯以发现者的名字命名。在经济学中，我们还有洛伦兹曲线、奥肯定律和哈伯格三角。）

什么是萨伊定律？劳动者、土地所有者和资本家分别得到的工资、租金和利息，加起来就是产品的销售价格。生产制造中的每一笔成本都会变成某人的收入。因此，消费者——他们无非就是下班回家后的劳动者、资本家和地主——能够买得起所有生产出来的东西。萨伊定律的标志性表述便是"供给创造其自身的需求"。

萨伊从不否认"部分过剩"（partial gluts）的存在，当消费者决定减少购买某种产品时，就会出现这种情况。但最终，卖方将通过降低价格来抹消部分过剩。但在萨伊、斯密、休谟和李嘉图看来，普遍过剩仍然是不可能的，因为消费者必定用他们的钱做些什么，而人们欲壑难填，渴望更多物质产品。

只有马尔萨斯大声反对。首先，他注意到在1818年拿破仑战争后的萧条时期，失业率似乎很高。但是，他如何才能打破这个由萨伊画定，并得到李嘉图加持，看似无懈可击的循环周期呢？他先是沿着这个循环走，并同意消费者"可以"购买所有提供的商品，但如果他们不想花光所有的钱呢？如果他们更喜欢储蓄或把钱存起来呢？这部分资金会不会漏出萨伊的购买循环，从而让商家只能瘫坐在堆积如山的未售出商品上一筹莫展呢？

李嘉图对此迅速予以反击。如果消费者储蓄，他们会把钱存在银行，而银行会再把钱借给那些确实想花钱购买消费品或投资品的人。不管怎样，总有人在花钱。就连亚当·斯密都知道："每年节省的就像每年花费的一样，经常被消费掉，而且几乎是同时被消费掉；只是消费的人不同罢了。"[27]李嘉图接着揶揄他的朋友"马尔萨斯先生"，说他"似乎永远记不住"这个简单的事实。

尽管马尔萨斯没有说服多少经济学家，但他仍然感觉到储蓄和投资之间存在缺口。为了解决普遍过剩，他提出"让穷人在道路建设和公共工程就业，让地主和资产拥有者倾向于建立……并雇用工人和仆从"，认为这是"我们权力范围内解决弊端最有效、最直接的手段"。[28]

但李嘉图回应说，马尔萨斯的《政治经济学原理》"几乎没有一页"是没有"一些谬误"的。

即使李嘉图当时赢了这场辩论，一个世纪后，约翰·梅纳德·凯恩斯还是开启了败者复活战。在一篇辞藻华丽的赞美文中，凯恩斯先是致敬了马尔萨斯这位"剑桥经济学家中的翘楚"关于萧条的理论，同时抨击了李嘉图："如果19世纪经济学的源头是马尔萨斯，而不是李嘉图，那么今天的世界将会更加智慧和富足！"[29]凯恩斯在这里肯定夸大了李嘉图学说的支配地位（称他"像宗教裁判所征服西班牙那样彻底地征服了英国"），也夸大了他自己的分析与马尔萨斯之间的相似性。尽管凯恩斯和马尔萨斯都反对萨伊定律，但马尔萨斯在储蓄与投资的关系上并没有取得什么进展，他还敦促开展公共工程以减缓投资，而不是像凯恩斯那样倡导刺激商品销售。尽管如此，如果凯恩斯说马尔萨斯启发了他，我们又有什么理由不同意呢？

马尔萨斯和李嘉图之间的真正分歧并非围绕过剩、租金或保护主义，而是围绕方法论。他们生活在科学发现的时代。两人都致力于寻找因果关系。基于这些联系，两人都对将来会发生什么做出了预测。但李嘉图更专注于经济过程中错综复杂的一系列步骤。而马尔萨斯似乎更乐于发现一个普遍原理，然后将其应用于世界。回想一下李嘉图小心翼翼提出的，达到停滞状态的七步路径吧。无论是斯密还是马尔萨斯都没有构建过如此缜密的模型。在詹姆斯·穆勒的指导下，李嘉图尝试演绎的是一条长长的推理链。他想推导出像欧几里得几何或牛顿力学那样确凿无疑的命题。有时他的假设或第一前提就是错误的。但基于这些前提的话，他的理论可谓不容辩驳。只可惜，这些理论虽不容辩驳，却未必有用。凯恩斯和约瑟夫·熊彼特（Joseph Schumpeter）都指责李嘉图只会选择那些确保可以证明他想要结果的假设或例子。熊彼特称之为"李嘉图恶习"（Ricardian vice）。熊彼特还指责过谁染上了李嘉图恶习呢？答案就是凯恩斯。

李嘉图曾友好地探讨了他和马尔萨斯的方法论差异："我想，我们的差异可能在某种程度上归因于你认为我的书比我预期的要更现实。我的目的是阐明原理，而为了做到这一点，我设想了一些强有力的案例。"李嘉图也更偏好长期分析而非短期描述，他告诉马尔萨斯："你总是放不下那些具体变化带来的即刻的、暂时的影响——而我把这些……置之脑后，从而把我的全部注意力集中在由这些变化导致的事物的持久状态之上。"[30] 难怪两人的来往信函表明，李嘉图拒绝承认马尔萨斯的经验观察。这些观察要么不够强有力，不能为李嘉图的案例所用，要么似乎转瞬即逝，而不够普遍和持久。但由于马尔萨斯从未构建过复杂的分析模型，他也因此以变化无常而闻名。与他同时代的罗伯特·托伦斯（Robert Torrens）曾对此写道："在经济科学的主要问题中，马尔萨斯先生几乎从未欣然接受过一个他日后不会抛弃的原则。"[31] 后来，凯恩斯也赢得了同样的善变名声，即使对他最尖刻的批评者也"称赞"他的折中主义是"从最好中选择最坏的"。

尽管受到凯恩斯和熊彼特的攻击，但包括卡尔·马克思、里昂·瓦尔拉斯（Léon Walras）、阿尔弗雷德·马歇尔和克努特·威克塞尔（Knut Wicksell）在内的知名经济学家都对李嘉图的卓越成就交相称赞。20世纪一位研究经济方法论的杰出学者宣称："如果经济学本质上是一种分析的引擎，一种思考的方法，而不是大量的时效性原则，那么李嘉图就是经济学技术的实质发明者。"[32]

人们对马尔萨斯的普遍印象是，在他去世后，有些人来参加葬礼是为了哀悼，有些人则是来确认他真的死了。而李嘉图则因他的才智、善良和性格吸引了更多的仰慕者。在他51岁，也就是他生命中的最后一年，他仍在与奴隶制支持者做斗争，谴责他们的所作所为是国家之耻。他是个有钱人，本可以在乡间田园悠然度日，抑或周游世界，纵情享乐。与此相反，他却利用闲暇时间研究令人费解的难题，并从中得出他认为正确的深奥答案。在独立认识这个世界的同时，他还通过书本、报纸和议会演讲向他人传授知识。他的比较优势法则和经济租金理论至今仍然在教科书中有一席之地，并一如既往地雄辩和权威。

虽然世界各地都在教授李嘉图的理论，但最适合检验他遗产的还是欧洲国家。如今欧盟各国大胆地紧密联合在了一起，以避免20世纪在欧洲爆发的两次世界大战重演。它们履行了1992年的承诺，消除了所有成员国之间剩余的贸易壁垒，这让李嘉图赢得了一场小胜。如要取得彻底的大胜，欧盟成员国还必须遵守他们的第二个承诺：不在他们的海岸上建立堡垒，不阻止美洲、非洲、亚洲各国乃至脱欧后的英国参与他们的自由开放计划。到目前为止，结果好坏参半。尽管美国的金融公司已经开了个好头（通常是通过与欧洲实体合并），但欧洲农民仍继续享受他们相较于美国、澳洲和拉丁美洲同行的"特别优待"。尽管欧盟国家大肆宣扬自己对处境艰难的加勒比和非洲农民的"大力支持"，但它们同时向世界市场倾销了数百万吨受补贴的蔗糖，压低了全球糖价；德国马铃薯农民抗议进口外国马铃薯；而法国的葡萄种植者则竭力将南非的夏敦埃酒拒之门外。最具争议的贸易问题却可能是香蕉！美国前国务卿马德琳·奥尔布赖特（Madeleine Albright）为此曾一度暂时中断有关科索沃战线的紧张会议，她说："我从来没有想过我会在香蕉上花这么多时间。"欧洲仍在保护其非洲前殖民地免受加勒比和拉丁美洲香蕉种植者的冲击。目前，香蕉俨然已成为反对自由贸易的有力武器。对此，李嘉图可能会感到失望，但同时也充满希望。如果有一种方法可以衡量今后世界对李嘉图的理论遗产的态度，那大概就是"且看香蕉如何"吧。

第 5 章

约翰·斯图亚特·穆勒的风暴之心

CHAPTER 5

约翰·斯图亚特·穆勒

自亚当·斯密以来,几乎所有著名的英国经济学家都通过亲密的友谊建立联系。斯密的好友大卫·休谟是托马斯·马尔萨斯的"教父",而马尔萨斯是大卫·李嘉图的知交,至于李嘉图之所以投身经济学,与其挚友詹姆斯·穆勒的鼓励脱不开关系。而约翰·斯图亚特·穆勒便是詹姆斯·穆勒之子。直到穆勒并没有与其继任者阿尔弗雷德·马歇尔以友相待,这条友情链才出现了小小的断档。但马歇尔确实研读过穆勒的著作,并且师从李嘉图的朋友玛丽亚·埃奇沃斯的侄子,经济学家F.Y.埃奇沃斯(F. Y. Edgeworth),然后又将衣钵传承给了凯恩斯。直到20世纪末,凯恩斯的思想都一直主导着西方经济学。

约翰·斯图亚特·穆勒的一生,展现的是一段由思想力量塑造的、令人神往的个人生平史。通过他,我们看到了横亘于古典经济学背后的哲学冲突。尽管经济学家们有时会争论穆勒对经济理论贡献的独创性,但众人公认的是,正是他提出了关于经济学和资本主义伦理基础的恼人问题。

老牌喜剧演员吉米·杜兰特(Jimmy Durante)最著名的台词是:"每个人都想掺一脚。"而在艾萨克·牛顿之后,几乎每个知识分子也都想在科学领域掺一脚,为他们提出的问题找到精确的答案。斯密、李嘉图和马尔萨斯都想通过发现自然规律而一举成为"经济学中的牛顿"。比较优势法则、萨伊定律和人口原理都出现在这一时期。大约在同一时期,杰里米·边沁,一位伦理科学家,则试图成为道德世界的牛顿。詹姆斯·穆勒对伦理科学和经济科学同样痴迷。出于对边沁思想的热爱，詹姆斯·穆勒强迫他的儿子也浸染其中。

1806年，约翰·斯图亚特出生于伦敦，从他还是个嗷嗷待哺的婴儿起，就开始接受严格的教育。父亲詹姆斯在他3岁时就教他希腊语。8岁时，这个男孩已经通读过柏拉图、色诺芬和第欧根尼的希腊语著作，并开始学习拉丁语。他的母亲共有9个孩子，她算不上一个和蔼的母亲。以幼年约翰·斯图尔特对古典文学的早慧加上母亲对他的冷漠态度，他也许会以为自己的母亲就是真人版的"断臂维纳斯"吧。在8到12岁之间，穆勒已经遍阅藏书丰富的图书馆，研读了亚里士多德和阿里斯托芬的著作，并掌握了微积分和几何。闲暇之余，他还得教他的兄弟姐妹拉丁文。他有什么爱好吗？阅读历史书籍算是一个。那他有朋友玩伴吗？一个也没有。

14岁那年起，他的父亲开始和约翰·斯图尔特一起到林中漫步，同时向他讲授李嘉图的经济学："他每天阐述这个主题的一部分，我第二天要给他一份笔录，他让我一遍又一遍地重写，直到它清晰、准确，并达到一定程度的完整才算了事。"[1]想象一下，当他的父亲带着他徜徉在林间小路上时，这个可怜的男孩却在努力用潦草的笔记记录李嘉图的复杂理论。

由于这种严格的教导，使穆勒在智力上堪称上驷之才，但在情感方面则仍是一匹驽马，他一直保持谦逊低调，否认自己有异常敏捷的头脑、准确的记忆力和充沛的精力。"在所有这些天赋上，我并不比众人更高，甚至毋宁说低于平均；我能做的事，任何一个能力平平的男孩女孩都能做到。"直到父亲在他离家赴法前带着他在海德公园散步并向他和盘托出真实情况时，他才知道自己的知识水平远胜其他同龄孩子。但詹姆斯也告诫他，不要感到骄傲自大，因为：只要有他这样的父亲，任何人都可以做到这一点。这样的父亲让他的儿子比同龄人"领先了四分之一个世纪"，可以说约翰·斯图尔特既是他父亲的受益者,也是受害者。[2]

但这种优势在智识上的所得,却是以心灵上的缺失为代价的。穆勒自述"我从来不是个男孩",还有什么比这更可悲呢?[3] 与他交游往来的是父亲的朋友们,这些人自然不会和他玩捉迷藏或其他儿童嬉戏,而是一副不苟言笑的模样,好像刚刚输了大选一样。詹姆斯把他的儿子送到法国生活了一年,其间他主要住在边沁一位兄弟的家中,还在让-巴蒂斯特·萨伊(正是那位说出"供给创造其自身的需求"这一名言的经济学家)那里盘桓过一段时日。1822年的春天,当同龄少男们的心绪纷纷转向那些在林间草地悠游的怀春少女时,荡漾春情却只是激发了穆勒的才智,就是在那时,他在三卷本的《立法论》(*Treatise on Legislation*)中发现了杰里米·边沁的功利主义。

当我读完最后一卷时……我的思想为之完全一变。像边沁那样理解的,以及他在书中那种方式运用的"功利原则",确实成为将我分散零碎的知识和信仰融合在一起的基本原理,使我对事物的概念统一起来。我现在有了自己的各种见解;一个信条,一个学说,一种哲学和一种宗教(从这一词汇的最好含义去理解);其宣传和灌输值得作为一生的重要目标。我的眼前有了一个宏大的构想,即通过这一理论学说改变人类的状况。[4]

在接下来的几年里,穆勒和他的儿时"玩伴"——父亲老穆勒和大卫·李嘉图一起通过刊物《威斯敏斯特评论》(*Westminster Review*)宣传边沁的学说。《威斯敏斯特评论》

在世界上已有不小名气,它为边沁式激进主义在意见讨论舞台上取得公认的地位,其名气和地位之大与其信奉者人数之少不成比例。……他们写作时的那种坚定信念,似乎没有他人能与其相比……使所谓哲学和政治学中的边沁学派在公众心里占有了更大的地位。[5]

当他成年时,穆勒体格稍显强壮,左眼上的前额略微隆起。他那双亮晶晶的灰色眼睛下面是高耸的鹰钩鼻,足以遮住他那说起话来细声细气的薄嘴唇。谢顶之后,他看上去就像一个每次只给病人开一小片吗啡的吝啬药剂师。很快,顶着这副堪称古怪外表的穆勒,就会因其心灵的动摇和战栗而露出骚动不安。

杰里米·边沁:快乐、痛苦与其计算

那么,边沁的这套教义到底是什么,竟然能吸引如此一群既被他所说服,自己又不乏说服力的追随者?他说,就像大自然将地球置于重力之下一样,大自然也"将人类置于两个主宰的统治之下,那就是痛苦和快乐。"[6]边沁从这些法则中发现了一种既有描述性,又具规范性的信仰。既然所有人都是趋乐避苦的(尽管有受虐狂,但他们喜欢痛苦只是因为可以从中得到快乐),他们就会选择做那些能给他们以快乐之事。在这一学说论述规范性的章节中,其恳求人类选择实现快乐的途径。到目前为止,这教义听起来很有趣,就像古希腊阿里斯提波(Aristippus)的享乐主义。但边沁补充了一条伦理限制:当选择影响到他人时,个人应该选择能使所有人的总体快乐最大化的选项。功利主义运动的口号就是"为最多数人争取最大的幸福"。负责任的政府应该让其立法者铭记这一点。

边沁认为,所有人在决定幸福时都是平等的,这句话让民主派人士热泪盈眶。如果国王伤了一个脚趾头,那他所受痛苦也就相当于他的侍女伤了两个脚趾头的一半。如果给侍女包扎对她的帮助大于此举对国王的伤害,就应该给她包扎。如此也难怪贵族们会祈祷在边沁能传播这一教义前先被拔了舌头。

不过,对于"道德宇宙的牛顿"而言,这个公式在数学上还不够精确。边沁构思了一种量化快乐和痛苦的方法,称为"幸福计算"

（felicific calculus）。我们都知道，有些经历比其他的更令人愉悦或痛苦。为什么呢？任何一种经历都可以通过以下四个因素来衡量：强度、持续性、确定性、远近性。比起可能的周末休假，人们更喜欢确定的长假。令人捧腹的喜剧演员带来的快乐也要比那些不温不火的同行更多。

显然，边沁在设计这个计算方法时相当乐在其中，于是他通过再增加三个因素来延长这个计算过程，分别是：丰度、不纯度和广度。一些快乐会带来更多的快乐。如果说参加夏季狂欢会增加马克结交新朋友的机会，那么其便体现了第五个幸福要素——丰度。如果这种活动可能带来痛苦，因为马克企图搭讪某足球运动员的妻子而被揍了，那么其就体现了第六个因素——不纯度（产生相反感觉的机会）。最后一个是广度，如果那名足球运动员把马克的脸揍得面目全非的过程让许多人可以开怀一笑，那我们也必须考虑他们的快乐。

边沁用这些工具添加了复杂的说明。乍一看，它们会让人想起某些中国家具附带的组装说明书，这些说明书用的是英文，但还不如用中文写。因为身为西方用户，看不懂中文至少不算丢人，而连英文都理解不了的话那就很尴尬了。不过，如果仔细看，就会发现边沁其实是言之成理的：

挑出任何一人来考察、估算：

1. 看由该行动最初产生的每项可辨识的快乐值。
2. 看由它最初产生的每项痛苦值。
3. 看由它随后造成的每项快乐值，这构成了最初快乐的丰度以及最初痛苦的不纯度。
4. 看由它随后造成的每项痛苦的值，这构成了最初痛苦的丰度以及最初快乐的不纯度。
5. 在（等式的）一边，把所有的快乐值加在一起，在另一边把所有的痛苦值加在一起。如果快乐的总值较大，表明这一行动总体上是趋利的；如果痛苦的总值较大，表明这一行动总体上是趋害的。

6. 确定利益相关者的人数，对每个人都按照上述程序估算一遍。于是可以看到有两种人：一种就行动而言，他的总倾向是好的，另一种是就他而言其倾向总的来说是坏的……将表现趋利程度的数字加总，再对每一个人的趋害程度加总……如果快乐的总值较大，则表明这一行为总体上是趋利的；如果痛苦的总值较大，则表明对同一群人来说这一行为总体上是趋害的。[7]

边沁一定很认真地采取了第三步，即长期的快乐。他把自己的遗体遗赠给了伦敦大学，每逢重大行政会议，校方就会用轮子车推着这具遗体公开展示。他的遗体在经过防腐处理后，至今仍然保存在那里。不幸的是，一些喜欢恶作剧的学生偷走了他的头——这恰恰说明衡量丰度和不纯度是多么困难。

阅读边沁的著作满足了约翰·斯图亚特·穆勒对科学严谨性的渴求，并为他提供了一种观察社会交往的新方式。他很快加入了维护边沁和追随他的哲学激进分子的斗争，这一阵营中还包括一些著名的国会议员和作家。具有讽刺意味的是，这些快乐的捍卫者们却只能体验卡夫卡式的快乐。

在政治上，支持边沁的激进派为争取民主和言论自由而英勇奋战。他们宣称，真理源自言论自由。他们反对对期刊征税的《印花税法案》(*Stamp Act*)，反对对集会的各种限制。穆勒曾因传播生育控制相关书籍而短暂被捕，他在日后更是高举支持妇女投票权的大旗。他们采纳李嘉图的观点，对《谷物法》进行抨击。边沁谴责了野蛮的英国监狱制度，认为惩罚只应作为工具来威慑犯罪，而不是以正义之名实施报复。在边沁看来，毕竟，罪犯只是觉得犯罪可以得到回报才会铤而走险，所以真正的应对之道就是调整犯罪的成本。虽然边沁曾提出政府的座右铭是"保持安静"，但只要维持自由放任需付出的代价超过了其所得收益，激进派也能弃之如敝履："我过去从未，现在没有，将来也不会，对政府之手怀有任何恐怖之感，或因此倒向无政府主义。关于其对天赋自由侵犯的探讨……我把这个话题留给亚当·斯密。"[8] 边沁主义者们信奉的神是"效用"（utility），而不是"看不见的手"，尽管他们的神常常通过这只"看不见的手"来显灵。

顺便说一句，他们信奉的神当然不是那位与教堂、犹太会堂和清真寺联系在一起的神。詹姆斯·穆勒根本无法将一个充满邪恶的世界与一个至善至公的造物主协调。约翰·斯图亚特·穆勒曾生动地回忆他父亲对无神论的激愤之辞。

我曾多次听父亲说，不论哪个时代哪个民族都把他们的神描绘成是邪恶的，在持续不断的发展中，人类为之添加一个又一个特征，一直达到人类头脑所能设想的极端邪恶的顶点，同时称之为神，向它顶礼膜拜。[9]

在19世纪20年代和30年代，激进派在许多政治角逐和论战中获胜，这大大出乎所有人的预料，包括约翰·斯图亚特·穆勒。为了谋生，穆勒在1823年步父亲的后尘，成为东印度公司的一名职员。就像他在东印度公司的前辈马尔萨斯和后来在英国政府印度办事处工作的凯恩斯一样，穆勒从未到过印度，也从未学过印地语或梵语。他工作十分努力，简直是心无旁骛，每天早上10点吃早餐，只吃一个煮鸡蛋，直到一天工作结束才吃别的东西。[10] 在加入东印度公司的同一年，穆勒成立了功利主义协会，在那里，他和其他年轻的边沁主义者会定期进行辩论和学习，"持续时间"很长，"强度"很高，而且彼此"十分亲近"，很符合边沁的设定。他们的主要对手是浪漫主义者、乌托邦主义者和社会主义者，这些人似乎都活在柯勒律治在诗歌中所营造的空中楼阁里，以至于难以赢得脚踏实地的辩论。

思考机器卡壳了

在此期间，穆勒可能过度执迷于边沁式的精确算计，以至于完全忘记了其终极目标——幸福："人们经常将边沁主义者描述为推理机器，虽然这种形象对大多数人来说可谓大谬……但对我来说却也算恰如其分。"[11]

他在20岁时就经历了中年危机。这台"推理机器"出了故障，弹簧、垫圈和电线四处乱飞。多年来，他已经拥有了"可以真正称为生活目标之物；那就是成为一个改革者。"然而，1826年冬天的一天，他陷入了一种"无精打采的状态……当平时本该带来快乐的体验变得索然无味，激不起兴趣时，他就会出现这种情绪。"他问了自己一个关键性的问题，得到的回答却让人泄气：

假设你生活中的所有目标都实现了。你所期待的所有制度和观点的变革，都可能在此刻完全发生：这对你来说，会是一种巨大的快乐和幸福吗？内心无法抑制的自我意识无比明晰地回答道："不！"听了这话，我的心沉了下去，构建我生活意义的整个基础轰然倒下了。我的全部幸福都是来自不断追求这个目标的过程。目标若已不再有吸引力，谁还会对手段感兴趣呢？我似乎已经没有什么活下去的理由了。[12]

他被这种绝望困扰了6个月，期间常常盘算自杀。在此之前，他根本就没有任何人类的感情。看到美丽的花朵，他的眼里却只有花瓣的脉络纹理。如果说浪漫主义者看世界时戴着玫瑰色的眼镜，那么穆勒眼中的世界就好像用过松节油的绘画一样万物失色。多年后，尼采宣布"上帝已死"。对穆勒来说，他被冷漠的父亲夺走了爱的能力，只剩下理性，而泯灭了人性。关于他的父亲，穆勒写道："对于各种激昂澎湃的情感，以及所有宣扬它们的言论和文字，他都极度蔑视。并认为这是一种疯狂。"[13]

在一个宣扬理性的时代，穆勒却渴望激情。与其说穆勒受了理性主义哲学家的愚弄，不如说是他们那些无能而狂热的信徒们的牺牲品，真正排斥激情的是后者。例如，休谟就坚持认为，理性永远是"激情的奴隶"。事实上，就连边沁也只是将理性作为一种与激情对照的方法，而不是取而代之。

精神分析学家应该会视此为一个绝佳案例，虽然还不到他们登场的时候。也许折磨穆勒的是一种罪恶感，这种罪恶感源于他被压抑的死亡愿望，愿望所指向的正是他那专横暴虐，又如命运般无法逃脱的父亲，这简直是现代版的俄狄浦斯。但穆勒的遭遇比这位希腊英雄更糟。至少俄狄浦斯有一位慈爱的母亲。在他300页的自传中，穆勒甚至没有提到他的母亲！一份早期的草稿解释了其中原因：

一个真正热心待人的母亲首先会让我的父亲变成一个完全不同的人，其次会让孩子们在充满爱与被爱的环境中成长。但我母亲所怀抱的最美好意愿，也仅仅止于一辈子含辛茹苦养育孩子而已。……我就这样在缺乏爱和充满恐惧的环境中长大成人。[14]

他的母亲没有留下自传，是否因为和詹姆斯·穆勒的婚姻让她耗尽了爱人的能力？这一点不得而知。我只想说，穆勒家肯定不是一个全家围坐在一起，喝着热腾腾的鸡汤，享受家人温暖陪伴的地方。

作为浪漫主义者的新生

正当穆勒在被称为理性主义的知识洪流中苦苦挣扎时，拯救他的却是一股被称为浪漫主义的逆流。在《悲剧的诞生》(*Birth of Tragedy*)一书中，尼采描绘了人类心灵中两股相互冲突的强大力量：日神和酒神。日神代表的是理性、秩序的精神，如同莫扎特构思严

第 5 章 | 约翰·斯图亚特·穆勒的风暴之心

谨的交响乐。而酒神则代表反复无常，感情用事，就好比普契尼的奔放歌剧。当 18 世纪的理性主义将穆勒推向绝望边缘时，他转而向华兹华斯甚至柯勒律治的诗歌寻求慰藉。华兹华斯对自然界葱茏美景的描绘最终激发了穆勒内心的喜悦之情，为他插上了想象之翼。这个世界终究还是向他展现了感性的一面。通过拥抱美，穆勒得以奋力突破自己的狭隘思维和他父亲的精神专制。

就像柯勒律治笔下的古代水手一样，穆勒开启了一段智慧的冒险之旅，他拜访了卡莱尔和法国哲学家奥古斯特·孔德（Auguste Comte），他们对经验的强调对穆勒影响颇深。有时，这个水手在对自己的精神导师弃旧恋新方面，做得实在有点过火。在与穆勒交好之后，生性傲慢的孔德要求穆勒给予他财务支持。穆勒默然接受了这一要求，甚至让他的朋友们也资助孔德。大约一年后，这种单方面的"慈善"停止了。但孔德却没有对他的恩人感恩戴德，而是给穆勒寄了一封言辞激烈的信，告诫他有责任支持这名一贫如洗的学者。尽管穆勒有时被称为"理性主义之圣"，但他生命中的这段插曲大概会令其被冠以"糊涂蛋之圣"之名。[15]

当父亲老穆勒于 1836 年去世后，穆勒开始发表文章，表明他与哲学激进阵营早已割席断义。他在 1838 年发表的文章《边沁》（Bentham）猛烈抨击了边沁主义，认为它令人陷入精神枯竭，指出精神上的完美应该是一个人凭借自身力量致力追寻的目标，是超越苦乐的。穆勒还屈尊俯就地补充道，边沁还是更擅长立法问题，而不是个人道德问题。两年后，穆勒又对柯勒律治进行了堪称无节制的赞美。[16]

父亲的离世对穆勒来说可能既是一种解脱，也是一种困扰。据史学家格特鲁德·希梅尔法布（Gertrude Himmelfarb）所说，父亲死后，穆勒患上了"脑热病"，导致一只眼睛抽搐不止。如果我们对这个儿子再来一次精神分析，那么这种抽搐是否可能归因于另一种压抑——对原先的精神主宰者离去后所导致的宽慰感的压抑呢？[17]

这场冒险之旅不仅在智力上展开，也为他赋予了审美情趣。穆勒有生以来第一次堕入爱河——可以说从头到脚都栽了进去。不幸的是，他所恋慕的哈丽特·泰勒（Harriet Taylor）是个已经结婚生子的有夫之妇。但这并没有让穆勒却步，毕竟他仍然是一个追求快乐的边沁主义者。他们的"婚外情"采取了一种无性的"三角家庭"形式，两人会在伦敦动物园的犀牛展览附近秘密约会。哈丽特和她的丈夫约翰·泰勒（John Taylor）同住，但是当后者外出时，穆勒便会登门造访，哈丽特和他共度了许多夏日周末。这种奇怪的关系从1830年一直持续到1851年穆勒和哈丽特结婚才告一段落。约翰·泰勒已于他们结婚两年前去世，但穆勒认为订婚的时间长一点可以帮助他们洗脱婚外私通之嫌。穆勒几乎将他所有的著名作品都归功于哈丽特的智慧。她就是他的女神。如果说穆勒本人像一个斜眼的药剂师，那么哈丽特年轻时则有着一双迪士尼公主般的大眼睛。一位与她共进晚餐的朋友曾形容她的身体姿态有着"波浪起伏般优雅"，在她"可以媲美天鹅的美颈和宛如珍珠的肤色"映衬下的，是一副可爱迷人的容貌。她低沉而甜美的嗓音，让人不禁"沉醉其中"。[18]

穆勒从他那位冷酷无情的母亲身上求之而不得的所有温情和热忱，如今都在一位爱他的妻子身上得到了：

不论在最高的思辨领域，还是在日常生活琐事上，她的智力都是洞察事物、把握根本观念或原则的完美工具。她动作准确敏捷，这一点同样表现在她的感觉和思维能力上，加上感情和想象力的天赋，使她适于成为一位尽善尽美的艺术家，而她热烈而温柔的心灵和雄健的辩才，肯定可以使她成为伟大的演说家；她对人性的深刻理解和对世事的洞察识别能力，如果在妇女参政时代，将能使她跻身人类的杰出统治者之中。她的智力天赋辅助着我毕生仅见的最高尚、最平衡的德性。[19]

第 5 章 | 约翰·斯图亚特·穆勒的风暴之心

穆勒的许多朋友都认为他是鬼迷心窍了。历史学家在评价哈丽特对穆勒思想的贡献方面也仍存争议。但有一件事是确凿无疑的：如此一位佳人能够倾情于他，这让穆勒感到受宠若惊，而她最终对他产生了不可估量的影响。

有佳人在侧，浪漫在心，我们可能以为穆勒终于要和以往那种与诘屈的古希腊文著作终日相对的生活挥手作别了。但是，当我们的浪漫主义英雄经历了一场现实与心灵双重意义的冒险之旅后，他最后还是踏上了归家之路。不同的是，他现在是一个真正的男人，而不再是活在父亲阴影之中的男孩了。而他的"家"依然是边沁的功利主义。但穆勒将对这种思想加以改良，令其更趋完善。在此之后，他的著作和政治生涯反映出的是一种开明的功利主义。穆勒坚持认为，最大的幸福不只是单纯的快乐。欣赏贝多芬交响乐或米开朗琪罗杰作所带来的幸福感，也不仅是感官的欢愉而已。那些杰出的创作和伟大的功业，通过精神境界的升华而带来快乐。边沁曾说过，如果所给予的快乐是同等的，那么扑克牌和诗歌并无区别。穆勒绝不同意这种观点。他以另一个比喻进行了反驳，说他宁愿做一个不满的苏格拉底，也不愿做一只饱食终日的猪。通过唤起柏拉图式的荣誉、尊严和自我发展等美德，穆勒提升了功利主义的境界。为此，穆勒成为公共教育的热心倡导者。对他来说，治国之道必须自塑造灵魂之道而始。

1848 年，穆勒出版了他的主要经济学著作《政治经济学原理》（*Principles of Political Economy*）。之后几十年间，这本书一直在图书市场霸榜，这情形就像穆勒自己在书中探讨的垄断现象一样。牛津大学一直以穆勒的《政治经济学原理》为教材，直到 1919 年才更换。而原因可能是其后续教材出自马歇尔之手，而马歇尔来自牛津大学的对手剑桥大学。事实上，所有伟大经济学家的著作都是长存不朽之作。从 1776 年到 1976 年，只有 5 本书几乎在经济学界流传至今不曾断绝：斯密的《国富论》，李嘉图的《政治经济学及赋税原理》，穆勒的《政治经济学原理》，马歇尔的《经济学原理》以及萨缪尔森的《经济学》。它们的书名看似千篇一律，但内容却能历久弥新。

穆勒的方法

当穆勒在《政治经济学原理》一书中探讨经济方法时，他终于在理性主义和浪漫主义的心灵斗争旋涡中开辟出了一条道路。他父亲老穆勒追随霍布斯的观念，认为对社会科学应像几何证明一样精确。他的做法是从一般性前提出发，推导出具体的结论和政策，即所谓演绎法。其一般性前提通常以人性的"法则"为中心，如自私自利。这些推导过程可能无懈可击，就像我们不能否认三角形有三个角和三条边一样。穆勒从他父亲那里学到的经济学，就如同三段论法一样，充斥着理性主义。

而在他经历思想危机，先破后立的那段日子里，穆勒学会了一种不那么精确的方法——归纳法。在许多情况下，社会科学家只能暗中窥探他们的研究对象，并假设某种模式或趋势，而不是声称发现了不容置辩的法则。归纳法有两个"小目标"：发现行为模式，并根据这些经验模式作出预测。归纳法不那么精确，但这并不意味着它就一定不如演绎法。有些学科并不适合使用演绎法。社会科学不可能是演绎和精确的，因为人们的行为并不始终刻板一致。而演绎法可能更适用于预测"尸体的行为"。在对他已故的父亲的隐晦讽刺中，穆勒告诫道，一个"明智的实践者"不会"从假定的普遍实践准则演绎出适用于特定情况的行为准则，却忽略了对推测性科学原则加以不断回溯的必要性。"[20]

在接受归纳法作为一种适当的科学工具时，穆勒也并没有抛弃

| 第 5 章 | 约翰·斯图亚特·穆勒的风暴之心

演绎法。穆勒以一种所罗门王式的智慧,让每个方法都各安其位,各司其职,彼此制衡。如果一些经济学家从有缺陷的先验原则中进行演绎,那么经验主义者就可以把观察到的反例甩到他们脸上。例如,马尔萨斯的人口原理最初是作为演绎事实提出的。而如今,我们通过观察超市库存充足的货架就可以证伪马尔萨斯原理。另外,演绎理论家可以检验经验主义者的成果是否具有逻辑一致性。这里有一个例子,一个无脑的经验主义者可能会声称,因为在纽约,鹳的迁徙与人类出生率高度相关,所以控制人口数量的一个好政策就是捕杀鹳。而理性主义者通过逻辑演绎便可以证明这种存在缺陷的观察结果毫无意义(当然,如果真有一个铁石心肠的经验主义者一旦真的开始动手射杀鹳和给出生婴儿计数,他就会发现这些事件本身的独立性。)。

穆勒并不总是将这两种方法混用。事实上,《政治经济学原理》一书提出了一种将生产和分配分别看待的方法。控制生产的是不变的普遍规律:"它们是不以人的意志为转移的。"因此,其适用演绎法。但是"财富分配却不是如此。这是一件仅关乎人类制度之事。一旦物品生产出来,人类就可以个别地或集体地对其随意处置"。[21]

李嘉图的生产和分配分析都是基于其划分的地主、工人和资本家所扮演的角色,而穆勒拒绝在分配过程中进行这种不变的划分。没错,在李嘉图的分析框架中,地主会收取地租。但穆勒坚持认为,社会可以决定让他收不成。

出于两个原因,穆勒的这套两分体系似乎是错误的。第一,生产规律可能并不是固定不变的。例如,技术进步无法预测或断言。穆勒确实暗示了这种反证的存在。第二,分配和生产并不能彻底分离。

即使不是狂热的支持减税派,也会怀疑征收税率的变化可能会改变个人的行为。比如鲍里斯·贝克尔(Boris Becker)是一名富有的德国网球运动员。德国对富人课以重税。以贝克尔的百万身家,又给波恩政府交了多少税呢?分文不交。因为他搬去了摩纳哥。由于政府的分配措施，他转移了自己的生产行为（不过后来陷入了法律纠纷）。2013年，法国荣誉军团骑士、演员热拉尔·德帕迪约（Gérard Depardieu）为了规避法国政府计划实施的75%的高所得税，将他的法国庄园换成了比利时的，甚至还从弗拉基米尔·普京（Vladimir Putin）那里搞了一本俄罗斯护照。当然，税收不能解释一切。只有傻瓜才会从贝克尔的故事中得出这样的结论：米哈伊尔·巴利什尼科夫（Mikhail Baryshnikov）[①]是因为税率问题而离开苏联的。2006年，爱尔兰摇滚明星波诺（Bono）和他的U2乐队成员悄悄将他们的办公室从都柏林搬到了荷兰，以规避爱尔兰更高的税收。波诺的一些粉丝感到失望，因为就在都柏林的演唱会上，波诺还指责爱尔兰总理没有将更多的税收用于第三世界国家的贫困救济。看来，虽然U2的音乐可能是原创的，但显然他们的税收策略不是。几十年来，米克·贾格尔（Mick Jagger）和他的滚石乐队（Rolling Stones）一直在荷兰和各个加勒比岛国间辗转以避税。

在《政治经济学原理》的后续章节和版本中，穆勒这种对生产和分配之间进行明确的方法论区分的主张有所缓和。

要总结《政治经济学原理》中提出的所有重要模型，可能需要比原著更多的篇幅，因为穆勒在书中不仅试图对经济学说进行全面回顾，还添加了许多改进。他的许多叙述令人服膺，比如对公司管理的描写；指出供求关系是一个等式而非比率；对萨伊定律的解释；以及论证需求是李嘉图比较优势理论的主要因素等。正如诺贝尔奖得主乔治·斯蒂格勒所观察到的，穆勒所取得的成就若放在一起有一点不同寻常，那就是它们之间并没有什么紧密联系。[22]穆勒并没有为经济学建立一个新的地基，而是在这一地基的不同层面上替换了

[①] 苏联芭蕾舞蹈家，在1974年趁着出国表演机会，逃往加拿大，寻求政府庇护。——译者注

许多原先有点脆弱的基石。

因为阿尔弗雷德·马歇尔日后对穆勒的著作也进行了类似的修补，所以我们在本章中不如将重点放在穆勒及其社会政策经济学上。如果不算马克思，穆勒可能是最后一位"政治经济学家"，他不仅以经济学造诣而闻名，也以论述政治的小册子《论自由》（*On Liberty*）和《功利主义》（*Utilitarianism*）而为人所知。到19世纪末，经济学作为一门科学已变得如此专业化，以至于鲜有人能够做到经济学与哲学双修。而到了20世纪中期，能在一门经济学中涉猎多个论题者也变得凤毛麟角。诺贝尔奖得主罗伯特·索洛（Robert Solow）曾说，我们面临一个选择，要么对越来越少的论题说得越来越多，要么对越来越多的论题说得越来越少。

在穆勒早期的《论逻辑》（*On Logic*）一书中，他提出了"实证著作"和"规范著作"之间的关键区别。实证经济学描述并预测世界上实际发生了什么。而规范经济学则主张，基于个人的道德哲学应该发生什么。作为改革者的穆勒发挥的是规范性的作用。在《政治经济学原理》的五卷书中，前三本倾向于描述性，而后两本则展现了穆勒的规范性角色，他热切地致力于通过在更大程度上实现财富平等、女性权利和普及教育来增进人类福祉。

任何人都可以拿着标语牌，喊着要求平等、幸福，或是"奥克兰也要有NFL球队"之类的口号。但标语横幅并不会凭空带来结果，就像西伯利亚的城镇就算给自己取名"天堂"也不会迎来好天气一样。穆勒的不凡之处在于，他将自己提出的规范性目标与现实分析联系在一起。

税收和教育

穆勒在他论述税收的章节中巧妙地平衡了实证性和规范性的关系。事实上，他对所得税的立场反映了后世具有里程碑意义的1986年美国《税务改革法案》(*Tax Reform Act*)的精神，该法案试图"压平"累进所得税。和亚当·斯密一样，穆勒也呼吁在征收所得税时采用比例税率。这一税制下，无论纳税人的收入水平高低，都对其收入课以相同比例的所得税。与之形成对比的是累进所得税，这一税制下的征税比例会随着收入的增加而提高。穆勒对此的分析其实印证了我们之前举过的米克·贾格尔的例子，因为他担心累进税可能会打击工作意愿：

对较高的收入征收较高的税，无异于对勤劳节俭征税，无异于惩罚那些工作比邻人努力、生活比邻人节俭的人。[23]

虽然比例税适用于大多数人口，但穆勒也建议免除穷人的税收。

在20世纪的大部分时间里，美国拒绝了穆勒的建议，而是采纳了累进所得税。到80年代中期，纳税人被分为14个等级，对应税率从11%到50%不等。如果某人获得了加薪，他可能会被调到更高税收等级。但里根总统和国会最终采纳了穆勒的建议，通过了具有里程碑意义的《1986年税务改革法案》。该法案将这14个税收等级简化为两个：15%和28%。尽管它还不是一个完全"扁平"的税收体系，但它已经用两个"小高原"取代了原先的陡峭山峰。与穆勒所见略同的另一点是，该法案免除了更多穷人的所得税。尽管国会后来多次修改1986年的法案，造就了更多的"高原"，但其基本逻辑仍得到延续：与20世纪六七十年代相比，法案的漏洞更少，税率更低。如今，华盛顿特区已陷入严重分裂。但据这个国家首都的老人们所说，1986年那次非同寻常的税改，是共和党和民主党还能够彼此携手，重建高度复杂和争议性法律的最后几个例子之一。

即使只是部分地乃至不经意地，但国会最后确实接纳了穆勒的建言，这是为何？联邦委员会通过的法案总有各种好坏理由。正如有人曾经说过的，世界上的混乱最终证明，上帝其实是个委员会。比例税的支持者认为累进税扭曲了人们增加收入的动机。此外，累进税制会驱使人们在收入增加时逃税。他们可以通过避税手段和伪造账目"合法"地实现这一点，也可以非法地实现。即使公布的税法是累进的，如果人们都是逃税高手，那结果可能就未必是累进的了。事实上，在1986年法案出台之前，向美国国税局提交的实际纳税申报单呈现的也是相对的比例税。人们利用税法的漏洞来阻挠和篡改累进税制。1986年的法案得到了民主党和共和党的共同支持，填上了许多漏洞，也使逃税变得不那么有吸引力了。不过，这项更严厉的法案中也有一些古怪的漏洞，比如有一个漏洞诱使因纽特人将他们的业务损失出售给公司，然后公司则可以在他们的企业纳税表格上扣除这部分损失。

那些无视累进税制争议的批评者们坚持认为，比例税不像累进税那样公平。尽管遭到了这类攻讦，但穆勒的遗计似乎仍让比例税的支持者在多场税制之争中占了上风，目前美国的税级数只有1986年前的一半，而英国只维持三个基本税级。

不过，如果说穆勒在所得税上对富人宽松，那么他也勒紧了遗产税的口子。在他的哲学和经济学著作中，穆勒提倡"机会平等"，而不是"结果平等"。如果一些孩子从父母那里继承了大笔财产，他们相比其他人就拥有了不公平的优势。那些含着银汤匙出生的富家子弟可能就会躺在父母的财富之上养尊处优，而不是创造更多的财富。为什么穆勒对所得税谨慎，而对遗产税却提倡大肆征收？他对此的深刻见解是，高遗产税并不像累进所得税那样打消人们的工作意愿。他写道："要为公共利益受限制的，不应是通过劳动获得的财富，而应是不劳而获的财富。"[24]

不过，他的分析并非无可辩驳。实际上，就连遗产税也会变成一团乱麻，因为父母可以轻松地在死前转移财富。因此，征收赠与税并设立相关稽查制度就必不可少了。此外，高额的遗产税可能会使老年人不愿工作，或鼓励他们挥霍财富，而不是储蓄或投资于生产性企业。总之，即使是遗产税也不是万无一失的。在20世纪80年代，瑞典的遗产税率一度达到70%，很多配偶及其子女不得不变卖家宅、度假别墅甚至小型企业来交税。就连宜家（IKEA）的创始人英格瓦尔·卡姆普拉德（IngvarKamprad）也收起了他的自组装式家具，迁往了瑞士。最终，由社会民主党、绿党和左翼党组成的联合政府从2005年1月1日零时开始全面废除了该税。但这才是事情变得有趣的开端。瑞典人在2005年1月1日死亡的概率竟比2004年12月31日高出了10%。[25]要么是这些老人下定决心在午夜给自己倒上一杯毒酒，要么是他们挚爱的继承人让他们的生命维持系统多运行了几秒钟，以逃避收税员。

乔治·W.布什（George W. Bush）总统不赞同穆勒的遗产税，他认为这是一种"死亡税"。2001年，小布什说服国会在2010年将遗产税降至零。然而，该法案于2010年12月31日到期。因此如果真按此操作，经历了2010年一年的零遗产税后，到2011年1月1日，遗产税的最高税率将回归原先的55%水平。如果瑞典的例子可以被称为"让爸爸保持呼吸"，那么美国的对标大概可以叫作"把老妈扔下火车"法案。还好，在小布什、奥巴马和特朗普总统的领导下，国会及时通过了更多的永久性更改，挽救了一大批子女原先交不出遗产税的妈妈，现在该法案已经实施第一批1160万美元的遗产免税。诺贝尔奖得主约瑟夫·斯蒂格利茨（Joseph Stiglitz）是累进税政策的有力倡导者，他警告称，高遗产税导致了一个棘手的悖论：它会加剧而非减少不平等。他带点诡辩地假设，高税收的富裕家庭将减少他们收入的储蓄，这将提高资本回报率。由于富裕的家庭往往拥有更多的资本，他们可以在这个过程中变得更加富有。[26] 穆勒对富人的诘难并没有止于遗产税。尽管穆勒自己也有风流韵事，而且信奉的是边沁功利主义，但他还是个典型的维多利亚时代之人，反对富人的穷奢极欲。他急切地提议对狂欢聚会和彰显身份的奢侈品征税。早在托斯丹·凡勃仑之前，穆勒就宣称，"那些花费金钱……以换取尊重或博得好印象"的物品是"最可取的征税对象"。[27] 有时穆勒的观点给人的感觉就好像他从向富人征税中得到的快乐和富人从获得财富的过程中得到的快乐一样多。考虑到穆勒本人也认识一些富人，还有他对穷人表现出的关心，我们也不能就此责怪他。穆勒一直很重视社会环境在塑造观念过程中的作用。

穆勒还想知道，社会如何才能在不阻止穷人就业的情况下救济穷人。这个问题没有明确的答案。穆勒将健全的人与残疾人、老年人和幼童区分开来。他认为，社会当然不应担心救济会让残疾人不思进取，对他们也不应该削减救济。他接受济贫法改革皇家委员会的调查结果，反对取消对残疾人的补助。然而，他对身体健全者却没有那么宽容。他建议福利受助者用劳动换取福利金。几十年来，美国对穆勒的这一呼吁一直置若罔闻，不过在 1988 年，联邦政府和几个州开始实施"工作福利"项目，要求身体健康的受助者必须接受就业培训或职业培训。有"联邦立法之父"之称的参议员丹尼尔·帕特里克·莫伊尼汉（Daniel Patrick Moynihan）多年来一直致力于将福利重新定义为最终就业的过渡阶段。虽然 1988 年的这一项目有很多漏洞，但它引发了全国范围内对这个问题的激烈辩论。美国人已经习惯了保守派对福利国家的指责，里根总统也曾发起运动，反对那些开着凯迪拉克豪车去银行兑现政府补助支票的"福利女王"（welfare queens）。1985 年出版的《节节败退》（*Losing Ground*）一书，因其指称福利支出实际上撕裂了黑人家庭而备受争议，既赢得了掌声，也遭到了谴责。1992年，当时任阿肯色州州长的比尔·克林顿（Bill Clinton）宣布，如果他当选总统，他将"如我们所知"改革福利制度时，这场围绕"保守"工作福利制展开的争论已趋于白热化。自由派的政客们可以突然变节加入反福利的阵营而丝毫不觉尴尬。在与国会扯皮了几年之后，克林顿总统于1996年签署了《个人责任与工作机会协调法案》（Personal Responsibility and Work Opportunity Reconciliation Act），为公共援助设定了时间限制，并向那些成功帮助福利受助者实现就业的州发放奖金。虽然共和党人对他们帮助起草的法案大加褒扬，但一些白宫顾问却辞职抗议，认为该法案对受助者过于严苛。由于当时就业市场非常健康，失业率降至30年来的最低水平（2000年4月降至3.9%），新工作福利制度的表现超过了预期，其不仅从福利领取清单中消去了数百万人，而且将单身母亲的就业率从63%提高到76%。旧金山联邦储备银行的一项研究得出结论："改革使最脆弱的单身母亲在经济上更加自立。"[28] 当然，如此强劲的就业市场也会使一些人无须再领取失业救济金，但毫无疑问，新法律给了他们额外的推动力。

威斯康星州在这一方面甘为前驱，其先于联邦法律数年实施了相关工作福利模式。该州设立了就业过渡期，期间为此前申请补助者提供咨询，如有必要，还会给予他们"试用工作"、儿童看护和医疗服务。纽约市效仿了威斯康星州的模式，令领取福利人数大幅下降。从1960年到1993年，纽约市领取福利的人数从25万激增到120万。到2019年，这一数字下降到了33万。美国亚利桑那州、佛罗里达州等11个州的福利制度规定，即使母亲再生一个孩子，也不会给她额外的补助。韩国和新加坡也实行了"家庭资助上限"制度。罗格斯大学（Rutgers university）和普林斯顿大学（Princeton university）的研究人员发现，这一严格规定促使更多贫困女性采取节育措施，从而抑制了她们的生育率。改革福利制度既是一场经济革命,也是一场文化革命。马萨诸塞州公共福利部已经将其门牌上的名称改为"过渡援助部"(Department of Transitional Assistance)。佛罗里达州则称其福利项目为"工作和获得经济自足项目"。这些举措的支持和反对声音可谓不相上下。在批评者看来,这些名字颇有点乔治·奥威尔(George Orwell)式的讽刺意味。而对支持者来说,这种更名能让失业者摆正心态,激励他们出于自尊而再战职场。

但是,穆勒的计划其实更为严苛,因为他认为这些福利工作的条件必须和那些待遇最差的独立工人所从事的工作一样艰苦。而其现代改进版本则认为,没有任何理由阻止受助者为获得更有价值的工作而接受相应培训。尽管如此,穆勒再次展现了其非凡的先见之明。

穆勒担心,如果福利发放过于容易,那么穷人将代代出生在好逸恶劳、缺乏积极工作态度的家庭中。雪上加霜的是,他认为福利支出的提升只会令出生率水涨船高。因此,穆勒拒绝了提高救济福利或工资的社会主义和浪漫主义建言。这种规范性的努力忽视了关于人类天性的实证信息。穆勒需要将他的规范性政策建立在成熟、理性的模型之上。

此时,回溯自己的童年记忆,穆勒忆起了教育的力量。他支持对那些依靠救济度日者开展公共教育。但是教育不应该仅仅包括三个"R"①。穆勒认为在教育中灌输对资本主义价值观的喜好并没有什么错。资本主义社会有责任教导其所有公民如何在商业社会中取得成功。马克斯·韦伯(Max Weber)后来所称的"新教工作伦理"(Protestant work ethic)并不是一种生物本能。如果剥夺了穷人接受教育的权利,那就无异于剥夺了他们走出贫民窟的唯一机会。"我认为,随着工人阶级智力水平、知识水平和自立程度的提高,他们

---

① 即"阅读"(Read)、"写作"(wRite)和"算术"(aRithmetic)三种技能。——译者注

必然会变得越来越通情达理，越来越精明节俭。"[29] 穆勒想把道德教育和经济激励结合起来，例如，他提议政府向穷人提供我们现在所说的住房改善贷款。

关于穆勒对自由放任政策与政府干预的态度，实在可以大书特书。简而言之，他基本在这一问题上恪守中庸之道，也基本没有翻过车。他拒绝站在空谈理论的自由放任立场，只信奉放任主义的假设。也就是说，政府的支持者有责任证明，获得更大的幸福感需要政府的干预："除非某种巨大利益要求违背这一（自由放任）原则，否则，违背这一原则必定会带来弊端。"[30] 显然，国家的必要职能应包括征税、铸造货币、防御外敌、设立法庭，诸如此类。但一些"可选"职能，如消费者保护、教育和商业监管，则应视具体情况而定。例如，与国家福利相比，穆勒更偏好私人慈善，虽然他也知道慈善可能只会起部分作用。穷人会欣然接受任何钱财，但富人并不会给予［这可部分归因于"搭便车"（free rider）效应——人们认为会有其他人承担这个责任］。因此，国家应该利用其税收权力来维持穷人的基本生活。

穆勒的方法再次呈现出高度现代性。对于今天的许多政府机构，他应该会相当认可，实际上他也预料到了这些机构的出现。尽管如此，他还是确保所有的提议都通过了关键的假设测试，因为"性急的改革者认为控制政府要比控制民众的理智和意向来得容易、方便，因而常常倾向于过分扩大政府的权限"。[31] 他阅读了阿历克西·德·托克维尔（Alexis de Tocqueville）的经典著作《论美国的民主》（*Democracy in America*），从中领悟到地方计划优于中央计划之处。

在很多方面，穆勒的立场反映了当时政府的立场。英格兰在许多重要方面已迈向了自由市场经济，但也建立了针对剥削的防范措施。1846年，威廉·格莱斯顿（William Gladstone）领导英国议会最终废除了《谷物法》，并降低了所得税率。当自由贸易的呼声最终响彻欧洲之时，议会在 1802 年、1819 年和 1833 年通过《工厂法》（*Factory Acts*）限制了雇用童工，提供了里程碑式的保护。穆勒对这两种趋势都会表示赞同，但不是出于意识形态立场，而是经过审慎推理得出的结论。

展望未来

大多数经济学家都无法抗拒预测长期未来的诱惑。像斯密、马尔萨斯、李嘉图、马克思和凯恩斯一样，穆勒所描绘的未来图景有一种印象派的风格，其糅合了李嘉图和圣西门社会主义（歌颂产业工人的空想社会主义运动）的色彩。从李嘉图那里，穆勒继承并勾勒出了社会陷于停滞状态的可能性。而圣西门则赋予了穆勒的图景一种昂扬乐观的色调，停滞状态也可以是幸福快乐的。不过李嘉图构建理论模型是为了追踪收益递减、市场封闭和利润下降的结果，而穆勒所描绘的则是一个近乎神学意义上的人间天堂模型。在遥远的将来，人们将不再为了金钱你争我夺，人类将会追求自我而非财富。凯恩斯在大萧条时期也提出过类似的愿景。

还记得吗？穆勒的开明功利主义在其计算中为柏拉图式的理念保留了一席之地。穆勒向往着有朝一日，人类能更关心尊严、正直和正义，而不是加班和透支：

> 我不能以老派政治经济学家普遍表现出来的那种朴素的厌恶心情来看待资本和财富的停滞状态。我倾向于认为，整体而言，停滞状态要比我们当前的状态好得多。一些人认为，人类生活的正常状态就是生存竞争；认为相互倾轧和相互斗争，是激动人心的社会生活，是人类的最佳命运，而绝不是产业进步诸阶段的可恶象征。坦白地说，我并不欣赏这种生活理想。[32]

和马克思一样，穆勒认为人类最终会超越"必然王国"（realm of necessity），到达一个可以选择不再需要为生存而挣扎，而是努力提升人性的时代。穆勒认为，只有"世界上落后的国家"才真正需要更多的经济增长。先进国家需要的只是更好的分配制度，或者至少是更好的社会风气。他谴责了美国，认为美国虽消除了贫困，但让国人的"一个性别终其一生致力于追逐美元，而另一个性别则专事供养这些追逐财富者"。[33] 对此，人们不禁要问，穆勒是否会更喜欢我们如今这个无论何种性别，人人都能自由追逐财富的"新世界"呢？

我们该如何理解穆勒所描绘的这幅图景？其太过印象派了，以至于无法演绎，甚至归纳出任何可靠结论。当《政治经济学原理》的新版本问世时，其似乎对社会主义多了几分同情。但穆勒从未真正移情于此。他能理解这些空想社会主义者，但他从不在请愿书上签名，也不与他们并肩上街游行。正如拜伦勋爵所说："我站在他们中间，但并非他们中的一员。"穆勒从未放弃他对竞争的信仰和对中央集权的托克维尔式恐惧："我完全不赞同（社会主义）学说中最惹人注目、最激烈的部分，不赞成他们对竞争的猛烈抨击……他们忘记了，哪里没有竞争，哪里就有垄断。"[34]

很少有人会放弃对天堂的向往。富人可以在热带岛屿上寻找属于自己的乐土，善男信女们则寄望于来世，而乐观主义者可以期待的是明天。约翰·斯图亚特·穆勒致力于为今日而奋战，并希望终有朝一日能过上田园牧歌般的诗意生活。

19世纪60年代期间，他一直为捍卫自己的信条而战，既通过《政治经济学原理》一书，也在议会的唇枪舌剑之中。穆勒始终如一地倡导人权，为争取妇女和穷人的选举投票权而大声疾呼，并在南北战争中为北方摇旗呐喊。根据贝尔福勋爵（Lord Balfour）的说法，"穆勒在英国大学可谓深孚众望……其权威可与亚里士多德在中世纪所拥有的……相媲美。"[35]

他在《自传》(Autobiography)中描绘了一个不拘传统的政治家穆勒形象。当他第一次被要求竞选公职时,他"坚信"几乎没有人"真正愿意选举一个具有像我这样思想的人当代表"。他公开拒绝开展竞选拉票活动或为此花费钱财,只做出了一个承诺:如果当选,他不会把任何时间花在争取地方利益上。一位著名作家当时评论道:"就算全能的上帝本人在这种竞选方案下也不可能当选。"在"竞选活动"接近尾声时,穆勒参加了一次工人公开集会。会上,一名竞选对手突然举起了一幅标语牌,上面引用了穆勒直言不讳地将英国工人阶级描述为"撒谎者"的语句。但是,这段引文也提到"他们比外国工人阶级更优秀,因为他们感到内疚"。如此情景,几乎任何其他的政治家碰上了都会焦头烂额。穆勒回忆说:"有人问我是否写过这句话还把它们印出来。我立刻回答说'写过'。"他的支持者惊慌失措,担心自己小命不保。"可这两个字甫一出口,一阵热烈的喝彩声便响彻了整个会场。"工人们终于找到了信得过的人。[36]

当他挚爱的哈丽特去世时,穆勒为她打造了一座纪念碑,雕塑用的大理石与米开朗琪罗的大卫雕像和白金汉宫前的大理石拱门所用石材来自同一个采石场。在她离去后,穆勒开始更多地依靠其继女海伦·泰勒(Helen Taylor),向她寻求建议和行政文书协助。1873年春天,穆勒在他的法国家宅附近进行植物学实验时,感染了丹毒,这是一种致命的皮肤感染。他的去世引发了一片悼念之词,从经济学到哲学刊物,再到《大众科学》(Popular Science),各种杂志都推出了纪念特刊。当时一位著名的牛津-剑桥学者指出,在过去的20年里,穆勒是"对几乎所有最有前途的年轻人都产生了最重大影响的作家"。[37]就像今天的学生可能会在他们的宿舍里挂着风度翩翩(但凶残)的切·格瓦拉(Che Guevara),思虑深沉的弗兰兹·卡夫卡（Franz Kafka）[①]，或者大胆无畏的弗里达·卡罗（FridaKahlo）[②]的海报一样，尽管穆勒其貌不扬，但他是那个时代名副其实的海报人物。他的英国崇拜者们筹集资金，在泰晤士河边为他建造了一座纪念雕像，但穆勒却希望被安葬在阿维尼翁附近一个法国小村庄的简朴墓地里，与哈丽特葬在一起。只有5人参加了他的葬礼。他一生从未参加过任何战争，连说话都极少大喊大叫，更别提跟人动手决斗了，但他的一生却是奋争的一生。他所对抗的是偏执狂、精英主义者、理性主义者和社会主义者。他所挑战的是在孩提时就刻在脑海里的思想钢印。埃德蒙·伯克（Edmund Burke）[③]曾哀叹道："骑士时代已经一去不返。随之而来的是属于诡辩者、悭吝者和精于算计者的时代，欧洲的荣耀永远地消失了。"[38] 但受到骑士精神激励的，不仅有堂吉诃德，也有穆勒。而他在最英勇的决斗中所战胜的，便是内心的那座"风车"。

[①] 奥匈帝国作家，现代主义文学先驱，其作品大都用变形荒诞的形象和象征直觉的手法，表现被充满敌意的社会环境所包围的孤立、绝望的个人。——译者注

[②] 墨西哥画家，当代艺术家。——译者注

[③] 爱尔兰政治家、作家、演说家、政治理论家和哲学家，英美保守主义的奠基者。——译者注

第 6 章

卡尔·马克思，共产主义的先驱者

CHAPTER 6

亚当·斯密小时候曾被一帮狡诈的吉卜赛人诱拐。把这个男孩囚禁了几个小时后,这些吉卜赛人又把他丢在路边,如此他才得以被送回家人身边。一位传记作家对此评论说,这位天真幼稚、心不在焉的经济学家显然不是一个吉卜赛人的好苗子。有人可能会说,卡尔·马克思从未被资本家诱拐,这堪称幸事。

马克思以有力的言辞预言了资本主义的崩溃。但在此之前,他也对资本主义的规律和文明发展的隐秘法则进行了深入的研究。马克思在经济思想史上的地位不容忽视。与弗洛伊德和达尔文一样,马克思也对20世纪的人类思想产生了巨大的影响。

马克思出生在德国莱茵兰州特利尔镇的一个资产阶级家庭中。他生于1818年,由特利尔中上层阶级的联姻而来。马克思后来表达过对自己父亲亨利希·马克思(Heinrich Marx)的自豪之情,他是位杰出的律师,还拥有一座葡萄园。

我们都知道马克思是世界伟人,但伟大来自平凡,无论谁在他成名之前都是一个普通人,他们与多数普通人一样也有着自己的七情六欲和喜怒哀乐,他们一样也拥有过天真无邪的童年,有过童心童趣,甚至搞过恶作剧。

马克思的父母都来自显赫的拉比家族,他的叔叔是特利尔的首席拉比。然而在排犹法律的胁迫下,马克思的父亲改信基督教,尽管他仍称犹太人为他的"信仰同胞"。[1]

和约翰·斯图亚特·穆勒一样,马克思同时吸收了理性主义和浪漫主义的精华。他的父亲为他灌输的是经由英国经验主义调和的

18 世纪法国理性主义，建议他的儿子"崇拜牛顿、洛克和莱布尼茨所信仰过的东西"。[2] 与此同时，当年幼的马克思与威斯特华伦男爵这位文人雅士在田园诗般美丽的山林间漫步时，后者会给他讲莎士比亚、荷马和浪漫主义者的故事，令他为此深深着迷。具有讽刺意味的是，正是这位贵族男爵第一次向马克思引介了倡导消弭阶级的空想社会主义。若非继承了他父亲那样的敏锐洞察力，马克思可能真会相信空想社会主义者那些模糊不清而又令人徒然神往的理念。但在后者眼中的乐土，在马克思眼里依旧充满挣扎。

在波恩大学（University of Bonn），马克思遵循父亲的建议学习法律。读书期间，马克思加入为警察严密监控的激进政治社团诗人俱乐部。马克思在政治上的第一次胜利就是成为特利尔酒馆协会（Trier Tavern Society）的会长。

尽管马克思在大学的第一个学期成绩不错，但是后来成绩迅速下滑，马克思的父亲把他送到了柏林大学（University of Berlin），希望那里能让自己的儿子清醒一点。但是他的希望很快就破灭了。[3] 尽管如此，马克思还是自学了哲学，并加入了青年黑格尔派（Young Hegelians），他们是宗教的激进批评者，也是柏林哲学家 G.W.F. 黑格尔（G. W. F. Hegel）折中主义的追随者。黑格尔本人已在马克思大学生涯开始前几年去世。[4] 不幸的是，马克思无法向自己的父亲证明这一点了，后者于 1838 年逝世。马克思对他的父亲保有很深的感情，他总是带着父亲的照片。在他父亲去世后，马克思认为完成他的学业才是省钱之道。他突然渴望离开学院，并拒绝将他关于希腊哲学的论文提交进入柏林大学严格的学位申请程序。相反，他将论文寄给了耶拿大学（University of Jena），耶拿校方授予了马克思博士学位。

青年记者生涯

获得博士学位后的马克思进入了新闻界,他一开始参与撰稿写作,后来又担任了《莱茵报》(Rheinische Zeitung)的主编,这是一份自由派中产阶级报纸。一位目睹了马克思在报社任职经历的旁观者对这位年轻的编辑做了一番堪称生动的描述:

来自特利尔的卡尔·马克思,24岁,充满力量,浓密的毛发生动地长在他的脸颊、胳膊、鼻子和耳朵处。他热情、有着无限的自信,但同时又非常严谨、博学,是一个不知疲倦的辩论家。他用犹太人特有的敏锐洞察力把青年黑格尔派的每一个学说命题都推到底;通过对经济学的潜心钻研,他当时已经准备转向共产主义。在马克思的带领下,这份年轻的报纸很快就开始完全自由地发表言论。[5]

对于马克思的肆无忌惮,普鲁士政府的回应就是给了他两种选择:要么报社关门,要么马克思走人。于是马克思愤然辞职了。

不过,虽然职场失意,但他情场得意,燕妮·冯·威斯特华伦(Jenny von Westphalen)终于成了他的妻子。

1843年,马克思一家搬到了巴黎,在那里,马克思担任了一份新政治评论杂志的编辑,开始与共产主义者有了沟通,并与其他年轻的激进分子走到一起,诗人海因里希·海涅(Heinrich Heine)称他们是"一群不信神又自封为神的人"。这本杂志只出版了一期,之后马克思和他新结识的共产主义朋友便与杂志的共同编辑阿诺德·卢格(Arnold Ruge)决裂了。[6]卢格评论这些无神论者:"他们希望……解放人;但是他们现在把最为重要的东西依附于财产,尤其是金钱……为了在精神和物质方面把无产阶级从苦难的重压下解放出来,他们幻想有一个组织把这种苦难普遍化,让所有人都来承担这种重压。"[7]

在这群人中，有一人便是弗里德里希·恩格斯（Friedrich Engels），他日后成为马克思生活和工作的关键人物。作为一个富有工厂主之子，恩格斯过着双重生活。白天，他在父亲的企业里工作，作为一个资本家赚取着优厚的薪水。到了夜里，他却秉烛阅读黑格尔和共产主义作品。虽然是德国人，恩格斯在英国居住过几年，经营家族的纺织生意。[8] 在曼彻斯特停留了一段时间后，他在1844年写了一部大胆揭露英国贫困的著作《英国工人阶级状况》(*The Conditions of the Working Class in England*)。

19世纪40年代，马克思开始构思那些日后将改变世界的学说。当然，并不是所有人都对此表示赞成。普鲁士政府宣布马克思犯有叛国罪，以此表明其对马克思著作的看法。一年后，法国将他驱逐出境，他流亡至比利时布鲁塞尔。

是哪些著作迫使马克思举家辗转于各个欧洲国家之间？在那个40年代，马克思为他的资本主义研究奠定了历史和哲学基础。这些理论证明了什么？它们证明了，资本主义的根基即将崩溃，而民众很快就会爆发革命，撼动资本所有者的地位，使他们跌落神坛。

唯物主义史学家

马克思的哲学和历史观沿用了黑格尔的术语，但他可不是鹦鹉学舌。对黑格尔法哲学方法论的批判，进而对整个思辨唯心主义的批判，最终将马克思引向历史唯物主义和辩证唯物主义。为了解他是如何做到这一点的，让我们先来看看他的导师黑格尔提出的主要准则。

黑格尔教导说，哲学的目的在于认识思想的展现。人的精神和思想引导着历史发展。物质世界，我们所看到和触摸到的，以及人类的社会制度，都遵循着思想的路径。德国社会学家马克斯·韦伯在他的名著《新教伦理与资本主义精神》(The Protestant Work Ethic and the Spirit of Capitalism) 中也采纳了这一论点。简言之，韦伯宣称是新教的兴起导致了资本主义；也就是说，对上帝的信仰改变了经济制度。

黑格尔认为，我们可以通过占主导地位的国家来追溯历史发展的轨迹：比如埃及时代、希腊时代、罗马时代，等等。作为一名爱国者，黑格尔认为普鲁士是他那个时代的领袖国家。

马克思反对黑格尔的唯心主义。他追随德国哲学家路德维希·费尔巴哈（Ludwig Feuerbach），将目光投向了历史上的唯物主义力量。根据费尔巴哈的《基督教的本质》(The Essence of Christianity) 一书，上帝只是人类欲望、需求和属性的投射。是人创造了神，而不是神创造了人。是人这一真实存在，带来了上帝的概念[9]。

到目前为止，马克思听起来更像是一个黑格尔派的辍学生，而不是青年黑格尔派的一员。但马克思保留了黑格尔方法的关键，"辩证法"（dialectic）。黑格尔坚持认为，历史就像现实一样，不会遵循一个平稳、渐进的模式，也并非由一系列独立的事件所组成。历史是由对立势力之间的斗争构成的。每一种思想都有其对立面。哲学家们经常将黑格尔的辩证法总结为：每一个"正题"（thesis）或思想都会面对其"反题"（antithesis）。这些思想之间的斗争产生了一个"合题"（synthesis），即一个新的"正题"。而新的正题又将面对其反题。于是世界不断变化，乃至无穷。历史从来不会重演——尽管夸夸其谈的历史学家可能会自我重复。

比较一下辩证法和经济学中的牛顿方法，我们会发现后者看到的是不变的因果关系。而在黑格尔的视野中，唯一不变的是变化本身的存在。

马克思将辩证法与唯物主义相结合。恩格斯后来将这种结合称为"辩证唯物主义"（*dialectical materialism*）和"历史唯物主义"（*historical materialism*）。如果说黑格尔的思想体系是高高在上的空中楼阁，那么马克思就想让我们重新脚踏大地。他说，历史发生在地面之上。忘记那些宗教、伦理或民族主义的研究吧。只要看看窗外，就会发现人们是如何为基本的生活必需品而挣扎求存的。没有人就没有历史。而没有食物就不会有人。因此，"第一个历史事件就是……生产满足这些需求的手段。"[10] 至于唯心主义史学家，还不如去写"奥兹国"（OZ）①的历史。

马克思勾画了从奴隶社会到封建社会，再到资本主义社会，以至社会主义社会的历史进程。揭示这一进程的不是头顶的星空，也不是内心的道德律，而是生产。更具体地说，是人与生产的关系。每一种生产制度都创造了相应的统治阶级和被统治阶级。每个时代都以一种为统治者榨取收入的具体方式为其特征。在罗马时代，谁拥有一个奴隶，谁就有权获得他的产出。封建时代，领主有权获取农奴的产出。而在资本主义制度下，工厂和土地所有者对其雇用劳动者的产出拥有索求权。主子阶级的生存依赖于仆从阶级的工作。这是否给了工人们很强的议价能力？并没有。工人只能和统治阶级合作，因为统治者控制生产资料。工人们可不能"拿上自己的那份，然后拍拍屁股走人"，因为他们根本没有自己的"那一份"。

因此，两者存在相互依赖关系。尽管如此，统治者努力装出一副"他们并不像工人需要他们那样需要工人"的样子。如果成功了，他们就会延续自己的支配地位。

他们如何确保自己的地位呢？这时候，黑格尔所关注的那些道德规范、民族主义和思想观念就派上用场了。统治阶级会发展出一

---

① 美国作家弗兰克·鲍姆的著名童话作品《绿野仙踪》（*The Wizard of OZ*）中的魔法国度。此处喻指不存在于现实的虚幻之地。——译者注

套支持特定生产过程的信仰、法律、文化、宗教、道德和爱国主义。一个有爱国心的工人会一边干活一边轻快地吹着口哨，而不会借着休息时间偷工减料。如今，汽车制造商和啤酒厂都喜欢把美国精神与"愉快而又踏踏实实地工作一整天"联系在一起。就像雪佛兰的广告词"棒球、热狗、苹果派和雪佛兰"曾一度成为"美国梦"的标榜一样。其实，原先这句话应该是"棒球、热狗、苹果派和妈妈"。

如果我们逃避工作，我们的道德和法律制度就会让我们感到内疚。为什么那些资产所有者有权获得通过我们流血流汗创造的利润？回答是，因为他们拥有资产。但我们为什么要接受这种法律制度呢？马克思问道。

根据马克思的说法，在私有制体系中有着既得利益的统治者会对大众进行催眠。这种建议和说服的力量使美国人整日做的都是股票债券和宝马香车的发财梦。当然，个人会认为梦想是他自己的，并将这些建议内化。马克思称这些起支撑作用的思想、法律和道德意识为"上层建筑"（*superstructure*）。

在《政治经济学批判手稿》（*Contribution to the Critique of Political Economy*）的序言中，马克思做出了那段堪称经典的陈述："物质生活的生产方式制约着整个社会生活、政治生活和精神生活的过程……不是人们的意识决定人们的存在，相反，是人们的社会存在决定人们的意识。"[11]

农奴向领主卑躬屈膝以示忠诚。学徒工以为大工匠服务为荣。领工资的劳动者加倍努力工作以争取晋升。他们都在身处的统治体制内辛苦打拼，以寻求更好的生活。

马克思并不认为统治阶级是通过蓄意共谋来建造上层建筑的。资产所有者可能是真心信奉他们的宗教，而不是将其视为某种统治工具。上层建筑之所以出现，是因为生产过程扭曲和框定了人们的认识和看法。马克思说："人们自己创造自己的历史，但是他们并不

| 第 6 章 | 卡尔·马克思，共产主义的先驱者

是随心所欲地创造，并不是在他们自己选定的条件下创造，而是在直接遭遇过的、既定的、从过去承继下来的条件下创造。一切已死先辈们的传统，像梦魇一样纠缠着活人的头脑。"[12]

当生产过程的技术发生变化时，反抗就会随之而来。一种新技术或新方法引起了土地、劳动力和资本的量变或质变。通过发现、发明、教育和人口增长，物质的生产力是"动态"（dynamic）的。有了新的物质生产力的加入，旧的生产过程就过时了。例如，当地广人稀时，奴隶制可能会为农场带来利润。但是，如果拖拉机和收割机比奴隶工作效率更高，或者劳动者人数增加，奴隶制可能就不那么有利可图了。未来取决于新生产过程的涌现[13]。

但是不要忘记，整个政治、道德和法律体系都是建立在旧生产方式之上的。牧师们曾宣扬农奴的身份通向上帝的国度。这曾是铭刻在人们脑海中和中世纪大教堂石头上的"永恒真理"。因此，上层建筑貌似是"静态"（static）的。

当旧的统治阶级试图对旧思想抱残守缺以阻碍新的经济发展，从而置身于历史的动态进程之外时，就会爆发斗争。马克思写道，手工磨产生的是封建主为首的社会，而蒸汽磨产生的是工业资本家为首的社会。但是封建主会和他的继承者，也就是实业家展开斗争。之后，工会会长又会和工厂主陷入争吵。忘掉兰斯洛特爵士（Sir Lancelot）和加拉哈德（Galahad）这些圆桌骑士的故事吧，真正用锋利的骑枪比武决斗的不是骑士，而是封建领主和商业势力。

当土地、劳动力、资本或技术发生变化时，统治阶级总是面临威胁。他们可能从"纸牌屋"的顶层轰然跌落，口中还犹自喊叫着他们所信奉哲学的"永恒真理"。历史会重新洗牌，那些原先持有王牌的人也可能身首异处。

谁不顺应历史唯物主义的潮流，谁就会淹没其中。马克思如此描述这股潮流：

社会中的物质生产力发展到一定阶段,便同它们一直在其中运动的现存生产关系或财产关系发生矛盾。于是这些关系便由生产力的发展形式变成生产力的桎梏。那时社会革命的时代就到来了。随着经济基础的变更,全部庞大的上层建筑也或慢或快地发生变革。在考察这些变革时,必须时刻把下面两者区别开来:一种是生产的经济条件方面所发生的物质的、可以用自然科学的精确性加以确定的变革,一种是人们借以意识到这个冲突并力求把它克服的那些法律的、政治的、宗教的、艺术的或哲学的,简言之,意识形态的变革。[14]

正因为资本主义建立在阶级制度的基础上,工人的革命和最终胜利是不可避免的。马克思的代表作《资本论》(*Capital*)描绘的正是这些"以铁的必然性发生作用并且正在实现的趋势"。[15]只有消弭阶级的社会才能避免革命。在马克思的愿景之中,这样的社会终会到来。腐朽堕落的资本家终将被彻底摧毁。在劳动成果被窃夺了数个世纪后,劳动者终将获得自由。

马克思的《共产党宣言》(*Communist Manifesto*)并不会浪费时间取悦那些头脑不清的兜售怀旧主义者,其中写道:

资产阶级,由于一切生产工具的迅速改进,由于交通的极其便利,把一切民族甚至最野蛮的民族都卷到文明中来了。它的商品的低廉价格,是它用来摧毁一切万里长城、征服野蛮人最顽强的仇外心理的重炮……资产阶级在它不到一百年的阶级统治中所创造的生产力,比过去一切时代创造的全部生产力还要多,还要大。[16]

马克思也许批评过资产阶级,但他攻击那些偏离他所指明前进方向的社会主义同道。他并不是联盟的缔造者,即使在他最易相处之时,大概也就像一条盘着不发动攻击的森然巨蟒。马克思肯定会憎恨宣扬环保的绿党。他写道,资本主义"使很大一部分居民脱离了农村生活的愚昧状态"。[17]他会让那些"回归自然"的倡导者回去好好读读历史书，去了解工业化前的生活有多么可怕。马克思用《哲学的贫困》(The Poverty of Philosophy)一书尖锐地回应了皮埃尔-约瑟夫·蒲鲁东（Pierre-Joseph Proudhon）的《贫困的哲学》(The Philosophy of Poverty)。聪明人不会试图抹去或"撤销"历史的各个阶段，然后把它们送回上帝的小工厂返修。

资本主义是社会主义的必要前提。因为资本主义生产了如此之多，它才让一种不那么驱使奴役人的制度，也就是社会主义，得以紧随其后。即使在德国，马克思也不认为共产主义会很快到来，因为当时只有 4% 的男性劳动力在工厂工作。枷锁将首先在英国和法国被砸碎，这两个国家是先进资本主义的大本营。法国会在德国实行共产主义的时机成熟时发出信号："一切内在条件一旦成熟，德国的复活之日将会由高卢雄鸡的高鸣来宣布。"[18]

《资本论》与资本主义的崩溃

马克思以高傲的姿态撰写了关于资本主义的权威剖析著作《资本论》。19 世纪 50 年代，马克思在伦敦大英博物馆（British Museum）埋头阅读成堆的经济学著作。当他分析无产阶级遭受的苦难时，他的家人却在实实在在地挨饿。马克思一家寓居在伦敦最贫穷地区的一间肮脏简陋的公寓里。

至于马克思本人，"他过着真正吉卜赛人的生活。对他来说，洗澡、梳洗和更换内衣都是稀罕事；他常不知疲倦，夜以继日地工作。"燕妮虽然从小锦衣玉食，但"在这种悲惨境遇中仍处之泰然"。[19]

在伦敦的 5 年里，马克思家有三个孩子死于肺炎、支气管炎和肺结核。虽然马克思经常对外人很严厉，但他孩子们的遭遇还是让他展现了自己性格中仁慈的一面。当孩子一个个夭折时，他的心也碎了。

培根说，真正重要的人与自然和世界有诸多的关系，有诸多感兴趣的对象，所以他们很容易就能从任何失落之中恢复。我并不在这类人物之列。孩子的死深深地撕裂了我的心灵，让我所感受到的失落就像失去他们的第一天那样鲜活。[20]

他对家庭财务的理解如婴儿般幼稚。如果算上燕妮一家和恩格斯的赠予，以及《纽约论坛报》（New York Daily Tribune）文章的稿费，马克思一家"挣"的钱对一个中下层家庭来说已经足够了。在他们最穷困潦倒的日子里，他们的收入也大概是非熟练工人的三倍。一位同样被驱逐出境的激进德国诗人称，与马克思相似的收入总能给他买到"美味的流亡牛排"。[21] 但马克思却没有把钱用来稳定地供养家人，而是把钱投入政治刊物。

在1850年至1851年间，马克思在大英博物馆待的时间比在家的还多。他几乎读遍了所有能找到的经济学方面的书籍，并花了足足几个月的时间在笔记本上摘抄了大约80位作家的长篇大论。恩格斯试图催促他尽快完成自己的作品，但马克思却保持着自己的写作步调。为了找到一个愿意按他的写作计划出版《资本论》的出版商，马克思也是颇费周折。恩格斯也告诫这名顽强的共产主义者："这次可要讲点生意经。"[22]

当马克思完成了他的研究、写作和编辑工作，并从几次疾病中康复时，日历已经翻到了1867年。《资本论》第一卷终于出版了。另外三卷书则要等到他去世后才能出版。

如果要对《资本论》加以描述，最简单的办法就是从《罗格同义词词典》（Roget's Thesaurus）中任选一页，再任选一个形容词大声读出来就行。这一鸿篇巨制长达2500页，引用了1500多部作品。有些内容堪称文学杰作。内容逻辑清晰明了，十分专业。

让我们分三步理解《资本论》。第一步，我们将发现资本主义的关键，即马克思的资产阶级剥削理论。第二步，我们将研究资本主义的运作规律，这规律必然导致资本主义的覆灭。第三步，我们将着眼于资本主义的心理成本。

马克思并没有走捷径。他不是简单地指着那些专横跋扈的企业的鼻子，然后宣称属于企业家和他们完美的亚当·斯密式竞争的时代已经结束了。记住，他是黑格尔派哲学家，他想表明的是，即使是最理想的资本主义形态，也终会自取灭亡。他是从古典工具开始论证的。

就像斯密等人，尤其是李嘉图一样，马克思"证明"了商品的价值是由生产它所需的劳动量决定的。机器只是以金属形式储存的过往劳动力。花 10 个小时制作的音响要比花 5 个小时制作的音响贵一倍。

如果这是事实，那么除非劳动受到剥削，否则就没有利润可言。下面这个简单的三段论也是合理的：

1. 大前提：商品的价值（价格）是由劳动量决定的。
2. 小前提：工人们得到他们对商品所贡献的全部价值。
3. 结论：商品的价值等于工人的收入。

但是，商品的销售价格并不只是在工人之间分配的。所有者也要从中占有一份，即他的利润。忘记"看不见的手"吧。资本家那只看得见的、咄咄逼人的手也从生产活动中分得了一杯羹。利润从何而来？上文的小前提必然是错的。工人们必定没有得到他们贡献的全部价值。他们必定受到了剥削。

资本家是如何欺骗工人的？资本家只付给他们维持生活和工作所需，也就是"生存"（subsistence）所需，而不是将他们所增殖的资本家业务价值的全额都付出。资本家像购买其他商品一样购买劳动力，然后让其投入工作，每天 X 小时。

我们用马克思的术语来说明。马克思将资本家提供的工厂和设备，称为"不变资本"（constant capital）。他们支付的劳动力报酬，称为"可变资本"（variable capital）。当生产发生时，资本家必须确保最终产品的价值超过不变资本加上可变资本的总和。这部分额外价值（利润）的产生，是因为付给工人的工资低于他们创造的价值。换句话说，工人为产品增加的价值超过了他们获得的可变资本。马克思将这种从劳动者身上掠夺所得的称为"剩余价值"（surplus value）。

例如，贾思敏（Jasmine）是无线电城音乐厅（RadioCity Music Hall）舞台演出的一名裁缝。观众一般不喜欢看到撕破的戏服，所以她的缝纫使一场演出的价值增加了 10 美元。但她只拿到 6 美元。老板在每天的表演中从贾思敏身上榨取 4 美元的剩余价值。剩余价值与工资的比率（4∶6）就是"剥削率"（ratio of exploitation）。

为什么贾思敏不要求收取 10 美元，以得到她创造的全部价值？资本主义造就了失业，如果贾思敏要求更高的工资，就会有一支"产业后备军"（reserve army）随时接替她的位置。她并不拥有缝纫机、戏服和舞台，拥有这些的是老板们。通过控制生产资料，他们控制了劳动力市场。

老板们是如何将贾思敏的工资设定为 6 美元的？老板们只需支付给工人够他们维持生计的工资。贾思敏得到 6 美元，因为 6 美元能让她活下去。她得到的是"生存工资"（subsistence wage）。如果她每小时挣 1 美元，工作 6 小时就能维持生活。但是老板们不会让她只干 6 小时。他们强迫她延长工作时间，修补更多破损的戏服。例如，他们把她 6 美元的工资分摊到 10 个小时里。结果便是：她为自己工作 6 小时，为老板额外工作 4 小时。这 4 小时所产生的剩余价值就直接进了老板的口袋。而他们甚至不需动一下手指头。

为什么工人只能拿到生存工资？我们之前说过，商品的价值是由投入到其中的劳动量决定的。劳动力供给也是一种商品。因此，劳动力的价格就是造就和维持一个人生存所需的货币数量,即生存水平。

一般来说,老板付给工人的工资不足以让他们购买自己生产的所有商品。工人们只能争取购买其中一部分。在我们的例子中,贾思敏就买不起10美元的演出门票,尽管她为演出增加了10美元的价值。也许老板会让她花5美元买一张票,但前提是她答应只看演员腰部以上的表演。

如果利润来自剥削劳动,我们可以将利润率定义为剩余价值与可变资本加不变资本之和的比值[s/(v+c)]。如果资本家迫使雇员延长工作时间,他就能提高利润。或者,除了剥削男人之外,还剥削妇女和儿童的劳动,这也能提高利润。在马克思著书立说的那个时代,工作时间确实增加了,也有更多的妇女和儿童进入了工业劳动大军。

现在我们已了解利润是如何建立在剥削之上的。但为什么这种情况不可持续呢?是什么资本主义法则最终将工人从绝望中解救出来,并迫使资本家屈服?马克思并不是简单地宣称,即将爆发一场社会革命。他还仔细地描述了资本主义在经济上的不一致性。下面我们将考量导致资本主义经济内部矛盾的5个"规律"或"趋势"。"看不见的手"非但没有为资本主义鼓掌,反而最终将其砸得粉碎。

1. 利润率下降与资本积累。和亚当·斯密一样,马克思也看到了资本家面临的竞争。如果一家公司扩大其生产规模,它可以生产得更有效率。这家富于革新精神的公司迫使其竞争对手也进行扩张。它们雇用更多的工人。但这使得工资水平超过了生存所需。对此老板们是怎么做的?他们用设备代替劳动力。如果他们不这样做,他们的利润就会骤降,因为工资的上涨会遏制他们进行剥削。竞争迫使他们进行这种替代。

但此时,老板们自作聪明,结果陷入了两难境地。剩余价值只能从人类身上榨取。资本家中的机器卖方可以对产品收取全部的合理价值（如果一台高速胶片冲洗设备因为每小时能冲洗更多照片而增加了公司的收入，那么设备制造商可能会向摄影公司收取适当的费用）。再看看马克思的利润率公式：s/[v + c]。通过增加机器（c），资本家降低了他们的利润。另一方面，如果他们拒绝增加机器，没有人会购买他们缺乏竞争力的产品，这让他们再次进退两难：

资本主义生产的发展，使投入工业企业的资本有不断增长的必要，而竞争使资本主义生产方式的内在规律作为外在的强制规律支配着每一个资本家。竞争迫使资本家不断扩大自己的资本来维持自己的资本……积累啊，积累啊！

因此，节俭啊，节俭啊，也就是把尽可能多的剩余价值或剩余产品重新转化为资本！[23]

如果一个资本家改进了一台机器，也会产生同样的结果。造出一台性能更好缝纫机的剧院老板可以收取更低的入场费。由于老板们必然你追我逐，其他竞争者们就必定会把从劳动力中榨取的剩余价值储存起来，并投资于新的缝纫机。

资本家的"欲壑难填"迫使他们走向毁灭。为了延缓利润的损失，老板们可能会更卖力地剥削劳动力。如何做到呢？他们会让工人加快工作节奏。他们还会把工作时间进一步延长。当然，这些伎俩只会进一步耗尽劳动者的忍耐力，令他们几乎忍无可忍。

2. 经济力量日益集中。随着资本家竞相扩张和发展，一场战争爆发了。生产成本更低的最大公司笑到了最后。这场血腥的战争"总是以许多较小的资本家垮台告终，他们的资本一部分转入胜利者手中，一部分归于消灭"。[24] 幸存者很快会将失败者挤出市场。

3. 不断加深的危机和萧条。"幼稚的胡言乱语……哗众取宠……谎话连篇。"马克思用这些词来描述萨伊关于资本主义稳定性的论点。随着资本家不断进行劳动力替代，失业率会上升。当老板扩大产出时,谁来购买这些商品?没有人买。于是商品堆积卖不出去,破产数飙升,恐慌开始席卷蔓延。金融家们抛售他们持有的股票,投资一落千丈,投资者也纷纷从楼上纵身一跃。

毫无疑问,当商品价格下跌后,这个循环会再度开始。幸存企业会再次收拾残局,雇用陷入绝望的工人。盈余和利润再次出现。但下一次,它们只会跌得更快,更深。

4. 产业后备军。经历了机器替代和萧条,资本家等于把越来越多的人从工厂撵到街上。这支劳动力的"后备军"论激进好战程度,可能与"救世军"(Salvation Army)[①]不相上下。只要这支后备军保持"非暴力",它就仍然是低成本劳动力的良好来源。大量的工人有助于资本家保持对局势的掌控——起初确实如此。

5. 无产阶级愈发痛苦。随着"那些掠夺和垄断这一转化过程的全部利益的资本巨头不断减少……贫困、压迫、奴役、退化和剥削的程度不断加深。"[25] 更长的工作日和更少的假期让备受压迫的劳动者承受愈发深重的苦难。马克思早期的著作认为他们的绝对生活水平下降了。但在《资本论》一书中,面对工人们比以前过得更好的无可争辩的证据,他有所退缩,只是声称工人们比以前拥有的财富份额更小了。

最后,在经历失业、收入暴跌、非人的绝望和苦难之后,无产阶级将看到他们身处的困境。上层建筑的虚伪面具被撕掉了。名为资本主义的丑陋怪物终于露出了其真面目。被压迫的人民将奋起反抗:"资本主义私有制的丧钟就要响了。剥夺者就要被剥夺了。"[26]

无产阶级从中得到的不仅是工厂厂房,他们重新找回了自己的人性。资本家所掠夺的不仅是无产阶级口袋里的钱,他们还劫掠人

---

① 以基督教作为基本信仰的国际性宗教及慈善公益组织,以街头布道和慈善活动、社会服务著称,号称"以爱心代替枪炮的军队"。——译者注

心。对马克思来说，工作在人的生活中具有特殊的作用。人类被驱使通过自然社会关系来创造和改善他们的生活。没有创造性工作，人的个性就得不到发展。在资本主义制度下，劳动力只是另一种商品而已。人们被迫接受日复一日的枯燥工作，沦为活的工具。他们感到与自己、与世界、与彼此相"异化"（alienated）。"异化"成为马克思主义和存在主义对现代社会批判的一个突出主题。

在《共产党宣言》中，马克思和恩格斯力促无产阶级掌握经济命脉并解放自己：

> 他们公开宣布：他们的目的只有用自己的力量推翻全部现存的社会制度才能达到。让统治阶级在共产主义革命面前发抖吧。无产者在这个革命中失去的只是锁链，但他们获得的将是整个世界。
>
> 全世界无产者，联合起来！[27]

而在《共产党宣言》发表近20年后，随着《资本论》的出版，无产阶级终于可以用强有力的分析来支持这个简洁有力的口号了。

当然，马克思蔑视乌托邦式的社会主义。他并非感性的人，也不屑于那种对"公平"分配收入或大规模重新分配财富的热切渴望。即使在社会主义制度下，工人也不会得到他们工作的"全部价值"。不过，剩余价值将归"人民"所有，用于集体服务。

马克思认为，国家最终会"消亡"，同时，将由无产阶级专政实施统治。《共产党宣言》包括了一个"对财产权进行强制干涉"的10点计划：

1. 剥夺地产，把地租用于国家支出。
2. 征收高额累进税。
3. 废除继承权。
4. 没收一切流亡分子和叛乱分子的财产。
5. 通过拥有国家资本和独享垄断权的国家银行，把信贷集中在国家手里。

6. 把全部运输业集中在国家手里。

7. 按照总的计划增加国家工厂和生产工具，开垦荒地和改良土壤。

8. 实行普遍劳动义务制，成立产业军，特别是在农业方面。

9. 把农业和工业结合起来，通过在全国范围内更公平地分配人口，逐步消灭城乡对立。

10. 对所有儿童实行公共的和免费的教育。取消目前各种形式的童工。把教育同物质生产结合起来，等等。[29]

未来的马克思主义者可能必须弄清楚如何实施这个计划，马克思对欧洲四分五裂的社会主义运动并不十分乐观。

第 7 章

阿尔弗雷德·马歇尔和边际革命

CHAPTER 7

阿尔弗雷德·马歇尔

以下从文学和娱乐领域收集来的三个小段子，可以帮助我们理解新古典经济学的一个重要进展：

在伊夫林·沃（Evelyn Waugh）的小说《独家新闻》（*Scoop*）中，一位英国报纸老板遇到一位编辑，这位编辑只会给出两种回答：如果老板说的是真的，编辑回答"正是如此"；而如果老板说了一些不正确的话，编辑会回答"在一定程度上是这样"。

"让我想想，我说的那个地方叫什么名字？日本的首都？是叫横滨，是吧？"

"在一定程度上是这样的，科珀阁下。"

老派轻歌舞剧演员亨尼·杨曼（Henny Youngman）的笑话让人岔气的程度堪比食物中毒，他的许多经典台词都值得加以哲学讨论，包括以下：

"你妻子好吗？"

"跟什么比呢？"

在一部稀奇古怪的邪典电影《天生爱神》（*The Adventures of Buckaroo Banzai*）中，男主角巴卡路·班仔（Buckaroo Banzai）提醒他的朋友们记住一个形而上的同义反复：

"无论你去哪里，你都在那里。"

"在一定程度上""和什么相比？"以及"无论去哪里……"，这些只言片语可以被视为19世纪末经济思想发生巨大变化的象征，这一变化被称为"边际主义"（*marginalism*）。在我们对杰出的边际主义者阿尔弗雷德·马歇尔的影响加以审视之前，让我们看看用这些只言片语如何解释这种新方法。

想象一下你正在欧洲旅行。你从希腊开始，享受美好时光。在去意大利的途中，你在科孚岛逗留，在那里，你租了一辆助力车，在这个迷人的岛屿上环岛骑行。在意大利，佛罗伦萨是你最青睐的地方。你的意大利之旅花费了 800 美元，却给了你价值数千美元的快乐。你到达威尼斯，然后考虑越过边境进入奥地利。你担心奥地利与意大利相比会令人失望。比起维也纳炸肉排，你其实更喜欢意式烤鱿鱼。如何决定是继续旅程还是打道回府？

第一，考虑一下巴卡路·班仔的意见："无论你去哪里，你都在那里。"你现在在奥地利边境。忘记你去过哪里——你在意大利的快乐时光已经无关紧要了！边际主义宣称，过去的已经过去。问题在于是否向前迈出一步，而起点就是你现在所处的位置。

第二，想想亨尼·杨曼的笑话。在选择是否去奥地利的时候，你拿什么比较？你对过去在意大利享受过得快乐已不必理会，而是问："去奥地利的收益会超过去奥地利的成本吗？"如果在奥地利待一天要花 50 美元，但能给你带来价值 75 美元的快乐，那就去吧。那么，如果在意大利，收益是成本的 10 倍呢？目前的问题是是否继续旅程。如果收益超过成本，你就应该继续前进，即使它们超出的"边际"比以前要小。[1]

第三，记住《独家新闻》里那位编辑的话。你会继续前进到哪种程度？只要向前一步的收益大于成本，你就该继续走下去，直到边际效益与边际成本相等。当在奥地利花 50 美元度过的一天只能带来 50 美元的快乐时，你就该止步了。这时候你要是还继续前进，那就成了那个老笑话中说的知道如何拼"香蕉"（banana），但不知道什么时候停下的傻孩子。一个人不应该被前进冲昏头脑。许多企业之所以失败，是因为它们不知道何时停止扩张。当人民捷运（People Express）航空公司在 20 世纪 80 年代初获得成功时，它无视诸多顾问的警告，迅速扩大了自己拥有的航线和飞机数量。几年之内，这家野心勃勃的航空公司就倒闭了。最近，波士顿市场（Boston Market）餐厅和多纳圈（Krispy Kreme）公司也陷入了类似的困境。2019年，以紧跟不断变化的"快时尚"潮流而闻名的 Forever 21 宣布破产，承认其800家门店中的多家都撑不了一周，更不用说"永远"（forever）了。

边际主义的本质是坚持以渐进式、递增式的行动作为探究的重点。企业如何决定生产多少辆汽车？它们会持续生产，直到多生产一辆车产生的收益等同于生产那辆车的成本。边际收益或边际成本规则在经济学内外有许多应用。有些学生为了应付考试通宵复习。但是，如果在午夜多熬夜一个小时的成本（想想第二天的疲劳感）超过了死记硬背带来的收益，那么去床上躺着就要胜过扎在书堆里。

阿尔弗雷德·马歇尔并没有发明或发现边际主义。它是在欧洲的学术氛围之下，在教授俱乐部和知识分子咖啡馆中弥漫的雪茄烟雾中涌现出来的。就像牛顿和莱布尼茨在17世纪各自独立发明了微积分一样，早在马歇尔之前一二十年，法国人奥古斯丁·库尔诺（Augustin Cournot）、德国人 J.H. 冯·屠能（J.H.von Thünen）和H.H. 戈森（H. H. Gossen）等人就已经开始分别探索边际分析。英国人威廉·斯坦利·杰文斯（William Stanley Jevons）和奥地利经济学派创始人卡尔·门格尔（Carl Menger）也为这一学说贡献了许多重要的思想，并由马歇尔进一步发展。这种情形下，对边际主义的初创者究竟为谁的疑问恐怕要自讨没趣。有一年夏天，马歇尔在阿尔卑斯山度假时，与门格尔的继任者奥尔根·庞巴维克（Eugen Böhm-Bawerk）在利率问题上发生了激烈的争吵。马歇尔的妻子玛丽和庞巴维克夫人总算设法在她们的丈夫大打出手之前把双方拉开了。[2] 而本书将马歇尔作为主要关注对象，原因有四个：第一，他最清晰、最全面地应用了边际分析；第二，他建立了主导今天微观经济学的边际主义传统；第三，他培养了20世纪一批最杰出的经济学家，包括

第 7 章 | 阿尔弗雷德·马歇尔和边际革命

约翰·梅纳德·凯恩斯（和他的父亲）、A.C.庇古和琼·罗宾逊；第四，他的一生与穆勒形成了鲜明对比，反映了他那个时代的知识分子运动，以及边际主义精神。

早年岁月

阿尔弗雷德·马歇尔于 1842 年出生在伦敦柏孟塞区的贫民窟。该地区位于泰晤士河对面，通常也处在法律的对立面。在狄更斯（Dickens）的《雾都孤儿》(Oliver Twist) 中，恶棍比尔·赛克斯（Bill Sikes）就是死在了那里，死在了狭窄的民房中，"房间又小又脏，室内密不透风，充满恶臭，连用来藏污纳垢似乎都嫌太不卫生。"[3] 马歇尔的父亲威廉·马歇尔（William Marshall）是英格兰银行的出纳员，是一个强势的父亲，大概也就比詹姆斯·穆勒或罗马皇帝卡里古拉（Caligula）弱了几分。他是一个严厉专横的暴君，与之般配的还有下巴突出的长相和他所恪守的新教福音派信条。阿尔弗雷德的曾曾祖父是一名牧师，以超常的蛮力和令人生畏的体格而闻名，可这些特征都没有遗传给这个男孩，他总是对自己的健康问题疑神疑鬼，在信仰上则倾向不可知论。[4] 威廉·马歇尔会亲自监督阿尔弗雷德的功课，通常是希伯来语课程，一直到晚上 11 点。好在这个男孩有一个亲切和蔼的姑妈，他漫长的暑假总是和她一起度过，这让他得以心智健全地长大。她不太在意小马歇尔的希伯来语学得如何，而是给他买了一艘小船、一支枪和一匹小马供他驱驰游玩。

不过他很快就弃枪下马，从小牛仔阿尔弗雷德摇身一变成了剑桥大学的学生阿尔弗雷德。这是一种抗争行为。父亲威廉想让阿尔弗雷德去牛津大学深造，在那里他可以学习拉丁语，为将来当个牧师做准备。可阿尔弗雷德的心里却另有所属。当父亲以为他在房间里研究宗教时，叛逆的儿子却经常阅读数学，他的父亲不懂数学，所以对此颇为不屑。对阿尔弗雷德来说，数学是解放的象征（也许是潜意识的罪恶感导致他日后只将数理经济学的内容藏在书本的脚注和页面空白处）。正如凯恩斯在一篇纪念马歇尔的美文中所言："不！在牛津大学他不会埋没在那死气沉沉的语言之下，他要逃跑。他要逃到剑桥大学，即使是做一名探索之船上的杂役，他也要攀上几何学的绳索，探求世界的奥秘，窥测无穷的寰宇。"[5]

在剑桥大学圣约翰学院（St. John's College, Cambridge），马歇尔在数学方面以成绩优异而小有名气，并通过辅导其他数学系学生赚点零花钱。他的期末考试成绩在大学里名列第二〔当时力压马歇尔夺得榜首的是 J.W. 斯特拉特（J.W.Strutt），紧随其后的则是 H.M. 泰勒（H.M.Taylor），前者后来获得了诺贝尔物理学奖，后者发明了用于数学和化学的布莱叶盲文系统〕。马歇尔同样也被科学所吸引，并于 1865 年毕业，这一年，第一个分子"球棍模型"（stick-and-ball model）问世。马歇尔为科学界取得的进展感到振奋不已，他打算投身于分子物理学研究，但这一打算被他对形而上学陡然生起的浓厚兴趣中止了。1868 年，他辗转前往德国去阅读康德的原著。不久，他便步剑桥大学同窗亨利·西奇威克（Henry Sidgwick）①之后尘，成为一名不可知论者。西奇威克有时也写些政治经济学文章，他认同基督教的伦理观和理念，可以说身具基督徒的所有美德，只是信仰除外。他的一位仰慕者曾经说过，在所有形式的"邪恶"（wickedness）中，"西奇威克式邪恶"（Sidgwickedness）是最不邪恶的。根据凯恩斯的说法，西奇威克花了半辈子的时间证明上帝不存在，而他的余生却希望自己是错的。虽然马歇尔不曾陷入西奇威克那种痛苦的内心斗争，但他确实努力追求类似的高尚品格。

---

① 英国近代伦理学家、功利主义代表人物之一，不可知论者。——译者注

第 7 章 | 阿尔弗雷德·马歇尔和边际革命

令他父亲失望的是,马歇尔没有听到上帝的召唤走上布道坛,却在穷人呼声的驱策之下开始研究经济学:

我从形而上学走向伦理学。我当时认为,要对现存的社会状况进行一番论证不是一件易事。我的一位朋友,他在人们现在称作道德科学的领域里很渊博,他总是对我说:'噢!如果你懂政治经济学,你就不会这么说了。'于是,我就阅读了穆勒的《政治经济学原理》并被它深深吸引住了。我怀疑机会不均等状况的合理性,甚于我对物质享受不平等状况的怀疑。因此,我就利用假期走访了几个城市中最贫穷的地区,我从一个街区走到另一个街区,看到了一张张贫穷的脸。这之后,我就下定决心,要尽我所能地对政治经济学进行彻底的研究。[6]

而马歇尔一旦选择了以经济学作为自己的职业,他就对这一职业表现出牧师般的虔诚。在中世纪,有三大职业占据统治地位:旨在追求精神完美的神学;旨在实现正义的法学;还有旨在维护身体健康的医学。而马歇尔则贡献了第四个伟大职业:旨在为所有人谋福祉的经济学。尽管许多经济学家彼此攻讦,但马歇尔从未动摇过他对自己职业的尊重和为改善人类状况献身的决心。

马歇尔终其一生都在为让经济学成为一门有别于历史和"道德科学"的独立学科而奋斗。1890 年,他在伦敦召集了一次会议,领衔创办了第一批专业期刊之一的《经济杂志》(*Economic Journal*)。当时著名的经济学家、慈善家、记者和商人们齐聚一堂,就连萧伯纳也出席了。[7]他在尝试为经济学在课程设置中开辟更多空间的同时,也试图将这一领域的实践者联合起来。对马歇尔来说,经济学是一个彰显合作的职业。他对同室操戈的内斗相当的不耐烦(当别人批评他的作品时,他也特别敏感)。他说,古典经济学家传授的几乎所有内容,只要得到恰当的解释,都是正确的,除了他们相互批评的时候。经济学家必须是理性和真理的守护者,恪守凌驾于政治权宜之上的忠诚：

> 社会科学专业的学生必须对公众的毁誉存有畏惧之心……如果倡导一种观点可以使报纸的销售量增加，那么，那些希望能为自己所在的世界，特别是自己的国家做出力所能及的贡献的学生，必然会对这种观点的局限性、缺陷和错误（如果有的话）锱铢必较，并且永远不会无条件地提倡这些观点。[8]

事实证明，剑桥大学的惰性颇为根深蒂固。直到 1903 年，马歇尔才说服该大学开设一门单独的经济学课程。

但从 19 世纪 60 年代马歇尔第一次接触经济学开始，他就开始着手建立一套经济学体系。他仍会阅读形而上学的著作，不过仅限于轻松的假期，一般是在阿尔卑斯山度过的。

每个夏天，他都会背着背包在阿尔卑斯的高山之间漫游……六月，他拖着疲倦的身躯离开剑桥大学，待到十月份归来之时，已经黝黑、强壮、腰身挺直……在阿尔卑斯漫游之时，他总是早晨六点就起身打点行装……背着背包走上两到三个小时，然后找个地方坐下来，有时是坐在冰河上，开始读一阵子书——歌德或黑格尔或康德或赫伯特·斯宾塞……这是他研究哲学的驿站。后来，他就开始在漫步中思考国内和国际贸易理论。一大箱子书和其他物品都是让人由一站送到下一站的，在一个星期或更长的时间里，他只是和他的背包在一起。他在激流中洗净衬衫，然后把它搭在肩上的登山杖上晾干。他的许多艰深的思想就成形于在阿尔卑斯山的独自漫游之中。[9]

1875 年，凭借着他叔叔留给他的一小笔遗产，马歇尔得以横渡大西洋，在美国度过了一个夏天。他在美国可不是徒步旅行，在短短几个月的时间里，他的足迹已遍布这片土地，寄回家的信件上，盖着从纽约、波士顿、辛辛那提，再到旧金山以及许多其他驻足之地的邮戳。旅途之中，他在炉灶铸造厂、马蹄铁厂、木工店和其他

| 第 7 章 | 阿尔弗雷德·马歇尔和边际革命

各种场所面见了工厂经理和工会工人，试图在针对这片新大陆的大肆鼓吹及其事实之间加以分辨。他像一个参观动物园的游客一样，给他的母亲写了不少言辞热烈的家信，讲述他遇到的那些富有异国情调，不拘泥于英式礼节的美国人。抵达纽约后不久，他曾步入一家帽子店，店主直接问他帽子的尺寸是多少，并且还没等这位阿尔弗雷德先生作出回答，店主就把他当时戴的帽子一把摘了下来戴在自己头上，并以此迅速算出了这位顾客的头围。这一切让还保持着维多利亚式个人做派的马歇尔震撼不已。"我的朋友是完美的民主主义者，"阿尔弗雷德写道，然后又向他的母亲表示，一些"过于殷勤的北方佬得在他的广告中找个地方写一句：'我们店员（原文如此）的脑袋保证干净。'"[10]

马歇尔在圣约翰学院教了 9 年经济学，同时也在剑桥大学纽纳姆学院（Newnham College）为女学生讲课。纽纳姆学院当时刚成立不久，是一个专门举办"女士讲座"的寄宿学校。马歇尔可能是第一个——当然也是最重要的一个——在最复杂的经济层面上指导女性的学院派经济学家。在那个时代，富裕的女性得学习"家政"（home economics），包括为周日烧烤作计划，为女佣和园丁的工资作预算（"经济"一词来自希腊语"oikos"，本意便是"家庭管理"）。在他的讲课过程中，马歇尔赢获了一位美人的芳心并娶她做了妻子。因此，像马尔萨斯一样，由于违背了研究员不得结婚的规定，马歇尔丢掉了他的教职。玛丽·佩利（Mary Paley）是马尔萨斯当年的劲敌威廉·佩利主教的曾孙女，她是马歇尔辅导的纽纳姆学院开学班的 5 名学生之一。由于失去了研究员资格，阿尔弗雷德和玛丽（她曾被任命为剑桥大学历史上第一位女讲师）搬到了布里斯托尔大学学院（University College at Bristol），后又前往牛津大学。1885 年，马歇尔接受了政治经济学教授的职位，于是他们又回到了剑桥大学。阿尔弗雷德和玛丽不仅是灵魂的伴侣，在事业上也是志同道合的伙伴，两人在 1879 年合著了《工业经济学》(Economics of Industry)。虽然在扉页上阿尔弗雷德的名字在玛丽的名字之上，但字体的大小是相同的，考虑到马歇尔在学界的地位远高于他的妻子，这一署名方式足见其宽宏大度。不幸的是，随着马歇尔年纪渐长，他变得越来越暴躁易怒，也不再完全支持提拔女性研究人员。

然而，在他的盛年期，马歇尔还是极富魅力的，虽然相貌有点古怪，但他有一双活泼的蓝眼睛。他的学生们讲述过在他家喝茶时经历的无数次谈话。作为一名教师，他强调实例和时事，而不是遵循按部就班式的教科书教学方法。马歇尔几乎随处都能将经济学案例信手拈来，有时在古代历史中，有时在剑桥大学上演的当代戏剧中。他谈笑风生，还常在句子末尾加上一个轻快的假声。有时他看起来有点傻乎乎的。有一个著名的故事，讲述了一个研究生为确定论文题目拜访马歇尔的事迹：

"进来，进来。"他一边说着，一边从一个小过道跑了过来，然后我就和他一起上了楼。"关于选题，你有什么主意吗？"他问我。我回答说："还没。""好吧，那么，听着，"他说着拿出一个小黑本子。他接着念了一份论文主题的列表，念之前还对我说，要是听到我中意的就举起手来。由于内心紧张，我试图以选定第一个主题结束，但马歇尔没有注意到，还是继续往下读。

之后，马歇尔又对学生的第二次和第三次举手示意视而不见。

他又继续念了五分钟。最后，马歇尔停下来问道："你找到喜欢的题目了吗？""我不知道，"我开始说，"没人找到过，"他说："但这就是我的法子。"[11]

尽管有这种犯傻的情景，但马歇尔堪称大智若愚。根据剑桥大学流传的说法，每当有一篇高难度的数学论文问世时，马歇尔只会阅读第一章和最后一章。然后，他会站在壁炉前，把其余部分独自构思出来。他还有一点虚荣心，认为照片不能很好地体现出他高贵的目光。当笔者还是剑桥大学圣约翰学院的一名研究生时,大多数晚餐时间,我都会在他的肖像画目光注视之下。这幅肖像画由著名艺术家威廉·罗森斯坦(William Rothenstein)于1908年创作,他说马歇尔"很认真地对待画像时的姿势",并补充道,"虚荣的男人是最好的画像模特"。[12] 不过,马歇尔更青睐的是另一个人的肖像。19世纪70年代,在他还籍籍无名之时,他在一家商店的橱窗里看到了一幅小油画,画中是一个肤色黝黑、默默无闻的工人,"神情极其憔悴失意"地向下凝视着。马歇尔花了几个先令买了这幅画像,说"我把它挂在了我房间的壁炉上方……称它为我的'守护神',并终我一生"致力于帮助像他这样的人达到幸福的境界。[13]

渐进主义的方式

在位列"名人堂"的经济学家中,或许没有人比马歇尔更能与约翰·斯图尔特·穆勒那暴风骤雨般的心灵交战,或是卡尔·马克思的如燎原烈火般的煽动力更能形成鲜明对比的了,他的生活和思想就像一只在周日下午追逐猎物的老猎犬一样波澜不惊。有趣的是,他内心的冷静和外在的平静不仅反映了他对经济学的看法,实际上也反映了他对世界的看法。他读过很多德国哲学,已经形成了自己的世界观。马歇尔从不耍小把戏,当我们打开1890年首次出版的《经济学原理》(Principles of Economics)时,他开门见山地告诉了我们他的信条:"*Natura non facitsaltum*",意即"自然无飞跃"。

当日神和酒神在穆勒的心灵中争斗不休,当革命理念在马克思的思想中如火如荼,马歇尔却像阿尔卑斯山一样岿然不动。和他的前辈们一样,马歇尔对一个更美好的世界抱有理想主义的愿景。但他从未被美好的愿景蒙蔽双眼而放弃细致的分析:

在没有感觉到仅仅是有形的黄金的压力之前，诗人们在诗文中喜欢描写一个过去的真正"黄金时代"。他们的诗歌描写是美丽的，激发了高尚的憧憬和决心；但这些描写却很少有历史的真实性……但是，在负责任地处理事务时，忽视仍然附于人类本性上的种种缺点，实属愚蠢之极。[14]

尽管如此，马歇尔还是认为这个世界是可以改善的，但是以一种渐进的方式。古典经济学家遵循牛顿的科学方法来寻找自然规律，而马歇尔则转向了一种更为"进化"的方法。他用查尔斯·达尔文和生物学取代了艾萨克·牛顿和物理学。在18世纪，"数学－物理"科学占据统治地位——这些学科研究恒久不变的自然现象——经济学家也亦步亦趋。然而，随着19世纪的时间推进，专注于有机物进化现象的生物学研究逐渐崭露头角。以约翰·斯图亚特·穆勒为首的经济学家首先跟进，而马歇尔则是更进一步。

阿尔弗雷德·马歇尔的边际主义正是进化论应用于经济学的产物。商人和消费者不会动辄一蹴而就，但他们会步步为营，努力改善自己的处境。个人、公司和政府都在适应不断变化的价格。适应力最强的企业得以存活，低利润会淘汰最弱小的企业。竞争压力迫使公司削减成本。尽管这一过程的最终结果确实与亚当·斯密的牛顿力学式经济学相仿，但马歇尔教会我们如何在这个过程中仔细审视个人的决定。边际主义为微观经济学的发展铺平了道路。而微观经济学则让我们相信，如果收益超过成本，行为人便会重新考虑他们所处的位置，并决定是否迈出新的步伐。只有当收益和成本停滞不前时，我们才能假定恒定不变的牛顿力学式行为模式存在：

因此，经济学主要研究的是那些被迫改变和进步的人，无论他们是善还是恶。片段的静态假定可用来作为动态的——或者更确切地说是生物的——概念的暂时辅助。但是经济学的中心思想，必须是关于活力和运动的概念，即使只在研究它的基础时也是这样。[15]

| 第 7 章 | 阿尔弗雷德·马歇尔和边际革命

马歇尔一生奉行渐进主义的信条,他"敢于谨小慎微"。有时他可能太过谨慎了。马歇尔的许多观点是在 19 世纪 70 年代早期发展起来的,而《经济学原理》一书却要到许多年后才出版,以至于评论家们对他的独创主张不屑一顾。不过最近的学术研究表明,他的许多原理在付梓前几十年就已经在讲座中初露端倪了。

幸运的是,《经济学原理》可谓历久弥新。这本书最早于 1890 年出版,销量逐年递增,最后在 20 世纪 20 年代达到顶峰。马歇尔生前,此书一共出版了 8 版,而现代微观经济学教科书仍以其文本为基础。不过,《经济学原理》与当代经济学著作相比,在几个方面仍有所不同。首先,马歇尔也无法避免道德说教。马歇尔偶尔会提些建议,其口吻也许更适合用在"恋爱问答信箱"(Dear Abby)[①]这样的专栏上;有时,他听起来像是解决专栏主持人艾比和她妹妹安·兰德斯(Ann Landers)之间恩怨的合适人选,但不适合去解决棘手的商业纠纷。所幸马歇尔并不总是像在维多利亚时代的女教师课上讲话。

其次,与面向学生和专家的现代教科书相比,《经济学原理》通常直接面向经济学的外行读者。经济学家不能躲在纯粹的理论中闭门造车,而是必须观察身处的世界,并尝试用他们开发的工具改善这个世界。马歇尔构建了复杂的模型,但他把这种复杂性留到了脚注和附录中。在正文中,他使用了简单易懂的英语。马歇尔告诫称,那些具有"烦琐而微妙推理"的优雅模型可能会成为"科学游戏,而非指导实际工作的工具"。[16] 如果马歇尔想玩游戏,他大可以和他

[①] 美国的一个著名情感专栏,因读者来信多以"Dear Abby"开头而得名,专栏作者便是分别化名"艾比"(Abby)和"安·兰德斯"(Ann Landers)的一对姐妹。她们的专栏先后发表和转载在全世界 1400 多家报纸,每天读者超过一亿,前后跨越近 50 年,曾帮助上千万人摆脱困惑,全世界英文读者几乎无人不晓。——译者注

姑妈待在一起，玩牛仔和印第安人的游戏。但他投身了一个高尚的职业，并以身作则。尽管他有时会对他早期的学生颇有微词，但他们确实视马歇尔为楷模。《经济学原理》第一次出版时，在英国担任教职的经济学家中有一半以上均出自马歇尔门下。而且随着经济学家职位的增加，越来越多的马歇尔派上位了。

尽管马歇尔受过数学家的训练，但他担心经济学家会沉迷于计算之中，作茧自缚而与现实脱节。对马歇尔来说，李嘉图是他永远的偶像，因为李嘉图虽像一个数学家一样思考，却从不诉诸晦涩的符号和神秘的公式。马歇尔将李嘉图和穆勒的观点转化为微积分的表达形式，但他的经济论点从不仅仅依赖于数学证明。在一封雄辩的信中，马歇尔提出了他的体系：

①数学仅仅是一种简洁的表达，而不是探究的动力。②在完成分析前使用数学。③用文字加以表达。④然后以现实生活中的重要例子举例说明。⑤把数学部分付之一炬。⑥如果你做不到第4步，那就把第3步也烧了吧。我经常做这最后一步。[17]

难怪庇古会说，马歇尔常在壁炉前读数学论文。也许马歇尔的这种做法是为了减轻他的罪恶感，因为他小时候常把数学图表曲线藏在床底下，就像其他男孩偷藏另一种描绘"人体曲线"的图片一样。

马歇尔对待经济方法其实并不像上一封信中所示的那样鲁莽。和穆勒一样，马歇尔避免使自己踏入古典经济学的陷阱之中，也就是"断言某种僵化死板的经济学法则"。历史和演绎理论在经济学中始终占有一席之地："本世纪初的英国经济学家们所犯的主要错误并不在于他们对历史和统计的忽视，而在于他们把人看作一个定值……我认为没有哪一条经济学教条具有这种普遍性，因为它们本身并不是实际真理，而是探索实际真理的工具。"[18] 马歇尔还意识到，事实本身不能告诉我们任何东西。根据约翰·内维尔·凯恩斯（John Neville Keynes）的说法，马歇尔采用了"以观察为指导的演绎式政治经济学"。[19] 通过在象牙塔和酒吧之间、在纯理论和世俗事实之间寻得一条中庸之道，马歇尔努力使经济学免受社会学家和道德家的猛烈抨击。

马歇尔无意成为经济学的牛顿，而是寻求成为这个领域的达尔文。他会观察企业，看看它们对环境变化作何应对。他曾宣称："经济学家的目标应当在于经济生物学。"[20]

经济时间——短期和长期

罗马不是一天建成的，人也不是在一周内从猴子进化而来的。矛盾的是，达尔文认为，虽然千年的时光在生物学意义上无足轻重，但突变体的短暂生命却可能决定一个物种的未来。马歇尔意识到，就像生物学中的时间一样，"经济时间"（economic time）与伦敦的大本钟并不同步。10年并不会简单意味着一家公司可以做十倍于它在一年内所做的。对于一些交易来说，一年或嫌太过漫长；而对于其他一些举措，一年的时间几乎不够准备的。

在经济分析的每一步中，时钟都在滴答作响。在1973年第一次石油输出国组织（OPEC）禁运期间，政治家们曾抓住经济学家的衣领猛烈摇晃，逼他们回答一系列关键问题：面对飙升的油价，消费者什么时候学会节约？通用汽车、福特和克莱斯勒什么时候开始生产小型车？石油公司什么时候在别处开采原油？这些事最终都发生了，只是并不在同一时间。

马歇尔试图将特定的趋势与它们发生作用的时间段分离开来。时间是"经济研究中所遇到困难的一个主要原因……这些困难使人必须以其有限的能力循序渐进：把一个复杂的问题分成几部分，一次研究一部分，最后把他的局部解决综合成解决整个问题的大致完整的方案"。马歇尔构建了一个巧妙的分析系统,在观察某个因素时,他把所有其他因素都搁置在一个"收容栏"里。当他观察那个孤立的因素,其他因素就在这个收容所里静静等待。他称这一收容栏为"*ceteris paribus*",意思是"其他条件不变,其他趋势的存在并没有被否认,但它们的干扰作用被暂时予以忽略。问题搞得愈小,对它的处理就能愈精确"。[21]

之前的经济学家已经提出了其他条件不变的假设,但马歇尔推导出一种显式方法,并据此建立了严格的理论。今天的教科书便是以马歇尔的方法为基础。

马歇尔的方法与19世纪法国人里昂·瓦尔拉斯(Léon Walras)高度理论化和数学化的"一般均衡"(general equilibrium)分析形成鲜明对比。虽然瓦尔拉斯的抽象理论在本科教科书中少人问津,但他的工作在现代得到了一些卓越理论家的扩展,包括诺贝尔奖得主肯尼斯·阿罗(Kenneth Arrow)、杰拉德·德布鲁(Gérard Debreu)和剑桥大学的弗兰克·哈恩(Frank Hahn)。有趣的是,尽管瓦尔拉斯的分析背后有令人眼花缭乱的数学,但瓦尔拉斯在大学入学考试中的数学成绩却有两次不及格。

我们可以通过一个例子理解马歇尔的分析体系。假设有人开发了一种名为"雅皮士酸奶"(Yuppie Yogurt)的新产品,它的目标市场是显而易见的,部分可归因于它实际上是在华尔街生产的。更棒的是,生产工人在发酵过程中会将歌帝梵(Godiva)巧克力碎片放入酸奶培养基中。在"无惧肥臀,一路'登顶'!"这一与华尔街十分应景的广告语的助推下,雅皮士们对这款酸奶趋之若鹜。在任何特定的日子里,雅皮士酸奶的供应量都是固定的。如果交易大厅的电脑瘫痪,导致出来吃个点心休息一下的雅皮士比平时更多,其中一些人就会挨饿。当生产商听说产品供不应求,开始封装更多的酸奶,并将其送出工厂时,他的主顾们却已经下班回家了。因此,在一天的时间范围内，只有需求发生波动。

只要多加留意，生产商就可以增加供给。第二个时间段，马歇尔称之为"短期"（short run），它持续的时间足以让生产者改变供给量。为了增加供给，他们可以雇用更多的劳动力，购买更多的原材料。但他们不能过度扩张。马歇尔所说的短期并没有长到足以建造新的制造工厂。如果雅皮士酸奶制造商在电视上做广告，并令其需求飙升会怎样呢？在短期内，他们可以购买更多的牛奶来制作酸奶，并雇用更多的工人来添加巧克力。如果需求下降，他们可以解雇工人，减少牛奶购买量。

因为工厂产能在短期内是固定的，生产者确实面临着收益递减，也就是说，在一个房间里塞太多工人反而会降低他们的生产力。当然，生产者仍然会运用边际法则生产酸奶，直到他们接受的酸奶价格等于最后一品脱酸奶的成本。

在第三个时间段，也就是"长期"（long run），生产者有足够的时间建造新工厂，并改变劳动力和材料。如果对雅皮士酸奶的需求持续下去，他们甚至可以把华尔街延伸到纽约港，或者在纽约港对面建一个工厂。他们甚至可能用带着条形码的机器人取代工人。

从长期来看，新的生产者可能会进入这个行业，而亏损的老生产者可能会黯然退场。幸存下来的生产者将获得正常利润。因此，从长期来看，供给的重要性日益凸显。

那么，"短期"和"长期"到底有多长？这取决于具体的行业，时间段的长度将由改变资本和产能所需的时间来确定。显然，马歇尔并没有讨论过什么雅皮士酸奶，不过他谈到过鱼。在捕鱼业，马歇尔认为需要一两年才能用到新船。然而，随着技术的进步，这个"长期"（反应时间）可能会缩短。

马歇尔对企业的规模有更多的看法。古典主义者通常认为，随着企业规模的扩大，其平均成本保持不变：增长对企业而言往往无损也无益。到马歇尔那个时代，大多数经济学家都在谈论收益递减。在某种程度上，公司规模扩大导致了运营效率低下。在他的捕鱼例子中，马歇尔指出，过度捕捞可能会耗尽资源，最终迫使渔民为了捕鱼而前往远海。尽管如此，马歇尔还是提出了一个问题：如果规模扩大能提高某些行业的效率，又会如何呢？大公司通常可以获得更廉价的信贷和更高效的机器设备。如今，惠而浦（Whirlpool）获得贷款的利率肯定比你能拿到的低。而且，它的生产线也不是你能买得起的。

马歇尔确定了形成"规模收益递增"（increasing returns to scale）现象的两个不同来源。一个是"内部经济"（*Internal economies*），产生于劳动分工、大宗采购以及小型生产商无力运营的专门大型机械的使用。想象一下，有一家名为"查克渡轮"（Chuck's Crossings）的小公司，用豪华的小艇运送贵族横渡大西洋。该公司运送每名乘客的成本是3000美元。如果查克能吸引一千名乘客，他就可以用"玛丽皇后2号"（Queen Mary 2）豪华邮轮来代替他的小艇了。邮轮可以容纳一千名乘客，且每位乘客的成本仅为2000美元。因此，如果查克能提高销量，他就能鸟枪换炮，并且压低航行成本（不过如果查克继续扩张，由于管理效率低下和营销问题，成本最终可能会上升）。

在过去的50年里，货运这个看似一潭死水的行业已经发生了翻天覆地的变化。在20世纪50年代，当一艘船驶进港口时，100名装卸工要辛辛苦苦卸一周的货。现在，随着货物装载集装箱化，7个码头工人可以在一天内卸完一艘大船的货。这些集装箱能以近乎神奇的效率直接从轮船卸下，装上火车和卡车运输。这场运输革命大大降低了配送成本，使得美国人从斐济进口瓶装水变得经济实惠。

另一个来源是"外部经济"（*external economies*），其源于特定公司遭遇的外部事件。如果一个行业倾向于集中在某个特定地区，且其社区可提供一个有序、稳定的熟练劳动力市场。行业内的公司便获得了额外的动力,因为辅助配套行业的出现为该行业提供了低成本的供给:

优良的工作受到正确的评价,企业在机器、流程和一般性组织上的发明和改进得到迅速的研究:如果一个人有了一种新构想,就为别人所采纳,并与别人的意见结合起来,因此,它就成为更新的思想之源泉。不久,辅助的行业就在附近的地方产生了,为上述工业供给工具和原料,为它组织运输,而在许多方面有助于它买到经济实用的原材料。[22]

人们只需要考虑一下斯坦福大学与硅谷之间的密切关系,以及剑桥大学与"硅沼泽"(Silicon Fen)的高科技公司集合,就可以对一个行业与其供应商之间的重要联系一目了然。像堪萨斯州的威奇托和墨西哥的克雷塔罗这样的城市已经成为飞机和直升机制造商的中心。在一个更古老的例子中,宾夕法尼亚州的矿工开采煤炭,将其炼化为焦炭,然后送入附近的炼钢厂。有时这种联系并不那么明显。试想一下:百老汇是曼哈顿一条从北向南的大道,当然,"百老汇"(Broadway)这个名字指的是剧院区,即时代广场附近剧院汇集的一平方英里的社区。但是这个地区不仅仅有剧院。在百老汇的几个街区内,有按小时出租的排练厅,还有戏剧制作人、选角导演、宣传公司、声乐和舞蹈教练的办公室。舞台工作人员、灯光和音响工作人员的工会也位于地区中心,离 Joe Allen 酒吧只有几步之遥,那是一家为百老汇人群提供服务的传奇酒馆。如果换个地方,比如新墨西哥州的阿尔伯克基,就很难在这样一个小社区里培养出类似的人才群体。

然而,马歇尔的观察视野并不局限于城市。北达科他州的法戈市曾沦为整个美国的笑柄,人们记得它只因某部讽刺电影与其同名,如今法戈却已成为一个快速发展的软件重镇,号称全美失业率最低的地区之一。20世纪90年代初，随着凛冽的寒风吹过破败的市中心，法戈看起来与那些逐渐消亡的大平原城镇并无二致。但一些企业家发现，现代电信技术可以让他们在任何地方设计和销售软件，包括在北达科他州的一个偏远角落。微软在2001年收购了大平原软件（Great Plains Software），并扩建了设施，如今的法戈已经成为一个繁华的专业技术中心。北达科他州给人的第一印象是缺乏活力，落后封闭，但在这种表象之下，该州的研发支出占收入的比例几乎高于其他任何州。

如果马歇尔关于收益递增的观点是正确的，那么可以说"大即是美"。但如果大即是美，那么竞争就不会长久，因为大公司总是会击败小公司。"查克渡轮"总会被丘纳德航运公司（Cunard）这样的大公司淘汰出局。最终，垄断者会主导每个行业。作为竞争的主要支持者，马歇尔如何能认同这种理论可能导致的结果呢？

他确实能，因为他认为公司不可能永远存在。他再次求助于生物学，借用了一个有机体的比喻。企业家可以精心培育出一个富有活力的婴儿级公司。他们可以养育照料它直到成年，但很快这些企业家就会老死。继任的管理者往往没有那么优秀，而由其他企业家创立的新公司将茁壮成长：

> 大自然仍以限制私人企业创办人的寿命，甚至以对他的生命中最能发挥他才能的那一部分限制得更严，来压制私人企业。因此，不久之后，企业的管理权就落到即使对企业的繁荣同样积极关注但精力和创造的天才都较差的那些人手中了。如果这企业变为股份公司组织，则可保持分工以及专门的技术和机械上的利益；如果再增加资本，它甚至可以扩大这些利益；并且在有利的条件下，它在生产工作上就可保持永久和显著的地位。但是，它恐怕已丧失了如此之多的伸缩性和进步的力量，以致在与更年轻而规模较小的对手竞争时，它不再完全处于有利地位了。[23]

第 7 章 | 阿尔弗雷德·马歇尔和边际革命

根据马歇尔的说法,瘦子和饥民会啃噬胖子和懒人的利润。虽然马歇尔的理论在第二次世界大战后的美国似乎过时了,但随着跨国企业集团的崛起,它现在似乎正逢其时。20 世纪 70 年代表现稳定的大型跨国企业集团,如海湾-西方公司(Gulf and Western)、国际电话电报公司(ITT)、美国电话电报公司(AT&T)和国际商业机器公司(IBM),都在随后几十年激烈竞争的市场中遭到重创。在长期担任首席执行官的戴维·萨尔诺夫(David Sarnoff)的领导下,美国无线电公司(RCA)一直主导着媒体和电子行业,但在萨尔诺夫退休后,该公司迅速作鸟兽散。[24] 后来,就连洛克菲勒中心总部著名的 RCA 红色霓虹灯招牌也被拆除了,这一霓虹的光芒曾笼罩数以百万计的纽约人。

与必须对股东负责的老牌公司相比,新的创业势力可能愿意承担更多的风险。即使初创企业通常以失败告终(也许是因为愚蠢的冒险),但只要有一个车库创业的成功故事,就可能毁掉几十位在闪亮的玻璃摩天大楼里工作、负责长期战略规划的副总裁的职业生涯。在过去的 30 年里,美国绝大多数的新工作岗位都是由雇员人数少于 500 人的公司创造的。

在 20 世纪 50 年代到 80 年代的公司合并浪潮之后,许多公司改变了策略,通过精简和出售业务单元来创建"更高效、更精简"的企业业务。国家酿酒公司(National Distillers Corporation)不再生产烈酒,将其烈酒部门剥离给金宾威士忌(Jim Beam)后更名为量子化学公司(Quantum Chemical Corporation)。1989 年 3 月,《商业周刊》(*BusinessWeek*)以"你的公司太大了吗?"这一问题作为其封面文章标题。AT&T 在 20 世纪 90 年代最大的成功就是剥离了制造精密电话设备的朗讯科技公司(Lucent Technologies)。当 AT&T 萎靡不振时,朗讯的股价却一路飙升,直到在 2000 年的"科技股崩盘"中崩溃。与此同时,时代公司(Time Inc.)和华纳通信(Warner

Communications）等许多公司进行了合并，希望能有效地共享知识和资产。时代华纳随后又在2000年与美国在线（AOL）合并，但无论其合并时机还是执行过程都很糟糕。自一百多年前马歇尔的《经济学原理》出版以来，商人们就一直力求在灵活性和规模经济间取得平衡，以找到他们企业的最优规模。

边际主义消费者

到目前为止，我们只讨论了公司，还未对消费者加以审视。马歇尔不会对这种片面性感到满意，因为他反对李嘉图和穆勒的经典断言，即产品的价值反映了生产它所花费的时间。在一个著名的比喻中，马歇尔宣称供给和需求同样强大："我们讨论价值是由效用所决定还是由生产成本所决定，和讨论一张纸是由剪刀的上边裁还是由剪刀的下边裁是同样合理的。"[26] 在马歇尔的鼓励下，让我们利用边际主义的工具，将供给和需求结合起来看看。

上次我们提到华尔街那帮人时，他们还在馋酸奶呢。雅皮士黛比（Debbie）对酸奶的需求是基于每份半品脱酸奶给她带来的额外满足感。马歇尔称之为"边际效用"（marginal utility），杰文斯则坚持称它为"最终效用"（final utility）。幸运的是，他们从未一起讲课，否则可能又会是一场穷极无聊的辩论。

马歇尔和杰文斯都断言，黛比的边际效用会随着酸奶份数的增加而减少。也就是说，第一份可能会给她价值1美元的快乐；第二份则只有90美分；第三份70美分；第四份64美分；以此类推。最后，再吃一勺酸奶都会让她反胃的。在决定是否购买酸奶时，黛比会将售价与她的边际效用进行比较。如果每一份的售价是1美元，黛比就会只买一份（因为第二份的价格是1美元，她只会得到90美分的快乐)。如果一份的价格是 65 美分，黛比会买 3 份。第三份的花费是 65 美分，会给她 70 美分的效用。但如果她继续买第四份，她只能得到价值 64 美分的快乐。经济学家绘制了向下倾斜的需求曲线，以描述边际效用递减。在任何情况下，黛比都会比较酸奶的边际效用（收益）和边际成本（价格）。

马歇尔随后阐述了"需求律"（*law of demand*）：要出售的数量越大，这个数量的售价就必然越低……需要的数量随着价格的下跌而增大，并随着价格的上涨而减少。[27]

当然，马歇尔知道价格本身不能决定需求。他列出了其他几个因素，并把它们放在"其他条件不变"的栏里。他所讨论的最重要的几个因素如下：①消费者的品位、习俗和偏好；②消费者的收入；③竞争产品的价格。如果黛比在《华尔街日报》（*Wall Street Journal*）上读到吃雅皮士酸奶有助于提高壁球水平，她会立即垂涎欲滴，品位也会随之改变。即使价格不变，她也会买更多。但在解释需求律时，马歇尔要求我们假设品位、收入和其他商品价格保持稳定。在这种情况下，需求律通常成立（被置于条件不变一栏的某个因素的变化会改变需求曲线）。

马歇尔再次运用了边际主义原则，提出了一个边际主义者或者上文那位喜剧演员亨尼·杨曼会问的问题：黛比下一步会怎么做？理性的消费者不断地展望未来，并将一种商品所带来的额外满足感与其他商品所带来的进行比较。如果花在酸奶上的 1 美元能带来价值 1 美元的快乐，而花在寿司上的 1 美元能带来价值 1.2 美元的快乐，那黛比应该买寿司。她应该买多长时间的寿司？记住，根据边际效用递减律，当她买得越多，寿司对她来说就越没有价值。因此，她应该继续购买，直到从寿司获得的乐趣等于来自酸奶的。在均衡状态下，1 美元花在所有商品上所带来的快乐是相同的。如果花在产品 A 上的 1 美元比花在产品 B 上的 1 美元带来的快乐更多，那么消费者应该多消费 A，少消费 B，直到两者边际效用相等。用马歇尔的话来说，消费者"经常注意他是否花于某一样东西的费用是过多，以至于从一种支出中取出一点用于别种支出他就会得到好处"。[28]

马歇尔年轻时逛过美国的商店，注意到有很多特价商品。但什么才是真正的"特价商品"呢？马歇尔说，当购物者以低于自己愿意支付的价格购买商品时，这就是"消费者剩余"（consumer surplus）。举个例子：2018 年，布鲁斯·斯普林斯汀（Bruce Springsteen）在百老汇上演了一场独角戏，每晚的演出场场爆满，还被奈飞拍摄为特别节目。在售票处购买的官方门票平均价格为 500 美元。但他的许多粉丝会为此付更多的钱。我们知道这一点，是因为黄牛对每个座位的要价约为 2000 美元。[29] 用马歇尔的话说，许多足够幸运的粉丝花 500 美元购买了官方票，就是享受了 1500 美元的"消费者剩余"。马歇尔用他独创的数学和图形框架来阐释这种剩余，这一方法至今仍在经济学考试中出现。

马歇尔为供给方也制定了类似的框架。随着生产者供给的增加，其成本往往会上升。供给律与需求律相反：只有当消费者接受的价格上涨，供给才会上升。生产者比较多生产一个单位商品的边际成本及其边际收益，后者即价格（供给曲线向上倾斜，而需求曲线向下倾斜）。

就像消费者不断地比较花 1 美元购买各种产品的边际效用一样，生产者也不断地在花 1 美元购买资本（机器）的边际效用和花 1 美元购买劳动力的边际效用这两者间进行比较。如果花在新机器上的 1 美元比花在新员工身上的产生更多价值，管理者就会在机器上投更多钱而减少雇用劳动力。在均衡状态下，来自资本的边际收益等于来自劳动的边际收益。

假设某公司处于均衡状态。装配工人的工会赢得了加薪谈判。会发生什么呢？与来自资本的边际收益相比，来自劳动的边际收益

第 7 章 | 阿尔弗雷德·马歇尔和边际革命

（边际产出除以工资）下降。管理者会用机器人代替装配工人，直到两方边际收益再次相等。出于这个原因，马歇尔抨击了那些支持"创造工作机会项目和额外雇用"的工会，因为它们只会对其成员造成伤害。

有时，如果电力成本上升或工资水平下降，价格也会促使管理者解雇机器人，重新雇用装配工人。有时，政府似乎在不经意间就决定了人们的命运。让我们问一个简单的问题：如果你是一个管理者，你为什么要雇用人类？是的，他们可能有惊人的创造力和对工作的照护心，但他们会生病，他们会沉迷于白日梦而无心工作，他们还会趁着喝咖啡偷懒。与此同时，从笔记本电脑到车床等资本设备的成本在过去 25 年里大幅下降。此外，由于利率一直非常低，租赁和融资购置新工具的成本已降至从笔记本电脑和车床出现之前起算时间段内的最低水平。与此同时，联邦税收政策已经向资本支出倾斜，企业能够立即扣除新设备的成本。然而，人工仍然相对昂贵。假设一位求职者可以为一家公司带来 5 万美元的价值——而他也愿意为 5 万美元的年薪工作。完美匹配，不是吗？不完全是。除了他的工资，在美国，雇主还必须支付 7.56% 的社会保险和医疗保险税，并缴纳工伤保险和失业保险，还有医疗保险费用。如果你是雇主，是不是觉得突然间，巨大的金属机器人看起来更有吸引力了呢？

持续的平衡行为不仅仅发生在资本和劳动力之间，而且也在土地、新机器、旧机器、熟练劳动力、非熟练劳动力等之间上演。如果土地价格上涨，管理者可能会在厂房上再建一层楼，而不是横向扩张。

马歇尔在《经济学原理》中并不认为所有生产者的行为都是边际的或理性的。但如果一个生产者不遵循边际效用，他的竞争对手们就会更加成功，经济发展也会更眷顾后者。最终，不理性的公司将会倒闭。

无论是消费者还是生产者，大多数经济主体都遵循伊夫林·沃、亨尼·杨曼和巴卡路·班仔这三个小人物的话，对边际步骤进行无休止的比较。

决定价格的是消费者还是生产者？两者共同决定。就像剪刀的两片刀刃一样，正是供给和需求的交叉点给了我们价格。古典经济学家过分强调供给，杰文斯则过分强调需求。但是，马歇尔这一令人信服的观点"把由需求和供给在均衡点上决定价值的命题发展为一种一般性的思想，这就宛如发现了一个完整的哥白尼体系，因为在这一思想的指引下，经济学领域中的各个要素才在彼此均衡与相互作用中各就其位"。[30]

马歇尔还花时间反驳了马克思的劳动价值论。他开宗明义地指出，人不能创造物质，人只能重新安排物质，使其更满足他人的需要。资本家通过贡献自己的资金来满足别人，他们的回报便是对这种延迟和等待的奖励，奖励他们没有把钱立即花在消费品上。马歇尔在这个问题上的话语如此雄辩有力，理应直接加以引用。

马克思和其他人认为，劳动总能创造一种"剩余"，即除了工资和用于辅助劳动的资本耗损以外的剩余；工人所受的迫害，在于这种剩余为他人所剥削。但是，"剩余价值全部由劳动产生"这一假设，已经假定了他们最后要证明的东西，可是他们并没有证明；同时这个假设也是错误的。纺纱厂中的纱，除去机器的耗损，就是工人的劳动产品，这并不是真的；纱是工人的劳动和雇主与所属经理的劳动以及使用资本的劳动的产品，而资本本身又来自劳动和等待。因此，纱是各种劳动和等待的产物。如果我们只把它看作劳动的产品，而不看作劳动和等待的产物，则无情的逻辑无疑迫使我们承认，利息（即等待的报酬）没有理由存在，因为结论已经包含在前提里……

如果这是真的，延期满足通常需要决定延期者作出牺牲，正如劳动者要付出额外的努力一样;如果这也是真的,这种延迟满足使人有可能利用最初成本很高的生产方法,但通过这种生产方法正如通过增加劳动一样,确实能使总幸福增加,则一种东西的价值纯粹由消耗在它上面的劳动来决定,这种观点就不能让人信以为真。确立这一前提的种种尝试,势必暗中假设,资本所提供的服务,是一种提供时无须作出牺牲的"免费"品,从而不需要利息诱使资本继续投放。这就是上述前提所需要证明的那个结论。洛贝尔图斯(Rodbertus)[1]和马克思对苦难者的深切同情,永远会博得我们的敬意,但他们认为可行的科学理论显然只不过是一系列的循环论证,大意是说利息在经济上没有存在的理由,殊不知这个结论早已暗含在他们的前提之中;虽然在马克思方面,它是披着黑格尔神秘词句的外衣,像他在《资本论》第一卷的序言中告诉我们的那样,他用这些词句来"卖俏"。[31]

弹性的经济

在发展他的需求工具时,马歇尔完善了所有经济学中最重要的工具之一——弹性。如今,几乎每一场经济辩论,无论是宏观的还是微观的,都要面对弹性问题。政府的每一项政策都必须或明或暗地涉及弹性。这个让人避无可避、挥之不去的幽灵到底是什么?弹性(elasticity)是感应性(responsiveness)的另一个名称。人们对价格变化会作何反应?当价格上涨或下跌时,人们会调整他们的购买行为吗?还是会继续购买相同数量的商品?当然,答案取决于具体

---

[1] 德国经济学家,曾任普鲁士宗教与教育大臣。推崇劳动价值论,认为只有劳动创造的物品才是经济物品。——译者注

商品。

如果一种产品的价格上涨,人们减少购买,我们就说需求是"富有弹性"(elastic)的。而如果他们继续购买相同的数量,则需求是"缺乏弹性"(inelastic)的。更准确地说,弹性是需求变动的百分比除以价格变动的百分比。如果10%的价格变化导致11%的购买变化,需求就是有弹性的。而如果它导致的购买变化小于10%,需求就是缺乏弹性的。如果它导致恰好10%的购买变化,需求则是"单位弹性"(unit inelastic)的。如果需求是高度有弹性的,我们应该会看到一条接近水平的需求曲线,这表明人们会很容易调整他们的购买量。如果需求是高度缺乏弹性的,我们应该会看到一条近乎垂直的需求曲线,这表明无论价格如何,人们都会购买相同数量的商品。

为什么这很重要?让我们来看一些简单的例子。几乎在每一部《007》电影中,主角詹姆斯·邦德(James Bond)都会有这样一句台词:"伏特加马提尼,用摇的,不要搅的。"如果邦德只喝一杯伏特加马提尼,而且不会用琴酒马提尼或一杯牛奶代替,他的需求就是缺乏弹性的。不管价格如何,他都会来上一杯伏特加马提尼。这就对调酒师有利,因为一杯酒就能卖到一百万美元。对邦德来说幸运的是,其他酒吧将会争夺他的光顾。

然而,当垄断企业遇到缺乏弹性的消费者时,麻烦就来了。例如,如果只有一家公司供应胰岛素,它就可以漫天要价。当垄断企业面对缺乏弹性的消费者时,政府监管机构往往会介入。因此,制药公司和政府之间的关系是不稳定的。一方面,政府希望这些公司开展治疗疾病的研究。而公司需要得到保证,政府不会没收它们的神奇发现,让它们血本无归。另一方面,政府必须确保对药物有需要的绝望病人不会被公司大敲竹杠。2016年8月,就在新学年开始前,迈兰(Mylan)制药公司宣布大幅上调其备受欢迎的肾上腺素自动注射器(EpiPen)的价格,这种器械可以有效化解危及生命的食物

| 第 7 章 | 阿尔弗雷德·马歇尔和边际革命

和昆虫过敏。此举让孩子的父母们大为光火。虽然迈兰公司垄断了注射器的生产机制,但它并没有其中所用药物(肾上腺素)的专利。结果,美国食品和药物管理局(Food and Drug Administration,简称FDA)在批准替代方案方面行动迟缓,这是一个复杂的过程,可能会让申请人花费数亿美元,并需要数年时间才能得到裁决。2018年,FDA新任专员斯科特·戈特利布(Scott Gottlieb)使这一过程明朗化并加快,引发了一系列竞争对手,包括以色列梯瓦公司(Teva)在内,发布EpiPen仿制品,其价格比迈兰的产品低了约50%。

出于对价格欺诈和限制供应的担忧,经济学家们采纳了马歇尔的建议,即对许多垄断企业——例如供水供电设施——进行监管。由于这些行业是"自然垄断"(natural monopolies),因为让几家供水公司在一条街上铺设管道会是低效的,马歇尔建议政府通过补贴或至少保证它们有利可图来鼓励其扩大产量。

对商品的需求通常具有高弹性。如果球叶莴苣价格上涨,人们就会转而选择波士顿莴苣、长叶莴苣,或者干脆弄点自家草坪上的杂草。

是什么因素决定了弹性的程度?第一,也是最明显的,是可得替代品的数量。选择越多,消费者就越容易换来换去。对罗伯特·德尼罗(Robert De Niro)的需求可能没有弹性。唯一的替代选择似乎是阿尔·帕西诺(Al Pacino),尽管有人会说他只是一个几乎完美的替补。好莱坞最初邀请罗纳德·里根,而不是亨弗莱·鲍嘉(Humphrey Bogart)出演《卡萨布兰卡》(Casablanca)中的里克(Rick)一角。这两人都算不上百分百的替代,但马歇尔从未说过每个人都是理性的。

第二,我们寻找替代品可供花费的时间越长,需求的弹性就越大。从1973年秋季到1974年夏季,汽油价格上涨了45%。而当年需求只下降了8%。不过几年后,消费者表现出了更多的弹性。他们买更小的汽车，乘坐公共交通工具，住隔热性更好的房子。航空公司通过减少飞机上枕头、毯子和杂志的数量来减轻飞机重量。他们还减少了携带的食物和燃料，甚至降低了外壳涂漆的厚度。

第三，马歇尔认为，在家庭预算中无足轻重的产品可能是缺乏弹性的。如果牙签的价格大幅上涨，也很少有人会减少牙签的使用。牙签在预算中所占的比例太小，价格上涨了也不足挂齿。

消费品公司必须不断衡量需求的弹性，有时它们也会犯错。2020年，高乐氏（Clorox）公司颇为尴尬地承认，它售出的 Glad 垃圾袋和冷冻包装比预期的要少。当该公司提高价格时，购物者便避而远之，商店也削减了相应货架空间，其销售额下降了 8%。公司首席执行官称，"阻力比我们预期的要大"，这意味着公司低估了需求弹性。

马歇尔的弹性工具组合引出了另一个见解：需求的"收入"弹性。这个指标衡量的是，如果人们的收入发生变化，他们会多买还是少买。例如，在经济衰退期间，当人们失去工作时，他们就不太可能购买像高乐氏和舒洁（Kleenex）这样的"名牌"，而倾向于购买更便宜的商店品牌或所谓的"普通装"。喜剧演员克里斯·洛克（Chris Rock）开玩笑说，他的父母太吝啬了，只会买没有品牌的食物，放在一个普通的白色盒子里，而不是有华丽标签和标志性代言人的著名品牌。"标签上只有一个词：'大米'，没有'本大叔'的头像，也没有 Riverboat 的标签，只有'大米'两个字。"那早餐呢？"依旧是白盒黑字：'麦片'。一样没有'船长'之类。这些标签要是做幸运符可是一点运气都带不来呢。"但如果洛克的父亲加薪了呢？也许他会买"本大叔"（Uncle Ben）牌的大米，船长脆麦片（Cap'n Crunch）或者"幸运符"（Lucky Charms）牌麦片。如果是这样，他的需求收入弹性将是正值，他的家庭早餐也可能会更香甜可口。

经济学家遵循马歇尔的教诲，将那些无趣的、没有品牌的商品称为"劣等商品"（inferior goods）。新冠疫情就给出了一个很好的例

第 7 章 阿尔弗雷德·马歇尔和边际革命

子。在 2020 年 2 月至 3 月期间，随着消费者纷纷失业，投资者眼睁睁地看着他们的股票投资组合暴跌，而沃尔玛的拉面销量却飙升了 578%。[33] 突然之间，各地的美国人都开始采纳那些只有一个电热壶的贫困大学生的烹饪手法。

弹性问题是如何渗透到每一个政府政策中的？再举几个例子就足够回答这个问题了：

1. 每隔几年，纽约市的交通运输管理局（MTA）就会提高地铁票价，他们认为票价越高，就意味着有更多的收入来平衡预算。该论点假设需求是相对无弹性的。而如果太多的人选择乘坐公交车、叫优步或来福车，或者乘坐马车，那么地铁的总收入就会下降。

2. 1998 年，克林顿－戈尔执政时期的白宫提议提高烟草税，以减少青少年吸烟。副总统戈尔断言，香烟价格每上涨 10%，青少年的吸烟量就会减少 7%。根据这些弹性估算，白宫提议每包香烟增税 1.5 美元，并声称这将在 5 年内减少 42% 的吸烟量。反对者认为，由于美国底层的吸烟者比例极高，税收的负担将落在他们的肩上。就在美国政界人士对这个问题展开辩论的同时，瑞典实际上降低了烟草税，以降低来自邻国的黑市走私的吸引力。

3. 马歇尔的弹性也适用于国际贸易，在他去世后，承其衣钵的边际主义者阿巴·勒纳（Abba Lerner）扩大了马歇尔弹性的适用范围。勒纳是一位在摩尔多瓦出生的英国经济学家先驱，20 世纪 30 到 70 年代期间，他辗转于各所大学之间，专注于在新古典经济学中寻找漏洞，并试图修补社会主义经济理论中的漏洞。勒纳利用马歇尔弹性公式表明，在一定条件下，如果一国的货币贬值，该国的贸易平衡会得到改善。如今，"马歇尔－勒纳条件"（Marshall–Lerner condition）已出现在每一本国际经济学教科书中，并影响了许多外交政策的相关争论。从 20 世纪 80 年代初到现在，美国一直保持着巨额的对外贸易逆差。1985 年，许多经济学家将这一逆差归咎于"高价"

美元——也就是说，美国商品在外国人看来很贵，而其他国家的商品在美国人看来很便宜。这些经济学家建议通过购买外国货币来推动美元贬值，从而使美国商品看起来更便宜，以刺激外国人购买更多（并使外国商品在美国人看来更贵）。该论点假定美国国内对外国商品的需求是有弹性的。从 1985 年春到 1987 年秋，美元对其他工业化国家的货币贬值了 40%。但直到 1987 年年底，贸易逆差才开始下降。削减赤字的努力所遭遇的长期迁延表明，国内需求弹性不如预期。经济学家还低估了外国公司通过允许利润下降来维持其市场份额的意愿，因为进口到美国的商品的价格涨幅并不足以完全体现美元下跌所产生的效应。[34] 从 1995 年到 2002 年，美国反其道而行，美元升值超过 25%。结果，贸易逆差进一步恶化。

弹性几乎是每一个现实经济争端的基础。马歇尔一直警告说，经济学家必须直面现实世界。一个简洁的理论模型可能在纸面上很有说服力，但如果把实际弹性计算在内，就会被证明毫无用处。通过阐明这一概念，马歇尔向经济学家们表明，他们必须做到理论和实践相结合。

大局观

在宏观经济问题上，马歇尔并没有涉猎太多。他坚持萨伊定律和"货币数量理论"（quantity theory of money，见第 10 章），并把两者都传授给了凯恩斯。凯恩斯多年来一直坚持这些观点，后来却转而反对马歇尔并抛弃了它们，我们稍后会对此加以探讨。

尽管马歇尔认为经济本身可以运行得相当平稳，但他也承认商业周期会带来起伏。商业上的乐观和悲观情绪会加速和放大这种波动。在上升阶段，银行放贷过于大胆，甚至对商业新手也慷慨解囊。

第 7 章 阿尔弗雷德·马歇尔和边际革命

但当经济最终放缓时，投资者就会撤资，从而加速经济下行。马歇尔举例说："一根点燃的火柴掉落……往往会在拥挤的剧院引发灾难性的恐慌。"[35] 幸运的是，马歇尔的老朋友"时间"会抚平一切创伤，经济也会再次复苏。尽管凯恩斯认同情绪会对经济推波助澜，但他后来也指出，大火被扑灭后，剧院在很长一段时间内仍然是一副断壁残垣的状态。萧条可能会有相当长期的影响。

马歇尔和耶鲁大学教授欧文·费雪（Irving Fisher）提出的一个宏观经济区分，至今仍未被政治家们接受。经济学家会区分实际利率和名义利率。名义利率就是通常在银行窗口张贴的借贷利率，实际利率则需从名义利率中减去通货膨胀率。如果债券利率为8%，但通货膨胀率为5%，那么实际利率便为3%。众所周知，政客们将实际利率定义为你去银行贷款时"真正"必须支付的利率。

尽管《经济学原理》的理论框架可谓宏大，但马歇尔坚持认为经济学必须务实。他常在皇家委员会任职，并在议会作证。他学习经济学是为了帮助贫苦大众。多年后，他对贫困老人问题皇家委员会表示："在过去25年里，我一直致力于解决贫困问题，我的工作所涉及的调查几乎均与此有关。"[36] 他支持公共教育，并认为"国家现有资本的最佳投资是教育下一代"。[37]

虽然马歇尔支持适度的财富再分配，因为这有助于提高生产力和社会幸福感，但他远不是一个社会主义者，甚至一度将其称为"当前最大的危险"。与最早可回溯至亚里士多德时期的哲学家和经济学家一样，马歇尔担心集体所有制会"削弱人类的活力，阻碍经济发展；除非在它引入之前，所有人都对公共利益有着无私的奉献精神"。马歇尔再次阐明了他那种渐进的、逐步演化的世界观，他观察到，"对突如其来的、暴力的经济、社会和政治生活条件的重组图谋，有耐心的经济学学生通常会预料到其弊远大于利"。[38]

对马歇尔来说，"缺乏耐心"几乎和"不诚实"一样是一种极大的侮辱。

马歇尔认为，悲观的古典主义者和满怀希望的马克思主义者都错了。停滞状态还远未到来，人口增速还没有超过食物的增长，地主也没有主宰社会。尽管贫困仍然使一部分公民堕落，但

从 19 世纪工人阶级的不断进步的事实中，我们仍能看到贫困和愚昧可以逐渐被消灭的希望。蒸汽机减轻了他们许多费力和有害身体的工作，工资提高了，教育已经改良而且已经比较普及，铁道和印刷机使国内各地同一行业的人易于联系，并且使他们能够从事和实行远大的政策方针。同时，对智力工作的日益增长的需要，使技术工人迅速增加，现在他们的人数已超过了那些完全不熟练的工人了。以"下等阶级"这个名词的最初意义来说，大部分技术工人已经不再属于这个阶级了，其中有些人所过的生活，已经比即使是一个世纪以前的大多数上等阶级所过的生活更为美好和高尚。[39]

论对资本主义的歌颂程度，大概只有马克思写的东西能与此相提并论。

但马歇尔不是骗子无赖。他知道要过上美好生活，还有工作必须要做。他恳求他学生们的帮助，以将经济学变成增进人类福祉的工具。他对眼前依旧存在的贫穷感到憎恶，但他拒绝让这种憎恶指引他的经济逻辑。大自然在消灭贫困方面也不会飞跃。

马歇尔于 1908 年退休，但仍继续完善和更新他的作品。他隐居在剑桥马汀利路的家中，在那里被各种小毛病和消化、呼吸系统的疾病所苦。他一直活到 1924 年，离 82 岁生日还有几周，在剑桥大学元老教授的职位上鞠躬尽瘁，死而后已。他把遗产留给了妻子玛丽（玛丽活到 1944 年），要求她为他们的园丁和女佣提供一份可让其安度余生的赠予，并给纽纳姆学院留下了一笔慷慨的资助，他正是在那里成为剑桥大学首批教育女性的教员之一。他为经济学专业的学生提供奖学金，明确规定四分之一的奖学金应该给纽纳姆学院的女

第 7 章　阿尔弗雷德·马歇尔和边际革命

性,他还建立了马歇尔图书馆(Marshall Library)来为经济学专业的教员提供支持。玛丽在接下来20年里的度日方式就是画水彩画,骑自行车去图书馆做图书馆志愿者,直到她以87岁高龄退休。今天,图书馆的访客可以在那里看到阿尔弗雷德的"守护神",也就是那副150年前他在小商店用几先令买到的工人肖像。

在为本书的第一版做调研时,我决定骑自行车去马汀利路的马歇尔故居。我不确定在玛丽已去世约半个世纪后,我还能在那里发现什么。到那里后,我敲了敲门,一个神情严肃的年长女性前来应门。如果我不是早知道马歇尔夫妇没有孩子,我会猜她是玛丽的女儿。我说明了我的来意,告诉她自己在写一本关于马歇尔的书。老妇人听到后愣了一下,随即又露齿而笑,然后邀请我进了客厅。正是在这个房间里,马歇尔每送给学生们一本他的《经济学原理》,都会在书上题词:"某某惠存。希望他将会令这本书成为过时的东西。"然后我们漫步到后院,那位女士说:"教授喜欢住在沼泽边。他认为沼泽可以帮助他呼吸。阿尔弗雷德和玛丽喜欢花园,也喜欢学生。他们一起照料花园和学生。"

凯恩斯称赞马歇尔拥有罕见的多重天赋。经济学大师必须像马歇尔一样,在某种程度上身兼数学家、历史学家、政治家和哲学家。"他必须根据过去来研究现在,以着眼于将来。"[40]

一个和卡尔·马克思(Karl Marx)同姓但更有幽默感的人,美国演员格劳乔·马克斯(Groucho Marx)曾被责备:"先生,您在考验我的耐心。"格劳乔回应道:"如果是这样,我并不介意。有时间你也过来考验考验我的耐心。"

所有经济学家都应该"考验考验"马歇尔那招牌式的耐心。他不是等待答案,而是寻求答案。他也没有坐等这些答案被人接纳,而是为它们积极奔走。但他从未在深思熟虑之前就接受自己的想法。他也从不会不经深思熟虑就否定别人的想法。他想将古典经济学和边际经济学融为一体。他还想要将这个世界的起伏与停滞,变化和平衡,进化和稳定都一并融会贯通。最后,他做到了很多,而同时加以融汇和调和的,还有一颗如金子般纯正的心灵和一颗如钻石般敏锐而清晰的头脑。

第 8 章

新旧制度主义者

CHAPTER 8

托斯丹·凡勃仑 约翰肯尼斯·加尔布雷斯 琼·罗宾逊

在经济学中，区分"新"与"旧"的概念意义甚微。正如阿尔弗雷德·马歇尔所言，经济学的时钟与世间其他钟表不同。一家有85年历史的老牌公司也可能会因为没有经过适当检验便采用新技术而倒闭。这家公司到底是新是旧呢？

那么，我们所说的"新""旧"制度主义者又是何意呢？对这两者加以明确的定义和区分是不现实的。一般来说，"制度主义者"（institutionalists）对通常意义的经济范畴，如租金、利润、收入、资本、劳动力成本等，往往存而不论。相反，他们聚焦于社会的法律、精神特质和制度，以此获得对社会的洞察。旧制度学派兴起于20世纪初，他们对马歇尔那些急功近利的学生展开批评，认为他们并没有像老师马歇尔所恳求的那样研究现实世界，而是躲进自己的办公室不闻窗外事，一心只顾操弄那些与现实毫不相干的数学曲线。旧制度主义者指责说，马歇尔的抽象理论在他的那帮信徒手中成了闭门造车，忽略了太多现实问题。当这些"马歇尔主义者"天真忘形地自陷于他们所绘制的曲线时，外面世界的制度正在不断演变，他们的经济理论也在日渐过时。

新制度学派与旧制度学派迥然不同。和旧制度主义者一样，他们着重审视社会的制度，但他们使用的正是马歇尔的工具，也就是旧制度主义者们抨击的工具。

凡勃仑和旧制度学派

让我们先通过旧制度学派的杰出成员托斯丹·凡勃仑（Thorstein Veblen）来一窥这一学派的端倪。除了卡尔·马克思以外，迄今为止我们讨论过的经济学家都相当温和。他们可能会成为我们的好邻居，亚当·斯密和阿尔弗雷德·马歇尔给人的印象好像快活的童子军领队。凡勃仑却是个例外，他是个一眼就能让人为之惊骇不已的凶神恶煞。除了形象唬人，凡勃仑还以对经济思想史的尖刻批评而著称。

凡勃仑以其制度方法抨击了新古典经济学的两大支柱：①马歇尔的需求律，即当商品价格下跌时，人们会购买更多的商品；②关于工作的假设，劳动者只是为了得到报酬而工作，而并非"为工作而工作"。

凡勃仑还抨击了边际主义者认为通往均衡点的路径必定是平稳、渐进的假设。旧制度主义者指责称，所谓均衡并不存在；经济总是在变化。而均衡状态不过是脱离现实世界的经济学家们的白日梦。

比起建设性理论家的身份，凡勃仑可能更适合做一个批评家。他并不确定如何重建经济学，但他确信一点，那就是马歇尔和他的追随者们把经济学搞得一团糟。凡勃仑认为，如果经济学家想要发展出更好的理论，他们就不应该画地为牢，而是要更多地师法于社会学家、人类学家和心理学家。[1]

托斯丹·凡勃仑，这位新古典主义经济学的尖锐批评者到底是何方神圣？他于1857年出生在威斯康星州的一个农场，是挪威移民之子。他8岁的时候，全家搬到了明尼苏达州，那里的奶酪不太好吃，但地里的物产却相当丰富。

和其他美国移民一样，凡勃仑家境清贫。但小孩子并不懂这些。他们有足够的食物，而且他们的邻居也过着同样朴素简陋的生活。

评论家们几乎总是把凡勃仑的挑刺态度与他家庭的贫困状态和移民身份联系在一起。他们运用精神分析的方法，把凡勃仑描绘成一个美国贱民形象。在威斯康星州和明尼苏达州这些紧密结合的移民社区中，英语是他们的第二语言。那套"贱民理论"认为，凡勃仑的局外人身份使他对美国经济生活秉持一种独特而公正的看法。他的目光能穿透资本主义的堂皇外表，窥见其基底之上的裂痕。凡勃仑本人在他的文章《现代欧洲犹太人的卓越智慧》（*The Intellectual Pre-eminence of Jews in Modern Europe*）中也同样如此自诩。

毫无疑问，这种看法也有其道理，但如此程度的环境决定论可能太过头了。毕竟，他那 11 个兄弟姐妹，同样身为挪威人，却从来没有表现出惊人的洞察力。事实上，凡勃仑一直是个精明世故的怪人。就算他是在挪威长大的，他可能也仍和现在一样，既古里古怪，又一针见血。凡勃仑少年早慧，他令父母对自己言听计从，于是当他以"做家务"的名义在阁楼上阅读书籍时，他那些鲁钝的兄弟姐妹则在田间辛苦劳作。17 岁时，凡勃仑进入家附近的卡尔顿学院（Carleton College Academy）学习。当时，凡勃仑所在社区的宗教派别是对他的斯堪的纳维亚文化背景比较包容的路德宗教会，但卡尔顿并不是路德宗的机构，于是凡勃仑那粗俗的社交技巧很快就遭遇问题。他会戴着一顶浣熊皮帽出席正式活动，在一次课堂练习中，凡勃仑曾十分清醒地发表演讲，主题却是呼吁大家一醉方休。显然，这种建言并不会被教派学院欣然采纳。他呼吁同类相食的严肃讲话也同样不受欢迎。于是这所学院催促这名异教徒比其他人更早结业也就不足为怪了。

但凡勃仑是以优异的成绩毕业的。

凡勃仑并没有把学院变成酒池肉林。相反，在校期间，在约翰·贝茨·克拉克（John Bates Clark，后被公认为美国卓越的边际主义经济学家）的劝说下，他开始攻读经济学。凡勃仑觉得经济学很有趣，但还是决定去耶鲁大学读一个哲学学位。西西弗斯神话大概是比较适合他的课题。在完成博士论文之后，他度过了无所事事的数年，当他的兄弟姐妹们在田里埋头苦干时，他却在家庭农场里游手好闲，不断重复着申请工作然后被拒的循环。

最终，凡勃仑获得耶鲁大学的博士学位，并在康奈尔大学（Cornell University）找到了一份工作，教授经济学。他未来的导师J. 劳伦斯·劳克林（J. Laurence Laughlin）当时"正在康奈尔位于伊萨卡的办公室里端坐，这时一个看上去贫血的人走进来，戴着一顶浣熊皮帽，穿着灯芯绒裤子，用尽量温和的语气宣布：'我叫托斯丹·凡勃仑。'"[2] 两年后，劳克林和他的这位门下一起转到芝加哥大学任职。

当时凡勃仑刚过而立之年，和卡尔顿学院院长的侄女结婚也有好几年了，他一边忙着著书立说，登台授课，一边不忘拈花惹草。三个女人里就有两个会着了他的道。

我们还是从著书立说这条开始说吧。他写了许多主题稀奇古怪的评论和文章，如《妇女服装的经济学理论》（The Economic Theory of Women's Dress）和《女性的未开化状态》（The Barbarian Status of Women）。至于他的授课，则充斥着含糊其词，以及对他学生的戏弄、嘲讽。他还怂恿他们放弃课程，并很高兴地看到大多数学生确实放弃了。这个有着虐待狂倾向且态度傲慢嚣张的男人会在学期开始时就在黑板上写满书名，然后宣布下周的考试将涵盖所有这些书。他几乎总是给学生打 C，以打击那些以成为优等生为目标的人。至于拈花惹草，他的风流韵事的具体细节仍然不为人知。

对有闲阶级的嘲弄

不管凡勃仑在课堂内外的行事如何乖张，有一件事是肯定的：他的第一本作品《有闲阶级论》(The Theory of the Leisure Class, 1899)证明，说话含糊不清的人也能写出整洁质朴的散文。该书副标题为《关于制度的经济研究》(An Economic Study of Institutions)，凡勃仑在书中对新古典经济学的需求模型进行了大肆抨击。根据凡勃仑的说法，新古典经济学家假设每个消费者会独立地衡量购买一件商品的成本和收益。而在之前的一篇文章中，他用一种更加耸人听闻的、多重隐喻式的语言指出："享乐主义关于个体的概念是将人视作以闪电般速度计算快乐与痛苦的计算器，他像一个追求快乐的、摇摆的同质小球，外界的刺激使他移动，但不会使他有所改变。"[3]

这种模型为什么大谬不然？因为个体并不是一个独立的"小球"。每个人在决定其动向之前都是先观察其他人如何行动。除了少数潮流引领者和反社会者外，大多数人要么想着不落人后，要么至少也会时刻关注别人的动向。个体对商品效用的评估，部分取决于邻居对他所购商品的看法。一位最讲究时髦的主人在聚会上用鱼子酱招待宾客，那些对有幸受邀赴宴感到受宠若惊的客人大概会开口称赞这些咸鱼卵的美味。但有多少客人"真的"喜欢鱼子酱胜过冰激凌或巧克力饼干呢？

凡勃仑的尖刻评论也适用于时尚界。可怜一下那些至今还穿着涤纶休闲西装在华尔街上漫步的家伙吧。有人会取笑他们的落伍："你这套衣服得'杀'多少聚酯纤维才能做出来呀？"但休闲西装曾经很时髦。休闲西装变了吗？并没有，变的是时尚。

凡勃仑在《有闲阶级论》中进行了一项冗长的人类学研究，提及了日本虾夷的阿伊努人、印度尼尔吉里丘陵的托达人和澳大利亚的布须曼人。部分仰仗刘易斯·摩根（Lewis Morgan）和弗朗茨·博阿斯（Franz Boas）——著名人类学家玛格丽特·米德（Margaret Mead）的导师——等人的研究，凡勃仑发现了一种"攀比本能"（emulatory instinct）。他宣称，毫无疑问，人们总觉得这山望着那山高，托达人也总是在努力赶上其他托达人。

当然，自我保护是人类最原始的本能。但在进化过程将黑猩猩和人类分开后不久，后者便开始用财产所有权来判断他们的社会地位。掠夺者不仅聚敛了财富，还赢得了社会的尊重。

到后来，一个人"如何"获得财产变得很重要。如果一个人靠劳动和汗水积累财产，他就不会受到夸赞。根据凡勃仑的说法，如果一个家庭不流一滴汗水就能日进斗金，他们就会在群体中赢得钦佩和效仿。"有闲阶级"（leisure class）便由此诞生了。凡勃仑所描绘的场景中，富人在游泳池旁悠然自得的样子，手边还有一杯插着小伞的饮料，而他们期待的是来自别人的艳羡目光。他认为手杖就是一个极佳的身份符合因为一个人拿着手杖而不是扳手，就说明他手边有大把的闲暇时光。

20世纪80年代，一家止汗剂公司通过纪念凡勃仑宣传了以下跻身上流社会的黄金法则："永远不要让他们看到你流汗。"汗流浃背的人暴露了他的平庸，毫不费力的优雅才是人生目标。贵族应该一提到出汗就不寒而栗，就像一个制作蛋奶酥的糕点师把烤炉门关得重了点就心头一颤，生怕自己的糕点受到震颤。

凡勃仑给出了两个引人注目的例子，以说明休闲阶级如何努力维持他们的非工作状态。第一个，"据说波利尼西亚地区的某些酋长，为了保持尊严，他们宁可挨饿，也不肯用自己的手把食物送到嘴里。"第二个"更好的或者至少是更加不会发生误解的例证：据说法国某国王由于要遵守礼节，不失尊严体统，拘泥过甚，竟因此丧失了生命。这位国王在烤火，火势越来越旺了，而专管为他搬移座位的那个仆人刚巧不在身边,他就坚忍地坐在炉边,不移一步,终于被熏灼到无法挽救的地步。"[4]

除了"炫耀性有闲"(conspicuous leisure),凡勃伦还对"炫耀性消费"(conspicuous consumption)嗤之以鼻。在我们的现代文化中,这样的例子数不胜数。过去的衣服都在里面贴商标,不让人看到。如今,从衬衫、领带,再到女装上衣甚至内裤后裆,都已经被标着设计师姓名的商标占领。当然,这是为设计师做的免费广告。更重要的是,这是"消费者买单"的付费广告。如果一件衣服上印着拉尔夫·劳伦(Ralph Lauren)的大名,就是在告诉全世界,穿着它的人可以买得起昂贵的衣服。这不禁让人遐想,如果一件高档毛衣上印的是这位设计师的原名"拉尔夫·利夫希茨"(Ralph Lifschitz),又会是什么情景。在电影《回到未来》(*Back to the Future*)中,20世纪50年代的女学生认为她那名来自未来的朋友的名字是加尔文(Calvin),因为他穿的牛仔裤上印的就是这个名字。

汽车提供的显然不仅仅是代步工具。据喜剧演员杰基·梅森(Jackie Mason)说,凯迪拉克(Cadillac)被认为是全美国最好的车之一。当然,比弗利山庄或是长岛西达赫斯特这两个地方得除外。在这两个小地方,所有的体面人都拥有一辆奔驰,而凯迪拉克则显得不合时宜。没人愿意因为自家车道上停了一辆凯迪拉克而被人戳脊梁骨:"哦,这不是我的……我不知道这车是谁的,也许是我那个俗气邻居的?……肯定有人昨晚把它落在那里了……我现在就叫垃圾工把它拖走。"他们为什么喜欢奔驰呢?他们坚称是因为奔驰体现的"工程美学"。但这些"工程爱好者"可能连烤面包机怎么操作都不知道,更不用说一辆价值7万美元的汽车了。

根据华盛顿的坊间传说,参议员埃弗雷特·德克森(Everett Dirksen)是华盛顿特区第一个在车里装电话的人,他很喜欢给对手打电话,炫耀自己在车里就可以通话。其中一名对手,参议员林登·约翰逊（Lyndon Johnson）对此大为光火。于是他在车里安装了一套更好的电话系统。电话一装好，约翰逊立马就给德克森打电话。他们交谈了一分钟，然后约翰逊吼道："抱歉，埃弗雷特，你得稍等一会儿。我的'另一条'线上有电话打进来！"

起初，凡勃仑的敏锐观察更容易涉足社会学，而不是经济学。然而，1950年，哈维·莱宾斯坦（Harvey Leibenstein）教授发表了一篇名为《消费需求理论中的跟潮效应、逆潮效应和凡勃仑效应》（*Bandwagon, Snob, and Veblen Effects in the Theory of Consumer Demand*）的文章[5]，将凡勃仑的理论应用于经济学。他指出，通常情况下，马歇尔的需求律起主导作用，商品价格下降导致其需求增加。但对于某些商品，也就是所谓的"凡勃仑商品"（Veblen goods），消费者的需求是由商品的用途和消费者认为其他人会以为她所支付的价格——即他期望的"炫耀性价格"（conspicuous price）——共同决定的。不久前，宾夕法尼亚州的乌尔辛纳斯学院（Ursinus College）将其学费提高了近18%。为什么呢？它想提高自己的声望。令人惊讶的是，此举竟也使该学院的申请人数增加了35%。学院院长称，"这真是匪夷所思，也让人颇为难堪。"[6] 如果古驰（Gucci）手提包的市场价格下降到在任何一家百货商店都能买到，我们恐怕很快就会看到其销量减少。他们将失去自己"凡勃仑式"的吸引力。你穿着凯马特（Kmart）买来的廉价衣服去乡村俱乐部肯定不受待见，而如果开着凯迪拉克去比弗利山庄找代客泊车服务生，你也一样会遭人白眼。

工程师的创造动力

生产者知道，嫉妒和来自同侪的压力会迫使消费者采取行动。

根据凡勃仑和他的追随者们的说法，商人们会花更多的时间提高产品预期的炫耀性价格，而不是提高其实用性。制度学派认为，这是一桩憾事，是对时间和人才的浪费，导致产品愈发劣质而广告却愈加花言巧语。

这也是对自然内驱力的一种扭曲。和马克思一样，凡勃仑推崇的是创造的冲动，是改进技艺的本能。不幸的是，随着炫耀性有闲和炫耀性消费在社会上蔚然成风，创造欲望备受打压。

凡勃仑回避了马克思的阶级斗争分析。[7]在他看来，敌人不是资本家，英雄也不是劳动者。他在剧本里塑造了不同的角色：反派是商人（不管他们是否拥有公司），正派则是工程师。在现代社会，只有工程师才能迸发出创造、改进和生产的冲动，对他们颐指气使的商人则扼杀了创造力。商人热衷于炫耀性消费，他们生产商品只有一个原因：为了赚钱。如果他们不生产任何产品就能赚钱，他们会更乐意的。我们来对比一下工程师和商人的梦想。工程师每天晚上睡觉时，口袋里装着笔，手机里装着CAD/CAM软件。他的美梦是发明一种完美的、绝对高效的马达。商人则穿着细条纹睡衣上床睡觉。他梦想着大众突然发现他的"老"产品很时髦。这样一来，他不用在新技术或创新思想上投一分钱就能赚到数百万美元。

IBM的历史便是其创始人老托马斯·沃森（Thomas Watson Sr.）和他的儿子小托马斯（Thomas Jr.）之间激烈乃至疯狂的斗争史。20世纪50年代，老沃森希望公司继续销售打卡机。他的儿子则聘请了新工程师，力促公司开发电子计算机。老父亲担心计算机会让IBM利润丰厚的打孔卡片过时。而作为总裁，他儿子几乎把公司所有的资产都押在了计算机业务上。IBM在这场激进的变革中幸存了下来，但父子的个人关系却不复从前了。[8]教训便是：与其等待竞争对手把你淘汰，不如自己先淘汰过时技术。

凡勃仑认为，20世纪科学工程师的崛起将导致资本主义哲学基础的崩溃。凡勃仑期望机器能够赋予人们现代性思想，并引发对资本主义迷信和教义的怀疑。因为工程师，甚至是地位较低的机器操作员，在与机器的互动中所见皆是科学关系，凡勃仑认为他们会起而反抗对上帝、国家和私有财产的象征主义，繁文缛节和抽象集体信仰：

因此，机器工业的纪律在工人的生活和思想习惯中灌输的是有序的规律性和机械的精确性；在智力上的结果是工人们习惯性地诉诸可测量的因果关系，同时相对地忽视和贬低那些不符合上述因果关系的智能运用。[9]

凡勃仑预言，在工程师和管理者的冲突中，被摧毁的将不仅仅是这个社会的哲学基础。资本主义经济也会趋于衰败破灭。工业巨头们力求获得高额利润。为达成这一目标，有两条路可选：第一条路是以垄断的方式限制产量，第二条路则是降低生产成本。由于商人对机械运作原理知之甚少，他们忽视了效率。凡勃仑抨击了这种"牺牲效率的公正"（*conscientious withdrawal of efficiency*）。管理者在老技术上投资之后，他就更倾向抑制生产，裹足不前，相比之下，工程师渴望进步；管理者更喜欢廉价的、装点门面的商品差异，而工程师想要满足需求；工程师想造出一个更好的捕鼠器，管理者却想要诱骗消费者掉进他打造的"捕鼠器"。由于强调短期的经济获益，商人和金融家实则阻挠了长期的经济增长。

凡勃仑认为，政府能管理那些强盗大亨式商人的希望十分渺茫。事实上，为时已晚，因为商人们已经拉拢勾结了政府官员，两者沆瀣一气："代议制政府主要意味着代表商业利益。"[10] 尽管对新古典主义经济学提出了批评，但凡勃仑有时也会附和亚当·斯密，尤其是在贸易限制方面：

当国家政府担负着国家商业利益的普遍管理责任时（在文明国家中总是如此），根据这种情形的本质即可以推断，国家的立法者和行政当局在管理日常工作中必定对所谓'必要的少量破坏'承担一定责任，因为这种破坏活动正是出于商业目的而用商业方法进行工业生产时所无法避免的。政府的立场只是惩罚无节制的……非法勾当。[11]

对政府如此，而对工会及其领导者，凡勃仑也并未高看一眼。他宣称，工会和商人一样，也在阻碍效率，破坏经济。工会与其说是在帮助普通工人，不如说是踩着那些非工会雇员的后背来增加自己的工资：

这些普通公会成员……致力维护的，是工会组织给他们带来的既得利益特权和津贴。他们显然被一种情绪所蛊惑，即只要维持既定的安排，他们就会比普通工人多得到那么一些。[12]

在《工程师与价格体系》（Engineers and the Price System）一书中，凡勃仑推测，工程师们可能会对这种浪费和恶意破坏行为感到厌恶，从而推翻他们的老板，掌管工厂车间和董事会。毕竟，是管理者更需要他们，而不是他们更需要管理者。只占人口1%，而且在大学里从没修过政治课的技术专家，成了凡勃仑版理想国中的"哲人王"："将……控制权交给为谋取私利而怀有异心的商人，或者将其持续管理的任务委托他人，而不是经过适当培训，且不追求商业利益的技术专家和生产工程师的做法，都将不再切实可行。"[13]

和马克思一样，凡勃仑也不知道这些新统治者会做什么。但他确信，他们不会做得更糟。

凡勃仑笔下的工程师和商人似乎代表了两个完全不同的物种，但随着时间的推移，这种论调似乎愈发牵强。根据《财富》（Fortune）杂志的一项调查，企业首席执行官中有许多人是在工程实验室初入职场的[14]，而在如今的工商管理硕士（MBA）学生中工程师也占很大比例。亚马逊、奈飞和谷歌的首席执行官们，都拥有工程学或计算机科学学位。微软（Microsoft）和元宇宙（Facebook）的创始人

第 8 章 | 新旧制度主义者

虽都从大学辍学，但我认为比尔·盖茨和马克·扎克伯格（Mark Zuckerberg）这样的聪明人要通过哈佛的课程考试也绝非难事。当 2020 年新冠疫情暴发时，美国医院急需呼吸机，于是拥有经济学和物理学本科双学位的埃隆·马斯克指示他在特斯拉的工程师们用货架上的汽车零部件制造呼吸机。在一周之内，他们就将造车用的软管、阀门和传感器改头换面，制造出了用汽车娱乐资讯系统作为操作系统的原型机。原本用来播放说唱音乐的屏幕，如今显示的是氧气水平和心跳。这是一次惊人的商业、科学和工程智慧的交融与共享。

凡勃仑还想当然地认为，大权在握的工程师不会屈服于自身利益。但他们为何就不能像他们所取代的寡头们那样卑鄙呢？工程师们真就更加仁慈，且永远富于创造冲动吗？2019 年，由于软件缺陷导致 737 Max 客机坠毁，波音公司解雇了其首席执行官。波音公司在推广新机型和培训飞行员等方面操之过急，结果弄巧成拙。而他们的首席执行官从大学实习时就开始担任波音公司的航空工程师。

凡勃仑并没有建立一个精细的经济模型。他也不认为有任何人能做到这一点，包括他自己。因此，他把更多时间用在推翻他的前辈们所建立的精致理论上。阿尔弗雷德·马歇尔将非货币因素都置于一个名为"其他条件不变"的"收容栏"里，而凡勃仑则表现出了亲自到这个栏里查探一番的勇气，他想看看那些被马歇尔假定"保持稳定"的因素（比如品位）到底是什么模样。凡勃仑嘲笑那些对经济学中不可预测的人性一面装作视而不见的经济学家。亨利·福特（Henry Ford）曾回忆说，他只见过约翰·D. 洛克菲勒一次："但当我看到那张脸时，我就知道是什么成就了标准石油公司。"人们无法量化一张脸，也无法预测老板的表情会如何改变车间的生产率。

今天读凡勃仑的文章仍让人觉得饶有趣味。他最杰出的学生描

— 227 —

述凡勃仑写作时是"一只眼睛盯着他分析的科学价值,另一只眼睛则盯着因他的嘲讽而局促不安的读者。"从凡勃仑的著作中学习,就像在没有麻醉的情况下被活体解剖。不是每个人都受得了这种感觉,[15] 但没有人能忘记它。凡勃仑并未离我们远去。每次当我们这些可怜的粗鄙之人在寒风冷雨中苦等一辆迟迟不来的公共汽车,而某个大人物却坐着一辆有彩色玻璃车窗的加长豪华轿车张扬跋扈地飞驰而过时,托斯丹·凡勃仑那带着揶揄意味的阴险笑声就会回荡在我们耳边。

加尔布雷斯与广告的诱惑

在凡勃仑的启发之下,他的弟子中涌现了不少杰出人物,包括韦斯利·米切尔(Wesley Mitchell)、约翰·R.康芒斯(John R. Commons)和社会学家 C.赖特·米尔斯(C. Wright Mills)。但如果从公众知名度考量,这些追随者中真正继承了凡勃仑式毒舌和嘲讽本领的,当属约翰·肯尼斯·加尔布雷斯。在他漫长的职业生涯中,加尔布雷斯采取过许多有争议的经济立场。而他的同事们承认,他在两个领域无可争议地占据着主导地位:身高和幽默。加尔布雷斯出生在加拿大农村,他在出身这一点上和凡勃仑颇为合辙。他曾写道,一个好农民需要的是坚强的脊背和羸弱的头脑。

加尔布雷斯于 2006 年去世,享年 97 岁。他在美国度过了漫长的职业生涯,担任过哈佛大学教授、总统顾问、小说家和社会评论员等诸多身份,而且其中的许多头衔是同时拥有。因此,许多经济学家嘲笑他的著作是肤浅的、半吊子的经济学。要顶着这么多头衔,你既得有一个大脑袋,还需要不止一个大脑。他们暗讽道,也只有凯恩斯那样的天才才能侥幸成功。

| 第 8 章 | 新旧制度主义者

加尔布雷斯并未自诩有超人的才能。据说,当杜鲁门总统打电话给加尔布雷斯,请求他帮助调节工资和物价时,年轻的加尔布雷斯畏缩了:"总统先生,我肯定至少有 10 位经济学家比我更有资格做这事。"

"该死的,是有!但是他们没有一个人愿意干这事儿!"

加尔布雷斯接受了这份工作,并发展了一种适用于大政府的政治和经济哲学。在他的《富裕社会》(The Affluent Society,1958)、《新工业国》(The New Industrial State,1967)和《经济学与公共目标》(Economics and the Public Purpose,1973)三部主要著作中,加尔布雷斯猛烈抨击了现代资本主义及其主要辩护者——新古典经济学家。加尔布雷斯作品的嘲讽对象与凡勃仑如出一辙。面对巨大而贪婪的公司,怎么还会有人相信斯密式的自由竞争呢?对他来说,马歇尔的竞争理论的荒诞程度,比起小仙女、圣诞老人和白雪公主也不遑多让。加尔布雷斯认为,只有那些坐井观天的智力侏儒才会否认通用汽车这样的巨无霸所拥有的强大力量。

怎么还会有人相信所谓的"消费者主权"(consumer sovereignty)——也就是说,消费者决定生产什么而公司只能欣然从命——这种神话故事呢?加尔布雷斯认为此间因果恰恰相反:是企业塑造消费者来满足他们的销售需求。

想象一下如下场景。你走进一家超市去买"可可泡芙"(Cocoa Puffs)牌麦片,就像广告里说的一样,你是"嚷着要吃可可泡芙的傻杜鹃"[①]。此时加尔布雷斯大步走进来,买了一种无商标的、健康的、无糖的、无味的糠粉麦片来填饱肚子。在等待收银的队列里,你转身对加尔布雷斯说:"我早上真的不能没有可可泡芙。我是真的

---

① "可可泡芙"的品牌吉祥物为一只卡通杜鹃鸟,因杜鹃(cuckoo)与可可(cocoa)发音较接近。——译者注

喜欢吃。"

加尔布雷斯则大声反驳。他区分了"需要"和"想要"。你并不"需要"可可泡芙，所有的需要都来自内在，吃可可泡芙并不是某种天生的冲动。你只是"想要"麦片，而"想要"的重要性是不如"需要"的。所以，加尔布雷斯认为，那个决定你想要吃可可泡芙欲望的，并不是"你"自己，而是麦迪逊大道上的广告商。广告和推销术"与个体自主决定欲望的观念相龃龉，因为它们的核心功能是创造欲望——带来以往并不存在的欲望"。[17]

加尔布雷斯认为他已经推翻了马歇尔的"需求边际效用"理论。因为市场并不理解"消费者"对商品的真实需求，因为那形成于消费者的内心深处，它所解读的，只是蛊惑人心的广告商植入的人为欲望。加尔布雷斯称之为"依赖效应"（*dependence effect*）。

他并没有止步于一个简单的论断，又继续推断出一个惊人之论：由于是企业发明"欲望"并将其灌输给消费者，而这种欲望并不紧迫，因此政府应该限制私人消费，并使用资源来改善公共设施。针对豪华轿车穿行于破败公园和贫民窟间的社会现象，加尔布雷斯予以了痛斥，他断言，从个人角度看，美国在令人作呕的自私的富裕中纸醉金迷；从公共角度看，美国却在匮乏中食不果腹。美国人并不"真正"想要这种不平衡。他们是受了公司的蛊惑。

加尔布雷斯预言，除非政府采取民主社会主义和计划经济的原则，否则我们将面临一个更加面目可憎的未来。他预测，随着技术取代工人，会有更多的失业，更多的污染，而更多家庭则充斥着"新改进的"无用噱头。谁会真的需要带动作感应的挤牙膏器呢？直接用手挤牙膏很难吗？

加尔布雷斯的批判言论正中新古典经济学的神经中枢。在他眼中，边际效用分析就像《绿野仙踪》一样荒诞不经，而马歇尔就是个没有头脑的稻草人。

但在这个故事里，谁会从东方飞来扮演"好女巫"，给加尔布雷斯的理论泼上一盆冷水呢？① 此人便是弗里德里希·冯·哈耶克（Friedrich von Hayek）。

在《"依赖效应"的臆断》（The Non Sequitur of The "dependency Effect"）一文中，哈耶克驳斥了加尔布雷斯的说法，即所有重要的需求都来自内在，只有少数需求是真正发自天性。加尔布雷斯的意思难道是生活中只有"食与色"是重要的，而其他所有的关切都是微不足道的欲望吗？哈耶克质问，为什么欲望受到环境的影响，就应该以此否定欲望的重要性？

如果加尔布雷斯的逻辑是正确的，那文化也是不足挂齿的。在18世纪，没有人一觉醒来后会说："伙计，我想听莫扎特的交响乐。"是莫扎特创作了他的音乐，然后唤起了别人对他的音乐的渴望。他的音乐仅仅是富人的奇巧玩物，还是对人类文化重大而不可磨灭的贡献？

多年来，公共广播系统一直在宣传"法国大厨"朱莉娅·查尔德（Julia Child）的节目，梅丽尔·斯特里普（Meryl Streep）后来还主演了她的传记电影。在她的节目开播之前，有没有观众会在半夜醒来，渴望一个高个子、傻乎乎、声音滑稽的女人教他们做饭？当然没有（噩梦除外）。

我们所说的文明很大程度上正是外部因素争夺大脑注意力和情感的反映。

加尔布雷斯呼吁建立更多的公立学校。而这些学校想必会花很多时间教授"无关紧要""外部诱导"的东西，比如文学和音乐。

毫无疑问，现代家庭充斥着各种不实用的愚蠢玩具、小家电和

---

① 此处的"稻草人""好女巫"都是《绿野仙踪》中的人物角色，而书中的"坏女巫"的弱点就是怕水，最后被主角意外用水泼死。——译者注

消遣噱头。但加尔布雷斯能提供什么可能的补救措施，而又不显得专横或自相矛盾呢？对消费品的简单禁令显然过于独断。相反，加尔布雷斯可能会主张取缔消费品广告。在 2020 年总统竞选期间，参议员伯尼·桑德斯（Bernie Sanders）就建议对 Facebook 和其他媒体上的定向广告征税。[19] 要是采纳加尔布雷斯的建议，领导者可能会恳求公众更明智地花钱，而不要太张扬炫耀。领导者还可以说服民众为公共产品贡献私人财富。但这些建言与加尔布雷斯自己的原则矛盾！通过倡导更审慎的消费和提供更多的公共产品，领导者将逐渐给民众灌输新的"外部诱导""非紧迫"的需求。广告，无论是出自政客还是推销员之手，都仍然是广告。

此处对加尔布雷斯的评论，并不是说政客们不应该提倡建立公立学校，但加尔布雷斯不应该在未承认他的"依赖效应"理论有缺陷的情况下鼓动政客们如此施为。

加尔布雷斯可能夸大了广告的力量，这是一个复杂的问题。在同质产品之间展开的广告战，其区别仅限于广告曲和撩人的广告模特，这种情况无疑是一种资源的浪费。然而，许多广告在其炫丽外表下还是传递了一些有用的信息。是否可以认为，其花里胡哨的外表仅仅是为了吸引观众的眼球，而实际上促成产品销售的仍是其内含的信息呢？

一项关于广告和眼镜的著名研究表明，在允许眼镜商做广告的州，眼镜的售价比禁止做广告的州低 25% 到 30%。[20]

人们会只听信广告的花言巧语吗？美国的营销史上有很多失败的案例，比如艾德赛尔汽车（Edsel）、影片《飞越迷城》（*Ishtar*）和亨氏（Heinz）的彩虹番茄酱。企业营销部门为追赶美国公众的喜好已是倾尽全力，哪还有余力引领他们？据《华尔街日报》报道，运动鞋制造商会在市中心试销他们的产品，因为城市青年经常成为文化潮流的引爆者。1986 年，一款名为"英国骑士"（British Knights，简称 BK's）的运动鞋崭露头角，其销量一路飙升。可后来当地街头帮派莫名其妙地将品牌名谐称为"兄弟杀手"（Brother Killers），导致品牌销量开始直线下降。[21]

即使一个引人注目的商业广告说服消费者购买产品，比如一个特定品牌的洗发水，但如果消费者发现这款洗发水反而使她的头发更加脆弱，她还会第二次购买吗？大多数平面和在线广告展示的产品都是靠回头客、客户忠诚度等来维系自身的。这些商品不是一锤子买卖。生产者不可能只卖一次洗发水，然后留下他们秃头（或是对商品不满）的顾客自己跑路。另外，汽车等"高价"商品的广告则呼吁消费者试驾产品。只有愚不可及的人才会看一眼电视屏幕上的别克车广告就去买辆一模一样的。

我的这些观点并非为欺诈广告辩护，也不能否认它的存在。但是大多数的广告商并不是为了赚快钱而不择手段的人。加尔布雷斯自己也写道，公司更关注市场份额，而不是快速获利。而劣质产品会很快失去市场份额。

其实，许多人像加尔布雷斯一样，对现代资本主义赋予现代消费者的选择感到不安。面对如此广泛的选择，许多人在心理上也感到有些无所适从。伴随着选择而来的是对选择的责任和维持其存在的焦虑。我们是选择佳洁士（Crest）还是水晶莹（Aquafresh）？是皓清（Close-Up）、特洁（Ultra Brite）还是高露洁（Colgate）？我们可以把我们的最终选择归咎于广告商的诱惑。当然，区区牙膏是不值一提的小事。让我们考虑其所涉及的更重要原则。如果加尔布雷斯是对的，那对一些重大事件，比如是支持丘吉尔还是戈培尔① （Goebbels）的问题上，人们是否可以认为自己的选择居功至伟呢？加尔布雷斯的批评表面上是针对广告的。但更重要的是，它关乎人

---

① 德国政治家保罗·约瑟夫·戈培尔，宣扬纳粹主义。——译者注

的本质。我们比巴甫洛夫的狗更自由吗？如果答案是否定的，那加尔布雷斯就是对的，而新古典主义经济学就错了。

加尔布雷斯很高兴自己能与托斯丹·凡勃伦相提并论。他们有很多共同特点，包括对现代文化和资本主义的嘲讽。但他在另一点上也与凡勃伦相似，那就是模糊性。他们都没有发展出经济学家可以仔细检验甚至可以模仿的范式或方法。制度主义者似乎满足于批评和观察。如今他们的研究成果多发表在《美国经济学与社会学期刊》（American Journal of Economics and Sociology）和《后凯恩斯主义经济学期刊》（Journal of Post Keynesian Economics）上。后一本期刊的投稿人还受到意大利经济学家皮耶罗·斯拉法（Piero Sraffa）、波兰马克思主义者米哈尔·卡莱斯基和已故剑桥经济学家琼·罗宾逊的极大影响。

无畏的琼·罗宾逊

琼·罗宾逊（Joan Robinson）在20世纪70年代距离诺贝尔经济学奖仅有一步之遥。她于1903年出生在英国萨里郡的一个精英家庭，曾跟随年迈的阿尔弗雷德·马歇尔短暂学习，却热衷于在他的模型中寻找缺陷。她嫁给了一位名叫奥斯汀·罗宾逊（Austin Robinson）的经济学家，但很快在学术上超越了他，后来在爱情上也和他分道扬镳。1933年，她与哈佛大学的爱德华·张伯伦（Edward Chamberlin）同时发表了关于"不完全竞争"（imperfect competition）的重要发现，指出在某些情况下，只有少数公司可能在市场上行使非凡的权力（寡头垄断），或者同质化产品之间差异甚微，从而令它们之间的竞争程度降低。女诗人格特鲁德·斯坦因（Gertrude Stein）曾写过一句诗"玫瑰就是玫瑰"，但罗宾逊可能会说"咖啡就是咖啡,但如果星巴克的价格比富杰仕(Folgers)高出 5 倍,那它们卖的就不是同一种东西"。她和她在哈佛的竞争对手张伯伦将这种情况称为"垄断竞争"(monopolistic competition),并指出广告在区分品牌方面的力量。罗宾逊提出的最著名术语"买方垄断"(*monopsony*)曾出现在美国最高法院的"苹果诉佩珀斯案"(Apple v. Pepper)中。大法官布雷特·卡瓦诺(Brett Kavanaugh)在判决中表示,苹果可能拥有不应有的权力,因为它是与苹果操作系统兼容的应用程序的唯一买家,因此它从应用程序的收入中收取 30% 佣金抽成的行为可能被起诉垄断。一般所谓的"垄断"是指一个占主导地位的卖方,而罗宾逊则称一个占主导地位的买方为"买方垄断"。她在与一位古典文学教授喝茶时想到了这个希腊语风格的词。写出《不完全竞争经济学》(*The Economics of Imperfect Competition*)时,罗宾逊才 20 多岁,并很快就成为约翰·梅纳德·凯恩斯核心圈子的一员,而她的思想也开始被纳入标准教科书。凯恩斯圈内人的标志,就是他们对经济学和其他问题常有珠玑妙语,且不乏打破传统进行探索的勇气。他们如何集这些特征于一身?也许我们可以通过复述凯恩斯给他妻子讲过的一个故事来了解:他走进一间书房,让正在地板上滚作一团的罗宾逊"夫人"和她的学生理查德·卡恩(Richard Kahn)大吃一惊。说到这儿凯恩斯眨了眨眼睛,向他的妻子保证说:"他们只是在讨论《纯粹垄断理论》(*The Pure Theory of Monopoly*)而已。"[22]

那么,为什么这位活到 80 岁高龄,对微观经济学有再造之功,并且还被一位现任最高法院法官引用的罗宾逊夫人,却与诺贝尔奖失之交臂呢?即使是米尔顿·弗里德曼和保罗·萨缪尔森,她在知识界的两位劲敌,也都认为这份荣誉于她而言是实至名归。我想到了几个原因。第一,她反对经济学的极速"数学化",她说:"我从来没有学过数学,所以我必须思考。"作为 20 世纪 60 年代的学者,诺贝尔奖得主约瑟夫·斯蒂格利茨曾师从罗宾逊,但他们的关系变得

"乱糟糟"的,导致他很快就转投了一位数学专业的导师。第二,她似乎撤回了对自己早期不完全竞争研究的支持。第三,她在第二次世界大战后的政治理念似乎影响了她的经济学。

新制度学派与法律经济学

在约翰·肯尼斯·加尔布雷斯的一生中,他见证了旧制度学派的鼎盛和新制度学派的崛起。他当然更喜欢旧派。他们批评自由市场经济学忽视制度,抨击自由市场经济学家盲目依赖马歇尔主义对人类行为的假设。

而叛逆的新制度主义者几乎颠覆了凡勃仑和加尔布雷斯所做的一切。他们不是声称制度已表明马歇尔经济学的错误;相反,他们挥舞着马歇尔式的手术刀来解剖制度。所谓新制度学派,并不是一个轮廓鲜明的群体。他们大多数是经济学家,也有些是受过经济学培训的律师。他们因对社会制度的好奇心和对新古典经济学的信心而团结在一起。

新制度学派经济学家从一个基本问题开始:一个经济体开始发展需要建立什么样的结构?20世纪60年代,道格拉斯·诺思(Douglass North)——一名前商船船员,自称是加州大学伯克利分校的一名平平无奇的本科生——将经济学家引向了一个新的研究重点,即历史。他和他的同事们将这一专业称为"计量历史学"[cliometrics,以希腊历史缪斯女神克利奥(Clio)命名],并找出了许多旧数据,从18世纪船只的提货单到成捆棉花和成箱威士忌的收据,可谓多种多样。在20世纪60年代和70年代,芝加哥大学的罗伯特·福格尔(Robert Fogel)——他后来与诺思分享了诺贝尔奖——提出了一种有争议的、反直觉的统计研究,质疑铁路的重要性和奴隶制的经济意义。为了解释经济发展，诺思本人把目标对准了财产权和公民自由选择职业的能力。例如，他的理论认为，英国和荷兰之所以能领导工业革命，是因为这些国家的行业公会制度较弱，这使得工人更容易在不同的工作岗位之间流动。

如果我们回顾一下经济史之初的制度，我会说，当人们从事双方都受益的交易时，制度进步便已出现。这些交易就是"非零和交易"（nonzero-sum transactions）。在零和博弈中，一个人的所得就是另一个人的所失，比如，我刚偷了你的马车。甚至在希腊黄金时代之前，研究伯罗奔尼撒战争的历史学家修昔底德（Thucydides）就指出，如果没有商业，游牧民族就会恪守本色，从不在他们不断迁徙的领地里种植作物，也从不提高他们的生活水平。那么，是什么让非零和交易成为可能？在拙作《极速时刻》（*Rush*）一书中，我指出了四个因素：第一，要有一种具有"可强制执行合同"（*enforceable contracts*）的法律结构，无论这种执行力是来自部落领袖、法院系统还是社会舆论。第二，要有等待结果的意愿，也就是耐心（*patience*）。第三，要有一种允许人们衡量等待回报价值的"利率结构"（*interest rate structure*）。第四，也许是更重要的，"重复交易"（*repeat transactions*），或期待再次与某人打交道，这就是我所说的"重复法则"（*Rule of Repeats*）。当有人希望再次与你做生意时，他们不太可能欺骗你。在餐馆里，回头客比起"头回客"，给的小费也更多。重复法则将陌生人变成合作伙伴和交易对手。贸易促使人们更好地对待陌生人，并使社区扩大，这在很大程度上解释了为何贸易社会比前现代的农民社会暴力行为更少，以及为何当代欧洲的谋杀率可能是公元1300年时的十分之一，而预期寿命几乎是当时的三倍。[24]

约瑟夫·熊彼特，一个有着浮夸作风、怪异分寸感和敏锐头脑的人，教导人们现代经济增长依赖于企业家。熊彼特与哈耶克同属奥地利学派，20世纪30年代在哈佛大学定居。熊彼特与凡勃仑的观点鲜有相同，但他骨子里一定对异端邪说有天生的共鸣。他曾向一名图书馆管理员提出决斗挑战，以让他的学生有更多机会接触馆藏书籍，并吹嘘自己一生有三大抱负："我想成为世界上最伟大的经济学家，奥地利最出色的骑手，维也纳最完美的情人。好吧，在其中一个目标上我已经失败了。"熊彼特曾穿戴着马靴、披风、护脚和丝绸衬衫，信步前往教职员会议，他仿佛是从老派好莱坞电影中走出来的，埃罗尔·弗林（Errol Flynn）扮演的侠盗罗宾汉身边的贵族伙伴。但熊彼特可不仅是一个花花公子。他也是20世纪最博学的经济学家。即使是成就斐然，让熊彼特颇有"既生瑜，何生亮"之感的凯恩斯，在学问广博程度上也无法与熊彼特相匹敌，熊彼特通晓德语、法语、英语、意大利语、拉丁语甚至古希腊语的经济学文献。

在1932年移民美国之前，熊彼特曾出任两个重要职位，但之后均被迫下台：一个是奥地利财政部部长，另一个是比德曼银行（Biedermann Bank）行长。他被赶下台的原因并不难理解。作为银行行长，他租了一座城堡，给自己开了一大笔薪水。当被要求低调行事时，他却租了一辆露天马车，在中午时分在维也纳的主干道上招摇过市。[25]当然，熊彼特的经济增长模型并不依赖于城堡和大银行。相反，他认为企业家是打破现状的经济驱动力，他们会在"创造性破坏"（creative destruction）的风暴中带来新想法（他理想中的企业家形象与他拥有纺织厂的祖父和曾祖父十分相似）。熊彼特认为凡勃仑对商人的看法是错误的，并指责凡勃仑构建的是"企业收益掠夺理论"（depredation theory of entrepreneurial gain），将作为关键人物的企业家看作是毫无意义的寄生虫。[26]与加尔布雷斯不同，他并不担心大公司，因为他认为这些企业迟早会被市场新贵们打败。与此同时，占主导地位的大公司可以将其超额利润投入创新。即使得知1955年《财富》500强中的公司有90%到2020年都将不再位列其中——要么被兼并，要么破产，要么资产萎缩到无法上榜——熊彼特也不会尽管熊彼特鼓励纯经济理论，并协助建立了计量经济学会，但他本人对人类社会认识之广博，却是枯燥的数学符号所无法涵盖的。事实上，他在《经济发展理论》(*The Theory of Economic Development*)一书中对企业家的描述似乎更多地源于马克斯·韦伯和弗里德里希·尼采(Friedrich Nietzsche)，而不是亚当·斯密和大卫·李嘉图："首先，我们有建立一个私人王国的梦想和意愿，"他写道，"然后是征服的意志：战斗的冲动，证明自己比别人优越……最后，还有创造的乐趣。"[27] 韦伯认为新教的工作伦理（尤其是加尔文主义）刺激了资本主义的发展，尽管熊彼特尊重韦伯，但他也敢于公开反对自己的前辈。在一次发生于咖啡馆的争吵中，韦伯谴责俄国革命，而熊彼特则称赞它是一个"优秀实验室"所做的实验。最后，韦伯叫道："我再也受不了了！"，而后愤然离去，而熊彼特则平静地又要了一杯酒，一副不以为然的样子。

虽然现在很少有大学生读过熊彼特的《经济发展理论》，但仍有成千上万的人在继续研究他的《资本主义、社会主义和民主》(*Capitalism, Socialism, and Democracy*)，熊彼特在该书中提出了他最著名的疑问："资本主义还能生存吗？"我们将在最后一章讨论此书。

从第二次世界大战后开始，新制度学派的方法便侵入了法律界。尽管反垄断法总是涉及经济学，但经济学家却开始强迫律师和法官以阿尔弗雷德·马歇尔及其追随者的视角来审查几乎所有的法律裁决。法律的任何领域如今都被经济分析所渗透，今天没有一个法学教授能在没有接受经济学培训的情况下胜任教学。法律期刊和法院判决充斥着关于边际效益和边际成本的讨论，这些讨论还不仅仅是学术上的。有几位杰出的法律和经济专家在联邦法院任职，影响着数百万人的生活。没有人能逃过经济学家的法眼审视。即使是囚犯也会担心某个研究生会对监狱牢房进行经济分析，也许他会证明一种特殊的面包和水的饮食可以优化这些犯人的改造成功率。

1916年，大法官路易斯·布兰戴斯（Louis Brandeis）写道，"一个没有学习过经济学的律师……很容易成为公众的敌人。"[28] 不幸的是，美国每年都制造出成千上万的此类公敌。

让我们探讨四个非常重要的领域，在这些领域中，经济学家戏剧性地改变了对"过失""财产""犯罪"和"企业财务"的传统法律分析。

过失

大多数事故都属于"过失法"（negligence law）的范畴，也被称为"侵权法"（tort law）。每当有人踩到超市地板上的香蕉皮滑倒时，律师就希望以过失为由提起诉讼。"超市不应该把果皮扔在地板上。"诉讼律师会笃悠悠地如此说道，而他很可能会胜诉。

那么，个人或企业是否应对其处所发生的每宗意外负责？来看看另一个例子。一场风暴使米诺号的船长吉利根和船上的乘客落难到了一个棕榈岛上。岛上只有两个人类住民，但他们得和200只猴子分享这个岛屿，这202名"岛上住民"生产并出口香蕉利口酒。猴子们负责剥香蕉并榨汁。在这个过程中，他们把香蕉皮扔得整个岛都是。假设吉利根在岛上游荡时，踩到香蕉皮滑倒，那这家香蕉酒厂有过失吗？大多数法院会说没有。

在此处，超市和荒岛的主要区别是什么？第一，一个人经过超市的水果区过道的可能性很大，而一个船只失事者在荒岛上游荡的可能性很小。第二，监管超市的成本很低，而监管岛上猴子的成本很高。

在1947年的一个案件中，法官勒恩德·汉德（Learned Hand）利用这些概念对过失法进行了出色的经济分析。汉德确定了三个关键因素：事故导致受伤的概率（P），受伤或损失的程度（L）和预防事故的成本（C）。根据汉德的说法，如果受害者可能受到的伤害超过了避免事故的成本，那么就可判定行为人有过失。

因此，在代数表达式中，如果 P×L>C，则被告有过失。

在超市里，有人踩到地上的香蕉皮滑倒的概率很高，就暂且认为是 20% 吧。这对受害者的伤害很严重，比如产生两万美元的医药费、工资损失，还有各种不便。因此 P×L=4000 美元。如果超市本可以不到 4000 美元的代价阻止这场事故，那超市方就是有过失。只要给一个理货勤杂工手里发一把价值 3 美元的扫帚就可以避免事故了。

而在气候温和、棕榈繁茂的小岛上，一个遭遇海难的流浪者踩在香蕉皮上滑倒的概率非常低，也许只有 1%。即使伤害造成 2 万美元的损失，可能的损失或预期损失也只有 200 美元（0.01 × 20000 = 200）。只有当岛上的利口酒生产者能够以不到 200 美元的代价阻止这场事故时，他们才是过失方。当然，他们本可以通过在岛上设置围栏、标志和监控摄像头来防止事故的发生，但这些措施代价高昂。此外，猴子可能在围栏上受伤。汉德认为，生产者不应该浪费资金来预防发生概率极低的事故。如果法官宣布他们有过失，他就会鼓励他们浪费宝贵的资源。

为了使社会福利最大化，只有边际效益超过边际成本时，法院才应该鼓励人们在安全保障方面破费。因此，汉德的公式将马歇尔的逻辑引入了法律。

我们可以试图避免"一切"事故。为此，我们可以用泡沫橡胶把自己包裹起来，永远不离开家，也不开炉用火。但我们大多数人都同意承担一些风险。汉德帮助我们了解，自己面对的风险是高得离谱，还是低得可以忽略不计。在汉德提出这一观点后的 50 年里，律师和经济学家对他最初的公式进行了不断完善。尽管如此，这个最初的公式仍然正确地传达了现代过失法的立意。

财产

在过去的几十年里,法律和经济学者迫使法官承认了他们的法律裁决对不动产的影响。忽视经济学的法官有时会命令人们采取与法官意图完全背道而驰的行动。在下面两个例子中,学者们迫使律师、法官和立法者重新思考他们的分析:分别是科斯定理与租金管制。

1960 年,芝加哥大学的罗纳德·科斯(Ronald Coase)教授提出了一个强有力的经济分析工具。[30] 简而言之,科斯证明了产权的初始分配可能不会决定财产最终如何使用。让我们将这一"科斯定理"(Coase's Theorem)应用到妨害法上。假设歌手法兰克·辛纳屈(Frank Sinatra)开了一家夜总会。"瞌睡虫"西蒙(Sleepy Simon)住在他隔壁。每当辛纳屈唱出一个高音,西蒙的牙齿就会被震得咯咯作响,把他从床上震起来。西蒙将辛纳屈告到法庭,声称他有权睡个好觉。辛纳屈则声称自己有权唱高音。法官站在西蒙一边,关闭了辛纳屈的夜店。但根据科斯的说法,故事到这儿还没有结束。科斯定理预言,如果辛纳屈对夜店的重视超过西蒙对睡眠的重视,他就能再次高歌。如果辛纳屈认为他的夜店价值 100 万美元,而西蒙认为他的睡眠价值 10 万美元,辛纳屈就可能会收买西蒙,让他撤回控告。只要辛纳屈出价超过 10 万美元,西蒙就会接受。有了 10 万美元,西蒙可以安装隔音墙或购买高级耳塞。科斯定理指出,一旦产权被明确界定,财产就会得到最有价值的利用。一旦法官明确赋予西蒙熟睡的权利,辛纳屈就可以购买这种权利,或者收买西蒙令其放弃睡眠或搬到其他地方。即使法官给了西蒙让辛纳屈闭嘴的权利,辛纳屈也可能会再次引吭高歌,只要他足够珍惜自己飙高音的权利。

所以辛纳屈和西蒙会以 10 万美元到 100 万美元这个范围内的价格达成和解。如果西蒙坚持非要拿 100 万美元以上,辛纳屈就不会付钱，也不会再唱歌。如果辛纳屈的出价低于 10 万美元，西蒙也会拒绝。如果法官判决辛纳屈胜诉，认为他有权唱高音，而不必管他的邻居是否睡得着呢？辛纳屈有可能即使打赢了官司也唱不了歌吗？答案是"有可能"。如果西蒙对睡眠的重视超过了辛纳屈对唱歌的重视，西蒙也会掏钱收买辛纳屈，以换取后者的沉默。根据科斯的说法，法官最初的分配并不能决定最终会发生什么。它只决定谁可以买，而谁可以卖。崇拜辛纳屈的粉丝可能会花钱请他唱歌，而他的邻居也可能会花钱请他闭嘴。

科斯将同样的分析应用于造成污染者。毕竟，在某些人看来，高亢的嗓音可能也不过是另一种形式的污染，排放烟雾的工厂可能会激怒周围的居民。但是，如果工厂对自己排污权的估价超过其邻居对清洁空气权的估价，或者如果工厂愿意付钱让临近居民迁往别处，工厂就可以继续排污。要点是：如果法官认为通过分配一项权利，他们就能决定最终会发生什么，那么他们的行为就是愚蠢之举。

有时，我们不可能事先知道邻居的行为是正面的还是负面的"外部性"。2003 年，由著名建筑师弗兰克·盖里（Frank Gehry）设计的沃尔特·迪士尼音乐厅（Walt Disney Concert Hall）在洛杉矶大张旗鼓地揭幕，这一建筑以几乎垂直交错的不锈钢结构而著称。起初，附近的居民以为这个造价 2.74 亿美元的地标奇观会提升他们的房产价值。然而当太阳出来后，盖里的不锈钢建筑表面把光线如同激光一样反射到附近公寓里，让室内温度飙升，把人行道烤到 60 摄氏度，灼烧行人的皮肤，好像他们是放大镜下的蚂蚁。音乐厅的员工们还看到过垃圾桶被点燃，锥形交通路标被烤得融化。音乐厅的管理人员只能对其闪闪发光的外立面进行喷砂处理，试图将其负外部性转化为正外部性。

与汉德的过失理论一样，科斯定理也受到过攻击，并经历不断完善。批评者的主要攻击点是该理论假设人们可以相互收买贿赂，而无须大量的交易成本。这在许多情况下并不成立，特别是在大量家庭受到污染影响的案例中。这些家庭不太可能有效地组织起来与造成污染者讨价还价。当一种外部性影响到大众时，他们可能会游说政府对这种行为征税——征收"庇古税"（Pigou tax），就像我们在之前马尔萨斯的章节中所讨论的那样。尽管存在这些复杂因素，但科斯定理似乎是对法律决策可能影响个人的行为方式的一个卓越而又新颖的洞见。他的方法过于新颖，以至于他那些最为博学的同事们都认为这是错误的。乔治·斯蒂格勒回忆道，科斯曾向芝加哥大学的21名教员提出过这个观点，结果他们都认为这是愚蠢的异端邪说。在姐夫米尔顿·弗里德曼的家中进行了两个小时的辩论后，科斯逐一说服了他们中的每一个人。斯蒂格勒回忆说，这是一个"令人振奋的时刻"，"他后来哀叹我们没有先见之明，竟然没把这场景录下来"。[31]

经济学家还仔细分析了另一个不动产问题，即城市租金管制法规。那些知道如何获得选票但不知道如何谨慎管理的立法者经常通过一些对经济不利的法规。20世纪70年代，抱着乌托邦幻想的官员们推动了租金管制的立法，旨在通过限制房东提高租金的能力来提供经济适用房。有人会说这是一个崇高的目标，但却是一个糟糕的政策。

原因很简单，租金管制法几乎总是造成住房短缺。房租在低价位时，人们对住房有更多需求。但此类法规却会让房东减少供给。一开始，你可能认为房东一旦建好了房子就别无选择，只能选择将房子出租。事实上，房东可以减少供给。他们可以在房屋维护方面敷衍了事。或者，他们也可以将租赁单元房改造成托管式公寓、合租房、Airbnb民宿或商业办公空间。如果他们下定决心要将房子改头换面，拆迁队可不关心什么历史成本或者沉没成本。一项针对美国城市的计量经济学研究估计，租房供给的长期价格弹性为0.2，这意味着如果政府迫使租金下降10%，房东就将从市场上收回2%的租赁单元。[32]从长远来看，房东确实会随着价格的变化而改变租赁单元的数量。

在瑞典的斯德哥尔摩，有将近 60 万人在租金管制住房的房源列表里排队等待分配，超过该市人口的一半！在登记后，你需要等上 9 到 20 年才能接到一个通知电话。在斯德哥尔摩推出音乐流媒体业务的公司声田（Spotify）给政策制定者写了一封公开信，威胁称如果不放松管制规定，不鼓励更多的住房供给，它就搬离这座城市。

1979 年，加利福尼亚州的圣莫尼卡通过了美国最严格的租金管制法规。这些法规为阻止房东减少租房供给，强制房东每对一处租赁单元进行改造或拆除，就必须支付相应款项以建造一套新租赁单元。其结果就是当地房地产价格走势反常。在这些法规通过 10 年后，一块空地可以卖到 60 万美元，而一块同等面积的相邻地块上的公寓楼的价格却比空地还低 20 万美元。

难怪《福布斯》(Forbes) 杂志报道称：

废弃的小公寓楼孤零零地坐落在价值 50 万美元或更高的住宅旁边。同一条街上，破旧的出租单元与时髦的商铺毗邻，这些商铺为富贾名流出售从高级时装到汽车在内的各种商品。[34]

即使房东不削减供给，他们也可能通过向新租客收取好处费或"设施费用"来变相提高租金。"这套公寓每月房租 400 美元，但是窗帘花了 1 万美元，这钱你必须出。"一名房东如此说。

有人能从租金管制中获益吗？在短期内，会有两个群体获益。首先是政客们，他们成了民众交口称赞的讨伐邪恶房东的英雄。其次是在实施租金管制时已经居住在租赁单位内的租户，他们可因此继续享受廉价租金。因此，这些租户几乎不会搬家。这降低了人口流动性，并将城市的新居民拒之门外。由于 1980 年颁布的租金管制法规，加州大学伯克利分校的学生中，有很大一部分需从邻近的城镇通勤上学，或者从边远地区沿高速公路长途驾驶上学。纽约市有很多大公寓住着老夫妇，他们曾经和孩子们一起住在这儿。孩子们搬出去后，他们没有搬到较小的公寓，而是继续住在这里。这样一来，当一个大家庭搬到这座城市来时，他们找到合适住房的机会就有些渺茫了。众所周知，要在曼哈顿找房子，最好是看报纸的讣告版，而不是房地产版。

最终，租金管制往往会使住房存量贬值，因为维护减少，供给下行。通常，这种管制对帮助穷人而言是一个败笔，却成了摧毁一座城市的好办法。

犯罪

到目前为止，我们已经见识了经济学家如何研究侵权法和物权法。但是，对于野心勃勃的经济学家而言，没有哪个法律领域能躲过他们的爪牙。经济学家加里·贝克尔（Gary Becker）就将马歇尔经济学应用于家庭法和刑法。这些问题也是引人入胜。贝克尔的犯罪模型假设，罪犯显然会权衡犯罪的成本和收益。他暗示，如果我们存在犯罪问题，那是因为犯罪"确实"有利可图。经济学家曾试图计算出是什么阻止了犯罪。两个变量似乎是最重要的：逮捕率和惩罚的严重程度。这两个变量对不同类型的犯罪具有不同的阻遏效果。对于一些犯罪，警察应该集中精力抓捕罪犯，而对于其他一些犯罪，高逮捕率并不能让罪犯望而却步。只有严厉的惩罚才能对他们构成阻止与威慑。[35] 贝克尔式分析并没有被毫无异议地加以采纳。许多统计数据也相互矛盾。尽管如此，它还是比小说家伊夫林·沃（Evelyn Waugh）那套"几乎所有的犯罪都是由于被压抑的审美表达欲望"的愚蠢理论要高明些。

罪犯们常常认为，犯罪是划得来的，因为他们不关心未来。他们宁愿冒着枪林弹雨，逃避警察的追捕，把到手的快钱装进口袋，而不是通过接受教育或职业培训对未来进行投资。犯罪学家和研究犯罪的经济学家还没有对犯罪的时间跨度予以足够关注。在我 20 世纪 80 年代建立的一个经济模型中，我得出的结论是，当时间跨度缩小时，诚信行为的价值就会减少，从而导致经济崩溃。[36] 说句对主日学校（Sunday school）[①] 的老师不敬的话，如果你的目标是用最少的努力致富，诚实并不总是最佳策略。有两种力量通常会阻止那些哪怕是缺乏道德的自我中心主义者去行骗或偷窃，尤其是在商业领域。第一种是对惩罚的恐惧，第二种是让人顾忌你的恶名并在将来不敢和你打交道。但如果你不关心未来呢？那你的犯罪概率便会上升。这也解释了为什么路过的游客给女服务员的小费往往比饭店的老主顾少。有时，社会变动会缩短时间跨度，使犯罪行为看起来更为诱人。这种情况何以发生？它常常是当政府即将崩溃时，例如 1998 年的印度尼西亚，或 2002 年后的伊拉克。

社会缩短时间跨度的另一个方法是让利率上升。更高的利率迫使我们对未来进行更多的贴现。也就是说，如果利率上升，明年的一美元在今天的价值就会下降。本人提出的"布赫霍尔茨假说"（Buchholz Hypothesis）认为，较高的利率诱使人们犯下更多的罪行，因为其降低了人们未来的价值。在大萧条时期，名义利率下降了，这就解开了为什么犯罪率在经济不景气时不升反降的谜团。从 20 世纪 60 年代到 70 年代，利率开始稳步攀升，犯罪率也随之水涨船高。1980 年左右，暴力犯罪和利率一同达到峰值，只在 20 世纪 80 年代末才再次攀升。在 20 世纪 90 年代和 21 世纪初，美国人享受到了利率的快速调降以及与此伴随的暴力犯罪的锐减，犯罪率和美国国债收益率都大幅下降，接近历史最低水平。

利率当然不是唯一的因素。人口构成、警察工作和惩罚率都发

[①] 又译为星期日学校，是一种英、美诸国在星期日为在工厂做工的青少年进行宗教教育和识字教育的免费学校，起到一定扫盲扶贫的作用。——译者注

挥着巨大的作用。但是,当社会告诉那些潜在的重罪犯"明日已无足轻重"时,他们会选择"今朝有酒今朝醉"也就不足为怪了。

研究犯罪毒品交易的经济学家批评美国政府实施了错误的政策,因为这些政策未能解决这一可怕问题。在过去的30年里,美国联邦政府试图通过摧毁毒品原作物和封锁美国边境来减少毒品供给。尽管美国缉毒局每年都要缴获数吨麻醉毒品,但这种聚焦于供给侧的做法收效甚微,原因有以下几点。

第一,可卡因等毒品可从植物中提取,这些植物在世界上许多地方都很容易种植。可用于种植毒品的肥沃土地数不胜数,根本摧毁、监管不过来。第二,因为可卡因的黑市价格往往超过进口价格的十倍,提高迈阿密码头的毒品到货价格对芝加哥街头的毒品销售价格几乎没有影响。第三,即使封锁或焚烧田地确实提高了可卡因的街头黑市价格,吸毒成瘾者也并不太在意成本。用马歇尔的术语来说,瘾君子的需求是缺乏弹性的。而且,适得其反是,更高的毒品价格可能会刺激吸毒者为了满足他们的毒瘾而实施更多的行凶抢劫(毒品的新消费者可能对高价格更敏感)。

为了赢得这场禁毒战争,或者至少达成一项"停火协议",联邦政府和州政府必须把重点放在需求侧。这意味着应严惩吸毒者,他们可能对价格不敏感,但对坐大牢就未必了。当然,也应该给他们提供更好的疏导和戒毒治疗。在采取这些措施的同时,还应对街头毒品摊贩进行打击和惩罚。除非美国人没有了使用毒品的欲望,否则打击毒品的战争就不可能在边境以南的农田或码头上取得胜利。这场战争只能在美国城镇的街道上赢得。

没有人否认,经济学家丰富充实了法律学术领域。然而,批评人士确实会问,痴迷于经济学的律师们是否做得过头了。毕竟,法律应该以公正为目标。效率是否就等同于公正呢?我们是否应该废除效率低下的法律,即使它们是公正的?如果鞭笞折磨囚犯是震慑犯罪行为的高效方法，我们是否应该这样做？这一问题的辩护者以两种方式加以反驳。极端者确实主张公正等于效率，这让人想起了精神崩溃前的穆勒。理查德·波斯纳（Richard Posner）在他的专著《法律的经济分析》（*Economic Analysis of Law*）的早期版本中声称，效率"或许是公正的最常见含义。我们将看到，当人们认为未经审判就定罪、没收财产而不给予公正赔偿是'不公正'的时候……它们可以被理解为无非是在说这种行为浪费了资源"。然而，这个聪明人在著作的第三版中又将这一颇为消极的评论翻了过来，他在文中承认，"公正的范畴还是大于经济学的"。[37]

另一种更合理的反驳分为两部分。首先，在许多法律判决中，尤其是涉及商法的判决中，法官确实在努力提高效率。法律经济学派可以帮到他们。在过去的几十年里，法官们试图有效地采取行动，但无知蒙蔽了他们的双眼。其次，在出现司法公正问题的情况下，一个基于道德的司法系统至少应该知道其判决的可能后果。从道德的角度来说，我们应该区分公正的行为和公正的行为者。所谓公正的人，是经过康德式"思辨"（contemplation）后做出正确选择的人。实验室的小白鼠也可以选择正确行为，但这种行为若非经过理性思辨，就不是公正的。一个无视后果的法官，其公正性无异于一只实验室的小白鼠。即使法官拒绝执行一个高效的结果，他也应该明确知道他是在忽视效率。为避免离题太远，让我们暂且把波斯纳和康德这个无关紧要的争论放在一边，来看看企业财务方面的一个有趣的发展动向。

企业财务

法律经济学者之所以与旧制度主义者形成对比，是因为这些新派学者使用马歇尔工具来研究制度。然而，在一个狭窄的领域，新旧派别却是在用同一种口吻说话。1932年,哥伦比亚大学的法学教授阿道夫·伯利(Adolf Berle)和经济学家加德纳·米恩斯(Gardiner Means)宣布,公司所有者和管理者之间出现了致命的分裂。[38]由于所有者(包括股东)不再经营公司,而是将权力委托给领取报酬的管理者,公司不再高效地运作。加尔布雷斯后来坚持认为,管理者会追求自己的目标,比如通过扩大公司规模来提高自己的声望。

尽管新制度主义者否认这种现象可能导致的灾难性后果,但他们也承认,所有者必须监督他们的管理者。监督需要成本,这有时被称为"代理成本"(agency costs)。

为了降低代理成本,所有者通常会给管理者提供提高公司利润的动机。大多数公司高管的部分薪酬是以股票的形式获得的。如果他们提高利润,股价就会上涨,他们就会赚得更多。此外,高管们还经常获得"股票增值分红权"(stock appreciation rights),如果股价上涨,公司就会给他们发放现金红利。这一趋势在20世纪90年代开始出现,从那时起,高管薪酬与股价挂钩的比例从不足10%飙升至2003年的近70%。越来越多的公司也开始承诺向非高管员工提供股票激励。然而,20世纪90年代末发生在安然(Enron)、泰科(Tyco)和房利美(Fannie Mae)等公司的丑闻确实表明,那些卑鄙自利的高管,可能通过回溯期权或人为地抬高股价以获得短期收益等行为来操纵股票激励制度,而几乎不考虑公司的长期健康发展。[39]几年前,富国银行(Wells Fargo)的高管被曝在未经客户同意的情况下,强迫员工以现有客户的名义开设数百万个虚假的新银行账户。这一操作欺骗了股市,使其认为银行获得了更多的客户,从而提高了股价,也提高了高管的奖金。对股东给予管理层的激励措施暗度陈仓的空间很大。对股东来说,股票期权、不诚实的高管和懒惰的董事会,可能是他们要面对一个危险的组合。

当然,不诚信行为并不局限于高管层。通用磨坊(General Mills)

的"绿巨人"（Green Giant）品牌曾经遇到过一个问题，即袋装冷冻豌豆中出现了昆虫的残留部分。"绿巨人"看到这些昆虫的残肢断腿肯定不高兴，消费者也不会高兴。于是公司设立了一个激励计划，奖励在包装中发现虫子的员工。然而，这种激励措施肯定太诱人了，因为一些员工开始从自家花园里偷偷把昆虫的残躯带进工厂，把它们放在豌豆包装里，然后再通过"找到"它们来领取奖金。[40]

在20世纪80年代，随着杠杆收购（leveraged buyout，LBO）的日益流行，削减代理成本的强烈动机出现了。在许多杠杆收购中，管理者们借钱买下所有的公司股票，然后自己接管所有权。新的债务迫使他们削减成本，并抛售低生产性的资产。副总裁们纷纷交出了公司专机的钥匙。如此，致命的分裂就被修复了。代理成本急剧下降，因为管理者的收益极大取决于公司业绩。赫兹租车（Hertz）、里维斯（Levi Strauss）和黑人娱乐频道（Black Entertainment Television）参与了第一波杠杆收购。在黑人娱乐频道进行杠杆收购后不久，其创始人罗伯特·约翰逊（Robert Johnson）成为美国第一位黑人亿万富翁。近年来，PetSmart和戴尔（Dell）也已经如此"私有化"。对杠杆收购，也不乏批评的声音。尽管将股票出售给管理者股东通常会获得比杠杆收购前市场价格高得多的溢价，但批评人士质疑，收购价格是否以公平的方式确定。也许管理者们还隐瞒了一些尚未披露的内幕信息，这些消息本可能会使股票价格更高。[41]此外，批评人士指出，如果经济不稳定，庞大的债务负担会大大增加公司破产的风险。虽然这是事实，但这些公司的新债权人通常是老练的保险公司和那些仔细审查风险的机构。

现在许多戏剧和电影都有资金支持，所以制片人"只需"支付成本就可向明星和导演支付总收益的一定比例。因此，每个人都有降低成本的动机。没有人有动机去挥霍浪费。好莱坞的融资者们称之为"权变递延支付"（contingent deferments）。

在企业财务领域，旧制度主义者指出了一个问题。50年后，新制度主义者提出了解决方案。

几乎每一种制度和社会现象都有经济意义。根据1988年的一项研究，历史上战俘的待遇与杀死或饶恕战败者的成本和收益密切相关。研究者总结称，中世纪对战俘来说并不总是可怕的时代，因为俘获者通常会善待俘虏，以索要高额赎金。[42] 对于中世纪的战俘来说，坏消息是：如果对他们或他们的劳动力的需求下降，他们的脑袋就得搬家。

即使是时间的存在也有经济意义。如果人们知道明天就是世界末日，他们会怎么做？如果一个新的法律制度——一个不会执行合同或惩罚罪犯的制度——将于下周生效，他们又会怎么做？

人们出于各种各样的原因对他人彬彬有礼，原因之一是他们想要获得值得信赖的名声，这在商业往来中尤其重要。但是，如果现有制度已时日无多，而未来新政权中的声誉与当前的行为无关，那么一些人就可能会自食其言，并占别人的便宜。健康的市场经济需要一定程度的礼节，还有承诺的神圣性。一个看不到未来的社会将会出现经济崩溃。[43]

* * *

经济学显然不只是价格、利润、租金和成本。法律、道德、时尚和哲学思潮都有其经济影响。凡勃仑和加尔布雷斯扩展了经济学的定义，并迫使他们的经济学同行们睁开眼睛，去观察更广泛的现象。经济学并不像马歇尔说的那么简单。

至于新制度主义者，他们承认经济学并不容易。但他们也展示了马歇尔的工具有多么强大。因为他们正是借助了马歇尔的方法，才得以理解那些帮助塑造经济的复杂制度。

大法官布兰戴斯曾警告说，不懂经济的律师会威胁社会。新旧制度学派的遗产是什么？也许是他们最终阐明了，社会有多大，经济学就有多大。

第 9 章

凯恩斯：公子哥成了救世主

CHAPTER 9

约翰·梅纳德·凯恩斯

剑桥大学或许是世界上最美丽的大学。每年都有成千上万的游客前往这座校园参观，他们或徜徉在中世纪的庭院里，或泛舟于康河之上，频频按下相机快门留念，而学生们则在如茵的绿草坪上打着板球和槌球。有时学生们会放下他们的板球拍，小小捉弄一下访客。几年前，剑桥的一些好事学生对一个纸浆球进行了涂绘，让它看起来像在横跨康河的众多桥梁上可以看到的沉重混凝土装饰。当一艘满载日本游客的船顺流而下时，男孩们把球推下桥，并大声尖叫。游客们也尖叫着跳下船，手里还拿着相机。除了这些受到惊吓的游客，剑桥大学给人的感觉总体还是田园牧歌般的。穿着长袍的莘莘学子仍然漫步在16世纪便已落成的大厅里，在亨利八世、伊丽莎白一世（Elizabeth I）以及牛顿、达尔文和华兹华斯等校友的画像下用餐。

就在这里，科克罗夫特（Cockcroft）[①]曾飞奔过街道，拥抱路人，喊道："我们分裂了原子！我们分裂了原子！"就在这里，沃森（Watson）和克里克（Crick）用他们的DNA模型揭示了生命的秘密。

没有人比凯恩斯更能将剑桥的文化精神、娱乐精神和公共责任精神集于一身。也没有人比他更才华横溢，更富有魅力。在他所在

[①] 英国科学家，第一个在实验中成功分裂了锂原子，为爱因斯坦所建立的质能关系理论提供了第一个最重要的证据，在原子能事业中起到了先导的作用，他也以此获得诺贝尔奖。下文的沃森和克里克则是DNA双螺旋结构的提出者。——译者注

的那个世纪，更没有哪个经济学家对政治家或经济进程的影响能胜过他。伯特兰·罗素（Bertrand Russell），英国最杰出的哲学家之一，宣称凯恩斯拥有他所知的"最犀利明澈"的智力："当我和他辩论的时候，我感到自己是把性命攥在手上，辩论到最后我总觉得自己几乎是个傻瓜。"[1] 人们大概会为凯恩斯的同学查尔斯·莱·费伊（Charles Rye Fay）的遭遇感到遗憾。费伊刚到剑桥时遇到的第一个大一新生就是凯恩斯，可怜的费伊就此认为他所有的同学都会比他更优秀。他后来回忆说，他在大学里遇到的第一个人，竟然是他一生中遇到的最聪明的人。顺便说一句，凯恩斯很聪明，而且知道自己很聪明。几乎没人会说凯恩斯谦虚。事实上，他也并没有对费伊的夸赞投桃报李，他后来写道，他的朋友不适合做旅伴："他太丑了。从脸蛋、手臂到整个身体，还有穿着和举止都丑，而且我发现，这种丑陋不是靠着一颗快乐、善良的心灵和平均水平的智力可以完全抵消的。"[2]

尽管出自剑桥大学这样与世隔绝的象牙塔，凯恩斯的思想却最终遍及世界各地。如果罗纳德·里根的领带上印的是亚当·斯密的头像，那么从富兰克林·罗斯福（Franklin D. Roosevelt）到理查德·尼克松（Richard Nixon）的历任总统系的领带上印的就都是凯恩斯的，肯尼迪和约翰逊（Johnson）尤其如此。具有讽刺意味的是，正是在尼克松宣称"我们现在都是凯恩斯主义者了"之后，凯恩斯的影响力才开始式微。凯恩斯经济学最激烈的批评者米尔顿·弗里德曼也承认，"在某种意义上，我们现在都是凯恩斯主义者；而在另一种意义上，再也没有人是凯恩斯主义者了。"[3] 在 20 世纪 80 到 90 年代，凯恩斯的魅力光环开始散去。理性预期学派的先驱罗伯特·卢卡斯（Robert Lucas）——我们将在第 12 章讨论此人——说，凯恩斯的名字开始在经济学家聚会上引起窃窃私语和吃吃笑声。然而，当 2008 年股市和经济陷入银行危机时，谁的名字又重被提及呢？对此，卢卡斯也承认："好吧，我想每个人都是隐蔽的凯恩斯主义者。"[4]

做一个凯恩斯主义者意味着什么？你需要认同两个基本要旨：①私营经济可能无法实现充分就业；②政府支出可以刺激经济填补缺口。每当一位政治家热情地主张启动经济刺激计划、推动国家向前发展的政府计划，或通过减税刺激消费时，他都会对凯恩斯大加吹捧。

然而，凯恩斯并不仅仅关心就业问题。他的《文集》(Collected Writings)洋洋洒洒总共二十多卷，涉及许多主题，包括货币问题、贸易限制、战后重建，以及关于爱因斯坦和牛顿等人物的美文。著名的牛津历史学家休·特雷弗-罗珀（Hugh Trevor-Roper）甚至认为凯恩斯是历史方法的主要贡献者之一。

逃离维多利亚风尚

1883年，凯恩斯出生于一个维多利亚时代的清教徒家庭。他的父亲约翰·内维尔·凯恩斯（John Neville Keynes）是一位著名的逻辑学家、经济学家和剑桥大学教授，他的思想给阿尔弗雷德·马歇尔留下了深刻的印象，但他的神经总是过度紧张，需要安抚。像任何时代的众多学生一样，内维尔在考试的时候都会表现出焦虑，他会抱怨头痛、牙痛和胸痛。他的儿子日后会跻身王公显贵的圈子，而内维尔却更喜欢在图书馆的书架间漫步，从事一些让人心灵平静的爱好，比如下棋和集邮。他的儿子日后会愉悦地谈论一些劲爆的话题，而内维尔却连易卜生的戏剧《玩偶之家》(A Doll's House)都要抵制，只因娜拉抛夫弃子的行为让他感到愤然。[5]凯恩斯的母亲弗洛伦丝·艾达（Florence Ada）是一位牧师的女儿，她颇具魅力，不仅

| 第 9 章 | 凯恩斯：公子哥成了救世主

身高比丈夫高，心理上也比后者坚韧不少。她后来担任了剑桥市市长，并将他们的婚姻维持了 67 年。内维尔家财力雄厚，所以他们可以尽情沉迷于出入戏院、建造图书馆和其他维多利亚时代的高尚追求。不过，他们的婚姻开始时也是轰轰烈烈，因为就在他们度完蜜月后不久的 1883 年 6 月，艾达就已经怀上了凯恩斯。

一位阿姨曾对年轻的凯恩斯说："'凯恩斯'（Keynes）和'大脑'（brains）很押韵。"尽管凯恩斯很喜欢他的父母，但他一生的大部分时间都在逃避他们对他的道德和哲学影响。凯恩斯热衷享乐，对他朋友弗吉尼亚·伍尔夫（Virginia Woolf）[①]的祖父詹姆斯·斯蒂芬爵士（Sir James Stephen）身上体现的那种清教徒态度不感兴趣。据说，斯蒂芬曾经抽过一支雪茄，觉得抽雪茄很享受，于是就再也不抽了。尽管如此，凯恩斯对自己作为高学历资产阶级一员的身份感到很自得。在英国有一种表达，当说一个人"缺乏政治忠诚"时，可以说他是"湿"（wet）的，所以列宁将凯恩斯称为"水位最高的资产阶级"，而凯恩斯则开玩笑说，即使共产主义革命来临的时候，他还是会忠诚地守在资产阶级的旗帜旁边。

在伊顿公学（Eton College）期间，他获得了无数数学奖项，在剧院表演出色，在板球场上表现谦逊。进入剑桥大学国王学院（King's College）后，他更加积极进取。更重要的是，他与其他知识分子建立了友谊和关系，既在精神上，也在肉体上。他还受邀加入了大学里挑选成员最严格、最神秘的协会——信使会（Apostles）。该协会中有其他著名年长成员有时被称"使徒"，如罗素、G.E. 摩尔（G. E. Moore）、阿尔弗雷德·诺尔司·怀特海，以及凯恩斯的同侪，如里

---

① 英国女作家、文学批评家和文学理论家，意识流文学代表人物，被誉为二十世纪现代主义与女性主义的先锋。下文中的伦纳德·伍尔夫是她的丈夫。——译者注

顿·斯特拉奇（Lytton Strachey）[①]、E.M. 福斯特（E. M. Forster）[②]和伦纳德·伍尔夫（Leonard Woolf），其中许多人后来在文学艺术方面颇有名声建树。使徒会投身于摩尔在《伦理学原理》（Principia Ethica）中阐述的激进道德哲学，并同意他的观点，即"善"不能被定义，不能被写在摩西的石板上，也不能通过女教师的教鞭烙到孩子身上。相反，善是一种"直觉"，这是一种能令使徒们获得解放的主张。一般来说，使徒会讨论三个话题：哲学、他们自己和美学。当然这并不意味着使徒们在审美方面令人愉悦。他们中的大多数，包括凯恩斯，都没有弗吉尼亚·伍尔夫所说的"堂堂相貌"。对凯恩斯长相最苛刻的评论来自伊顿公学的一位副院长，他形容凯恩斯"第一眼看上去明显很丑，嘴唇突出，似乎把端正的鼻子都顶了上去，眉毛很粗，有点像个猿人"。[6]伊顿公学的朋友们都叫他"猪鼻子"。当凯恩斯长到接近2米的身高时，他那张类人猿般的脸便没那么突兀了，不过他仍然确信自己很丑。而弗吉尼亚·伍尔夫的比喻则超越了灵长类物种的界限，她说凯恩斯像"一只塞饱了的海豹"，后来又说他像"奇怪的肿胀的鳗鱼"。这些描述既粗俗又极不公平。1931年的一段影像资料显示，凯恩斯看起来仪态端庄，而且有着连挑剔的语言学家亨利·希金斯（Henry Higgins）也会认可的口音和举止。[7]

使徒会培养出一种丑陋的傲慢，凯恩斯自己也有各种办法对那些不如自己的人大加鄙夷。使徒们不仅认为自己优于那些芸芸众生，他们还以为自己凌驾于剑桥大学和牛津大学之上。凯恩斯在给斯特拉奇的信中写道："我觉得，其余大多数人根本什么都不明白——要

---

① 英国著名传记作家，代表作《维多利亚》《维多利亚时代名人传》。——译者注
② 即爱德华·摩根·福斯特，英国作家，主要作品有小说《看得见风景的房间》《霍华德庄园》等。——译者注

么太愚蠢，要么太邪恶。"[8]然而，没有人会否认，使徒会是一个令人敬畏的团体，他们经常进行启发才智的谈话。在使徒会里，还有在剑桥联合学会（Cambridge Union Society）中，凯恩斯成为完美的辩论者和讲述者，日后在各种研讨会和峰会上，无论是他的同事、竞争对手还是政治家，都无人能出其右。

许多使徒，包括凯恩斯，后来形成了所谓"布卢姆斯伯里文化圈"（Bloomsbury Group），他们反对维多利亚式观念，并以放荡不羁的生活态度有力地影响了英国文化的发展。除了在经济学方面的成就，凯恩斯还花了几乎同样多的时间收藏书籍，创立了剑桥艺术剧院，担任国家美术馆的受托人，当代艺术协会的买家，以及皇家歌剧院的受托人主席。一份关于他所经营剧院活动的报告显示了他对微观经济学的深切关注：他"对酒吧利润、节目资金、日场冰激凌和咖啡的统计数据十分着迷"。[9]作为一个学者、艺术赞助人、财务经理兼政府官员，他似乎无处不在。多年来，从与贵族地主们一起狩猎，到与巡回演员暗自交好，他几乎对每个领域都有染指，在每个阵营都会插上"一脚"。要是在今天更加专业化的学术界，人们可能会认真地问，考虑到凯恩斯的业余爱好如此之多，他是否还会选择专攻经济学。

凯恩斯前往剑桥大学不是为了学习经济学，而是为了学习数学。虽然他表现骄人，但也有些辛苦挣扎。他在给朋友的信中写道："我在伤害我的头脑，破坏我的智力，腐蚀我的性格。"[10]通过数学考试后，他阅读了第一本经济学书籍——马歇尔的《经济学原理》。此后凯恩斯开始给马歇尔撰写论文，马歇尔则在页边空白处潦草地写下一些鼓励的话语。凯恩斯对经济学的描述可谓轻描淡写，上次用这种语气谈论经济学的还是亚当·斯密，他说自己写《国富论》是为了"打发时间"，而凯恩斯则写道："我觉得我很擅长这个。"他又补充说，"我想管理一条铁路或组织一个信托，或至少也要骗一骗投资公众。"几天后,他写道:"马歇尔一直缠着我,要我成为一个专业经济学家……你认为这有干头吗?我很怀疑。"[11]

凯恩斯在马歇尔门下只待了8周。他也没有获得经济学学位。不过,事实证明,他很擅长边干边学。

1905年,凯恩斯开始努力备考英国文职官员考试。即使在他复习数学、哲学、心理学等学科时,也再次表现出门户之见。在阅读了一位非剑桥大学哲学家的著作后,他感叹道:"牛津大学真是一个病态思想的家园。"在104位应试生中,凯恩斯排名第二。具有讽刺意味的是,经济学和数学是他最糟糕的科目!他写道:"真知灼见似乎是成功的绝对障碍。"关于经济学,凯恩斯认为主考官才疏学浅。他倒是想教教他们。[12]

第一名的考生获得了财政部的一份工作,而凯恩斯则在1906年获得了仅次于此的肥缺——伦敦的印度事务处。他从未去过印度。他的第一个任务是把10头小公牛运到孟买。凯恩斯很快感到无聊透顶,或者更准确地说,因无聊而愈发轻浮,他对斯特拉奇宣称自己正在撰写关于印度精神和物质进步的年度报告,并计划在"今年的版面"上发表一篇"特别专题"。[13]

于是凯恩斯回到了剑桥大学国王学院,他对枯燥乏味的文员生活感到厌恶,并被马歇尔提供的讲师职位所吸引。作为一名经济学教师,凯恩斯所仰仗的是他真正读过的为数不多的书籍之一——马歇尔的书。在早期,他的经济学思想并没有跨越马歇尔和古典经济学传统的藩篱。不过,随着他博览群书,他的敏锐洞察力也日渐显山露水,并因此被任命为颇具影响力的《经济杂志》的联合编辑。凯恩斯担任这一职务一直到1945年,并以严谨的编辑和幽默的风格而闻名。有一次他告诉一位外国投稿人,虽然"例如"(exempli gratia)可以缩写为"e.g.",但他不能把"举例来说"(for instance)缩写为"f.i."。两年后,也就是1913年,他出版了《印度通货与金融》(*Indian Currency and Finance*)，这是他在印度事务处工作期间为数不多的成果之一。约瑟夫·熊彼特称其为"英国关于金本位的最佳著作"。[14] 当然，有时熊彼特对凯恩斯颇有些妒贤嫉能，他说这话时也不知他是在恭维这本书，还是在侮辱英国经济学家。

战争与危险的和平

第一次世界大战让凯恩斯回到了政府财政部。这场战争对布卢姆斯伯里文化圈极其冷漠、反传统和反爱国的信念构成了考验。几乎所有的男性成员，包括凯恩斯，都以道德或宗教信仰为由要求免除兵役。像往常一样，里顿·斯特拉奇在这件严肃的事情上也体现了幽默感。虽然他指出"所有身体健康的知识分子都应该准备好保卫英国海岸"，但他还附了一条："没有任何知识分子身体健康"。不久之后，斯特拉奇为战争作出了他最引以为豪的贡献：他为他心仪的一名水手织了一条海军蓝羊毛围巾。最后，当斯特拉奇被带到战争法庭上检验他反对服兵役的身份资格时，官员们问了一个经典问题：如果你看到一个德国军官试图强奸你妹妹，你会怎么做？斯特拉奇犹豫了一下。"我会试着把自己的身体挤进他俩中间。"他眨眨眼说。[15]

战后，凯恩斯代表财政部参加了巴黎和会。他再次对政府感到厌恶，但这次不是因为无聊厌倦。凯恩斯目睹了美国总统伍德罗·威尔逊（Woodrow Wilson）被英国首相劳埃德·乔治（Lloyd George）和法国总理乔治·克里孟梭（Georges Clemenceau）蒙骗，极不合理地压榨战败的德国，剥夺其重振经济的能力，废除其军事力量。凯恩斯几乎可以预言另一场世界大战的爆发。他无法忍受亲眼看到的这场外交噩梦，就此辞官而去，并迅速奋笔撰写了《和平的经济后果》(*The Economic Consequences of the Peace*)一书，这是他那个时代最尖刻的论辩之一，即使以布卢姆斯伯里文化圈的标准来衡量也是如此。他的灵感可能来自他的朋友斯特拉奇在1918年出版的畅销书《维多利亚时代名人传》(*Eminent Victorians*)，书中对当时的社会楷模进行了直截了当的抨击，甚至现代护理学的创始人弗洛伦丝·南丁格尔(Florence Nightingale)也难逃作者的口诛笔伐。在对凡尔赛和约的剖析中，凯恩斯说会谈开始前，威尔逊总统的名声让全世界，包括他自己都肃然起敬：他看到人群挤在总统的马车周围，试图争相一睹这个将为世界带来治愈力量的"真命天子"的风采。然而和人们的殷切期盼相反，威尔逊看起来像一个长老会的牧师，"既无计划方案，也没有建设性意见……他的脑子转得太慢了"。[16]后来，在访问他称之为"非常东方化"的华盛顿特区时，凯恩斯改变了比喻，将威尔逊描述为"一个被忽视的苏丹，大部分时间都待在后宫"，凯恩斯所指的"后宫"肯定是喻指与世隔绝的状态，而不是妻妾们的怀抱。[17]

凯恩斯写道，克里孟梭很少在凡尔赛宫发言，但一旦需要，就会"突然开始像爆豆子一样滔滔不绝，往往还伴随着一阵胸腔深处的咳嗽，给人的印象不是以理服人，而是靠力量感和出其不意"。德国人是一群愁眉苦脸的家伙，他们的领导者是一个身材矮小、面容高贵的人物，他戴着硬高领，眼睛闪闪发光，就像"忍受着伤痛的尊贵动物"。此人是卡尔·梅绍尔(Carl Melchior)，曾经强大的华宝银行(Warburg Bank)的律师，如今代表战败的德国。谈判常陷入愤怒的争执，且暗藏危机。

一天，梅绍尔和凯恩斯设法从激烈的谈判和没完没了的赔款账目中抽身，两人偷偷步入一个小房间。这种私下会面是谈判规定所禁止的，为此凯恩斯因兴奋而颤抖，又害怕此举可能造成的后果。他们都恳求对方，应看到自己对手的诚实和人性一面。为什么这两

| 第 9 章 | 凯恩斯：公子哥成了救世主

个人会进到一个房间里，是因为萨拉热窝的枪击，战壕里的芥子气，还是2000万人的死亡？"我请求他相信，至少在那一刻，我是真诚的。他和我一样动容……在某种程度上，我爱他。"[18]

除了对世界各国领导人的严厉抨击，凯恩斯在文中还小心翼翼地向法国人和美国人争辩说，德国负担不起这笔强加的赔款。他发出不祥的警告说："如果我们一意孤行，蓄意让中欧陷于贫困之地，我敢说，他们复起仇来绝不会手软。在对德战争的恐惧尚未完全散尽之前……爆发最后冲突的时刻必然不会太远，而新的战争将摧毁文明，无论谁是胜利者。"[19]这本书成功大卖，打破了英国和美国的图书销售纪录，凯恩斯因此名声大噪，自我也日渐膨胀。一家杂志用一首戏仿诗评价了"凯恩斯式的坦率"："我们仍然觉得……可能有些终极事实甚至连国王学院的研究员也不得而知。"[20]

但能让凯恩斯不得而知的东西并不多。在接下来的10年里，他继续教书、编辑、写作、为政府提供建议，并担任过一家人寿保险公司的董事长。他与他那个时代最杰出的政治家、学者和艺术家们通信往来。1925年，他与俄罗斯芭蕾舞演员莉迪娅·卢波科娃（Lydia Lopokova）结婚，后者曾与尼金斯基（Nijinsky）共舞，并在迪亚格列夫（Diaghilev）的巡回剧团担任主演①。她以生动活泼的作风、不甚得体的举止和令人难忘的语言错误而闻名。她曾对一位舞伴说，凯恩斯跳舞跳得像个"甜瓜"（cantaloupe）。她本来想说的是"羚羊"（antelope）。原来她是在纽约的卡茨基尔山学的英语。在富兰克林·罗斯福再次当选的那个晚上，在华盛顿举行的英国大使馆招待会上，她不停地转头问别人："你喜欢罗西（Rosie）②吗？"[21]

---

① 尼金斯基和迪亚格列夫均为俄罗斯著名芭蕾舞演员。——译者注
② 莉迪娅的原义是以昵称称呼罗斯福，但"Rosie"一般是作为女名。——译者注

莉迪娅让凯恩斯在布卢姆斯伯里文化圈里的朋友们感到困惑难解，他们想知道在一个世界级的智者眼里，这个大脑的不着调程度更甚于她脚尖旋转速度的平庸舞者身上到底有什么吸引人的地方。此外，她是个女人，而凯恩斯似乎花更多时间与年轻男孩们待在一起。他甚至出钱请他才华出众的朋友路德维希·维特根斯坦（Ludwig Wittgenstein）[①]在他们在萨塞克斯度蜜月时去拜访他们六天，在此期间维特根斯坦表现得十分本色。有次莉迪娅高兴地说："多漂亮的树啊！"而超然物外的哲学家则回答："你这句话是什么意思？"让莉迪娅忍不住哭了出来。但不管如何，凯恩斯和莉迪娅在蜜月期间如胶似漆，并且后来在一起生活了20年，直到1946年凯恩斯去世。在婚礼上，凯恩斯的朋友们在打赌莉迪娅是否会很快怀孕，他的一位朋友、艺术评论家、弗吉尼亚·伍尔夫的姐夫克莱夫·贝尔（Clive Bell）则对此持观望态度，他说："凯恩斯在那方面太快了。"[22]最后，凯恩斯和莉迪娅没有生育孩子，不过他们为英国的歌剧、芭蕾、戏剧和其他艺术事业生了不少财。

凭借运气和高超的技巧，凯恩斯在股票和大宗商品交易中赚得盆满钵满。他不仅英语说得标准，而且炒起橡胶、棉花、锡和黄金来也驾轻就熟。[23]也许是因为他对自己的才智信心十足，而且与社会学家C. 赖特·米尔斯（C. Wright Mills）所称的"权力精英"关系密切，凯恩斯在他的投资组合中甘冒巨大风险，当他看好市场前景时，甚至从银行贷款，用来购买比手头现金所能买到的更多股票。每天早上，他都会坐在床上，浏览报纸，接经纪人的电话，然后下单。尽管在20世纪20年代末和30年代末两度接近破产边缘，但在1946年去世时，他仍然留下了价值40万英镑（约合今天的2000万美元）的资产组合，以及他颇具慧眼收藏的毕加索（Picasso）和

[①] 著名哲学家，语言学派的代表人物。——译者注

布拉克（Braque）那些令人垂涎的艺术品。他经常参加拍卖会，还曾陪同国家美术馆馆长秘密前往巴黎。为了在其他竞拍者面前掩饰自己的雄厚财力，这位画廊负责人还特意剃掉胡子，戴上眼镜以掩人耳目。在另一次旅行中，凯恩斯曾说，"我的行李箱里有一幅塞尚（Cezanne）的作品"，然后补充说，因为它太重了，他不得不暂时把它扔在"门后的沟里"。[24] 他的这些收藏，包括从沟里找回的那件，在今天价值约1亿美元，后被捐赠给了剑桥的菲茨威廉博物馆（Fitzwilliam Museum）。一些批评人士经常对经济学家叫嚣"要么行动，要么闭嘴"——意思是说，如果他们了解金钱运行的规则，为什么他们挣不到大钱呢？如果按照这个标准来衡量经济学家，凯恩斯的排名将仅次于大卫·李嘉图。至于在这个排名中敬陪末座的经济学家，那可就太多了，以至于排在中间的都可以被忽略不计。

大萧条与古典经济学的落幕

在经济学方面，凯恩斯主要关注货币政策，1923年他写了《货币改革论》（*Tract on Monetary Reform*），1930年又写了两卷本的《货币论》（*Treatise on Money*）。《货币论》将凯恩斯早期关于投资的许多研究与关于储蓄与投资之间联系的新见解联系在了一起。但是，尽管《货币论》堪称面面俱到，1930年给经济学带来了如此令人困惑的挑战，以至于凯恩斯仅靠他出版的几本著作和自身的迷人魅力也不能高枕无忧。尽管凯恩斯的运气似乎永远不会枯竭，但整个世界的运气却会，当时各国都沉浸在大萧条带来的债务和绝望之中。

回想一下马尔萨斯描绘的可怕情景，世界似乎一分为二，受害者们为生存而彼此践踏。就在并不久远的过去，在你我颇为熟悉的美利坚土地上，这一情景几乎成真。在1929年到1933年的美国，自由市场这只"看不见的手"狠狠给了"经济繁荣"一记耳光。失业率从 3% 飙升至 25%，国民收入下降了一半。住宅建设完全停滞，许多人失去了家园和事业。1929 年股市崩盘，股票经纪人纷纷从高楼一跃而下，这一切又成为进一步经济衰退的象征和原因。"兴旺的 20 年代"戛然而止，1933 年的收入比 1922 年还低。工人们为了为数不多的工作你争我夺，施粥所如雨后春笋般涌现，而伴随着经济萧条的是人们心理上的颓废抑郁。

流行歌曲的词作者叶·哈伯格（Yip Harburg）在后来为朱迪·嘉兰（Judy Garland）谱写的歌曲《在彩虹之上》(*Over The Rainbow*) 中承诺了一个更光明的未来，这与他在经典歌曲《兄弟，能给我一角钱吗？》(*Brother, Can You Spare a Dime*) 中所反映的大萧条带来的沮丧消沉相映成趣。这首歌记录了几代人在美国荒原上努力开创繁荣文明的艰辛与坎坷。然而，这位帮助修建了"与时间赛跑"的铁路的歌唱者，如今已没有工作。一个人能带着骄傲和尊严去乞讨吗？答案是"能"。因为他失去工作并不是因为任何个人的过失，而是被迷途的经济所裹挟。

经济历史学家长期以来一直就大萧条的原因争论不休，但这个问题并没有一个简单的答案。更重要的问题是，是什么把衰退变成了一场噩梦？美国的经济以前经历过跌宕起伏，但衰退从来没有这么严重过。大多数经济学家指出当时祸不单行的情形：投资机会在 20 世纪 20 年代加速增长后枯竭；消费者决定减少支出，偿还贷款；各国惊慌失措，采取保护主义；而美联储却以紧缩而非宽松的政策来加以应对。[25]

1980 年罗纳德·里根与时任总统卡特在竞选中展开角逐时，他戏谑式地定义了一些经济术语："经济衰退就是你的邻居失业了。萧条就是你也失业了。而复苏就是吉米·卡特失业了。"

凯恩斯可能会认同这些定义，只不过要对最后一个稍稍作些改变。经济要从大萧条中复苏，就得让英国财政部（和美国政府）里的那些老古董们失业。在凯恩斯看来，财政部的老家伙们已经沉醉于古典经济学家酿的陈年老酒而不可自拔。但在他眼里，这些酒早已发酸变味。凯恩斯抨击财政部的观点，即认为面对萧条要有耐心，并承诺长远来看经济总会复苏。按这种说法，要这样一个政府又有什么用呢？他在《货币改革论》中写道，"从长远来看，我们都已死去"。

事实上，束缚财政部的不仅仅是不思进取的惰怠和痴长的年纪。他们确实有一些聪明、年轻的理论家作为后盾。伦敦经济学院院长莱昂内尔·罗宾斯（Lionel Robbins）曾多次访问维也纳，并开始采纳由路德维希·冯·米塞斯（Ludwig von Mises）和他的学生弗里德里希·冯·哈耶克领导的所谓"奥地利经济学派"的观点。

罗宾斯发现，与在英格兰占主导地位的马歇尔式分析相比，哈耶克的观点令人振奋且充满异国情调。他在伦敦为 32 岁的哈耶克提供了一个职位，两人开始合力对抗凯恩斯。尽管哈耶克对凯恩斯的过人智慧和迷人声线惊叹不已，但他也对凯恩斯对非英国经济和欧洲历史的无知而感到震惊。在 20 世纪 70 年代末的一次访谈中，哈耶克回忆道，凯恩斯"除了马歇尔经济学以外一无所知……他讨厌 19 世纪，因此对它知之甚少"。根据哈耶克的说法，凯恩斯沉迷于自己的理论，"蔑视其他大多数经济学家"。[26] 在《价格与生产》（*Prices and Production*，1931）一书中，哈耶克阐述了他自己的商业周期理论，该理论认为中央银行造成经济衰退是因为它们首先引发了经济繁荣。在"兴旺的 20 年代"，通过将利率推至低于"自然利率"（natural rate，来自克努特·威克塞尔的一个术语）的水平，央行错误地刺激了企业大量借贷，并对风险过高的意图进行过度投机。经济在这种"兴奋剂"的刺激下飞速发展，然后突然崩溃。后来的诺贝尔奖得主罗纳德·科斯听了哈耶克在伦敦的第一次讲课，称他的观点简直"神奇"。但他对大萧条有何对策呢？凯恩斯和哈耶克在晚宴上气氛融洽地推杯换盏，一边交换表示友好的信函，一边又对彼此的工作极尽刻薄评论。凯恩斯算是一个恶毒的辩手，他称哈耶克的工作是"可怕的一团糟"，"将以精神错乱告终"。除了彼此的中伤辱骂外，两人开出了截然不同的药方：凯恩斯称政府应该亲自填补缺口，向工人和企业投入更多的资金；哈耶克和罗宾斯则建议等待被过度干预的市场自行归位，等待价格重新调整。赫伯特·胡佛（Herbert Hoover）后来将这种方法称为"清算主义"（liquidationist），而米尔顿·弗里德曼则认为哈耶克和罗宾斯的"伦敦轴心"宣扬的是一种令人悲观沮丧的观点，对世界造成了"极大的伤害"。[27]

这场"剑桥对伦敦"的大对决在学校黑板、杂志刊物和新闻报纸上不断上演。1932年10月17日，凯恩斯及其支持者在一封致伦敦《泰晤士报》（*Times*）的联名信中阐述了他们的观点，两天后罗宾斯和哈耶克进行了反驳。然而，在危机时刻，"无所作为"并不是一个有吸引力的政策项。随着失业人数飙升，英国出口暴跌50%，罗宾斯和哈耶克退出了这场论争。两人都在很长一段时间一蹶不振。40多年后，罗宾斯承认："我当时站错了边。"50年后，哈耶克则说："一旦有任何迹象表明收入流实际上可能减少，我就应该……尽我所能，阻止它减少。"[28] 在与凯恩斯大战一场，再到第二次世界大战后，哈耶克更多地转向了政治和法律哲学，创作了《通往奴役之路》（*The Road to Serfdom*）和《自由宪章》（*The Constitution of Liberty*）等脍炙人口、经久不朽的作品。虽然哈耶克于1992年去世，但他亦可被认为是加密货币的祖师，因为早在第一个比特币出现之前，甚至在第一个互联网链接被点击之前，他就倡导非政府货币。[29] 当英王乔治六世（King George VI）授予凯恩斯男爵头衔并让他进入上议院时，哈耶克则将从老布什那里获得总统自由勋章。

视线再回到20世纪30年代，凯恩斯知道，仅靠给编辑写信不

| 第 9 章 | 凯恩斯：公子哥成了救世主

会帮他赢得论战胜利。他在 1936 年的杰作《就业、利息和货币通论》（*The General Theory of Employment, Interest and Money*，以下简称《通论》）中证明自己给政客们的建议是正当合理的，这本书粉碎了财政部的观点，并为宏观经济分析提供了一个新的框架。正如凯恩斯在该书序言中预测的那样，传统经济学家会"在认为自己大错特错和认为自己没说任何新东西之间"摇摆不定。保罗·萨缪尔森的经济学导论教材向几代人教授了凯恩斯经济学，他巧妙地总结了《通论》的模糊性："这本书写得很糟糕，逻辑也很混乱。任何被作者先前的名声所欺骗的外行要是买了这本书，都会被骗走他的五先令……全书风格就是傲慢自大，脾气暴躁，争强好胜，在其致谢中也是斤斤计较。它充斥着混乱和无稽之谈……简而言之，这是一本天才之作。"[30]

凯恩斯在开篇就毫不留情地攻击他的前辈和剑桥大学的同事（尤其是庇古），有时直接攻击，有时通过夸张的讽刺。在大萧条前的繁荣岁月里，庇古总是自信地说："一切都尽在马歇尔的解释中"，似乎经济学上没有什么问题需要解决了。尽管举止腼腆，庇古确实提出了许多原创的想法，近年来他正重获声誉。在下一章中，我们将看到他的模型如何帮助解释 2008 年大衰退后的经济反弹。与凯恩斯不同，庇古一旦放下粉笔离开教室，就不喜欢讨论经济争议。凯恩斯的朋友路德维希·维特根斯坦就更拒人千里之外了。他一下课就跑去看电影，最好是卡门·米兰达（Carmen Miranda）主演的电影，她以一边头顶热带水果跳舞，一边唱《香蕉之歌》（*Chiquita Banana Song*）而闻名。至于维特根斯坦是否在这个表演仪式中找到了更深的意义，我们就不得而知了。

《通论》试图对哈耶克占得上风，把后者比作易卜生剧中潜入泥泞的湖底，并被水草缠住的"野鸭"。[31] 哈里·约翰逊（Harry Johnson）很恰当地描述了凯恩斯在《通论》中对知识分子极尽挖苦乃至诉诸语言暴力的攻击："它假想出一群没有名字、面目不清、循规蹈矩的蠢材，其中有几张依稀可辨的面孔，然后对他们发表的、假定的或推测的观点进行奚落。"[32]这些人最愚蠢的信仰是萨伊定律，马尔萨斯在一个世纪前就抨击过它。回想一下之前的章节，萨伊定律指出，生产商品会给工人和供应商带来足够的收入来购买所有的商品。因此，不可能出现普遍过剩。人们有足够的钱购买生产出来的所有东西。当然，一个商人可能过多地生产了某种特定产品，但这并非普遍过剩。价格会下跌，以消除这种特定过剩。然而，如果一个人相信萨伊定律，他就不应该相信会有长期失业和大萧条。只有精神分裂症患者才会同时相信两者。即使毒辣如凯恩斯也不会指责他的同事患有精神分裂症。如果没有证据，那他也宁愿相信他并无此症，只是称他们愚蠢而已。

这群蠢材忽视了从生产者到消费者再到生产者如此往复的"顺畅"周期性流动中的一个重要漏洞。当家庭储蓄时会发生什么？随着他们的银行账户存款越来越多，商人们会不会发现自己面对的是成堆未售出的商品？凯恩斯如此认为。蠢材们对此也有答案。它是对的吗？凯恩斯却不这么认为。他反驳了两个主要观点：

1.古典主义者认为，家庭将收入的一部分用以消费，再将剩下的存起来。如果消费者决定增加储蓄，对商品和服务的需求就会下降，"但是"这一趋势被抵消了，因为商人增加了投资。为什么商人会投资更多？当人们储蓄时，他们通常不会把现金塞在床垫下面，而是把钱存入银行。而银行会把钱借给商人。现在，如果人们给银行带来更多的储蓄，银行就会降低向借款人收取的借贷价格，也就是利率。而如果银行降低利率，商人们将会借更多的钱来投资，因为与借贷成本相比，更多的投资项目会显得有利可图。因此，每当消费者增加储蓄、减少消费时，就会诱使商人增加投资。在马歇尔的恢宏经济学框架下，灵活的利率将把投资和储蓄联系在一起。我们可以说，消费者提供储蓄供给（随着利率上升，供给也上升，因为储蓄变得更有吸引力），而商人提供对这些储蓄的需求（随着利率上升，储蓄需求下降）。

如果由于人们减少消费增加储蓄的行为导致经济衰退迫近，该模型预测利率将会下降，这将激励商人加大投资，这些投资将流入人们的钱包，并维持流动性。

2.弹性工资和物价支撑着萨伊定律。假设所有商人都是瘸腿。当消费者增加存款时，商人们前往银行借钱的速度远不及消费者存钱的速度。因此，商人无法迅速投资以弥补消费的减少，这可能会导致轻微的经济衰退，但是工资和物价会随着商品和服务需求的下降而下降。随着工资的下降，失业的工人将被重新雇用。随着物价的下降，剩余的商品将被售出。经济衰退将很快结束。

作为一名艺术爱好者，凯恩斯拒绝承认这幅简洁明了、合乎逻辑的"古典主义"画作是写实主义的。它可能以一种印象主义的方式向人隐晦地昭示某种真相，但现实世界并没有那么美好，尤其是在1936年。

凯恩斯对古典经济学派发起了双管齐下式的攻击。首先，他否认储蓄和投资之间存在自动联系。家庭进行储蓄和企业进行投资的原因完全不同：一个家庭可能出于习惯或为了某种特定的目的（如养老或购置汽车）而储蓄，企业则可能会根据政治局势、经营信心、技术、汇率或谁赢得世界职业棒球大赛（World Series）而改变投资计划。指望利率带来两者的和谐太过一厢情愿。如果家庭储蓄超过企业投资，就会出现过剩，老板会解雇员工，导致消费进一步减少。1997—1998年，日本央行将短期利率下调至0.5%，但日本家庭仍减少了支出。随着收入下降，储蓄可能会下降到与投资相等的水平，但不一定是在充分就业的情况下。

其次，凯恩斯对灵活弹性工资和物价的观念大加嘲讽。当政客们预言价格会上浮到合理的水平时，他们的话语听起来就像魔法师在念念有词："阿布拉涨，卡达布拉跌。"垄断和工会合同肯定会阻碍这种调整。根据古典经济学理论，在经济衰退期间，实际工资应该下降。但凯恩斯认为，工人通常拒绝接受更低的名义工资。

他论证，在经济衰退中，企业会削减投资。是的，储蓄最终会等于投资。但是为什么呢？并非如古典主义者所言，是因为投资增加，而是因为被解雇的员工没钱储蓄。此外，由于工资和物价需要很长时间才能完成调整，长期的衰退或萧条也是可能的。

果不其然，在20世纪30年代初，储蓄确实等于投资。因为这两样都是空空如也。古典经济学的大幕该落下了。

凯恩斯主义的解决方案

是时候上演一场新的戏码了，这个舞台的聚光灯将聚焦于总需求。戏院入口的标语上会写着"当商品和服务的总需求低于总收入时，就会出现萧条"（这得是个大标语，不过也要记得，萧条时期空座率会上升）。通过分析，凯恩斯警告称，家庭和企业对商品和服务的需求可能不足。如果他们购买的数量不够多，商人就会解雇工人，削减产量。这是凯恩斯对萧条的概括描述。

让我们一步步构建一个简单的凯恩斯模型，首先讨论家庭，然后再是企业。由于更多的产品是由家庭购买的，家庭是总需求中最重要的组成部分。是什么决定了家庭支出的多少？尽管家庭的规模、品味和期望也很重要，但凯恩斯认为收入是主要决定因素。如果收入增加，人们就会买更多的东西；而如果收入减少，他们就会减少购买。这似乎是合乎逻辑的。事实上，凯恩斯假定，一个人每多赚一美元，他就会花掉其中的大部分，再把剩下的存起来。凯恩斯称支出部分为"边际消费倾向"（*marginal propensity to consume*，

MPC）。假如天上掉了一块钱到你口袋里。你花 80 美分买了一块糖果，把剩下的钱存入银行。那么你的边际消费倾向是 0.80（消费变化量除以收入变化量），而你的"边际储蓄倾向"（marginal propensity to save，MPS）是 0.20。

企业也购买商品和服务。通过投资于设备和库存，其构成了总需求的另一个重要部分。投资取决于什么？凯恩斯认为，投资的波动性远大于家庭消费。预期、利率、信心、天气和政治都可能扭曲投资计划。在最简单的凯恩斯模型中，我们假设要考虑的因素很多，以至于商人不会因收入的短期变化而改变他们的投资计划。回想一下，家庭确实会在短期内改变消费。

这个模型意味着什么？要实现充分就业的健康经济，家庭必须有足够的消费，企业必须有足够的投资，使商品销售与产出相等。如果人们花掉他们所有的收入（MPC = 1），萨伊定律将产生充分就业。但由于人们储蓄，企业投资必须弥补这部分储蓄。如果未能如此，产出就会超过销售，库存就会增加，雇主就会裁员。问题在于人们对商品和服务的需求不足。所以经济衰退的罪魁祸首是储蓄。

早在《通论》出版的几年前，凯恩斯就曾敦促市民增加支出。在《红书》（Redbook）杂志的一篇题为《美国能通过消费实现复苏吗？》（Can America Spend Its Way into Recovery?）的文章中，凯恩斯宣称："为什么不能？这是显而易见的！"可惜听者寥寥。当他在《听众》（The Listener）杂志上撰文如下时，同样少人问津：

当任何人削减开支时，无论是个人、镇议会还是政府部门，第二天早上肯定会有人发现他的收入断流了，而这并不是故事的结局。一个人一觉醒来发现他的收入减少了，或者他丢了工作……他将被迫减少他的开支，不管他想不想……这种腐蚀一旦开始，就很难中止了。[33]

过去，资本主义的批评家们总是急切地伸出他们瘦骨嶙峋的手指，控诉邪恶的强盗大亨和卑鄙的奸商，而凯恩斯却平静地宣称，善意的储户，包括毫无恶意的老太太，比任何邪恶的实业家造成的伤害都要大。

而且，这种伤害，或者说"腐蚀"会自行加重。这就是非凡的"凯恩斯乘数"（Keynesian multiplier，实际上是从他的同事理查德·卡恩那里借来的概念）。乘数效应的意义在于，个人支出的任何变化都会引发滚雪球效应，国家支出的最终变化远远超过最初变化。

假设有一家梅纳德公司（Maynard）决定增加100美元投资建造一个新的男厕。总支出增加了100美元。但梅纳德公司需要支付水管工、建筑师和室内装修工的工资。他们下班回家后怎么处理这些钱？他们会花掉一部分，再把剩下的存起来。他们的钱可能会花在杂货店、电子游戏销售商和饼干上。这些收款者现在有了更多的收入，他们又会花掉其中一部分。这一连锁反应还会继续下去。虽然最初的投入只有100美元，但总收入可能会增加300美元。若如此，则乘数为3。

凯恩斯提供了一个计算乘数的简单公式。既然他鼓吹消费，那么边际消费倾向是其中关键也就不足为奇了：

$$乘数 = 1/（1-MPC）或 1/MPS$$

消费程度越高，乘数越高。收款者花的钱越多，连锁反应就越快。同样，储蓄会减慢这个过程。

随之得出的是惊人的结论。首先，投资的小幅下降——也许是由于令人沮丧的天气或沮丧的公司高管——会对整体经济造成严重压力。如果人们把额外收入的三分之一存起来，乘数就是3。因此，如果企业削减5000万美元的投资，国民收入将暴跌1.5亿美元！商业悲观情绪是一个自我实现的预言！阴郁沮丧的梦会变成自我毁灭式的噩梦。难怪总统和副总统花那么多时间充当经济拉拉队长。就连德怀特·艾森豪威尔（Dwight Eisenhower）这位沉默寡言闻名的总统（为此一些人将当时白宫戏称为"著名军人的坟墓"），在1958年经济衰退期间也曾恳求公众掏钱购买商品。买什么呢？"什么东西都行！"1982年，罗纳德·里根的顾问将经济下行称为"增长型衰退"。他们声称，经济放缓是在为未来的腾飞做准备。而批评者则通过戏称里根的宠物狗是"增长型马"来嘲讽这些人指鹿为马。在1991年的衰退中，乔治·H.W.布什总统试图通过去商场购买袜子来激励购物者。由于布什的这种做法遭到了冷嘲热讽，因此他的继任者们在经济低迷时期对现身公开购物活动更加谨慎，奥巴马和特朗普总统则更喜欢挥舞高尔夫球杆来展示镇定自若的姿态。

然而，凯恩斯的建议蕴藏的惊人内涵并不全是负面的。事实上，他的有些建议近乎神奇。如果需求不足会引发衰退，解决之道必定是刺激更多支出。此外，如果我们知道了MPC，我们就能知道乘数。因此，我们可以向经济注入支出，这将在整个经济中产生乘数效应，并通过填补原先产出和销售之间的缺口来治愈衰退。

那么，"我们"是谁？是政府。没有什么能阻止私营部门这艘大船陷入险境，沉入大海，而被扔下船的劳工则将在狂风暴雨中无助地挣扎飘荡。但是国家政府可以通过减税或者直接消费来拯救这艘大船。如果需求不足带来了120亿美元的经济衰退缺口，而MPC是2/3，那么乘数就等于3。如此，一项40亿美元的政府支出计划应该能刺激经济，弥合缺口。[34]

事实上，凯恩斯估计美国的乘数约为2.5，并在给罗斯福总统的信中以及在杂志上鼓吹实施大规模的公共开支计划。在1933年的一封信中，他建议"在政府的支持下进行大量贷款支出。对特定支出对象的选择超出了我的能力范围。但应该优先考虑那些可以迅速发展的大规模项目，如铁路。我们的目标是让雪球滚起来"。[35]

凯恩斯知道经济学家和政治家们会攻击他激进的财政政策。英国和美国财政部的官员重视的是平衡的预算，如果政府遵循凯恩斯的做法，赤字就难免会出现。对此凯恩斯回道，那又怎样？在经济衰退期间，平衡预算是愚蠢之举，因为预算有两方面：税收收入和支出。由于衰退期间收入下降，政府税收也会减少。如果政府执迷于平衡预算，它要么削减开支，要么提高税收。但这两种措施都将通过乘数过程进一步挤压经济！凯恩斯认为，在整个经济周期中，预算应该是平衡的。在繁荣时期，人们交更多的税，预算盈余就会产生。但在衰退期间，政府应该允许出现赤字。而财政部的蠢材们花了很长时间才明白这一点。

在罗纳德·里根的总统任期内，尽管当时有2000亿美元的赤字，他仍大力推动宪法修正案，要求平衡预算。里根努力迫使政府削减开支，而不是提高税收。大多数经济学家还记得凯恩斯的建议，他们反对这项提案，因为该法案在经济低迷时期也要求平衡预算。然而，到了1997年，由于公众对挥霍无度的政客的强烈反对，加上经济的迅猛发展，使得即使在没有宪法修正案的情况下，美国也实现了预算平衡（关于这一点的进一步讨论将在"公共选择学派"对凯恩斯的批评中进行）。

凯恩斯也知道他将遭到哲学上的反对。毕竟，根据自由放任的传统教导，政府介入越多意味着自由越少。但是凯恩斯，这个曾经嘲笑马克思，讥讽他那被斯大林愚弄的朋友[①]的男人，却自认为是在拯救资本主义，而不是埋葬它。

我要为这种（政府职能的扩大）进行辩护……它不但是避免现在的经济制度完全被摧毁的唯一可行之道，而且也是个人动力能成功地发生作用的前提条件……如果有效需求不足，那么，不但资源浪费所引起的社会反对情绪会达到不可容忍的程度，而且，意图把这些资源运用于实际的私有企业也会遭受注定要失败的后果。[36]

---

① 此处指萧伯纳。——译者注

有时候重要的是把所谓的原则放在一边,去做正确的事。对于哲学上的异议,凯恩斯经常以讽刺的口吻回应:

如果财政部把用过的瓶子塞满钞票,并把塞满钞票的瓶子放在已开采的矿井中,然后用城市垃圾把矿井填平,并且听任私人企业依据自由放任的原则把钞票再挖出来(当然,要通过投标来取得在填平的钞票区开采的权利),那么失业问题就不会存在,而且在受到由此而产生的反响的推动下,社会的实际收入和资本财富很可能要比现在多出很多。确实,建造房屋或类似的东西会是更有意义的办法,但如果这样做会遇到政治上和实际上的困难,那么,上面所说的挖窟窿总比什么都不做要好。[37]

尽管罗斯福时期的政府支出从未达到凯恩斯建议的水平,或者说凯恩斯批评者最担心的水平,但从1936年《通论》出版到尼克松执政时代,凯恩斯的影响力与日俱增。保罗·萨缪尔森回忆说,"《通论》让大多数35岁以下的经济学家感染了一种病毒,其引发的疾病曾出人意料地侵袭并使南海岛民的一个与世隔绝的部落灭绝。结果证明,50岁以上的经济学家对这种疾病却完全免疫。"[38]

在阿尔文·汉森(Alvin Hansen)教授关于凯恩斯的著名研讨会的影响下,哈佛大学成为凯恩斯主义者在美国的主要前哨站,培养出了萨缪尔森、詹姆斯·托宾(James Tobin)和罗伯特·索洛等著名经济学家。在肯尼迪和约翰逊政府时期,经济顾问委员会成为哈佛大学所在的马萨诸塞州剑桥市、凯恩斯主义者以及来自耶鲁大学和明尼苏达大学的杰出参与者的一个前沿阵地。这些经济学家和他们的欧洲同行一起发展了凯恩斯主义经济学,为凯恩斯的直觉和洞察力添加了更多严谨性。

掌握了凯恩斯主义经济学,政客们就可以不再将那只"看不见的手"奉若神明,并与商业周期进行斗争。当经济趋缓时,他们可以增加联邦支出或减税,导致暂时的赤字,直至经济反弹。如果需求增长过快，超过了商品供给，从而推高了价格，他们则可以通过增税或削减联邦支出来抑制需求。多么简洁而美妙的对称啊。如果这还不是真的，那简直就是魔法了。对财政加以控制的信心日渐滋长。政客们欢欣鼓舞地通过了 1946 年的《就业法案》(Employment Act)，该法案大胆地迈出了以往任何措施都没有迈出的一步，宣布国会有责任"促进最大限度的就业、生产和购买力"。

凯恩斯主义最耀眼的时刻是 1964 年，肯尼迪-约翰逊时期的经济顾问们预见到经济低迷，满怀信心地开出了刺激经济的药方。他们估计经济衰退带来的缺口约为 300 亿美元，乘数为 2.3，因此将个人和企业税收削减了约 130 亿美元。没有哪种酌情裁量的经济政策比这更行之有效。所有的主要指标均表现出积极向上的势头。更高的需求推动了产出，为数千人创造了就业机会。经济学似乎终于摆脱了"阴郁的科学"这个卡莱尔给它贴上的带有侮辱性的标签。

然而，到了 20 世纪 70 年代，当凯恩斯主义药方的效力似乎有所衰退之时，卡莱尔的羞辱之词又死灰复燃，而乘数效应也不复神奇。1973 年，阿拉伯国家对美国、英国、加拿大、日本等国实施石油禁运，引发了"滞胀"(stagflation)，通货膨胀加剧，就业市场停滞不前。这场危机令凯恩斯模型狼狈不堪，因为其设计初衷只是针对一个反对因素。在下一章和第 12 章中，我们将近距离审视那些意图推翻凯恩斯主义的重要知识分子。

尽管凯恩斯的范式遭遇了挫折，但即使在今天，每一位政治领袖都知道，当经济和就业市场开始响起深度衰退的警报声时，他们可以有一个"打破玻璃，按下按钮"的应急计划，而这个计划仍然与凯恩斯脱不了干系。例如，在 2008 年金融危机期间，乔治·W. 布什总统——终其一生最反对凯恩斯主义的总统——向每个美国成年人邮寄了 600 美元的纸质支票，向每个儿童寄了 300 美元。当 2020 年美国遭遇疫情导致的"大停滞"(Great Cessation)时，特朗普总统和国会向每个成年人发送了 1200 美元的支票，向儿童发送了 500 美元。然而，这一场"大停滞"确实呈现出了一个与以往不同的情形。与由过度冒险、库存膨胀和央行误判引发的典型衰退不同，新冠疫情突然迫使健康的企业纷纷倒闭。在病毒入侵之前，美国经济看起来很稳健，通货膨胀温和，库存精简，失业率接近历史最低水平。按照凯恩斯主义的措辞，这些支票并不是为了激励沮丧的消费者，其目的是帮助人们支付他们的账单，并抵消在停工期间分文未入的影响。

酌情裁量的财政政策是否有效，取决于政治家的智慧。可惜这种智慧向来是稀缺资源，如果依赖于此，恐怕少有人能睡个安稳觉，于是如今经济已经配备了自动工具来抚平商业周期的波动。累进税和失业保险等"自动稳定机制"可以抵消经济衰退和通货膨胀加速。如果经济放缓，收入开始下降，人们就会自动进入较低的税级。当工人被解雇时，失业保险允许他们维持开支。当他们被重新雇用时，保险金的支付就停止了。这些稳定机制起到反周期的作用，能抑制经济的波动性。因此它们也让国民得以安睡。

凯恩斯曾怀疑，投资的波动最终会导致政府对国家投资水平产生更大的影响。在一些晦涩难懂的段落中，他有时谈到"投资的社会化"（socialisation of investment），在其他时候，他又赞扬了现有结构。难怪他获得了经济两面派的名声。在他的一些作品中，几乎每个词都是模棱两可的。他的伙伴们讲过许多关于他墙头草风格的故事。有个笑话说，"当一个皇家委员会征求五名经济学家的意见时，他们得到了 6 个答案，其中两个来自凯恩斯先生"。哈里·杜鲁门曾希望请到一位"一只手"的经济学家，他肯定不会想要凯恩斯，因为凯恩斯在政策问题上简直是一只八爪怪。

但这样的名声有些不公平。与其他经济学家相比，凯恩斯对更多的受众写了更多的文章，发表了更多的言论。由于情况不同，其开出的处方自然相异。凯恩斯曾经说过，经济学家应该像牙医一样具有务实思维。如果一个牙医总是在同一颗牙齿上钻孔，而不管病人是谁，人们还会去他的诊所看牙吗？每当牙医不小心切错位置时，他们都会平静地说出一个据说可以治愈所有口腔创伤的词："漱口。"可在宏观经济学中没有"漱口"这种说法（尽管熊彼特认为，经济衰退就像洗了一个有益的冷水澡，通过企业家们的新想法和冒险，经济最终得以激活）。当有人拿凯恩斯善变的名声取笑他时，他回答说："当我获得的信息改变时，我就会修改我的结论。换你会怎么做呢，先生？"

不过，善变可能是敷衍草率的表现。所有的经济学家都知道时间是一种稀缺资源。在本书历数的伟大经济学家中，凯恩斯花在经济理论上的时间可能比其他任何人都要少。然而，他可能获得了最高的投资回报。与阅读另一位经济学家的理论著作相比，他常常更喜欢去看戏剧。鉴于他的剑桥艺术剧院获得的成功和大多数学者著作的枯燥乏味，我们也不能就此苛责他。显然，凯恩斯在经济理论中并没有发现他在实践应用和其他学科中所发现的丰盈知识和迷人魅力。可能正是由于这些倾向，他才无缘构建一个更综合、更一致的分析框架。

就像批评家发现凯恩斯的易变一样，凯恩斯也发现了股市的反复无常。《通论》第12章中讲的"长期预期状态"之所以重要，有两个原因：第一个是，凯恩斯解释了为什么经济学中对数学精确的期望是愚蠢的；第二个是，他描述了投资的内在波动性。凯恩斯强调，很多投资都是受到"动物精神"的刺激，即驱使企业家和投机者前进的非理性力量。但这些力量并不一致：

传统的定价被证实是乌合之众的心理产物，易于受到突如其来的看法改变的影响……市场会为乐观情绪或悲观情绪的浪潮所支配。这种浪潮是盲目的，但在一定意义上也是应该出现的，因为这时并不存在用理性进行考虑的坚实基础。[39]

凯恩斯聪明地推测，在股市赚钱的方法不是做最好的公司分析师，而是最擅长于猜测别人认为哪只股票好。凯恩斯用一个巧妙的比喻，将专业投资比作：

报纸上的选美竞赛，即在报纸上登出 100 张照片，参加竞赛者从中选出 6 张最漂亮的，选出的照片最接近于全体参与者一起选出的 6 张照片的人就是获奖者。可见，每一个参赛者所挑选的并不是他自己认为最漂亮的那一位，而是猜想其他参赛者可能会选择哪几位，所有的参赛者都同样地考虑这个问题。[40]

这段话让人想起伍迪·艾伦（Woody Allen）关于自己在形而上学考试中作弊的台词，他通过窥探坐在他旁边学生的心思来作弊。凯恩斯为自己的家庭和国王学院管理了大量的资金。具有讽刺意味的是，他发现自己更擅长自下而上的投资方式——评估单个公司——而不是对整体经济下一步的走势进行广泛预测。换句话说，凯恩斯在他的个人投资组合中并没有那么凯恩斯主义，而这让他在投资中游刃有余："我越来越相信，正确的投资方法是把相当多的资金投入到自己认为有所了解的企业，投资于自己深信不疑的管理方式。"[41]

凯恩斯并没有从这一点中就此推断我们该对宏观经济学感到绝望，而只是由此认为经济学应该保持一种非比寻常的谦恭姿态：

我们不应该得出结论……认为一切都取决于非理性心理的波动。相反，长期预期的状态往往是稳定的……我们只是在提醒自己，影响未来的人类决定，无论是个人的、政治的还是经济的，都不能依赖于严格的数学预期，因为进行这种计算的基础并不存在。正是我们天生的活动欲望使社会的齿轮运转不息，我们理性的自我在各种选项中尽我们所能做出选择，计算我们力所能及之事，但常常因为一时的兴致、情绪或偶然的机会而退居幕后。[42]

展望未来

到第二次世界大战爆发时,凯恩斯已经疲惫不堪,经常面有病容。他被诊断出患有心脏瓣膜的长期感染,由于要为他高大的身躯和过于繁重的日程提供动力,这个器官已经不堪重负。不过,1942年的一个晚上,他还和哈耶克一起睡过屋顶。在向伦敦投下大量炸弹后,德国空军发动了"贝德克尔闪电战"(Baedeker Blitz),攻击英国较小的城市、村庄和文化地标。由于剑桥大学也是疑似轰炸目标,该大学号召教职员工保护其建筑免受火灾的影响。民防部队从伦敦被轰炸中得到的教训是,如果他们能及时清除落到屋顶上的燃烧弹,那么在地面发生爆炸所产生的破坏就会小一些。一天晚上,轮到凯恩斯在国王学院教堂的屋顶上值勤了,这座教堂是亨利八世在1515年建成的。哈耶克恰好去拜访他的老对手,所以凯恩斯让哈耶克和他一起往上爬,他们经过石像鬼雕塑,来到屋顶的石灰石胸墙旁,在那里,两个人凝视着漆黑的天空,寻找来袭的轰炸机发出的威胁光芒。飞机从来没有出现。但是整个晚上,两位经济学家都没有放下他们手中的扫帚,而且毫无疑问的是,他们对自由世界的未来进行了彻夜长谈。

战争结束后,凯恩斯却继续着他的战斗,他担任财政部顾问,乘坐摇摇晃晃的飞机和载着大批士兵的军舰在大西洋上空往返,试图说服美国政府官员放宽对英国的贷款条件。在他的率领下,两国在美国进行了令人沮丧的无休止谈判,可上议院那些被乐观主义冲昏了头的贵族老爷们却指责他对美国佬言听计从。

1942年战争期间,英王乔治六世任命他为上议院议员,并授予他"蒂尔顿男爵"(Baron of Tilton)的头衔。几天后,凯恩斯在他的蒂尔顿花园里,站在一棵未开花的无花果树前(暗指《新约》中的隐喻），一语双关地自嘲道："不结果的树，就好像男爵凯恩斯。"[①] 但这次，他对自己身后事的看法却颇为罕见地错了。他也许没有留下子嗣，但他的思想却结出了累累硕果。1946 年 4 月，凯恩斯在莉迪娅和母亲的怀抱中死于心脏衰竭。如果他看到自己的思想日后所获得的成功，他一定会激动不已，但并不会太过惊讶。凯恩斯坚信真理会让你自由。他一生的大部分时间都在为政府建言献策，可谓见证了思想的力量。他在《通论》的最后一段中热情地肯定了这一点：

经济学家和政治哲学家们的思想，无论它们是对还是错，都比一般人所设想的要更有力量。事实上，世界就是由它们统治着。实干家自以为他们不受任何理论的羁绊，可他们却常常是某位已故经济学家的奴隶。当政的狂人自以为听到的是上天的启示，实则其狂想只不过是从若干年以前某个拙劣的学术作家那里提炼而来的……但是，不论早晚，不论好坏，危险的东西不是既得利益，而是思想。[43]

公共选择学派如今对凯恩斯的观点进行了反驳，并警告称，特殊利益集团实际上俘获并挟持了那些优秀的思想和政策。

尽管凯恩斯以他关于"长期"的妙语而闻名，但他对未来的思考相当认真。1930 年，凯恩斯在一篇颇有穆勒遗风的优美文章《我们后代的经济前景》（*Economic Possibilities for Our Grandchildren*）中亮出了他的水晶球。[44] 他说，好消息是，马尔萨斯错了。在接下来的 100 年里，人类可以解决经济学存在的根本原因：稀缺。因为每一

---

① "不结果的无花果树"在《新约》中既喻指无生育能力的妇女，也喻指不出成果之人。凯恩斯也是以此在这两个喻义上自嘲。他的原话"Barren fig tree. Baron Keynes"中，"Barren"（不结果实）和"Baron"（男爵）谐音，而"Keynes"这一姓氏，据凯恩斯自己所述，可能来自拉丁文的"casnes"（橡树）一词，与前句中的"fig tree"（无花果树）也有对仗之意。——译者注

代人都站在他们父辈的肩膀上，完善他们的成就，实现他们的梦想，我们的孙辈和曾孙辈可能会爬得足够高，以满足他们所有的物质欲望，包括奢侈品。街道可能很快就会用黄金铺就。毕竟，尽管西方经济在商业周期和惨烈战争中磕磕绊绊，在过去的两百年里还是实现了迅速崛起。

更重要的是，随着人类的生存方式日趋温和，人心也会愈发柔软。凯恩斯声称，我们需要利己的"理性经济人"（Homo Economics）来实现经济上的进化。而物质欲望得到满足后，人类对善行和感情的渴望会增强。

然而，我们可能并不会从此过上幸福的生活。有了满满当当的橱柜和锃亮发光的新车，我们又该做什么呢？凯恩斯问道。如今，退休人员常常渴望工作，抱怨生活单调乏味。可如果全世界都退休了呢？"披头士"保罗·麦卡特尼（Paul McCartney）和"滚石"的米克·贾格尔（Mick Jagger）要进行多少次"最后巡演"，才能满足所有退休老人的需求？在一个充分满足的世界，也许弥漫的将是存在主义焦虑。快乐往往来自为目标而奋斗，而不是目标的实现。

或许这就解释了为什么凯恩斯拥有业余票友、艺术收藏家、投资者、捐助者、策展人这诸多身份。也许他之所以分散他的"活动组合"，只是以防他在经济学领域太过擅长，以至于带领我们太接近天堂。他大概只是想，万一自己撑到了那一天，总得有点事儿做吧。

第10章

米尔顿·弗里德曼与货币主义者对抗凯恩斯之战

CHAPTER 10

米尔顿·弗里德曼

在回应一个乞丐的乞讨时，著名演员 W.C. 菲尔兹（W. C. Fields）曾打趣道："对不起，我的好伙计，我所有可用资金都被现金套牢了。"在凯恩斯看来，这不仅是乞丐遭遇的问题。他会说，菲尔兹将财富"束缚"在现金或支票账户中的行为，是在加剧大萧条。

由于凯恩斯的观点是"一毛不拔的铁公鸡才是大萧条长期存在的祸首"，因此他主张通过政府支出来提振消费。对凯恩斯主义者来说，国民经济就像一辆汽车。加速油门上标的是"增加政府支出/降低税收"；而刹车上则是"降低政府支出/提高税收"。一个政府，只要驾驶技术足够娴熟而谨慎，就可以实现经济增长和物价稳定。

这一章讲述的是一场对凯恩斯模型发起进攻的思想运动的故事，这场运动的发起者们断言：政府通常是个糟糕的司机，经济的刹车和油门与财政政策无关。这场被称为"货币主义"（monetarism）的运动承认，经济确实有油门和刹车，但却坚持认为油门应该是"更高的货币供给"，而刹车则是"更低的货币供给"。关于"谁应该充当经济这辆车的驾驶员"的问题，货币主义者也不同意凯恩斯主义者的观点。凯恩斯主义者认为，授权支出和税收的国会应该充当这个角色。相比之下，货币主义者则认为监管银行业的美联储才是更合适的司机。

从 20 世纪 50 年代到 70 年代，凯恩斯主义者和货币主义者之间发生了一场大论战。以米尔顿·弗里德曼、卡尔·布伦纳（Karl Brunner）和艾伦·梅尔策（Allan Meltzer）为首的货币主义者尽管有着源自洛克、休谟、穆勒和李嘉图等人的一脉思想传承，一开始却受尽了讥讽嘲笑。但随着他们不断做出令人信服的研究，培养出勇于挑战的研究生，他们开始扭转对凯恩斯主义的颓势，赢得了更多的尊重和声望。直到最后，在卡特总统执政期间，国会终于要求美联储认真对待货币主义者的论点，而美联储主席也决定听从货币主义者的建议。

这场较量到如今胜负如何？大概算是五五开的平手。其结果是联邦政府将国民经济当成了一辆有四个踏板的汽车——两个油门和两个刹车！还记得可怜的哈里·杜鲁门曾想聘请一位只有"一只手"的经济学家的故事吗？如今的领导人恐怕只能和四只脚的经济学家共事了。更糟糕的是，这些踏板似乎并不像严格的货币主义者和正统的凯恩斯主义者所承诺的那样有效。

什么是货币？

要理解今天的宏观经济学，我们就必须回溯当年凯恩斯主义与货币主义之争的过程，并搞清楚货币主义模型是如何运作的。这就要求我们对银行和美联储有所了解。其中一些概念乍一看似乎很挠头，但费些功夫弄懂它们仍是值得的，因为货币主义理论如何赢得尊重的故事，是当代思想史上最引人入胜的史诗之一。

货币主义者指责凯恩斯忽视了货币和货币供给，这乍听起来很荒谬。毕竟，一个在股票和大宗商品领域发了大财的人，一个彻底改变了宏观经济学的人，怎么可能忽视"钱"呢？这就像是指责《白鲸记》（*Moby Dick*）的作者梅尔维尔（Melville）对鲸鱼视而不见一样。当然，货币主义者的头脑中对货币的理解，并不同于我们日常的货币概念。

什么是货币？任何东西都可以是货币，包括贝壳和串珠，香烟在监狱里也常被当钱用。在今天的宏观经济学术语中，我们遵循美联储对货币供给的定义。最常用的衡量指标是 M1，它等于银行以外持有的货币数量加上商业银行支票账户中的资金数量，即"活期存款"（demand deposits）。请注意，公司股票和债券在此不被视为货币。更广义的货币供应指标包括储蓄账户和货币市场共同基金等流动性较差的资产。

为什么会有人愚蠢到去争论货币供给呢？钱当然是多多益善，不是吗？还真不是。在闹剧电影中，笨手笨脚的歹徒扔下了装满钞票的手提箱，把钞票撒了一地，旁观者立即争先恐后地冲过去，希望能抢到几张。这些抢到钱的旁观者总是眉开眼笑，而恶党们总是嚎啕大哭。为什么经济学家会和这些恶党一起哭呢？当只有几个手提箱的钞票撒落，并不会有什么问题。但是，如果大量装着钞票的手提箱涌向某个城镇，通货膨胀可能会随之而来。如果货币的数量超过了商品的生产能力，那么有更多钱可花的消费者就会抬高物价。这个城镇并不比以前富裕，更多的钞票并不会带来更高的生活水平，就像每个人的工资末尾都加了两个零也不会改变什么。记住，财富是用它能买到的商品和服务来衡量的，而不是用金钱的数字。因为一美元可以兑换数千哥伦比亚比索，所以哥伦比亚的"百万富翁"和低收入美国人相比都算是穷人。即使给所有的哥伦比亚人箱子装满比索也没用，更多的纸币并不能带来更多的欢乐。

那么什么才是恰当的货币供给水平？简单的答案是：足够购买所有生产的商品，从而在不导致物价上涨的情况下实现充分就业。但这个简单答案回避了关键问题。为了实现充分就业和稳定物价，应该有多少货币流通？要回答这个问题，我们必须知道人们在拿到钱后花得有多快。他们是倾向于在消费之前将钱持有很长一段时间，还是迅速消费？货币在经济中转手和流通的速度有多快？相比那些国民喜欢把钱放在装袜子的抽屉里几个月后再花的国家，货币流动迅速的国家就不需要那么多钱。经济学家的学术生涯和一个国家的国民经济都取决于这个简单的问题。货币存量每年周转的速度被称为"货币流通速度"（velocity of money）。经济学家将其与 GDP 进行比较，并给出"货币收入流通速度"（income velocity of money，V），因此，V 等于 GDP 水平除以货币供给量。

例如，如果 GDP 是 24 万亿美元，货币供给量是 12 万亿美元，V 一定等于 2。如果一年中资金周转两次，那么在其中某一天，人们就持有相当于 6 个月的收入（以货币或支票账户的形式）。

为什么这一点很重要？为什么人们不能以云淡风轻的态度来讨论这个问题呢？如果流通速度稳定，并且如果中央银行能够控制货币供给，政府就有了一个强大的工具来对经济进行加速或减速。标着"货币供给"的油门和刹车踏板直接控制着经济的发动机。然而，如果流通速度不稳定——如果人们在持有大量货币和支票账户资金与持有少量资金之间摇摆不定——控制货币供给就没有多大助益，油门就会失灵。

为了简化说明这场争论双方的观点，可以大致说，货币主义者认为这个速度是稳定的，而凯恩斯主义者认为它是不稳定的。难怪货币主义者把货币供给作为政府这辆车上最有力的踏板，而凯恩斯主义者则推崇财政政策，至于刻板的凯恩斯主义者，则认为货币政策对发动机的重要性和雨刷器差不多。

在探索货币主义的历史及其支持与反驳证据之前，我们必须首先总结一下美联储是如何操纵货币供应的。三大工具最为重要。第一个，美联储控制着银行允许放贷的存款比例，即准备金率（reserve ratio）。假设美联储将准备金率设定为 20%，那么银行可以将存款的 80% 用于放贷。然后假设我们的朋友克里斯（Chris）在一个活期账户里存了 10 美元。这会计入货币供给量（记住，货币供给量等于活期存款账户加现金）。如果林恩（Lynn）现在从同一家银行借了 8 美元，货币供给就会增加 8 美元。如果她把这 8 美元存入另一个活期存款账户，而布拉德又从中借了 6.4 美元，那么货币供给会进一步增加 6.4 美元。现在，如果美联储告诉银行，他们只能借出 75% 而不是 80% 的存款，银行将不得不收回部分贷款，这就会缩减货币供给。银行放贷越多，则货币供给量就越大。

第二个，美联储有时会放贷给银行。通过提高这些贷款的利率（贴现率），美联储可以抑制银行放贷，并控制货币供给。

第三个，也是最重要的工具，美联储买卖政府证券（公开市场操作）。包括公司和个人在内的公众持有价值约 20 万亿美元的政府债券，这些债券每年向持有人支付利息。要理解这个工具，我们得更聚精会神才行。使用实例演示会有所帮助。我们拿出一张美元钞票和一张纸。在纸上标上"债券"。把桌子的一端定为"公众"，另一端定为"美联储"。记住，美联储持有的票据不被认为是货币供给的一部分。如果美联储想扩大货币供给，它可以从公众那里购买债券。通过购买，美联储收到了债券（不是货币供给的一部分），并给卖方一张支票（或美元钞票）作为回报。当支票被兑现或存入银行时，它就成为货币供给的一部分（当它被美联储持有时，它不被认为是货币供给的一部分）。相反，如果美联储向个人或机构出售债券，它会收到一张从个人账户提取的支票（或美元钞票）。于是货币供给收缩，因为购买方收到的债券不是货币，而美联储收到的资金一旦被美联储拥有就不再是货币。

货币主义模型与凯恩斯的批判

早在 1913 年联邦储备系统建立之前，古典和新古典经济学家就对货币供给变化的影响进行了概括。耶鲁大学教授欧文·费雪

(Irving Fisher)在 1911 年迈出了至关重要的一步,他从约翰·斯图亚特·穆勒的分析中推导出了一个简单的数学框架。表达这一"货币数量理论"(quantity theory)的一个流行公式版本是 $MV = PQ$。这个简单的等式让我们对货币主义的观点有了更多的了解。M 是货币供给量,V 是流通速度。PQ 代表名义 GDP(P 是价格水平,Q 是生产的商品和服务的数量,即实际 GDP)。这个等式无可争辩。根据定义,货币数量乘以周转次数等于所购买商品和服务的名义价值。但对于这些变量的行为,经济学家可以陷入无休止的争论。

对货币主义最为粗疏的勾勒大致如下:流通速度恒定;能够生产的商品和服务的数量在短期内是固定的;如果美联储因此增加 5% 的货币供给,我们将看到物价上涨 5%。这一粗略的量化理论基本上从方程中抹去了 V 和 Q,并得出结论:M 的任何变化只会在 P 这一变量中感受到。

不过,即使是这种粗略的勾画,也有一些可取之处,尤其是在解释恶性通货膨胀方面。德国历史上的魏玛共和国就是一个典型的例子。在 1921—1924 年,该国的印钞机全速运转,使货币供给量激增。它不是翻了两倍、三倍或四倍,而是增长了超过 25 000 000 000 000%!随后,物价指数在一年半的时间里从 1 飙升至 200 000 000。每个人都成了亿万富翁!只是几乎每个亿万富翁都食不果腹。衣柜里堆满了纸钞,橱柜里却空空如也。在美国,好莱坞传奇制片人塞缪尔·高德温(Samuel Goldwyn)说过:"口头合同还不如把它记下来的那张纸值钱。"而在当时的德国,钞票还不如印钞票的纸张值钱。德国经济被摧毁。近年来,委内瑞拉也卷入了恶性通货膨胀俱乐部,2019 年的年通货膨胀率达到了 1000 万。中产阶级沦落到在垃圾箱里翻找食物,10% 的人口逃离了这个国家。尽管委内瑞拉坐拥世界上最大的石油储备,但腐败的政府攫取了人民的财富,并试图通过发放毫无价值的纸币来补偿。[1] 这些故事向我们昭示了一个道理,钱来得容易可不是什么好事。

现代的货币数量理论家，也就是货币主义者，声称他们的知识前辈们轻视了货币的作用。从短期来看，货币不仅能影响物价，还能影响经济活动。然而，从长期来看，货币供给的变化只会改变物价。货币主义者还加上了一条反凯恩斯主义的信条：除非货币供给也发生变化，否则政府支出不会影响物价或产出。只有货币是重要的。

要理解他们的立场，我们有三个重要任务：第一，我们必须明白，为什么货币主义者听起来对货币有着堪称傲慢的自信。第二，我们必须明白，为什么凯恩斯主义者在货币问题上如此轻率。第三，我们必须明白，为什么货币主义者对政府支出如此不屑一顾。在此之后，我们才能去审视这场论战在今天的胜负。

让我们来看看直接将货币供给与 GDP 联系起来的传导机制。假设货币主义者是对的：流通速度是稳定的。如果美联储通过购买债券来增加货币供给，它就会把更多的钱送到债券出售者手中。但人们希望维持货币持有的稳定水平。根据货币主义者的说法，人们持有货币主要是为了日常交易。既然他们现在有了多余的钱，他们就会把钱花在商品、服务和实物资产上。于是 GDP 便会攀升。

相反，如果美联储踩下刹车，出售债券，人们手里的货币就会减少。因为他们想保持货币的稳定水平，所以他们削减开支，也就减缓了 GDP 的增长。

从本质上讲，货币政策是在操弄公众资产的流动性。只要人们持续渴望稳定的流动性水平，货币政策就能对 GDP 产生可预见的、强有力的影响。美联储可以将公众玩弄于股掌之间，以促成不同水平的支出。

凯恩斯和他的追随者怎么会不同意这个模型呢？具有讽刺意味的是，凯恩斯曾经相信这一点。更讽刺的是，第二次世界大战以来最重要的货币主义者米尔顿·弗里德曼却一度不相信这一套。凯恩斯一开始曾是货币主义者，后来才成为凯恩斯主义者；而弗里德曼一开始曾是凯恩斯主义者，后来才成为货币主义者。凯恩斯年轻的时候，他的朋友们可能给他起过一个"猪鼻子"的绰号，但他和弗里德曼都不是天生顽固的猪头猪脑。

让我们看看凯恩斯从原先秉持的货币主义原则实现思想转变的过程。凯恩斯在剑桥大学耳濡目染的是马歇尔教授的"剑桥方程"（Cambridge Equation）。这个方程与费雪的模型相似。根据凯恩斯的说法，马歇尔"一直教导"，货币需求是由"商品的平均库存来衡量的，而这是每个人都愿意以现成形式保有的"。[2] 在德国的恶性通货膨胀时期，凯恩斯在他的《货币改革论》中强调了货币数量理论的力量，证明了快速的通货膨胀如何鼓励人们以更快的速度花钱，迫使价格进一步上涨。然而，到《通论》问世时，大萧条让凯恩斯相信，货币政策是无力的。

凯恩斯批判的主要目标是流通速度。为什么假设流通速度是稳定的？那么，如果央行增加货币供给和流动性，情况又会怎样呢？为什么要假设人们会花掉额外的钱呢？也许他们会把这些钱藏在床垫下。如果他们真这样做，较低的流通速度将抵消较高的货币供给，GDP 仍将裹足不前。凯恩斯认为，这种情形在经济萧条时期尤其可能。货币数量理论家认为，人们持有货币是为了日常消费，或者是为了"未雨绸缪"，而凯恩斯提出了第三个动机，"投机"（speculative）。人们持有额外的流动性可能只是为了在股票和债券市场中进行投机。如果利率反弹，投机性资金需求也会亦步亦趋。因此，即使货币供给增加，对其加以囤积的欲望也可能增加。

在给罗斯福总统的一封信中，凯恩斯以一个巧妙的比喻对货币的影响冷嘲热讽了一番："有些人似乎在暗示……可以通过增加货币数量来提高产出和收入。但这就像试图通过购买更大码的腰带来增肥一样。以今天美国的腰围，这根腰带已经足够了。"[3]

凯恩斯不仅贬低了货币的影响力，他和他的追随者还描绘了一种完全不同的货币传导机制。他们认为，货币政策不会直接通过消费发挥作用，而是通过利率和投资发挥作用。要想让经济从货币操作中有所触动，就必须经历两次漫长且暗藏危机的跨越。如果美联储增加货币供给，人们绝不能囤积货币（这是第一步）。根据凯恩斯主义者的说法，即使人们真的花钱，他们也可能购买股票和债券，即金融资产而非实际资产。这将降低利率。只有企业或家庭从银行贷款，然后购买商品和服务，GDP才会有所增长（第二步）。在跨出这风险重重的两大步时，许多货币主义者很可能还没到达对岸，就已经跌进了下方的峡谷。

向相反方向迈出的步伐同样漫长而危险。如果美联储收紧货币供给，人们可能不会在意装袜子的抽屉里的现金变少了。即使他们通过出售金融资产（这会提高利率）来加以应对，借款人也可能不会因为更高的借贷成本而气馁（例如，如果他们有义务继续一个建筑项目）。GDP可能会继续增长。

总而言之，凯恩斯主义的批评在以下情形中最能切中要害：货币流通速度或货币需求变化无常，借款人不关心利率。

弗里德曼哀叹凯恩斯的影响"导致货币数量理论一时间黯然失色，可能导致关于货币理论和分析的经济研究和文章数量跌入历史低谷……一种观点被广泛接受，即货币无关紧要，或者退一步讲，它不太重要"。[4]

这次败阵甚至影响到了弗里德曼的早期观点。尽管他毕业于芝加哥大学（芝加哥大学长期以来一直是凯恩斯批评者的大本营），但在1942年，弗里德曼还年轻时曾撰写的一篇关于通货膨胀的文章中，几乎对货币的影响力只字未提。11年后，这篇文章出现在他的《实证经济学论文集》（*Essays in Positive Economics*）一书中，并新增了

7个段落。弗里德曼对这一增补解释道:"正如我相信新增材料已经表达清楚的,对货币效应的遗漏是一个严重的错误,不能原谅,但或许可以用当时盛行的凯恩斯主义风气来为之辩解一番。"[5]

米尔顿·弗里德曼的绝地反击

无论在气质还是才智上,米尔顿·弗里德曼都是领导货币主义反攻的不二人选。作为一名风格凶猛的辩手,他的论据如此雄辩有力,足以令学术对手退避三舍,而且他并不被传统智慧所吓倒。在反攻开始前夕,他矮小的身材与他不怎么高的学术专业地位也算相称。加尔布雷斯回忆说,在20世纪50年代和60年代,任何对货币供给作用"过于执着"的人都被认为是"怪人"。然而,凭借他的勇气和智慧,弗里德曼的学术地位不断提高,并在1976年获得诺贝尔奖,加尔布雷斯也承认他是"20世纪下半叶最有影响力的经济学人物之一"。[6]

弗里德曼认为自己是一个幸运的人,并将自己和妻子罗丝(Rose)的自传命名为《两个幸运的人》(Two Lucky People)。1912年,他出生于布鲁克林,家境贫寒,父母是奥匈帝国移民,在血汗工厂辛勤工作。几年后,他们渡过河搬到新泽西州的罗威,那里以州立监狱所在而闻名。他的母亲萨拉(Sarah)开了一家小成衣店,而他的父亲杰诺(Jeno)则在镇上四处兜售商品,帮人打零工。年幼的米尔顿和他三个姐妹的成长环境算不上优裕,而当他们的父亲在米尔顿高中最后一年去世后,日子变得更加艰难。他怎么会认为这样的自己是幸运的呢?因为他生在一个自由的国家。为了完成罗格斯大学(Rutgers University)的学业,他做过服务员和商店店员,同时还获得了奖学金。在罗格斯大学,他首先学习的是数学和会计。

一位高中老师曾将毕达哥拉斯定理与济慈的《希腊瓮颂》(Ode on a Grecian Urn)进行了对比，让他颇受启迪，从中发现了数学之美。再后来，米尔顿发现了经济学——时间并不算早，却很巧。经济学正需要有人施以援手，他进入大学的年份是正值当时的股市大崩盘让现代资本主义分崩瓦解的1929年，就像一个从高高的架子上摔下来的古瓮一样。

在当时的罗格斯大学教授，后成为美联储主席的阿瑟·伯恩斯（Arthur Burns）的指导下，米尔顿学习了古典经济学家的正统观念。后来他前往芝加哥大学攻读研究生学位，在那里他很幸运，有一位教授按学生的字母顺序安排座位，把他安排在了一个名叫罗丝·戴瑞克特（Rose Director）的年轻女学生旁边。这名女学生后来嫁给了他，他们的婚姻持续了68年。不过米尔顿半开玩笑地表示，如果他出生时的名字是米尔顿·祖克曼（姓氏以"Z"开头，而不是"F"），那他就找不到他的新娘了。

米尔顿·弗里德曼个子不高（比凯恩斯大约矮50厘米），但他很稳健。有句古老的谚语说，"人往高处走，水往低处流"——也就是说，你应该与那些社会地位比你更高者一争高下。美国国家公共广播电台（National Public Radio）曾让我推荐一个自己在经济辩论中应该面对的对手。我建议他们去找总统经济顾问委员会主席、诺贝尔奖得主约瑟夫·斯蒂格利茨。后者欣然同意，我们进行了非常亲切友好的讨论。[7]弗里德曼在20岁出头读研究生时的第一场论战，也挑选了一些非常有名的对手。他给凯恩斯主编的《经济杂志》发了一篇文章，批评庇古的需求弹性计算。凯恩斯拒绝了这篇文章，站在庇古一边，不过他自己很快就会在《通论》中大肆抨击庇古。于是弗里德曼的文章和庇古的反驳并没有发表在《经济杂志》上，而是发表在《经济学季刊》(Quarterly Journal of Economics)上。然后，弗里德曼又另起论战，他写了一本书，指出美国医学协会通过排除竞争来推高医生的工资。该协会发现了该书的后期排版，并提出抗议，要求出版商取消该书的出版计划。出版商拒绝了这一要求，而弗里德曼作为一名无畏分析家的职业名声由此确立。弗里德曼认为，"所有职业都在……贵族化，或至少有着根深蒂固的排外限制举措"，此举损害了消费者，并为新的竞争对手设置了进入壁垒。1900 年，只有 4% 的劳动力从事"专业"工作，但到本世纪中叶，各州已经通过了 1200 多条从业许可相关法律规定，涉及从医生到尸体防腐员在内的各行各业。[8] 从生到死，美国人都要经过持有执照的专业人士之手。

第二次世界大战期间，弗里德曼作为一名统计学家为政府工作，试图将数学应用于金属测试。通过这个工作，他认识到理论模型必须与实证检验联系起来。有一次，他在纸面上设计了一种用于喷气发动机的超强合金。计量学测试得出了非常可观的结果。于是弗里德曼带着他的制胜配方走进了化学家的实验室，还夸口说用他的金属涡轮叶片可以连续旋转 200 小时而不破裂。结果化学家们按照他的配方制造出一种金属，强度就和熟透的香蕉差不多。他从中学到的教训是，在没有真正检验的情况下不要相信理论统计数据。

战后，戴上眼镜的弗里德曼开始在芝加哥大学任教。他钦佩凯恩斯取得的成就。即使在颠覆了凯恩斯主义的许多思想之后，弗里德曼仍对这位英国人不吝赞美之词，称他是一位伟大的经济学家，更是一位伟人。弗里德曼在智识上一向乐于给出慷慨盛赞，就像他在辩论中的勇猛无情一样令人印象深刻。但他确实做到了颠覆。

通过一系列开创性的研究，弗里德曼力挽狂澜，从凯恩斯的攻击中拯救了货币数量理论。凯恩斯的攻击堪称铺天盖地，货币主义者若想绝处逢生，只能走一条泥泞而坎坷的生路：私营部门。弗里德曼必须证明私营部门是稳健的。要让货币主义者言之成理，货币流通速度和消费就绝不能像夏威夷草裙舞舞者的臀部那样起伏不定。

1956 年，在凯恩斯主义者主导学术界的时候，弗里德曼发表了一系列论文，改进并检验了货币数量理论。弗里德曼的目标是重新定义货币需求（流通速度的倒数），而不是仅仅将货币与物价挂钩。他认为，货币需求是稳定的，因为它取决于医疗、教育和个人一生的预期收入等长期因素。既然这些需求不会剧烈波动，流通速度也不会。凯恩斯忽视了长期影响。[9]

第二年，弗里德曼把矛头转向了消费。简单的凯恩斯模型假设，随着当前收入的上升和下降，消费也会同步起伏。如果某一年的收入下降，人们就会减少支出。乍一看，这似乎是显而易见的。不过，弗里德曼还是主张从更长远的视角看问题。毕竟，一个在星期五领薪水的人不会只在周末大吃大喝，然后一整个星期都挨饿。相反，他会保持稳定的消费流，因为他对长期收入抱有预期。弗里德曼的"永久收入假说"（Permanent Income Hypothesis）设想消费支出存在一条平滑的路径，只有在对未来收入流的预期发生变化时才会出现拐点。消费者不会因为收入糟糕的一周、一个月或一年而改变他们的消费模式。他们只会花掉一部分积蓄。在收入特别好的年份，他们会存更多的钱。只有当他们察觉到收入发生重大转变时，他们才会改变他们的消费习惯。[10]

弗里德曼并不是唯一一个指出应关注长期的人。弗兰科·莫迪利安尼（Franco Modigliani），一位凯恩斯主义者，1985年的诺贝尔经济学奖得主，在其"生命周期假说"（Life-Cycle Hypothesis）中进行了类似的研究，也得到了类似的结果。[11]

弗里德曼研究的主要结论是什么？消费稳定得令人惊讶。

如果弗里德曼和莫迪利安尼是对的，那么政府临时政策对私人经济的影响就微乎其微。我们如何验证这一点？1964年，一项非常成功的减税措施刺激了消费，推动了经济的蓬勃增长。由于该方案大幅削减了工资税率，消费者认为它是永久性的。1968年，约翰逊政府担心越南战争的军费开支和迅速增长的社会支出会导致通货膨胀和赤字。国会通过了一项明确的临时附加税，以延缓经济增长势头。果不其然，消费者对此的反应不是减少开支，而是从他们的储蓄中提取更多的钱，以保持他们的高消费水平。1975年，一项临时的退税措施也被证明无效。2001年，每对夫妇600美元的退税也被证明远不如降低税率来得有效。

在美国以外，临时性政策也纷纷遭遇失败。20世纪90年代中期，日本财务省曾试图通过临时减税来刺激消费者购买，但此举只是惹恼了政策对象。家庭对政府永久提高销售税感到非常愤怒，而在他们看来，政府暂时降低所得税只是一种廉价的让步。他们非但不花钱，反而把钱存进银行。20世纪90年代长期衰退期间，日本连换了6位首相。虽然弗里德曼为货币主义者的主张设计了支持理论，但他很快就需要以实证的、历史性的研究来回应从怀疑到嘲笑在内的各种批评。弗里德曼长期以来一直持有这样的哲学立场：对一个理论的真正检验，要看它是否正确地预测了事件的发生。他认为，如果优雅的模型在现实世界中毫无用处，那它们就是错误的。1963年，他和安娜·J.施瓦茨（Anna J. Schwartz）发布了一份大型报告《美国货币史（1867—1960）》(*A Monetary History of the United States, 1867-1960*)。[12] 弗里德曼知道，凯恩斯主义最有力的例证是大萧条。他在书中几乎开门见山地宣称，大萧条恰恰证明了货币政策的有力影响，而不是凯恩斯所认为的货币政策的无能。换句话说，他从凯恩斯主义者那里偷走了最佳证人。1929年至1933年间，货币数量锐减了三分之一，而美联储甚至没有公布这一数据。弗里德曼和施瓦茨将矛头指向了美联储。当惊慌失措的客户拍打着银行大门要求提取存款时，美联储却拒绝向银行提供流动性。他们说，美联储只要提供一点点支持，就会在客户中注入大量信心。

总而言之，《美国货币史》声称，在过去的一个世纪里，每次严重的衰退和重大的通货膨胀都伴随着货币问题。而凯恩斯式的衰退或通货膨胀并不存在。弗里德曼研究的一个副产品是将通货膨胀的责任从工会等通常的怀疑对象身上移除。

随着弗里德曼和梅尔策、布伦纳等其他货币主义者对凯恩斯正统学说的蚕食，凯恩斯主义者的反应各不相同。一些凯恩斯主义者用他们自己的研究来反驳，一些人承认货币主义者有道理，还有一些人则继续嘲笑货币主义。在20世纪60年代末的一次会议上，麻省理工学院（MIT）的罗伯特·索洛如此评论了弗里德曼的一篇论文："米尔顿和我之间的另一个区别是，他看到什么都会想到货币供给；嗯，而我看到什么都会想起性，只是我尽量不把这一点带到论文里。"

然而，随着20世纪60年代的局势发展，货币主义的优势日增，因为货币流通速度呈现出一种非常稳定的模式。事实上，在1948年之后的30年里，流通速度的变化是可以预见的，每年增长3%多一点。弗里德曼与少数货币主义信徒所发起的这场"圣战"真的如有神助。

在证明了货币的力量并为货币数量理论注入了新的活力之后，货币主义者试图进一步挑战凯恩斯主义的主张，即政府支出可以刺激经济。为了杀死这条巨龙，他们需要证明凯恩斯的乘数为零。

货币主义者宣称，凯恩斯回避了一个大问题：财政支出的资金从何而来？如果货币供给保持不变，政府花钱，那么其他人可以花的钱肯定会变少。天下没有免费的午餐。如果国会通过提高税收来给财政项目埋单，消费者就无法购买那么多商品。如果国会通过向公众出售国债来借钱，企业就不能借那么多钱用于投资。利率会上升，而投资则下降。政府支出必定会"挤出"私人支出。凯恩斯的基本乘数却忽略了这一点。

凯恩斯主义者无法否认挤出效应的存在。但他们反驳说，挤出并不能完全抵消政府支出的效果，尤其是在衰退期间。真正的问题在于挤出的程度究竟如何。在20世纪90年代，数据资源公司（Data Resources）的一个采纳凯恩斯观点的模型估计，在政府刺激政策的第一年，乘数约为1.6，但在那之后，乘数将逐年稳步下降。最近，凯恩斯模型的有效证据愈发匮乏。在2008年的大衰退期间，奥巴马总统推动国会通过了一项刺激计划，其中包括3400亿美元的新增联邦开支。加州大学圣迭戈分校的瓦莱丽·雷米（Valerie Ramey）的事后分析得出结论，这些支出对GDP增长的贡献可能还不到3400亿美元。[13]回想一下会发现，令人惊讶的是，凯恩斯在《通论》中使用了一个比当前估计高出十倍的乘数例子。[14]2020年，应对新冠疫情的万亿美元应急方案的目的并不是刺激消费（事实上，政府已经关闭了大多数商店），而是为了给家庭提供足够的现金，让他们继续维持生活，直到可以安全走出家门。

20世纪70年代的滞涨让米尔顿·弗里德曼感到沮丧，但也让他声名鹊起。1967年12月，他在美国经济协会（American Economic Association）发表演讲，声称更高的通货膨胀无法刺激更多的就业。对于那些正在阅读甚至是编写经典经济学教科书的听众来说，这场演讲似乎很古怪。但是几年后，经济学家们重读他的演讲时意识到，弗里德曼在经济思想史上留下了不可磨灭的印记。[15]在20世纪60年代和70年代，大学生们被教导，一个"人尽皆知"的事实是，只要社会承受稍微高一些的通货膨胀率，就可以创造更多的就业机会。以新西兰经济学家A.W.菲利普斯（A.W. Phillips）命名的一条曲线似乎证明了这种权衡确实存在。根据"菲利普斯曲线"（Phillips curve）的分析，如果你不愿意为了得到更多的工作而忍受稍微高一点的通货膨胀率，你就不仅是愚蠢，而且是吝啬。可弗里德曼对此并不买账。他与后来的诺贝尔奖得主、哥伦比亚大学的埃德蒙·费尔普斯（Edmund Phelps）一起表明，如果政府试图通过释放通货膨胀来"购买"更多工作，结果只会导致物价上涨。事实上，通货膨胀甚至可能摧毁就业。70年代的滞胀被证明是美国家庭的一场灾难，但却是对弗里德曼分析能力的有力肯定。美国著名经济学家、财政部前部长劳伦斯·萨默斯（Lawrence Summers）回忆说，对于他所属的进步派凯恩斯主义经济学家群体来说，米尔顿·弗里德曼一直是一个"魔鬼人物"。在70年代初，萨默斯还是一名本科生，10年后他成为一名年轻的教授。然而正是在这段时间里，"弗里德曼的异端邪说已经成为正统"，弗里德曼也不再是一个恶魔，而成了萨默斯"无比钦佩"的人。[16]

谦虚的胜利

想象一下你是米尔顿·弗里德曼。你刚刚证明了，货币的作用不只是夸夸其谈，也有实效，它会带动经济的发展。那下一步就是说服美联储在经济衰退时增加货币供给，在通货膨胀即将到来时则降低货币供给，不是吗？当经济似乎不景气时，你会指着印钞机对美联储理事们大喊："别光傻站在那儿！做些什么！"但我们的米尔顿并没有这么建议。相反，他喊道："就站在那儿！什么也别做！"

或许是出于异乎寻常的谦逊，弗里德曼声称，经济学家对货币政策的了解还不够，不足以明智地对其加以操纵。有时货币政策需要6个月的时间才能影响名义GDP，有时则需要长达两年的时间。当美联储试图进行微调时，通常会损害经济，因为它不知道滞后时间会有多长。1968年，美联储担心经济衰退，于是它重重地踩下了货币供给的加速油门。但经济直到衰退过去后才感受到这一政策影响。结果复苏期间产生的效应导致了高通货膨胀。1974年，美联储又猛踩货币刹车以遏制通货膨胀。结果1975年经济衰退接踵而至。当杰拉尔德·福特入主白宫，坐上美国经济这辆车的驾驶座时，他巧妙地化用了这个比喻，并告诉国会不要对他抱有太高的期望，因为他"不是林肯，而是福特"。这是个明智的建议，因为美国经济像一辆福特艾德赛尔汽车（Edsel）一样不顶用。

弗里德曼建议美联储不要对经济新闻做出反应，这听起来就像海军上将海曼·里科弗（Hyman Rickover）对五角大楼的愚蠢行为感到厌倦时的建议。他说，五角大楼应该分成三个部门。第一个部门应该完成所有的工作。第二个和第三个部门则应该用全部时间互相手写信件。但即使遵照这个计划，五角大楼的卖力程度还是会比弗里德曼希望的美联储更高。

弗里德曼的支持者们建议用一个机器人来取代美联储，这个机器人会以固定的增长率微妙地踩下货币油门，而不管经济状况如何变化。无论是3%、4%还是5%，只要供给增长持续，就将消除不稳定的一个主要来源，即美联储的反复无常。如果经济下滑，不断增加的流动性将促进消费。在经济上升期间，通货膨胀的火花也将没有足够的燃料来燃烧。

这与布鲁金斯学会（Brookings Institution）经济学家阿瑟·奥肯（Arthur Okun）在20世纪60年代自信的、极端激进的凯恩斯主义立场简直天差地别！1962年《总统经济报告》（*Economic Report of the President*）并没有止步于对抗通货膨胀或衰退。精于微操的经济学家会对国民经济进行微调。财政政策将使不断增长的繁荣一直持续：

需求不足意味着失业……过度需求则意味着通货膨胀……稳定并不仅仅意味着生产和就业的波峰和波谷趋于稳定……而是将上行趋势的偏差最小化。[17]

虽然今天没有哪个诚实的经济学家能如此夸夸其谈，但大多数经济学家不同意弗里德曼的货币规则。他们的座右铭是：犯错是人之常情，但真正把事情搞砸的是电脑。即使弗里德曼是对的，货币流通速度在长期内看起来是稳定的，但它在短期内肯定会偏离稳态。

如果流通速度连续几个月下降，而货币供给继续保持固定增长趋势，经济将会暴跌。也许这不会持续太久，但就业情况确实取决于美联储在这些情况下的作为。而美联储积极行动的话，相关的棘手问题仍悬而未决：美联储需要多长时间才能发现流通速度的波动，即所谓的"认知滞后"（recognition lag）？其行动影响经济又需要多长时间，也就是"效验滞后"（impact lag）？美联储知道自己应该做什么吗？

在学术界，当你的同行更大声地嘲笑你的批评者而不是你时，你就能宣称胜利了。到了 20 世纪 70 年代末，货币主义者从班里的笑柄变成了学霸。世界各地的央行开始密切监控货币供给。德国央行（Bundesbank）的银行家们成为正统的货币主义者。1999 年，随着欧元的引入，新的欧洲央行（European central Bank）也是萧规曹随。主流经济学吸收了许多货币主义的主张，一改先前对货币的轻蔑和对财政力量的崇拜。经济学家再也不能被简单地分为货币主义者和凯恩斯主义者两大阵营了。还记得理查德·尼克松的话吗："我们现在都是凯恩斯主义者了。"就连弗里德曼也承认尼克松是对的，当然是有所保留的。而如今三十年河东，三十年河西，莫迪利安尼也承认，"我们现在都是货币主义者了"，当然，他对此也持保留态度。

萨缪尔森与威廉·诺德豪斯合著的 1985 年版《经济学》（Economics）一书承认，"早期的凯恩斯主义受益于'货币的重新发现'。钱当然很重要。在先前对财政政策作用的狂热追捧中，许多凯恩斯主义者毫无道理地贬低了货币的作用。"萨缪尔森和诺德豪斯当然没有提到任何犯下如此错误者的名字。[18]

一个也许是出自杜撰的故事可以为此作注：一位成功的商人拜访了他的经济学老教授。在聊天的时候，这位老学生注意到教授桌上有一份试卷，就开始看了起来。他震惊地说道："这和 15 年前您给我开的考试题一模一样！您就不怕学生们去查旧试卷吗？"教授笑着回答："不，没关系。问题确实是同样的问题。但答案每年都会变。"

连胜利者也捉摸不定的流通速度

1981年，连莫迪利亚尼和萨缪尔森这样的凯恩斯主义者也被说服，承认货币事关重大之后，货币主义者们终于可以唱起格什温（Gershwin）的老曲子"现在谁笑到了最后？"。

但货币主义者很快就唱不出来了。英国的撒切尔夫人（Margaret Thatcher）和美国的里根敦促央行遵循货币主义的反通货膨胀路径，减少货币供给而无视利率的上升。果然，通货膨胀率以惊人的速度下降，美国的通货膨胀率从1980年的12%以上下降到1982年的4%以下。很少有经济学家预料到货币会如此有力地发挥作用。然而，不出所料的是，伴随而来的是一场严重的衰退（因为首先就长期来看，货币政策会改变产出和价格，而不仅仅是价格）。美国的失业率一度超过10%，直到1983年才开始下降。看来，从一个经济体中排除通货膨胀并不有趣。

货币主义者认为，美联储采取了一种过于粗暴的做法，在货币政策上踩刹车的力度过大。此外，他们还断言，保罗·沃尔克（Paul Volcker）领导下的美联储允许货币供给大幅波动。但即使是货币主义者也承认，即使更渐进的政策也仍然会导致经济衰退。

如果反膨胀的进程证明了货币的力量，那么为什么货币主义者现在高兴不起来了呢？为什么这场反攻有些虎头蛇尾呢？在经济复苏的过程中发生了一件有趣的事。还记得货币主义的核心——稳定的流通速度吗？就在货币主义者获得崇高地位时，人们开始重新启用自己装袜子的抽屉。从1948年到1981年，流通速度保持每年3.4%的稳定增长。可到了1982年，突然之间人们的装袜子的抽屉里又塞满了钞票。流通速度下降了近 5%。从 1982 年到 1988 年，流通速度的变化完全令人费解。如果流通速度下降，而货币供给没有以更高的速度增长，GDP 也一定会下降。

美联储是如何应对流通速度的骤降的？美联储非但没有遵循 3% 或 4% 的货币供给增长规则，反而猛踩了一脚货币油门。美联储无视 3% 到 8% 的增长目标，在 1986 年发行了超过 15% 的 M1 货币，以抵消急剧下降的流通速度。

在 1986 年，采取固定不变的货币规则可能是灾难性的。甚至连弗里德曼的门徒，贝里尔·斯普林克尔（Beryl Sprinkel），首位坐上经济顾问委员会主席之位的正统货币主义者，也在 1987 年的《总统经济报告》中承认：

在温和的实际增长、非常低的通货膨胀、不断下降的通货膨胀预期以及关于流通速度充满不确定性的背景下，减少 M1 而支持其他变量……似乎是一个合适的判断……没有证据表明美联储在货币限制方面犯了错误。[19]

面对货币流通速度放缓，撒切尔政府也加快了货币供给政策的步伐。如今，许多央行没有采用固定的机制，而是采用一种被称为"泰勒规则"（Taylor Rule）的经验法则方程，该公式以弗里德曼的朋友、我在白宫的前同事、斯坦福大学的约翰·泰勒①（John Taylor）命名。泰勒规则认为，央行应该通过权衡两种不同的缺口来调整短期利率：实际通货膨胀与目标通货膨胀之间的缺口、实际 GDP 与目标 GDP 之间的缺口。例如，假设经济一直很疲软，但现在正在复苏，通货膨胀正在攀升。该规则告诉美联储，如果通货膨胀率上升 1 个百分点或 GDP 接近其增长潜力 1 个百分点，美联储就该将利率提高 0.5 个百分点。美联储前主席本·伯南克（Ben Bernanke）在 2006 年

---

① 此人与前文中的哈丽特·泰勒并非同一人。——编者注

至 2014 年期间密切关注泰勒规则，但他得出的结论是，与所有公式一样，其在实践中也存在缺陷："我不认为我们能很快用机器人取代联邦公开市场委员会（FOMC）。我当然希望不会如此。"[20]

从 20 世纪 90 年代到 21 世纪初，流通速度上演了一出疯狂过山车，先是出乎意料地跃升，然后又猛烈而快速地下冲。没有人知道流通速度是否会回到一个稳定的模式。人们提出了几种假说来解释这种下降。弗里德曼和其他货币主义者解释说，80 年代和 90 年代通货膨胀率和利率的大幅下降降低了流通速度。自从 20 世纪 90 年代美联储放松对银行的管制以来，人们把更多的资产放在计息活期存款账户上，可以通过贝宝（PayPal）、Venmo 及其类似竞争对手瞬间快速地转移资金。因为这样的账户持有更多的货币，导致流通速度下降。然而，一些测试表明，不管有没有这些创新，流通速度还是会下降。此外，住房再融资工具为房主提供了新的流动性来源。套用丘吉尔的话来说，流通速度已经成为谜团中的谜团。结果笑到最后的却是它。尽管货币流通速度变化无常，但世界各地的央行都认为，无论货币供给是飙升还是暴跌，都应该敲响警钟。2002 年，在一次纪念弗里德曼 90 岁生日的演讲中，本·伯南克代表美联储向弗里德曼祝酒，并为未能恪守弗里德曼的原则，从而导致大萧条时期货币供给崩溃而道歉："你说得对，是我们干的。我们很抱歉。但多亏了你，我们不会再重蹈覆辙。"[21] 毫无疑问，伯南克认为他的祝酒词不过是表达对这位年迈斗士的一种绅士姿态，而他的话也会随着当晚最后一口香槟一起，被人一饮而尽，不复存在。2006 年，弗里德曼死于心脏衰竭。两年后，世界金融体系崩溃，货币供给增长下滑，1540 万美国人失业，而双眼红肿的伯南克只靠着什锦干果包维持着每天 20 个小时的超负荷工作，力图实现他对弗里德曼的承诺。

从 20 世纪 90 年代末到 21 世纪初，全球房地产市场膨胀成了一个一戳就破的泡沫，政府鼓励银行向不安全的购房者放贷，同时银行不再要求买家支付大量首付款。例如，1995年，美国住房和城市发展部（U.S. Department of Housing and Urban Development）要求房利美（Fannie Mae）和房地美（Freddie Mac）等政府特许公司从银行购买风险更高的抵押贷款，以提高住房拥有率。既然银行无论如何都要出售这些高风险的抵押贷款，贷款官员也就不再费心去仔细审查这些贷款。一些购房者甚至没有出示他们的纳税申报单就获得了抵押贷款［其他人获得了"忍者贷款"（NINJA loans）意思是指给那些没有收入、没有工作、没有固定资产的人的贷款］。到2006年，加州四分之一的抵押贷款被认定为次级抵押贷款，房价则在之前的五年内翻了一番。借贷者有机会获得更多的信贷，而不必太过担心还款问题。经济学家称此为"道德风险"（moral hazard）问题，而外行人则认为这种做法"缺乏切身利益"。

2008年泡沫破灭时，银行纷纷破产，华尔街拥有160年历史的证券行雷曼兄弟（Lehman Brothers）也随之化为泡影，引发恐慌性抛售，标准普尔500指数（S&P500）一泻千里，暴跌近60%。雷曼兄弟的名字变得臭名昭著，甚至出现在儿童动画片《神偷奶爸》（Despicable Me）中，作为片中"邪恶银行"的前身。为了渡过危机，伯南克这位本职即为研究大萧条的学者，手里挥舞着弗里德曼的剧本，将利率从5%降至接近零的水平。

其他各国央行纷纷跟进，英格兰银行（Bank of England）将利率降至了该行1694年成立以来的最低水平。美国财政部迫使银行接受政府贷款，以便它们有足够的资本来承受经济衰退。但即使是这些措施也不足以挽救局面。在利率接近于零的情况下，许多持怀疑态度者表示，美联储的政策子弹已经用尽，无法再采取更多措施。当此危难之际，伯南克祭出了一种由弗里德曼概括，但很少使用的工具——量化宽松（quantitative easing，QE）。在大衰退之前，即使博学多闻之人也大多认为"QE"是一艘以伊丽莎白女王（Queen

Elizabeth）命名的英国游轮。伯南克运用货币主义思维，指示美联储购买抵押贷款和债券，向资产卖方注入大量资金。这种技术被称为量化宽松。到 2010 年，美联储已经购买了超过 2 万亿美元的证券，相当于整个经济规模的 15% 左右。批评人士大肆谴责美联储，称它将引发恶性通货膨胀和美元解体。但这两者均未成现实。通过强制性地向经济注入货币，美联储避免了另一场大萧条。2009 年 9 月，美国 GDP 再次转为正值，但房价还要再花四年时间才回升到危机之前的水平。这是一种什么样的复苏？

在 2008 年的金融和经济大戏中，我开始引用一个过去的老名字，并在国家公共广播电台上称，经济复苏将不是"凯恩斯式"的，而是"庇古式"的，复苏正是以凯恩斯那位不受待见的同事命名。[22] 庇古于 1959 年去世，即使在他的全盛时期，他也不太可能为捍卫自己的想法奋起而战。作为一名年轻的明星教授，他的职业生涯有一个有力的"高开"，但最后 40 年却逐渐"低走"，被梅纳德·凯恩斯那震撼人心的鼓点压得发不出声音来。

阿瑟·庇古（Arthur Pigou）出生于 1877 年，成长于一个优渥的家庭环境中。他的父亲是一名杰出的军官，当地报纸称他的婚礼是"皇室婚礼"。和其他家庭的长子一样，他被送进了托尼·哈罗公学（Tony Harrow School），在那里获得了众多学业和运动奖项，被誉为"超凡入圣"。这是一个非凡的成就，要知道他的一个同学只是拿了一项击剑奖项，日后也功成名就了。[23] 这个同学名叫温斯顿·丘吉尔。阿瑟长得高高的，一头金发，腰杆笔直，至少他的这种姿态和他的道德立场很相称。他师从剑桥顶尖的政治经济学家，30 岁时就被选上了教授职位，接替导师马歇尔，这可是众人都梦寐以求的位置。庇古对他导师编写的教科书推崇有加。比起阅读那些新意寥寥的经济学新书，他宁愿带领精力充沛的年轻人沿着马歇尔的足迹，徒步穿越阿尔卑斯山。他的学生们注意到，他能够迅速地从一个沉重的等式转移到"轻率狂放的话题",然后如果凯恩斯走进房间,他又会回到严肃的问题上。[24] 庇古也受到当时盛行的性别歧视观念的影响,并以对学生重男轻女,以及嘲笑政客和外国人(包括美国人)而闻名。但他也开了不少特例。他与年轻的女同事琼·罗宾逊密切合作,支持她的教职晋升,大力宣传她的作品,并邀请她在遭遇精神衰弱后到他的湖边小屋休养。他还会让以前的学生在他那风景如画的小屋度蜜月。[25]

第一次世界大战爆发时,庇古被困在瑞士的策马特。他的兄弟是皇家海军的一员,后来晋升为上尉。当凯恩斯最终在财政部任职时,庇古宣称自己是和平主义者,并在前线附近驾驶救护车,也许就和同为战地救护车驾驶员的欧内斯特·海明威(Ernest Hemingway)和麦当劳(McDonald's)创始人雷·克洛克(Ray Kroc)等名人离得挺近。庇古出于良心反对杀戮,但不反对拯救生命。他对道德哲学的关注程度不亚于向下倾斜的需求曲线,还发表过《尼采的伦理学》(The Ethics of Nietzsche)和《福音书的伦理学》(The Ethics of the Gospels)等文章。在战争期间,他在《国家》(Nation)杂志上写了一篇文章,警告说被击溃的德国可能会重新集结和武装,以发动一场更大的战争。尽管庇古对第二次世界大战的预言后来在凯恩斯的《和平的经济后果》一书中也有所体现,但批评人士仍指责庇古懦弱、亲德。面对种种非难,他学会了对政治保持沉默。但他并不懦弱,他赢得了绶带和奖章,以表彰他身为平民的英勇行为。战争结束后,他将这些奖章授予了与他一起徒步旅行的年轻人,以表彰他们在登山方面的贡献和"杰出的不作为"。[26]

当凯恩斯在1936年发表《通论》时,庇古正与心脏问题作斗争,公众对他的思想和工作的"连番重击"并没有让他的心脏跳得更有力一点。纵观《通论》全书,凯恩斯一直都在反复提及庇古的名字,这让庇古成了那些不能领会凯恩斯新范式的老派、守旧的经济学家的典型代表。庞古被凯恩斯咄咄逼人的势头吓得不轻，他说凯恩斯自比爱因斯坦，只消看看"通论"（General Theory）的名字和"广义相对论"（General Relativity）的相似度就能明白这一点。只不过爱因斯坦可没有对艾萨克·牛顿大加嘲讽，也没有把他的追随者称为"一群无能的笨蛋"。[27] 在接下来的 30 年里，庞古变得愈发难以捉摸，也愈发深居简出。但是，即使隐遁于国王学院的一隅，庞古仍默默地坚持己见。他肯定在暗自积蓄着什么。

2009 年年初，在经济大衰退期间，我作为访问学者飞抵剑桥，深入研究庞古的事迹。经过阿尔弗雷德·马歇尔曾就读的剑桥大学圣约翰学院的申请和交涉，我获得了国王学院图书管理员的许可，可以查阅庞古的私人文件。当我走进那个弥漫着橡木味的房间，翻看满是灰尘的手稿时，我很快对这个人有了以下了解。第一，他非常注重隐私。第二，他指示在他去世后销毁他的文件。第三，他以难以辨认的笔迹而臭名远扬。我低头看着他的笔记，心想，就算是艾伦·图灵（Alan Turing）[①]再世也不可能破译这些天书密码！尽管如此，我还是能从他试图抵御凯恩斯攻势所做的努力中收集到一些信息，就算他无意给出立时的反驳，也志在更长远的立论。

1941 年，庞古在蛰居一段时间后，终于提出了一个足以解释 2008 年大衰退的秘密。雷曼兄弟破产前后，新闻头条都在大肆报道石油和食品等大宗商品价格的暴跌。许多经济学家警告说，物价下跌将导致更大的经济萧条。毕竟，世界在 20 世纪 30 年代也曾经历大宗商品价格的暴跌。庞古对此却另有见地。他认为，物价下跌可能会让我们觉得更富有，因为我们的储蓄可以买到更多东西。如果我

[①] 英国数学家、逻辑学家，被后世誉为"人工智能之父"，曾协助军方破解德国的著名密码系统 Enigma，帮助盟军取得了第二次世界大战的胜利。值得一提的是，图灵也出身于剑桥大学国王学院。——译者注

们的存款更值钱了,我们就会有"更强的权力感和安全感"。[28] 如果消费者觉得自己有更多的购买力,他们就能带领国家走出衰退。例如,如果一个汽车车主驶进当地的加油站,当他看到油价是 2 美元而不是 4 美元时,他可能会感觉更好些。2009 年,汽油和家用取暖油价格暴跌,美国人的口袋里多了 3000 多亿美元的购买力,平摊到一个普通家庭,每月的购买力也增加了约 300 美元。更便宜的火鸡和鸡肉也纷纷涌入超市货架。与此同时,亚马逊提供免费送货服务,除了白宫的"林肯卧室",几乎所有东西都在打折(不过对政治献金大户而言,也许这间卧室也有打折优惠)。所谓"庇古效应"(Pigou Effect)基本上是用货币供给量除以价格水平。随着伯南克印制更多的钞票而物价下跌,消费者可能已经手握了战胜衰退所需要的手段。不幸的是,这种庇古效应在 20 世纪 30 年代初未见其功。凯恩斯宣布:"叮咚,自由市场死了",于是庇古的理论就此被尘封在了我们陈旧教科书的一个小角落里。

但是为什么庇古效应在 90 年前失效了呢?因为央行官员们拔掉了印钞机的电源线,袖手旁观。在 30 年代,货币供给和物价水平双双跌入了深渊。在美国,由于 40% 的银行关门,货币供给减少了 30%。这就是伯南克为之向弗里德曼道歉的过错。不过,在伯南克的掌舵之下,庇古效应还是有可能出现的。

当足够多的人开始抄底大买便宜货时,你就会开始发现"庇古式复苏"的踪迹。到 2009 年春天,住房支付能力指数(Housing Affordability Index)开始飙升,餐馆老板开始迎接一年来最强劲的销售,美国一半的州,包括纽约、加利福尼亚和得克萨斯的失业率开始下降。在英国,就像观察到一种绝迹动物一样,报纸不可置信地报道了房屋卖家的"抬价敲诈"(gazumping)现象——即卖家在收到买家的非正式报价后,抬高他们的要价。[29] 到 2009 年年底,美国经济增速跃升至 5%。

于是从长远来看，庇古终于迎来了他的转机。如果我们要给经济思想史上最伟大的反败为胜事迹颁奖的话，有此殊荣的正是那个曾经被困在瑞士策马特的高大而害羞的徒步旅行者，不仅是因为他的"庇古效应"，还因为他在外部效应方面的研究，在这些研究的启发下，"庇古俱乐部"得以在今天的哈佛大学建立起来。

理论的综合与对供给的审视

自凯恩斯去世以来，世界见证了一场可谓精彩纷呈的智识斗争。米尔顿·弗里德曼终以其锲而不舍的努力使几个世纪前的经济学传统得以延续。

主流经济学既不能否认自己的过去，也不能拒绝凯恩斯的所有创新。美联储的经济学家们既密切关注 M2 货币，也紧盯凯恩斯主义的"潜在 GDP"概念，对它的形象描述就是"把凯恩斯的头接在米尔顿·弗里德曼的身上"。

在前一章中，我们曾问过，凯恩斯在今天是否会选择学习经济学。而在本章中，我们可能会问，如果凯恩斯在世时看到货币主义者的研究和这一学派的复兴，他是否还会保持自己纯粹凯恩斯主义者的身份？考虑到他务实、敏锐的头脑，他肯定会承认，随着时间的推移，货币主义的一些基本理念是适用的。

在弗里德曼和萨缪尔森之后的几代天才经济学家，包括马丁·费尔德斯坦（Martin Feldstein）、迈克尔·博斯金（Michael Boskin）、格雷格·曼昆、保罗·克鲁格曼（Paul Krugman）和劳伦斯·萨默斯等杰出人物，并没有卷入这场血腥味十足的凯恩斯主义和货币主义派系之争。他们都奉行货币政策和财政政策双管齐下。

他们并未在控制总需求的政策上争论不休，而是转向了总供给的问题，询问联邦政府如何才能诱导企业提高生产率。更高的生产率意味着更高的生活水平。但是，生产率的提高需要增加对工厂、设备、研究和教育的投资。与美国两大政党结盟的美国经济学家便指责不谨慎的税收政策导致生产率增长缓慢。[30]

这些经济学家中的大多数小心翼翼地将自己与20世纪80年代早期那些被赫伯特·斯坦（Herbert Stein）称为"朋克供给学派"（punk supply-siders）的狂热小册子作者和政客区分开来，这一"学派"信誓旦旦地承诺，所得税的削减将释放出巨大的经济活力，以至于税收收入将迅速自动上升。"拉弗曲线"（Laffer curve）以南加州大学经济学家阿瑟·拉弗（Arthur Laffer）在鸡尾酒餐巾上画的草图得名，这一曲线表明，高税率可能会抑制经济活动，并最终影响税收收入。例如，如果政府对额外一小时的收入征收100%的税，那么个人还有足够的理由在这最后一小时工作吗？20世纪70年代，演员迈克尔·凯恩（Michael Caine）从伦敦搬到洛杉矶，只为避免为他的下一部电影缴纳83%的税。在听了即将上任的财政大臣关于要将富人"压榨干净"的演讲后，他转头就登上了飞机。英国财政部从这位演员那里别说收取83%的税收了，连一个子儿都没收到，直到撒切尔夫人实施减税，他才搬回了英国。[31]虽然这种观点有时被夸大了——大多数人没有上述那位《国王迷》（*The Man Who Would Be King*）中的奥斯卡奖得主那样的选择——但在供给学派的热情感染下，经济学家们开始更努力地研究高税收和低储蓄率对经济的负面影响。

2004年诺贝尔经济学奖得主爱德华·普雷斯科特（Edward Prescott）认为，高税率解释了为什么法国人、德国人和意大利人会花那么多时间在咖啡馆和水疗中心放松。他发现西欧人"比北美人和日本人少工作三分之一时间"，因为法国、德国和意大利的税务人员收取他们收入的60%，而在美国、加拿大和日本则只收取

40%。他指出，在20世纪70年代初，法国人的工作努力程度比现在高近50%，而他们的边际税率远低于现在。[32]

即使是那些鄙视供给学派的经济学家也反对回到1980年的70%的税级（或者1960年代早期91%的边际税率！），因为这只会激发人们通过各种策略、规避手段和漏洞来避税。在20世纪80年代的后半期，超过50个国家降低了他们的最高税率，包括瑞典和澳大利亚这些平等主义的桥头堡。（黎巴嫩是提高税率的两个国家之一。它的麻烦还不够多吗？）当克林顿总统说服国会对富人增税时，他也不过是想将最高税率从33%提高到39.6%。尽管他在竞选说辞中谴责80年代的经济是乡村俱乐部式的消遣，但他并没有建议把最高税率恢复到罗纳德·里根入主白宫时的70%。还需要注意的是，当克林顿在美国提高税率时，他也花了7年时间敦促日本政府削减所得税，以复苏其死气沉沉的经济。

乔治·W. 布什总统取消了克林顿时期的增税计划，而奥巴马和特朗普总统也在这个问题上来回拉锯，热衷于拆前任的台。尽管如此，几位重要的民主党州长已经强调要在他们的州减税，以显示他们在供给方面的诚意。企业税率也是这场争论的一部分。奥巴马的首席经济学家、哈佛大学的杰森·弗曼（Jason Furman）在2014年指出，在20世纪80年代里根改革之后，其他国家在改革力度上"超越了美国，给我们留下了世界上企业税率最高的糟糕名声"。[33] 弗曼和奥巴马提议削减美国的商业税率，而特朗普倡导的税率比他前任的目标还要低得多。

税收将永远与我们同在，推动我们做出商业和个人决定。没人能置身事外。1998年，米克·贾格尔取消了滚石乐队"巴比伦之桥"（Bridges to Babylon）世界巡演的英国站，他抱怨说，如果他们在英国本土演出，英国法律会向他们的乐队征收1900万美元的税。如果滚石乐队在英国举办一场演唱会，他们在海外演出获得的所有收入也将被迫纳税。而如果他们远离自己的故土，他们就可以逃避英国的税收。于是他们没去英国，让35万名英国粉丝大失所望。顺便说一句，贾格尔并没有躲在公关人员后面。他向媒体解释了他出于经济方面考量所做的决策，这番说辞和20世纪60年代初就读于伦敦经济学院的学生会说的差不多。

最近，我认为所谓的"零工经济"（gig economy）是一股强大的供给侧力量。在过去的10年里，就像塞缪尔·贝克特（Samuel Beckett）戏剧中的"等待戈多"的角色一样，华尔街、主街（Main Street）[①]和美联储一直在翘首等待通货膨胀出现泡沫，泡沫却迟迟未现身。有几股力量一直在压制这一趋势，其中之一就是"供给侧冲击"（supply-side shock）。什么是积极的供给侧冲击？不妨考虑一个简单的故事。假设你住在一个偏远的村庄，从一口油井中获取燃料。然后，一个邻居，就叫他杰德·克莱皮特（Jed Clampett）[②]吧，在追捕恶徒时用猎枪射击，结果虽然没射到恶徒，但从地上的弹孔中涌出了冒泡的原油。突然之间，村子里的石油增加了一倍，价格自然会下降。现在，如果同样的现象（我可不是指猎杀恶徒）在其他领域突然发生，会发生什么？

经济学专业的学生学过"生产函数"（production function），这是一个简单的公式，表明产出是土地、劳动力、资本和技术的函数。投入越多，人们创造的东西就越多。互联网和全球化正在大幅地扩大这些因素的影响规模。像Airbnb这样的公司，它们开发闲置的房

[①] 指华尔街金融体系之外的传统产业和实体经济，往往与代表金融业的华尔街对立。——译者注

[②] 美国喜剧片《贝弗利山人》（The Beverly Hillbillies）中的石油巨头，曾登上"福布斯虚拟人物富豪榜"。该片讲述的即为这个原本出身贫苦乡村家庭的人，因在西弗吉尼亚州的家园里发现石油，从此飞黄腾达的故事。——译者注

间并将其投入市场。这有效地增加了可用土地的供给，并抑制了度假的成本。Airbnb号称在全球拥有超过700万套房源，它使得在美国城市的可用度假客房数量增加了25%以上。

由于房源的大量涌入，酒店业最青睐的衡量标准——日均房价和每间可用客房收入——已经落后于GDP的增长。2019年，万豪（Marriott）宣布将推出房屋租赁业务，与爱彼迎展开正面交锋。

那么，有形资本是如何实现魔术般增长的？这不是什么魔术，像Dozr和Yard Club这样的新贵，正通过将优步的经营模式推广到推土机和自卸车来增加相关设备的供给。我们过去常常看到黄色的卡特彼勒（Caterpillar）卡车闲置在建筑工地，等待某些预定项目的开工。现在，这些卡车可以在非工作时间到别处接活。这种情况下，压路机工人即使工作超过14个小时，也不会向工会领班抱怨。通过对现有资本更高强度的使用，我们就拥有了更多的资本。

互联网通过金融技术和软件公司，如Square、贝宝和赛富时（Salesforce），促进了更自由的资金流动和更快的买卖双方间联系。美联储前主席伯南克指出，全球储蓄资金正在跨境汹涌流动。当消费者配备了在线平台上的便利工具时，他们便发挥了重要作用。亚马逊有个很酷的功能——"看过这个商品的顾客也浏览过的其他商品"，这让买家在购买商品时可以考虑替代品。比如说，购物者不需要离开自家车库，也不需要花一分钱就可以在网上搜索，他也许本想找一个售价500美元的霍尼韦尔（Honeywell）便携式空调，却可能会找到一个售价470美元的百得（Black & Decker）同类产品。通过增加可见替代品的供给，亚马逊的这一功能降低了支付的价格。奥巴马前经济顾问委员会主席奥斯坦·古尔斯比（Austan Goolsbee）和彼得·克兰诺（Peter Klenow）的研究发现，在线通货膨胀率比标准的消费者价格指数计算值低1%。[34]

这几股力量并不能解释全部的缘由，因为正如米尔顿·弗里德曼所言，通货膨胀是一个货币事件。从 2014 年到 2020 年，美元走强并升值了 20%，使外国商品在美国人看来更便宜，并使试图提高价格的美国国内公司难以得逞。此外，大衰退期间财富的损失促使家庭重建资产负债表，将储蓄率推高至 7.5% 左右，是危机前水平的两倍，并降低了经济中的货币流通速度。这些因素叠加而带来的供给侧冲击可能抑制了约 1.5% 的通货膨胀。这 1.5% 的差别意义重大，因为通货膨胀的企稳让美联储得以将利率保持在低位，从而支撑了股市价格，再加上大量的折旧规定，促使企业投资于更好的设备和技术，从而提高了生产率。这就是美国工人终于开始看到工资上涨的原因。

这一供给侧冲击并非像里根总统 1981 年的个人减税那样经过深思熟虑的政府计划。它更像是杰德·克莱皮特那歪打正着的枪法。但它是强有力的，有助于民众整体生活水平的提高。

多亏了凯恩斯，我们现在都是凯恩斯主义者了。多亏了弗里德曼，我们现在都是货币主义者了。多亏了隔壁商店的临时工，我们现在都开始关心供给问题了。多亏了这个动荡的世界，我们现在又都是折中主义者了。

不仅仅是 GDP

米尔顿·弗里德曼所发起的论战已超越了货币政策辩论的范畴。自由市场经济学家有时会被嘲笑缺乏同情心，但弗里德曼早在 1962 年就提出了"负所得税"（negative income tax），以帮助穷人，并取代过于复杂的福利体系。他的设计启发了今天的劳动所得税抵免制度（Earned Income Tax Credit）。在国际经济学领域，弗里德曼也曾发表过异端言论，他在 1953 年主张汇率应该是浮动的，而不是由政府固定下来。如今，每天有数万亿美元在外汇和全球债券市场交易，迫使各国政府和央行不得不提高行动效率。2006年，94岁高龄的米尔顿·弗里德曼去世。在他去世前的几年里，他和妻子罗丝·弗里德曼一同大力主张通过给予家长选择学校的自由来创造学校之间的竞争，从而取代当地学校的垄断。

米尔顿·弗里德曼最自豪的时刻并非获得诺贝尔奖，也并非来自理论和经验上的成就，而是在1970年。这个事件与经济关系不大，而是关乎军事，美军征召了数十万年轻美国人参加越战。尼克松总统任命弗里德曼加入一个委员会，该委员会将考虑是否废除该次征兵，并以全志愿部队取而代之。一开始，委员会中支持和反对志愿部队的人数平分秋色。陆军上将威廉·威斯特摩兰（William Westmoreland）不为所动地宣称，他不想指挥一支雇佣军。弗里德曼却针锋相对："将军，你宁愿指挥一支奴隶军队吗？"威斯特摩兰德闻言挺直了身子，他那钢铁般的眼睛和身上佩戴的铜橡叶勋章一样闪闪发光，他对戴着眼镜的弗里德曼说："我可不想听到我们爱国的应征士兵被称为奴隶。"弗里德曼则回答："我也不喜欢听到我们的爱国志愿者被称为雇佣兵。但是，如果他们是雇佣兵，那么长官，我就是一个雇佣教授，而长官你就是一个雇佣将军。我们的医生是雇佣的，律师是雇佣的，连我们的肉食也是从雇佣的屠夫那里买的。"后来弗里德曼回忆："那是我们最后一次从将军那里听到雇佣兵的说法。"[35] 就像影片《十二怒汉》（*Twelve Angry Men*）中那位持不同意见并坚持己见的陪审员一样，弗里德曼成功让委员会一致投票支持志愿部队，支持自由。

第 11 章

公共选择学派：政治就是一门生意

CHAPTER 11

詹姆斯·M.布坎南

马克·吐温曾经说过:"我今天看到了一个令人吃惊的景象,一个政客竟然把手伸进了自己的口袋里。"

从他的这番冷嘲热讽之中,会诞生一种新的经济思想流派吗?1986年,诺贝尔奖委员会将当年经济学奖授予公共选择学派(Public Choice school)的创始人詹姆斯·M. 布坎南(James M. Buchanan)。公共选择理论研究者要求我们重新审视并拒斥正统的公共财政理论,至于理由,马克·吐温大概颇能够理解。他们认为,与货币主义者收集的任何乘数统计数据相比,现实的政治观点更能将凯恩斯主义经济学打回原形。公共选择学派的支持者对政客的信任远少于他们对政客的抱怨和抨击。

公共选择学派认为,这一理论可以解释许多经济和政治问题:为什么我们遭受持续的预算赤字?为什么特殊利益集团不断滋生?为什么尽管总统承诺要精简机构,官僚机构却继续臃肿膨胀?以及为什么政府监管机构往往更多地保护企业而不是消费者?大多数经济学家认为,政治是制定良好政策的一个令人反感的、不可理喻的,并且是非经济性的障碍。相比之下,公共选择学派的经济学家坚持认为,必须用经济学的工具来研究政治。他们主张,政治就是一种经济活动。对政治,经济学家们不应该一脸嫌弃地两手一摊做事不关己状。相反,他们应该问一问,为什么官僚和立法者经常阻挠良好的政策实施。

如果对经济史仔细甄别一番,你会发现许多公共选择理论的先驱,包括亚当·斯密、詹姆斯·穆勒、瑞典经济学家克努特·威克塞尔,以及几乎所有诅咒过官僚的人。尽管如此,这一理论的真正学术工作是在第二次世界大战之后才大量涌现的。随着政府规模的日益膨胀,对它的批评之声也在不断壮大。

就像犀利的批评家托斯丹·凡勃仑一样,詹姆斯·布坎南也经常自觉在主流学术圈里被人唾弃。布坎南于1919年出生在田纳西州的默弗里斯伯勒。由于上不起名牌大学,他选择了位于家乡的中田纳西州州立师范学院(Middle Tennessee State Teachers College)就读。这位州立师范学院未来的诺贝尔奖得主每天早晚还得靠挤牛奶来赚学费。在经历了4年的牛栏生涯后,布坎南进入了田纳西大学(University of Tennessee),并在那里获得了经济学硕士学位。第二次世界大战中断了他的求学之路,"山姆大叔"(美国政府)把他送到了纽约的美国海军学院(Naval War College)。

约翰·肯尼斯·加尔布雷斯的出身背景与他颇为相似,也是起步于加拿大的奶牛群和牧草地中。然而,当加尔布雷斯顺利地跻身主流学术界、在哈佛大学任职、与帅气的詹姆斯·邦德的扮演者罗杰·摩尔(Roger Moore)结伴在瑞士滑雪度假时,布坎南还在努力打拼,并很快学会了蔑视"东岸精英"。即使到了生命的最后日子里,布坎南忆起自己身为一个南方佬,在纽约知识分子圈子里受到的势利眼和歧视,仍然会愤愤不平。他讲述了一个在第二次世界大战期间作为美国海军学员接受训练的故事,当时他是按照字母顺序分组的600名学员中的一员。在20名升任军官的学员中,常春藤盟校获得了13个名额。布坎南所属的首字母"A"和"B"姓氏排中没有常春藤盟校毕业生。因此,指挥官对布坎南和他的战友们置若罔闻,直接找了一个姓氏首字母"R"的人来领导"A"排和"B"排。这个"R"正是洛克菲勒(Rockefeller)。布坎南回忆说,这种歧视让他变得"十分激进",在那个时候,他甚至可能愿意加入马克思主义阵营。不过现实中,他并没有成为马克思主义者,而是在珍珠港的一个地下指挥中心为太平洋舰队制订行动计划。他负责辅佐尼米兹（Nimitz）和斯普鲁恩斯（Spruance）海军上将，后者领导了史诗级的中途岛海战，整个太平洋战争的转折点。斯普鲁恩斯曾称赞他"动作飞快，且相当准确"[1]，对此布坎南颇感自豪。战后，布坎南前往美国西部，在芝加哥大学获得博士学位。他人生中的一个关键时刻来得却相当偶然。在完成德语考试后，他在图书馆的书架旁闲逛，碰巧找到了克努特·威克塞尔那篇没人读过也没有翻译的关于税收政治的论文。这篇文章让布坎南大受启发，不久之后他前往南方的佛罗里达州立大学（Florida State），后又进入弗吉尼亚大学（University of Virginia），在那里他建立了所谓的弗吉尼亚政治经济学派（Virginia School of political economy）。

布坎南将他的诸多工作看作对那些东岸象牙塔学者的理想主义思辨的反击。在肯尼迪和约翰逊政府时期，哈佛大学的经济学家们成群结队地涌向华盛顿，而布坎南却在弗吉尼亚州的山上以不事张扬的方式对他们的观点展开了讨伐，并在1962年与戈登·塔洛克（Gordon Tullock）合著了《同意的计算》（The Calculus of Consent）。

根据布坎南的说法，"东岸的学术精英"不能摆脱对自身角色的思维定式，他们满足于扮演高瞻远瞩的睿智长者，以向政府发表脱离实际的高谈阔论为己任。"他们总是认为自己是华盛顿的顾问"。

那布坎南对自己的定位是什么呢？"我称自己是广大'下层民众'的一员，只是想弄清楚到底发生了什么。"[2] 他的目标是"不带浪漫眼光地观察政治"。

就连他的朋友们也承认，布坎南不是个好相处的人。从听到田野里的第一声鸡鸣开始，他就养成了早起习惯，他是早上第一个到办公室的人，也是第一个削好铅笔开始工作的人。考虑到布坎南不苟言笑的性格，以及他对终日饱饮巴黎水（Perrier）的享乐主义者的厌恶，你可以想象没有什么比布坎南与讲究优雅的约翰·肯尼斯·加尔布雷斯共处一室更让气氛紧张的场面了。

我们不必追溯公共选择学派的历史，而可以先看看该学派如何看待政治经济学中几个最紧迫的问题。公共选择理论的主旨非常简单：如果商人是自私自利的，那为什么不假设政府官员是"政治企业家"呢？他们追逐的是什么的最大化呢？是他们的权力和赢得选票的能力。经济学家花了200年的时间开发了一个人类行为模型，那为什么要在面对政府的时候弃之不用呢？

特殊利益集团的悖论

国会开会时没有人是置身局外的，包括议员们。游说者们会对他们及其助手纠缠不休，极力争取优惠、减税、拨款和保护。布坎南的朋友、马里兰大学（University of Maryland）教授曼瑟·奥尔森（Mancur Olson）的个人政治主张更为自由，他认为驱动特殊利益组织的系统性诱因，正是对社会效率的削弱，无论这些组织是工会、俱乐部还是公司。[3]

为什么特殊利益集团不能以一颗拳拳爱国之心游说国会提高效率，增加国家财富呢？因为这样做没有好处。不妨考虑下牛奶联合生产商的农业政治教育委员会，它在国会竞选活动的捐赠者名单上名列前茅。牛奶生产商喜欢"价格支持"（price supports）[①]，这能保证

[①] 价格支持是政府通过稳定价格来支持生产者的一种手段。为了稳定生产和保证生产者的收入，政府设立一个由市场供求变动决定的"支持价格"或"保证价格"。如果市场价格高于保证价格，生产者可以根据市场需求卖出高价。如果市场均衡价格下跌到低于这一保证价格时，生产者则从政府手中得到两种价格的差额，产品产量和生产者的收入都不会因为价格的下跌而受到多大影响。——译者注

他们"稳赚"每加仑牛奶的最低保证价格与实价间的差价。经济学家痛恨价格支持，消费者也因此蒙受损失（顺便说一句，儿童饮用牛奶的占比远高于其他消费者。而由于贫困人口中儿童占很大比例，因此贫困儿童可能受害最深）。假设该委员会成员占美国人口的1%。如果他们成功地游说国会通过一项提高美国整体生产率的一般性措施，他们将只能获得1%的福利。然而他们得付出100%的努力才能让该法案通过。他们可能会在立法上花费5万美元，为国家创造100万美元的新财富，但到头来他们自己只能分得1万美元的收益。只有当法案产生的新收入超过游说成本的100倍以上时，爱国游说才有意义。因此，这些组织对于通过政治来促成一个更高效的社会可谓兴趣寥寥，因为这么做对他们真的没好处。

现在来考虑一下这个奶农委员会如何为自己谋福利。它可以通过价格支持方案，令其他人所失成为自己所得。是谁的所失呢？当然是消费者了。让我们假设牛奶的价格支持法案花费了委员会5万美元的游说费，但给生产商增加了1000万美元的收入。生产企业虽然承担100%的游说负担，但也得到了100%的收益。即使在全球房地产市场暴跌的"大衰退"时期，华盛顿仍在不断吸引企业租户。政治可以是一项很好的投资。难怪生产商往往更喜欢装修他们位于华盛顿的办事处，而不是在工厂里安装新设备。难怪他们雇用了大量的律师：因为这样收益更高。传奇大盗威利·萨顿（Willie Sutton）曾解释说，他抢银行是因为"那里有钱"。而对许多组织来说，钱就在华盛顿。

这些政治活动通常会对社会造成伤害。利益集团的联盟关心这一点吗？在我们的例子中，奶农委员会只承担了全部伤害的1%。只有当GDP的下降超过他们收益的100倍时，对经济的伤害才会令他们罢手止步。奥尔森说："一个充斥着特殊利益组织的社会就像一个里面满是摔跤手的瓷器店，他们为争抢店里的商品大打出手，打碎的东西比他们买走的要多得多。"[4]

如果价格支持损害了消费者的利益，那么消费者为什么不组织起来抵制这些方案呢？还是那句话，因为这样做没好处。在我们的例子中，消费者付出的总成本是1000万美元。如果美国人口是3.3亿，每个消费者就会多花大约3美分。然而，它给每个生产商带来了3美元的收益。一个牛奶生产商从中获得的利益是一个牛奶消费者损失的100倍。此外，组织生产商也容易得多。

制糖作物种植者只占美国人口的0.002%，他们的游说者成功地获得关税和物价补贴，使美国的糖价保持在世界价格的三倍水平。自本杰明·富兰克林在茶里加糖，并主张加勒比的诸多"糖岛"应该摆脱殖民占领以来，美国就开始实施这些关税和物价补贴。[5]大赚一笔的不仅有包括甜菜农在内的当代种植者，就连玉米甜味剂（代糖）的生产商们也通过人为抬高的糖价获得了可观的利润。"荒野木屋"（Log Cabin）牌糖浆里竟不含枫糖浆，只有玉米糖浆。Life Savers软糖和"吉力贝"（Jelly Belly）糖豆的生产商只得在美国以外的地方建厂，以避免甜味剂价格过高。科学研究表明，一些人造甜味剂会导致实验室白鼠患癌症。人为的物价补贴也可能会给一个国家的政体带来毒瘤。

这个问题在民主国家可谓屡见不鲜。有着自利动机的组织践踏消费者的利益，而在消费者个人看来，遭受的利益损失微不足道。但最终，随着国家效率的低下和收入的下降，个人消费者将受到严重伤害。可他们该怪谁呢？并没有什么大恶人出现，因为特殊利益集团不过从公共福利中分了一小杯羹而已。

消费者要责怪自己也是没有道理的。紧跟国会的动向是要花钱的。对那些雁过拔毛式的索取，既然只需要你多花3美分就行，那么对其不加理会才是理性的行为。毕竟，光是给你的国会议员打个电话，问问你到底会损失多少，所花的电话费就超过这些损失了。经济学家称这种现象为"理性忽略"（rational ignorance），这一术语由曾担任美国住房和城市发展部顾问的安东尼·唐斯（Anthony Downs）首创。我们不可能无所不知，我们没有足够的脑力、时间和金钱去了解所有事。社会主义的问题在于它"占用了太多的夜晚"[①]。但在任何体制下，做一名"受教育的选民"都是极其耗费精力的。

在21世纪10年代优步和来福车出现之前，纽约市和波士顿的居民都知道出租车短缺。这些城市实际上限制了有牌照的出租车的数量，这样做提高了司机的收入，却不得市民的人心。尽管如此，市政府仍无视公众对猖狂的出租车车主的怨声载道。后来，当基于手机应用的网约车开始出现，允许乘客给司机打分，并要求司机保持至少4.7分（满分为5分）时，许多出租车委员会对这些市场新贵大肆抨击，尽管它们提供了更好的服务，而且往往价格更低廉。在旧金山，一名城市管理者抱怨出租车司机"每班损失约15美元，甚至更多"。而如果我们换一种方式看待这个问题旧金山的居民和游客会发现，这个城市成了一个能够更方便生活、工作和游玩的地方。公共选择学派不只是指出"会哭的孩子有奶吃"。更重要的是，奥尔森和他的同事们让我们明白了"为什么"紧密的联盟能够比一盘散沙的乌合之众发出更大的声音。

奥尔森通过勾勒广泛的历史规律，将他的论点带入了更具争议的领域。他认为稳定的社会更容易受到特殊利益集团的影响。他还声称，"长期稳定"的社会将比相对新兴的社会增长更慢。随着时间

---

① 这句话据说源自著名文学家奥斯卡·王尔德（Oscar Wilde），亦有说法称是科幻作家威尔斯（Wells）或剧作家萧伯纳所说。原意是指社会主义的某些形式是通过参与的过程来实现的。一个参政公民需参加会议，了解不同的方法，讨论议题，制定政策，建立共识，并投票。这些任务可能相当费力。——译者注

的推移，国家躯体上附着的寄生虫就会不断增值，并吸食一个国家的命脉。如果真是这样的话，那革命和战争就可以振兴经济，因为这时特殊利益集团会失去他们对国家的控制。他说，英国是一个稳定却发展迟缓的国家，而战后的日本却成就了一个经济奇迹。笔者本人的研究也表明，官僚主义不仅会随时间推移而出现，繁荣本身也足以令其滋生。在约翰逊和尼克松、福特执政期间，美国的官僚机构迅速壮大，当时美国政府雇员的数量激增了46%。在此之前，恰是美国历史上最繁荣的时期之一，即第二次世界大战后经济繁荣期。这种模式甚至在中世纪时期的中国也出现过。在《繁荣的代价》（*The Price of Prosperity*）一书中，我描述了明朝早期的繁荣局面，当时的中国水手使用磁罗盘更是比意大利海员早了几百年。但随着公元1433年支持贸易的郑和的去世，官僚们大权在握，他们禁止竞争性造船，贬低商人，并终止了书籍印刷，以此为自己攫取更多的掌控力。[6]于是经济开始放缓。当明朝末代皇帝自缢身亡时，这个王朝最终以一种不那么光彩的方式落幕。

很少有经济学家会完全认同奥尔森关于国家兴衰的结论。即便如此，他对特殊利益集团的演绎似乎颇讲得通。

特殊利益的悖论是无解的吗？倒也未必。毕竟，当国会偏袒某些群体时，其余各个群体都会蒙受损失。如果一位总统或国会领袖能够获得全面削减预算或反对补贴、价格支持和保护计划的普遍政策的授权，国家经济效率的提高就可以抵消取消特殊优惠对这些群体的影响。可悲的是，历史上鲜有这样的例子。更有可能的情况是，政客们将继续发表强硬的言论，而特殊利益集团则滔滔不绝地说些高姿态的空话，但实际上什么也没有改变。

被监管方如何控制监管方

为什么政府要监管众多行业？在高中课本中就可以找到的简单答案是，这些行业是垄断或寡头垄断的，消费者应该受到保护，免受欺诈。这个答案的隐含意义是，企业憎恨监管。

在诺贝尔奖得主乔治·斯蒂格勒的领导下，公共选择学派的经济学家们提出了另一个可能的答案：企业渴望监管，因为这可以保护他们免遭动态竞争的风险波及。他们实际上在游说要求监管。这被称为监管的"捕获理论"（capture theory），因为被监管的实体"捕获"了监管者。[7]

这是怎么回事？我们以一个州的理发师委员会为例。该委员会坚持一定的规则和标准。例如，所有的理发师都要给他们的梳子消毒，并拒绝任何长相不够好的顾客。委员会的干预可能会略微增加营业成本，但理发师们可能会说服委员会采纳其他对他们有利的规则，特别是通过限制行业进入。该委员会可能会要求新理发师在牙买加花一年的时间练习修剪拉斯塔法里派的脏辫，或者在授权的头皮护理诊所以最低工资实习三年，以此来阻止他们来到该州开业。每一项旨在庇护理发师免受竞争的规定，都可能打着保护公众免受无经验从业人员伤害的幌子。事实上，公众却被骗取了暴利。亚利桑那州要求发型师在政府批准的美容学校接受1600小时的课堂教学。凤凰城要求警察训练多少小时呢？600小时。显然，拿起一把梳子所需要的训练几乎是拿起0.40英寸（1英寸=2.54毫米）口径格洛克手枪的三倍。

2014年，新泽西州禁止特斯拉在该州销售汽车，因为该公司直接向消费者销售汽车，而不是依靠传统的中间特许经销商。尽管特斯拉在当年获得了《消费者报告》（Consumer Reports）有史以来的最高评级，但州立机动车委员会（Motor Vehicle Commission）却禁止有意愿的买家购买自己心仪的汽车。由于该委员会由汽车经销商的政治任命官员和代表组成，而且经销商一直以来为竞选活动提供资金，因此不难发现这一禁令（后来被州长解除）背后的逻辑。不过，在相当时间内，在盖洛普（Gallup）民意调查中的诚信评级仅高于汽车修理工和律师的汽车经销商，却拥有支配大多数选民的影响力。

监管对一个行业的影响很少只有利或只有弊。乳业监管机构可能要求用不锈钢桶储存牛奶，因为不锈钢桶比塑料桶更贵。这项规定可能会惹恼牛奶生产商，但他们从价格支持和补贴中得到的好处肯定会让这些烦扰显得微不足道。

为什么受管制的行业能成功地捕获所谓公共利益的守护者？回想一下理性忽略－特殊利益悖论吧。行业有动机去收集所有能对其有利的学术证据。而经济学家实际上会在法律杂志上做广告，提供他们的专业研究服务。监管官员常常觉得，既然"公众"似乎并不太在乎自己的利益，他们还不如向这些行业让步。最后，还有一种更愤世嫉俗的解释：监管者往往与被监管者存在"串通"关系。政府专员来自私营行业，任期结束后又返回私营行业。建立人脉关系是赚钱的途径之一。1970年，拉尔夫·纳德（Ralph Nader）[①]将"州际商务疏漏"（Interstate Commerce Omission）[②]也谑称为联邦机构，其存在目的就是让卡车运输业保持安逸。

捕获理论并没有俘获所有经济学家。这一理论表现了一种狭隘的、片面的政治观点。有时，政客们可以扭转这种局面，转而挟持

[①] 美国政治家，公民活动家，一直致力于提高美国消费者的自我保护意识，被誉为"现代消费者权益之父"。——译者注
[②] 此处是对"州际商务委员会"（Interstate Commerce Commission）的戏仿。——译者注

企业。当然，灯泡行业不会举手赞同国家在21世纪头10年禁止白炽灯泡的规定；快餐连锁店对当地禁止使用塑料吸管的规定也没有额手称庆。在20世纪70年代和80年代，许多占主导地位的企业未能抵挡住放松管制的浪潮，这迫使它们与新崛起的企业同台竞争。60年代，当弗兰克·辛纳屈在演唱会上高歌《一起飞翔》(Come Fly with Me)时，很少有美国人能买得起商业飞机的机票。联邦政府的民用航空局（Civil Aeronautics Board）领导了一个由大型航空公司组成的卡特尔，缺乏竞争的闲适环境使航空服务的价格居高不下，航空公司还在全球范围内互相划分势力范围。就连刚起步的货运公司都被停飞，联邦快递也被禁止使用大型飞机，直到1977—1978年，在康奈尔大学经济学家阿尔弗雷德·卡恩（Alfred Kahn）的呼吁下，航空公司才解除行业管制。顺便说一句，卡恩患有一种在华盛顿很罕见的毛病——坦率诚实。在美国总统吉米·卡特执政期间，他直言不讳称，某些政策可能会引发萧条。当白宫指责他说出了"萧条"这个词时，他决定用"香蕉"来代替，并告诉记者，在1973年至1975年间，"我们经历了最深重的'香蕉'"。后来，当香蕉行业游说团体表示反对时，他又把经济衰退称为"金橘"。这里的重点是，有时个人可以挺身而出，反对公共选择理论中内嵌的官僚主义规则及其推论。同样地，一个蛊惑人心的政客也可能会因为承诺粉碎那些与政府官员勾结的贪婪强盗大亨而坐上权力的宝座。他可以承诺每户人家的锅里都会有一只阉鸡，然后通过惩罚性的法规来压低阉鸡的价格，从而损害家禽行业。这些愤世嫉俗的政客激起了公众对官商勾结的愤怒和关注，也为公共选择假说提供了主要的反证。

不过公共选择学派经济学家并没有说，所有的法规都有利于行业而不利于消费者。他们并不主张纯粹的自由放任经济。然而，他们确实力劝人们，应该将自由市场的结果与现实的政府监管模式进行对比，而不是与某种虚构的愿景——假设一个仁慈的政府总是努力为公众利益服务——相比较。

夸大的承诺、膨胀的预算和官僚主义

奥尔森和斯蒂格勒笔下的特殊利益集团，就像贪婪地拼命把鼻子拱进公共食槽里的猪猡。为什么政府要喂养它们？为什么政府要为不同集团提供它们所需的商品和服务？公共选择学派的理论家们通过考察官僚机构和政客来对这些问题作出回答。

戈登·塔洛克和小威廉姆·A.尼斯坎南（William A. Niskanen Jr.）对官员们的关注之密切，就像生物学家研究实验室里的老鼠一样——这恰恰表明了两位作者对他们的研究对象十分欣赏。根据尼斯坎南的说法，官僚之间的竞争与商人之间的类似。官僚和商人一样，都是自私自利的鼠辈，只是他的自私自利以一种不同的方式表现出来。商人为利润最大化而争斗。当然，除了通过受贿，政府官员无法使自身的收益最大化。相反，他们试图最大化一组不同的变量：工资、津贴、权力、声望、退休后的机会，等等。官僚如何将这些变量最大化？通过夸大预算和扩大编制规模。尼斯坎南将政府机构描述为一个致力预算最大化的组织。这些机构会膨胀到远远超出一个维持高效工作所需的规模。他们是通过压榨纳税人来实现扩张的。更多的金钱意味着更多的权力，所以官僚们可没有削减成本的强烈动机。官僚机构若没有油水可捞，只会让官僚们牢骚满腹。

即使当选的官员发誓要大幅精简官僚机构，他们一旦上任也很少能付诸行动。吉米·卡特和罗纳德·里根都做出过此类承诺，但都未能兑现。在这两届政府执政期间，政府就业人数继续攀升。他们和沙皇可谓同病相怜，后者曾承认："统治俄国的不是我，而是数以万计的文官。"虽然政治领导人可以就某些举措发号施令，但只有官僚机构才能将这些举措付诸实施。有时，官僚们可能会巧妙地拒绝、阻碍或拖延政令实施，希望领导人引退、落选或逝世。通常，官僚们会是这场权力斗争的赢家。特朗普政府的支持者把华盛顿称为"沼泽"，因为他们认为，这里充满了躲在淤泥中耍弄手腕的阴暗人物，他们想要扼杀企业，架空总统。

尼斯坎南的理论也存在一些问题，就像马克思把所有的工人都等量齐观，他也将所有的官僚都混为一谈，好像他们都有压倒一切的共同利益一样。其实他们并没有。我们可以勾勒出一个更复杂的官僚机构模型。毕竟，谁才是众官僚之长呢？内阁秘书吗？还是高级公务员？他们在某些时候是否能通过精简官僚机构而获得政治利益？在里根总统首个任期内，内政部长詹姆斯·瓦特（James Watt）就试图削弱他所在的机构。一个更有说服力的案例是卡斯帕·温伯格（Caspar Weinberger）。在尼克松执政期间，他因对卫生、教育和福利部门的悭吝管控而赢得了"限额刀卡帕"（Cap the Knife）的别名。后来，他担任里根政府的国防部长，可当年的"限额刀"却变成了"大汤勺"（Cap the Ladle），利用五角大楼的职位大肆自肥。他连切果冻的小刀都找不到，更不用说削减万亿美元预算的限额了。是什么让温伯格前后判若两人？为什么尼斯坎南的理论只说对了一半？可能是因为温伯格认为，前一个部门过于臃肿，而后一个部门则必须扩张才能实现总统的目标——威慑苏联，后者在不久之后就服软并解体了。

至于尼斯坎南的官僚主义模型，当然远非半生不熟，但它可能需要更多的时间来完善。

现在让我们探讨公共选择理论对民选政治家的研究。

"美国国会太奇怪了，"一位俄罗斯移民曾这样说，"一个人站起来，却一言不发。也没有人听。然后每个人都站起来表示反对。"与此相反，詹姆斯·布坎南却在国会看到了太多的"共识"。政客们都喜欢抨击政府的浪费、欺诈和滥用职权。在1988年的民主党总统候选人竞争中，州长迈克尔·杜卡基斯（Michael Dukakis）抨击国税局（IRS）的税收征收有误；加里·哈特（Gary Hart）攻击了挥霍无度的五角大楼；而杰西·杰克逊牧师（Rev. Jesse Jackson）则谴责对富人的税收漏洞。而在削减预算赤字的问题上，他们却欣然达成一致。

政客们在异口同声地谴责浪费的同时，却投票支持在导致预算膨胀的项目上花费更多的资金。从1958年到2020年，美国只有6次实现预算平衡。根据布坎南的说法，政客们的言辞与他们的投票记录并不一致。他们的发言俨然一副政治家风范，可到了投票时却成了狡猾的黄鼠狼。华盛顿最大的"赤字"可能就是政客们那挺不起来的脊梁骨和空洞的头脑。正如泰迪·罗斯福（Teddy Roosevelt）[①]所说，你用香蕉雕个人也比他们脊梁骨硬。

布坎南并不是简单地诋毁政客，尽管他颇擅此道。他在寻求让政客们言不由衷的力量。事实上，问题不在于国会中的个别人士，这是一个体制问题。布坎南声称，是政治体制助长了预算赤字。

让我们先回顾一下凯恩斯的观点：在经济繁荣时期，随着就业向好和税收增加，预算应该会达到盈余。而在经济衰退期间，由于就业最低和税收收入下降，预算应该会陷入赤字。在整个经济周期中，预算应该是平衡的。如果这就是我们的期望，那布坎南让我们不得不承认实际情况与期望不符。为什么美国在繁荣期积累的预算盈余如此之少？布坎南于2013年去世，但如果他泉下有知，了解到在2019年，尽管失业率创下历史新低，股市创下历史新高，美国年度赤字仍增至1万亿美元，约占GDP的4.5%，想必他也不会对此太过惊讶。可以将此与加勒比海上的小岛国的开曼群岛的预算相比较。这个国家只有6.8万人口，人们可以很容易地监督领导人，而政府每

---

① 对西奥多·罗斯福（Theodore Roosevelt）的昵称。——译者注

年则能够为未来存下大约相当于其经济总量 4% 的预算盈余。

布坎南对这个谜题的回答相当简单,他让我们回想起了杰里米·边沁的观点。政客们想要取悦他们的选民,而人们趋乐避苦。政府支出项目令人愉悦,而交税则是痛苦的。不妨猜猜,人们想从他们的政治代表那里得到什么?那就是高支出和低税收,而这通常会导致预算赤字。

不过基于这种论调,我们也可以立马对布坎南进行反驳:如果持续的预算赤字损害了经济,人们难道不会因此感到痛苦并渴望平衡预算吗?布坎南的回答是,预算赤字确实会造成伤害,但它带来的痛苦是间接的、弥散的。可以比较一下预算盈余带来的直接痛苦和预算赤字带来的间接痛苦。如果我们以平衡预算为起点,并希望创造盈余,我们可以增加税收或削减开支。这两种策略都会直接造成痛苦。高税收通常会降低私人消费,削减开支则会伤害这些政府项目的受益者。更健康的经济所带来任何好处都是日后才会显现的,而且对于那些高税收或低支出的受害者只有间接助益。这些受害者将来如何得益,得靠他们自己去想象。

现在,再来考虑下预算赤字的情况。我们可以通过降低税收或增加政府开支来制造赤字。这两种策略都能让纳税人和支出受益者喜笑颜开。赤字使人们可以在自己身上花更多的钱。没错,赤字可能会拖累经济,但同样,其影响是间接的:人们必须想象未来的情景,并问自己是否会受到影响。[8]

布坎南的解释所基于的正是人们对未来间接影响的误判。太多的人在这个问题上和阿尔伯特·爱因斯坦一样,他曾说:"我从不考虑未来,因为它很快就会到来。"布坎南更希望他们遵循田纳西·威廉斯(Tennessee Williams)的作品《玻璃动物园》(*The Glass Menagerie*)中的角色阿曼达·温菲尔德(Amanda Wingfield)的话:"未来变成了现在,现在变成了过去,如果你不为此做打算,那么过去就会变成永远的遗憾！"

布坎南断言，由于赤字开支忽视了未来，它自然会贻害我们的后代。事实上，他提出了一个道德问题：赤字不就像是有纳税义务却没有代表权利吗？今天的国会议员为了提高他们选民眼前的福利，而不惜损害他们子孙后代的福祉。未出生的人自然投不得票。然而，每个刚出生的孩子却已经背上了债务。

理性预期学派（Rational Expectations school）对布坎南关于未来世代的观点进行了一番有趣反驳，我们将在下一章讨论这个问题。这一学派的理论家们认为，人们大体上能正确地衡量未来，充分为他们的后代着想。正如你所预料的那样，这种新的思想流派引发的争议甚至比公共选择学派还要多。

对布坎南最有力的反驳来自一个明显的事实，即联邦预算赤字在 1997 年确实消失了，盈余也确实开始积累。这是如何发生的，它是否会摧毁公共选择理论的模型？在 1990 年、1993 年和 1997 年，国会通过了削减联邦开支增长率的立法，并在 1990 年和 1993 年提高了税收，尤其是对高收入美国人的税收。然而，更重要的是，随着长期而强劲的经济扩张将失业率降至美国人自 20 世纪 60 年代以来从未见过的水平，财政收入出现了爆炸式增长。更多的工人有工作意味着更多的人获得收入并纳税。同样，企业利润增长带来了更高的企业税收，并推动股市飙升。1995 年 6 月至 1998 年 6 月，道琼斯股票指数翻了一番。当股票投资者卖出升值的股票并"获利了结"时，他们要缴纳资本利得税。总而言之，当政客们确实做到了自制克己而不大肆挥霍时，美国经济便大放异彩。

既然 20 世纪 90 年代以预算盈余结束，我们是否就应该把公共选择的研究论文扔进废纸堆呢？公共选择学派的学者们对此却是一副"等着瞧"的态度，而当接下来的仅仅几年里预算盈余便被挥霍殆尽时，他们也是一副"早知如此"的表情。甚至在 90 年代末，国会议员们便开始故态复萌了。1998年克林顿总统签署的一项高速公路法案包含了大量的老式政府恩惠性支出。一位研究人员计算出，以高达2000亿美元的高速公路预算，美国完全可以用黄金铺路（当然是镀金）。该法案当然没有给高速公路镀金，而是给国会议员的政治生涯镀了金，让他们得以吹嘘为自己的选区带来了修建桥梁、隧道、渡船和自行车道的新资金。该法案通过5个月后，98%的现任国会议员成功连任。1999年的预算法案中包括了众多企业拨款，比如一笔30万美元的费用用于资助研究家乐氏（Kellogg）的葡萄干麦麸是否符合联邦营养计划的要求。

几乎在2001年布什总统甫一上任，国会就翻开了美国人民的钱包，让钱包口朝下，狠狠地摇晃起来。一项1800亿美元的农业法案为干豌豆和扁豆农民提供了救助，同时还恢复了原已停止的针对马海毛山羊牧人和养蜂人的扶持项目。一项新的2860亿美元的高速公路法案为阿拉斯加州的119个特别项目注入了近10亿美元。一个只有50名居民的村庄获得了2.23亿美元的资金，修建了一座长达1.6千米的桥梁，将其与大陆上繁华的凯奇坎镇连接起来。另外2.31亿美元则将用于在安克雷奇修建一座桥，该法案将其命名为"唐·杨之路"（Don Young's Way）。谁是唐·杨？答案是众议院交通和基础设施委员会主席。

20世纪90年代末的预算盈余确实表明，美国人并不像公共选择理论倡导者所认为的那样无知和被动。90年代中期，像罗斯·佩罗（Ross Perot）[①]这样的尖酸个人，以及像"协和联盟"（Concord Coalition）这样的无党派推动减赤组织，成功地激起全国各地的选

[①] 美国政治家，企业家，最大独立计算机服务公司EDS创始人，曾于1992年参加总统竞选，并赢得了19%的选民票，是独立竞选人参加竞选以来取得的最好成绩。——译者注

民对挥霍预算的怨气。政治家们突然感到惊恐不安，意识到如果再不削减开支，他们就会丢掉饭碗。共和党控制的国会不断对民主党总统施压，直到国会山和白宫在削减开支问题上达成妥协。如果普通选民没有表达对长期赤字的愤怒，政府就会继续挥霍纳税人的钱。此事让我们学到的是，有时"人民的力量"确实胜过"公共选择"。

事实上，在20世纪90年代，预算平衡的风潮横扫了整个工业化国家集团。加拿大、瑞典和澳大利亚在20世纪90年代初曾面临国家破产的威胁，于是它们纷纷削减政府项目，以恢复财政信誉。在欧洲，欧盟成员国签署了《马斯特里赫特条约》(*Maastricht Treaty*)，规定每个成员国必须缩减赤字，否则将失去加入新的单一货币计划的资格。只有日本完全错失良机，因为一场可怕的经济衰退已使该国预算膨胀到令人束手无策的水平。对西方世界来说，当时的时代精神要求财政紧缩，不允许凯恩斯主义的幻想恣肆飞扬。不幸的是，2008年的大衰退让这些努力沦为无用功，整个欧洲的发达国家都未能重新掌握自己的预算。一份政府债务的世界地图显示，日本和法国等富裕、老龄化国家的公共财政状况比俄罗斯和墨西哥等不太富裕国家的更差。

社会保障和医疗保险

围绕社会保障和医疗保险的争论，提供了另一个利益集团在公共财政问题上相互冲突的生动例子。社会保障始于大萧条时期，是一项旨在帮助老年人在退休后保持尊严的计划。作为对他们的工资征收一项新税种的交换，政府确保老年人在无法工作时不会陷入贫困。由于当时大多数人活不过65岁，所以一开始并没有多少退休人员真正领取养老金。但两大发展走势最终颠覆了这一演算。第一，人们的寿命开始延长。通常美国人在60岁退休，而现在他们能活到近80岁。第二，第二次世界大战后婴儿潮一代的人口激增。因此，在之后的几十年里，美国将有更多的退休人员，但养活他们的工作人口却相对较少。在20世纪50年代，1名退休人员有大约15名全职员工供养；而到2035年，对应的人数则降到了2.3人。目前，大约有15%的人口领取社会保障退休金。在未来的几十年里，这一数字将跃升至20%以上。那么谁来支持婴儿潮一代退休后的悠闲生活呢？我们从哪里筹措估计所需的34万亿美元来兑现承诺的福利？

许多美国人错误地认为，社保税已经被用于投资，并已赚取了支付这些账单的股息。抱歉，但这不是真的。事实上，国会创立的社保体系是一个"现收现付"的系统——也就是说，今天的大部分税收直接用于支付今天退休人员的养老金。其余的资金将进入联邦预算，用于支付其他项目。的确，有一个"社会保障信托基金"，但它只是美国财政部给社会保障局的一堆欠条而已。随着婴儿潮一代达到退休年龄的顶峰，国会要么削减开支，要么提高税收，要么去寻找谁也不知道在哪儿的金矿，才能补上亏空。医疗保险受益人也面临着同样空空如也的库存。难怪"X世代"会感受到未来大幅增税的威胁，而婴儿潮一代则在想，他们是否应该对自己的子孙辈更友善一些。也许这就是为什么一项民意调查显示，在18岁到24岁的年龄段中，相信UFO存在的人比相信社会保障的要多。毕竟，到2100年仍会有不明飞行物，而社会保障就未可知了。

当政客们能够无所顾忌地谈论改革社会保障制度时，这个问题还有一线解决希望。直到20世纪90年代末，它还被称为"美国政治的禁忌问题"。任何建议制度改革的人都被高达4900万伏特的致命电压烤焦（现在有4900万人领取社会保障退休福利）。当巴里·戈德华特（Barry Goldwater）在1964年（在佛罗里达州）的总统竞选演讲中触及这个话题时，他的顾问们都已经看到了对手林登·约翰逊

（Lyndon Johnson）获得压倒性胜利的结局。尽管在 80 年代，共和党人曾私下谈论社会保障问题；但他们也担心如果消息泄露出去，民主党人就会对此大做文章。有两股力量解放了政策制定者，让他们可以对改革话题畅所欲言。第一，90 年代的预算辩论让政客们相信，抨击赤字也有其"政治市场"。第二，美国人在 20 世纪 90 年代开始将他们的个人储蓄投入股市并颇有斩获，当然，除了 2000—2002 年和 2008—2009 年的大崩盘。他们了解到，随着时间的推移，股票投资表现往往优于债券投资。既然如此，他们缴纳的社保税为什么不能获得更高的回报呢？双职工家庭的平均投资回报率仅为 1%，而股市的平均回报率为 9%。如果政府把社会保障薪资税投资到股市，美国人可能会享受更富裕的退休生活，而不必向年轻工人征收那么重的薪资税。

虽然国会还没有解决社保问题，但在 1998 年，一些著名的民主党人，如参议员帕特里克·莫伊尼汉（Patrick Moynihan）和鲍勃·克里（Bob Kerrey），开始站出来挑战迄今为止一直在这个问题上较为保守的势力，并提议工人可以将社保薪资税的一部分投资于股市。莫伊尼汉认为，股市当然存在风险。但相比坐视整个体系崩溃，不如冒一些风险，因为年轻人无论从算术上还是从政治上都不可能承担婴儿潮一代给他们带来的负担。小布什总统曾试图为个人社会保障账户建立广泛支持，但以失败告终。不过他至少可以在不被选民和反对者抨击的情况下讨论这个提议。他的继任者奥巴马和特朗普则对改革保持沉默，即使未来的"期末整付"（balloon payments）金额已经膨胀到了夸张的程度，他们仍选择对此视而不见。

医疗保险也需要进行重大改革，其资金来源甚至比社会保障更不稳定。我们的医疗保险体系没有给退休人员足够大的激励，让他们去关注钱都花到哪里去了。拥有一张医保卡的感觉就像你在用别人的信用卡——事实上还是"别人孩子"的信用卡。这就是"道德风险"（moral hazard）问题。你在把租来的车还回去之前，有没有考虑过对其清洗一番？在一家高级酒店度假时，你可曾选择不去游泳池里泡着，而是要求礼宾部给你拿一块海绵、一根长软管和一个水桶？当然没有。事实上，人们对待租来的车就是没有对自己的那么上心，他们会在最拥挤的车位平行泊车，并在驶上高速公路匝道时大踩油门。同样，如果医疗保险可以支付你 80% 的账单，你可能会突发奇想去足病医生的诊所做个足疗。你可能会花 300 美元去找骨科医生，而不是买一个 20 美元的暖脚垫。这种现象不仅存在于国家医疗保险中。雇主支付的医疗保险也会导致同样的浪费。兰德公司的一项研究表明，当人们在别人的保单上"搭便车"时，他们的医疗账单会增加 45%。更令人惊讶的是，他们最终并没有变得更健康！迈阿密的重症患者的花费是明尼阿波里斯的两倍，但并没有因此更健康。[9] 但要注意的是，当人们自掏腰包进行激光眼科手术，以及肉毒杆菌和牙齿美白等美容治疗时，此类治疗价格就会大幅下降，因为医疗服务供应商会蜂拥而入，令竞争白热化。

政治周期

一些公共选择学派的学者扩展了詹姆斯·布坎南的方法，指出政治家会操纵宏观经济以增加他们连任的机会。根据这一"政治周期"（Political Cycle）理论的支持者，在选举期间，政客们通过催生通货膨胀的政策来压低失业率。通货膨胀终会到来，但那是在大选之后了。衰退将治愈通货膨胀。而到了下一次选举的时候，上扬的失业率将再次被压下。尽管许多政治上保守的理论家都有这种理论倾向，但它是一位波兰马克思主义者米哈尔·卡莱斯基在 1943 年首次提出的。这一理论在尼克松执政时期颇受赞誉，当时的货币工具似乎就是根据民调结果而不是合理的政策制定的。

理查德·尼克松的白宫录音中爆出的尴尬似乎没完没了。他对货币政策的看法既精明又透着玩世不恭。在他担任总统期间，美联储主席是阿瑟·伯恩斯，一个抽着烟斗，戴着怀表，油头粉面的家伙。伯恩斯当然不是徒有其表的绣花枕头，他也有出色的履历：曾任哥伦比亚大学教授，艾森豪威尔的首席经济顾问，以及美国国家经济研究局局长。尼克松曾连哄带吓，试图说服伯恩斯在1972年大选前增加货币供给。尼克松将自己在1960年总统大选中败给约翰·F.肯尼迪归咎于经济低迷，不想冒险重蹈覆辙。当伯恩斯向尼克松报告说他已经说服联邦公开市场委员会降低贴现率时，尼克松欢呼道："太好了，太好了……只要在他们的屁股上踢一脚就行了。"尼克松知道货币政策会产生滞后性，因此他在大选前一年多就敦促伯恩斯刺激经济。而到了1972年2月，他却对美联储主席说："我真的不在乎你在4月会做什么了。"[10] 果然，货币供给在1971年迎来爆发，以超过13%的速度增长，而在1970年这一数值只有7.4%。这项刺激计划使美国经济在大选年达到了7.7%的高速增长。不幸的是，通货膨胀率很快也突飞猛进。没有人知道伯恩斯是屈服于白宫的压力，还是误读了经济的需求。但这段插曲确实给我们上了宝贵的一课：不要让总统接近货币政策的操纵杆。

自尼克松-伯恩斯时代以来，有关政治周期的存在证据日益匮乏。正如我们将在下一章要讨论的那样，动作迅捷的"债券义勇军"（bond vigilantes）让央行行长和政客们更难以合谋。当我在乔治·H. W. 布什总统治下的白宫任职时，财政部部长尼古拉斯·布雷迪（Nicholas Brady）的信函曾经我之手十万火急地送往美联储主席格林斯潘那里。布雷迪和总统认为是格林斯潘在1991年和1992年让货币供给下降。格林斯潘证明了自己基本不受老布什摆布。他最终削减了利率，但对帮助老布什为时已晚。1997年，英国首相托尼·布莱尔（Tony Blair）和财政大臣戈登·布朗（Gordon Brown）宣布英格兰银行独立于财政大臣，此举令英国工党树立了信誉，布朗称这是该行自 1694 年成立以来最激进的改革。他们的举措立即提高了英镑在全球投资者眼中的地位，同时预期通货膨胀率下降了 0.5 个百分点以上。[11] 相反，在 2019 年土耳其总统雷杰普·塔伊普·埃尔多安（Recep Tayyip Erdogan）任期结束前解雇央行行长，危及银行独立性时，土耳其里拉的价值应声下跌 2.5%，通货膨胀预期也同步上升。世界各地的后续研究证实，当央行能够摆脱只盯着选举的政客，它们就能帮助降低通货膨胀率。尽管唐纳德·特朗普（Donald Trump）总统对时任美联储主席杰罗姆·鲍威尔（Jerome Powell）纠缠不休，并公开主张降息，这让经济学家颇感不安，但他也并没有提出要就此接管美联储。

公共选择学派的文献数量每年都在增加，研究的问题也饶有趣味。人口持续增长的情况下，国会议员的数量为何停留在 435 名？哪个国会选区获得的政府拨款最多？竞选捐款如何影响政治计划？

大多数经济学家对公共选择学派持怀疑态度。然而，即使是最强烈的反对者，也承认该学派最重要的经验之谈并非虚假之词。不要认为政府在面对政治反对时就会采取经济上的审慎措施。第二次世界大战结束后 30 年所撰写的经济学教科书指出，市场存在垄断和引发污染等缺陷。然后又满怀自信地宣称，这些不完美之处可以通过政府的行动来加以弥补或避免。再然后，它们描述了政府理论上可能如何采取行动来确保效率。全书至此结束。公共选择学派的理论家则迫使我们发问：政府真的会履行其理论上的职责吗？还是说，政治压力和诱因会让这一美好愿景毁于一旦？正如市场可能存在缺陷一样，政府也并非完美无瑕。我们必须将市场经济的现实结果与政府施政结果的现实预测进行对比。长久以来，教科书总是在以下两者间进行对比：一边是有瑕疵的私营经济视角，另一边是干净到无可挑剔的政府视角。现如今我们终于可以承认，华盛顿唯一干净的是地铁车窗，而不是国会大厦。

为什么凯恩斯没有预见到公共选择学派的出现？

公共选择学派是20世纪晚期涌现的产物，尽管它的起源可以追溯到许多早期经济学家的思想，比如亚当·斯密曾警告提防政客与大企业官商勾结；克努特·威克塞尔则担心多数人会联合起来对少数人征税；甚至还有一位口吃的牛津数学家查尔斯·道奇森（Charles Dodgson），他曾试图著书阐述关于投票系统的最优计算，但他更成功的作品是用笔名刘易斯·卡罗尔（Lewis Carroll）发表的童话寓言《爱丽丝梦游仙境》（Alice in Wonderland）。为什么没有更多的经济学家对政治制度产生怀疑呢？尤其是，为什么天才如凯恩斯这样的提倡政府干预者，却没有警告我们政府存在系统性缺陷？要么凯恩斯在政治上过于天真，要么他就是极其恶毒——无意中推动了一种有缺陷的体制，要么就是他明知如此却选择保持沉默。通过再次审视凯恩斯这个在维多利亚价值观和现代社会的夹缝间苦苦挣扎的个人，我们就可以更好地理解公共选择理论为何为20世纪所独有。

凯恩斯的政府干预处方

凯恩斯曾简明扼要地阐述了他对政府适当角色的立场："不要做个人已经在做的事情……而要做那些目前根本没有人做的事情。"例如，通过增加消费和投资来促进充分就业。[12]凯恩斯无意摧毁资本主义。他认为马克思对经济毫无贡献，只给政治带来麻烦。然而，他确实看到了资本主义制度中的缺陷,并认为可以通过政府行动加以弥补。在他1929年发表的极具政治和党派色彩的小册子《劳埃德·乔治能行吗?》(*Can Lloyd George Do It?*)中,凯恩斯大力倡导实施公共工程以缓解失业,并抨击了体现新古典主义主张的"财政部观点",即政府支出只会挤出私人投资,而不会创造就业机会。马克思主义经济学家保罗·斯威齐(Paul swezy)将凯恩斯的方法描述为"一种习惯,即把国家当成'大救星'(*deus ex machina*),每当他设想的人类参与者按照资本主义游戏规则行事而陷入显然进退维谷的窘境时,这个救星就会接受召唤,出面解围"。[13]

凯恩斯知道,对政府"正确"规模的先入之见是愚蠢的。尽管如此,他还是认为国家必须通过所得税和利率来引导消费。早在1925年,凯恩斯就意识到现代国家需要新型的行政机构:"我相信,未来政府将不得不承担许多它过去逃避的责任。对这些目标的实施,现有的部长和议会将无法胜任。"[14] 凯恩斯认为,某些最终对议会负责的新行政机构将负责实施总投资规模的三分之二至四分之三,或至少对此施加影响。

凯恩斯并未对他的读者和受众发出什么警告。哈耶克在《通往奴役之路》中认为,政治对经济的日益介入最终会导致极权主义。凯恩斯却在回应此书的信中坚持认为,"我们几乎肯定想要更多"的计划,而不是更少。"但你应该在一个包括领导者和追随者在内有尽可能多的人完全赞同你的道德立场的群体中实施计划。如果实施计划者在其头脑和心灵两方面都能正确地以道德问题为导向,那么有节制的计划就是安全的。"[15] 尽管如此,对于公众如何分辨究竟谁的心灵是"导向正确的",或者公众是否偏爱这些导向正确者更胜于那些许以更多利益者,凯恩斯却几乎没怎么解释。

文化和智识对凯恩斯的影响

文化和智识因素能解释凯恩斯的缺乏谨慎吗?我们对凯恩斯的早期研究描述了他在维多利亚时代的成长经历。牛津大学经济学家、凯恩斯的首位传记作者罗伊·哈罗德(Roy Harrod)提到过"哈维路的预设"(presuppositions of Harvey Road)——这条路是凯恩斯在剑桥大学的寓所所在。尽管凯恩斯有时自己也会排斥这些预设,但他会将此归罪于他人。这些预设是什么?它们听起来像童子军的誓言:经济、道德健全、公共职责和纪律。凯恩斯相信,英国知识界普遍遵循这些信条。

然而,对于他本人和剑桥大学那帮被称为"使徒派"的知识精英来说,G.E.摩尔的《伦理学原理》已经让旧道德原则一蹶不振。摩尔是剑桥大学的哲学家,他为凯恩斯和一些精英朋友提供了一种新的宗教,对亚里士多德、耶稣、穆勒和康德均大加批驳。摩尔认为,最高的善是一种意识状态,而非某种特定的行为。而凯恩斯对摩尔观点的理解是,对美好事物和性爱欢愉的享受要优先于遵从传统的道德律令。凯恩斯承认他们曲解了摩尔的原意(具有讽刺意味的是,琼·罗宾逊也指责现代凯恩斯主义者曲解了凯恩斯),他说:"我们从摩尔那里得到的并不完全是他提供给我们的……我们接受摩尔的宗教观……却抛弃了他的道德观。"凯恩斯还承认,他和他的朋友们认为"拥有善的意识状态"和"行善"之间几乎没有联系。他们的态度让人想起贵格会,据说,贵格会当初来到美国是为了做善事,结果却大发利市。这种"伪摩尔"的态度颇有贵族主义的味道。这些人怎么知道哪种意识状态是善的呢?如果观念出现了分歧,他们通常会得出结论,认为只有部分人的判断力增强了,"就像有些人能判断一瓶某个年份的波特酒而有些人不能一样"。一般的道德准则能约束他们吗？并不能。"我们完全摒弃了习俗道德、惯例和传统智慧。我们是……反道德者。"[16] 也许这解释了凯恩斯 1905 年那封揭示他对经济学兴趣的信中的说法："我想管理一条铁路或组织一个信托，或至少也要骗一骗投资公众。"[17]

1938 年，凯恩斯透露，尽管有一些遗憾，但他的"宗教信仰"比其他任何宗教都"更接近真理"。问题不在于这个宗教是好是坏，或只是摩尔思想的曲解堕落。真正的问题在于：凯恩斯一边信奉一种推崇自我利益的意识状态的宗教，一边却又假设其他人会愚蠢地固守那种早已被他抛弃的，行将就木的传统道德，这是否自相矛盾呢？他要么是一个认为只有自己看得见光明的精英论者，要么就是违背了自身的信条。凯恩斯自认为精英中的一员，这对他不成问题。谁能反对这一点呢？无论如何，凯恩斯在假设政治家和官僚们不会以牺牲公众利益为代价来提升他们自身的"意识状态"时，并没有给出多少理由，要知道他自己显然是会这么做的。

为什么凯恩斯不担心政客和官僚会如脱缰野马般失控呢？有两个主要原因。第一，凯恩斯似乎秉持一种韦伯式的政治和官僚主义观点：政治家，尽管不受绝对的康德式伦理的约束（"*fiat justtia, ruat caelum*"——即使天塌下来也要行善），也仍然受到责任伦理，也就是后果论的约束（"*salus populi suprema lex esto*"——人民福祉是最高法律）。这样的人无法对为谋私利而罔顾公共利益所造成的后果视而不见。凯恩斯也接受了韦伯关于官僚应该忠实而冷静地服从命令的观点。韦伯指出："公务员的荣誉感在于他能凭良心执行上级的命令，就好像这个命令与他自己的信念一致。"[18] 当然，正如韦伯强调的那样，这是一种理想型，这种纯粹性在现实中是不太可能找到的。尽管如此，凯恩斯似乎经常认为他在与理想型的公务员打交道。

第二，凯恩斯吸纳了所谓"哈维路的预设"，即政府应由"知识贵族"统治，他们将超越粗俗的利己主义，并代之以有关紧迫社会问题的高雅辩论（无疑也会辩一辩陈年波特酒的年份）。凯恩斯与政府官员、英格兰银行董事和其他英国著名机构领导者的往来，常常与牛津大学和剑桥大学的校友聚会无异。虽然这些代表可能还不是做"使徒"的料，但他们是公共事业称职的传道者。难怪凯恩斯在《通论》中宣称："与思想的逐渐侵蚀相比，既得利益集团的力量是被过分夸大了。"[19] 但凯恩斯从未问过这样一个经典问题：那些负责监管国家的"卫国者"该由谁来监管？他也不曾问过，随着政府规模的扩大，剑桥大学和牛津大学是否能培养出足够多的使徒、传道者，或者是唱诗班男孩来填补他所设想的所有职位，并忠实地传播他的福音呢？

考虑到第二次世界大战前的英国公务员制度，也许凯恩斯对政府的印象是合理的。如果是这样，我们只能责怪他没有"预见"到政府官员会开始以权谋私。凯恩斯见过许多政府官员拒绝以政治权宜之计行事的例子。他一次又一次地看到公务员墨守成规，而对新的、有吸引力的立场嗤之以鼻。1925年，英国政府以失业率飙升为代价，恢复了1914年以前的黄金平价。几年后，凯恩斯谴责政府拒绝增加公共支出。政客们为什么要抵制新观念呢？当然不是因为高失业率让他们更受欢迎、更有权力或更富有。凯恩斯认为他们如此做的动机是好的，但却受了糟糕经济观念的拖累。基本上，政治领袖和公务员对他们被灌输的那套自由放任主义深信不疑。施行善政的最大障碍是他们的顽固不化和不思进取，而不是妄自尊大的野心。凯恩斯在大萧条最严重时期写就的信件和文章中，指责部长大臣们墨守第一次世界大战前的格言和警句。在经济增长的道路上，站着的"只有几位穿着礼服、扣紧扣子的老绅士，他们只要稍受不恭待遇，就会像保龄球瓶一样翻倒在地。"公务员制度也阻碍了进步。凯恩斯宣称，在采取建设性行动方面，公务员比政府部长更重要。事实上，"没有他们的帮助和善意，几乎没可能做成任何值得做的事……今天的公务员制度由'财政部学派'（Treasury school）统治，他们接受的是传统的、经验主义的和天赋技能的训练，以应对各种形式的智力障碍……他们压榨我们的精力，对我们的想法大加糟蹋，弃如敝履。"在凯恩斯看来，哈耶克和布坎南的极权噩梦似乎是愚蠢的，因为部长和公务员"消磨时间绝不是为我们打造枷锁，而是为了寻找合理的借口，'以便不去做那些公众舆论一致要求他们去做的事情'"。[20]

因此，凯恩斯认为政府官员会有意规避通过公共支出增加权力和攫取最多选票的机会。他从来没有对权力在未来可能被滥用而发出任何警告，只是幽默地宣称，一旦这些裹着礼服的绅士们放弃了早已失灵的自由放任主义立场，当他们"从震惊中缓过神来时，可能还颇为受用"。[21]而公共选择理论的支持者则宣称，政客太过热爱和眷恋权力，以至于无法放弃。

凯恩斯对理性思考的坚信也是他学术教养的展现。如果政治上或学术上的对手不同意他的观点，那他们一定是思路不对，而不是人品不好。他可以通过劝说改变他们的想法。凯恩斯承认他的信仰过于强烈了，并指责摩尔对他的影响。凯恩斯坦言："我们完全误解了人性，包括我们自己的本性。我们将理性归因于这种本性，这不仅导致了判断的肤浅，而且导致了感觉的肤浅……在理智上我们是前弗洛伊德的……我仍然不可救药地将一种不真实的理性归因于他人的情感和行为（无疑也包括我自己的）。"[22]（尽管，与今天的理性预期学派理论家相比，凯恩斯看起来更像是一位神秘主义哲人！）

由于凯恩斯通常假设政府具有高尚的动机和理性，因此他几乎总是把糟糕的政策归咎于糟糕的逻辑（或者至少是基于糟糕逻辑的习惯，就像那些"老绅士"一样）。《凯恩斯文集》（The Collected Writings）中充斥着指责官员实施愚蠢和不合逻辑的计划的信件，但从未指责过贪污或自私的行为。他称第一次世界大战后强加给德国的严厉和平条约是"严重的政治愚行"。当时任英国财政大臣丘吉尔恢复与美元挂钩的黄金价值时，凯恩斯质问他为什么会"做这种蠢事"，并指责提供误导意见的专家。1928年，他给丘吉尔写了一封简洁的信，并附上了一篇文章：

尊敬的财政大臣：

看看你们提出的货币法案多么愚蠢！

丘吉尔则彬彬有礼地回复说，他会认真阅读凯恩斯随信附上的文章。[23]

有时，凯恩斯对无法做出正确推论的官员感到恼怒不已。在这种情况下，他会指责对手精神失常，或者拼命地寻找合理化的解释。不过，他仍然不会质疑他们的动机。早在1911年，他就写信给他的朋友邓肯·格兰特（Duncan Grant）称："我想，你从来没有和政客们近距离打过交道。他们极其差劲……简直蠢得不像人。"[24]

除了对理性论述的信仰，凯恩斯还信奉说服的力量。他信仰的黄金律，就是他比任何人都更能说服别人。这条黄金律经常被证明是正确的。从20世纪20年代开始，凯恩斯经常给报纸和杂志的编辑们写信，包括《曼彻斯特卫报》（*Manchester Guardian*）、《国家报》（*The Nation*）和伦敦的《泰晤士报》。根据伦敦经济学院的莱昂内尔·罗宾斯（Lionel Robbins）的说法，凯恩斯对取消临时关税这一棘手问题的回答是："我从未就这个问题发表过意见。"[25]哈耶克经常讲述1946年凯恩斯在去世前几周和他的一次相遇。凯恩斯向他保证，如果他为30年代设计的理论变得有害，他将迅速改变公众舆论的看法。根据哈耶克的说法，凯恩斯相信"他可以像一个乐器大师操弄乐器一样，将公众舆论玩弄于股掌之间"。[26]凯恩斯自己反思了他对人类理性的夸大假设及其"微小但极其愚蠢的表现形式……抗议的冲动——给《泰晤士报》写信，在伦敦市政厅召集会议，向基金捐款……我表现得好像真的存在某种权威或标准，只要我大声呼喊，我就能成功地诉诸它们一样——也许这是相信祈祷的效力的某种遗传残余吧"。[27]

总而言之，凯恩斯的经历和影响力使他相信，政客和官僚虽然有时顽固不化，时常愚昧不堪，但他们自诩的天职就是为公众利益服务。此外，他们还站错了边，选择了"无为而治"。最后，大众即便没什么头脑，但也可以说是思想开明，能够说服他们采纳正确的立场。这些信条使凯恩斯远离了公共选择原则。但如果文化和智识的影响不是决定性的，我们仍然可以认为，对这些因素全盘接受的凯恩斯本人也不能免于责难。

政治上看不见的手

也许凯恩斯没有质疑政客和官僚的动机，是因为他隐约觉得，政治上也有一只看不见的手，这只手确保了政治私利和公共利益之间的调和。例如，一个政客可能只因为某项政策受欢迎并可帮他获得最多选票而提倡它。但它之所以受欢迎，可能是因为公众正确地认识到了他们的需求。因此，公众得偿所愿，而其所愿便是善的。政治家也一样得到了他想要的，尽管他对自己的行为所带来的公众福祉并不在意。

在第二次世界大战之前，"政治上看不见的手"可能确有其事。如果是这样的话，凯恩斯所表现的政治天真也就无关紧要了，因为政府只会出于信念（就像"财政部的观点"那样），而不是出于贪婪或唯利是图而蔑视公共利益。贪婪只会引导官员制定正确的政策，或者至少是受欢迎的政策。被列奥·施特劳斯（Leo Strauss）称为第一个现代政治哲学家的马基雅维利（Machiavelli）重新定义了"美德"一词。在中世纪经院哲学家看来，美德意味着道德上的完美无暇，而在马基雅维利看来，它意味着在实现一系列目标方面的精湛技艺和完美结果，而不必顾及正义、宽宏大量等信条。[28]

凯恩斯在巴黎和会上对乔治、克里孟梭和威尔逊等人的刻画便是对"政治上看不见的手"的反映。很少有书能如此生动地描述如此多样的人物。在凯恩斯看来，世界向这场和会派出的是两位表演大师和一位自命清高的贤人。克里孟梭"从审美角度来看是最高尚的"，也是最坚定地推动实现艰难和平的人。至于智性最为敏锐的劳埃德·乔治则是一个"威尔士巫师"，一个"从凯尔特远古时代的魔法森林穿越到我们这个时代"的长着山羊脚的半兽人。威尔逊则是一个"昏聩糊涂的年老长老会教徒"，但在道德上却是高尚的。尽管有如此明显的矛盾，这幕大戏中的每个角色的动机都是促进他的国家利益，正如他代表的公众所表达的意愿。克里孟梭想要摧毁德国再次超越法国的能力。乔治想用严厉的条款给英国公民留下深刻印象。威尔逊则希望实现美国所渴望的宽宏大量的和平。不幸的是，克里孟梭和乔治这两位表演大师，竟然说服了威尔逊，让后者相信所谓"严厉的和平"其实一点不严厉，反而是宽大为怀的。最后，凯恩斯说，乔治意识到这个计划太残忍了，但是"让这个老家伙意识到这是场欺骗，要比欺骗他还难得多"。[29]尽管每个人都带着完全不同的动机来参加会议，但正如各国的公众所定义的那样，克里孟梭和乔治被一只政治上看不见的手所操纵，以服务于各自国家的利益。至于那位自命清高的长老会教徒，则无论如何都会这么做的。

然而，如果这只政治上看不见的手失去了对局势的掌控，凯恩斯的政治天真就会坏事，他也会因为没有预测到这一致命失误而备受指责。为什么这只手会"失手"呢？因为在他失手的背后潜伏的，是平庸的体制性力量。这并不只是一种令人震惊的恶行。

为什么政治私利会偏离公共利益？随着政府通过法规、补贴、关税和补助等手段扩张到微交易领域，不仅政府的信息成本上升，公众的信息成本也在上升。也就是说,希望了解公共支出和政策的公民必须投入更多时间和精力来收集信息。对于大多数公民来说,这种投资在经济上是非理性的,因为信息成本超过了他们的收益。一个人可能要花一整天的时间来调查一个对100人予以100万美元津贴的项目。然而,取消或增进这项计划的人均价值可能与一袋薯片的价钱差不多。对于不在这100人之列,因而也不去调查的公民,其态度很可能就是我们所说的"理性忽略"。因此,"政府扩张的趋势"就是将政治家的行为与公众的认知分离。官员们可以在公众不知情的情况下做更多的事情,无论其好坏。而这样暗度陈仓的行为就从那只"政治上看不见的手"的指间溜走了。

美国政府的支出占国民生产总值的五分之一以上。此外,联邦机构和法规渗透到社会的方方面面。由于有如此多的团体可以接近联邦政府,利用政治体制的成本就会大幅下降。没有人需要站在临时讲台上说服大多数公民或立法机构采取行动,和几个委员开个联谊会就行了。洋基体育场的一个4座包厢要比中央公园的临时演讲台管用得多。

最初,政府部门和利益集团之间的制衡是为了防止权力贩子做大。詹姆斯·麦迪逊(James Madison)[①]的《联邦党人文集》(*Federalist*)第10篇指出,宪法应该使一个派系试图利用政治制度来牟取经济私利的做法无利可图。但无处不在的联邦权力削弱了麦迪逊的方案。

面对一个复杂的世界,"政治上看不见的手"终不能一手遮天。民主并非自由经济市场在政治上的精确对等物。正如诺贝尔奖得主肯尼斯·阿罗所言,为候选人投票不等于购买产品。经济学家无法设计出一套映射市场且合乎逻辑的政治体制。[30]在民主国家,选民在

---

① 美国第四任总统,开国元勋之一,被称为"美国宪法之父"。——译者注

投票时"购买"的不是诸如微波炉这样的具体产品，他们购买的是一个一揽子计划——一个他们希望能遵从他们主张的候选人。事实上，选民并不确定他会得到什么。在这个意义上，民主是一种介于超市和抓阄袋之间的东西。

通过主张大幅增加公共支出和实施政府干预，凯恩斯间接削弱了"政治上看不见的手"的掌控力，而这又让我们暴露于轻信官员动机的危险之中。在凯恩斯的时代，公共知识和长期规则有助于强化公务员的良好动机。如果凯恩斯曾设想对政治权力滥用进行遏制，那就是通过竞选过程，因为政府将必须回应反对派的指控。[31] 这种遏制手段当然是有意义的。尽管如此，它忽略了那些未经选举产生的官僚们手中的权力，他们可以不顾执政的民选政权如何而执意扩大自身影响力，它还忽略了一点事实，那就是，对一些不起眼的政府项目（按人均计算）加以抨击，可能算不上什么打动人心的竞选口号。

凯恩斯这一"政治上看不见的手"的隐含假设，也引发了对他的指责之声，其中既有微观经济维度的，也有宏观经济维度的。在微观经济层面，当选民的信息成本高于所能获得的收益时，官员们就可以扭曲支出项目和法规，以牟取其政治私利。随着政府业务的扩大，这些信息成本也会上升。此外，如果民众没有看到政府和他人之间微观经济交易的间接影响所造成的损害，他们就会低估获取政府行为相关知识能够带来的益处。而在宏观经济层面，公共财政将偏向于低税收和高政府支出，这同样会导致选民低估财政和货币政策的间接成本和收益。微观经济层面上的权力滥用可能更有说服力，因为这些滥用更多地依赖于人们的理性忽略，而不是非理性或幻觉。

对凯恩斯的盖棺论定

如果公共选择理论是正确的,那么凯恩斯在政治上就是天真的。即使公共选择理论只是部分正确,凯恩斯似乎仍然对出现的问题视而不见。就连他的仰慕者哈罗德也承认了这一点。[32] 然而,基于凯恩斯在英国公务员制度方面的经验和他所处的历史背景,我们也只能指责他没有预见到他的计划会被政治权力滥用。此外,凯恩斯的批评者应该小心地将对政治和公共选择领域的批评与对他经济理论的批评区分开来。充满愤怒与怀疑地指责政客并不能成功地证明凯恩斯的经济学是错误的。这就像因为消防员沉迷于飞镖游戏而懒得出动而否认水能灭火一样。在某种程度上,凯恩斯的经济学是正确的,毕竟他给了我们可以扑灭经济大火的水。不过,要是他能再多拉响几次火警警报就好了。

第 12 章

理性预期与行为经济学的狂野世界

CHAPTER 12

准备好接受一种听起来极其稀奇古怪的理论了吗？一种不相信非自愿失业的理论？一种提倡用掷飞镖来选择股票的理论？还是一种认为政府对经济既无大害也无大益的理论？我们对经济史的这趟研究之旅竟有一个如此匪夷所思的终点！我们的旅程从重商主义者开始，他们认为政府通常有助于经济。然后斯密派说，政府是有害的。可凯恩斯主义者又说政府有益。货币主义者表示，政府可能对经济有助益，但往往会带来伤害。公共选择学派则称，政府通常会造成伤害。如今，"理性预期"（Rational Expectations，或称"新古典派"）学派[①]的经济学家们则对他们所有前辈都嘲笑一番，并宣称政府干预是一种幻觉，就像魔术师的把戏，对现实影响甚微。

为了得出这个惊人的结论，新古典派经济学家遵循的逻辑也让人难以捉摸。然而，当他们完成推导时，却获得了一个简洁的模型，其理论之美令人钦佩。然而，他们的批评者却对这种纯粹却不切实际的模型嗤之以鼻，认为它更适合放在美术馆里展示，而不是交给经济顾问委员会施用。

---

① 经济史上冠以"新古典"之名的流派并不止一个。一般认为，所谓"古典经济学"，指的是亚当·斯密、大卫·李嘉图和穆勒等人构建的经济学理论体系。而第一代"新古典经济学"则是以马歇尔为代表的边际主义者和奥地利学派等兴起于20世纪初期的学术流派所组成。至于本章中的"新古典"，则可认为是"第二代"，即在20世纪70年代发展的，以理性预期学派为主的经济学流派。为示与先前的区别，本书将这一流派统一译为"新古典派"。——译者注

第 12 章 | 理性预期与行为经济学的狂野世界

经济学家的守旧派——托宾斯、萨缪尔森和弗里德曼——发现他们的毕生心血被这些后起之秀贬低了。至于该学派的起源，可追溯到 1961 年时卡内基理工学院一位名叫约翰·穆斯（John Muth）的年轻教授的一篇论文。富有朝气的理性预期运动吸引了相当一部分同样年轻的模型构建学者，让他们为它所体现的数学精度和启迪新发现的机会而痴迷不已。老派凯恩斯主义者担心这些新学者会把他们抛诸脑后，就像他们在大萧条时期超越那些拒绝追随凯恩斯的古典经济学导师一样。而主流经济学面临的挑战是如何从"理性预期"风潮中发掘出一些真理，然后将这些真理添加到主流理论框架中。

让我们来看看，为什么没有人全盘否定理性预期理论。它的第一个信条是所有市场都会出清，这意味着价格总是同时跟着调整，以消除任何过剩或短缺。供过于求并不会存在。如果鱼生产了过多的鱼子，鱼子酱的价格就会下跌。如果劳动力需求下降，工资也会大幅下降。现在，大多数经济学家都认为市场最终会出清，但货币主义者和凯恩斯主义者认为在此之前会有一个更长的过渡期。凯恩斯主义者着重于"黏性工资"（sticky wages）。货币主义者则指出了货币政策传导的滞后性，而理性预期的少壮派则说这些都是胡扯。

第二个信条是，他们认为人们在做经济决策时会考虑所有可用的信息，并不断更新他们的经济模型或经济预期。可以将这种理性预期与老派的适应性预期做一下对比。如果人们的行为是适应性的，他们会盯着过去的行为变量，并只是渐进地调整他们的观点。如果过去几年物价每年上涨 6%，而今年上涨 10%，那么在高度强调过往数据的适应性模型下，人们可能预计明年物价将上涨 7%。他们只会等待经验给他们当头一棒，而不是在新信息的基础上改变自己的预期。如果他们听说联邦政府释放了货币供给和财政支出，实施了疯狂的扩张性政策，会作何应对呢？在适应性预期下，他们不会改变他们的预测，直到他们看到确凿的证据。

假设卡通人物大笨狼怀尔（Wile E. Coyote）在好莱坞藤蔓酒店（Hollywood and Vine）的拐角等车送他回家。过去的经验告诉他，每天下午5点30分要离开公交车站两步的距离，因为在那个时候，每天都有一个5吨重的铁砧从Acme铁砧公司50层楼的屋顶上意外地掉落。有一天，怀尔还是在拐角等车。而铁砧晚了15分钟落下，结果在5点45分把他压扁了。如果怀尔采用适应性预期，他在第二天的5点45分会做什么？他还是会站在车站上，心想在下午5点45分，铁砧很少会掉下来。结果又被压扁了。最后，在被连续压扁一周之后（这只会发生在卡通角色身上），他可能会意识到Acme公司的时间表已经改变了。

那如果怀尔采纳的是理性预期呢？在第一次被压扁后，他一恢复立体形状，就会前往铁砧工厂去一探究竟。他将重新制定他的时间表。如果新的信息使过去的数据过时，他就会将后者抛诸脑后。

点燃理性预期燎原之火的约翰·穆斯是一个腼腆、笨拙的人，他在美国中西部长大，以养猪起家。穆特的经济学是通过对生猪研究从头构建的，他对他那些光彩照人的同事所取得的成就似乎从不感兴趣，这些同事包括诺贝尔奖得主赫伯特·西蒙（Herbert Simon）、弗兰科·莫迪利安尼、默顿·米勒（Merton Miller），以及《美丽心灵》一书及其改编电影的主人公原型约翰·纳什。莫迪利安尼称赞了穆斯的才智，但他也说，这位留着胡子、有点驼背的研究人员"煞费苦心地让自己看起来像个怪人"。[1] 在印第安纳大学（Indiana University）商学院教书时，他的MBA学生一度挥舞着请愿书走进院长办公室，要求解雇穆斯，因为他那高明但晦涩难懂的数学教学让学生们一头雾水。

生猪和高等数学到底有什么关系呢？在穆斯之前，大多数人认为生猪市场经历的是疯狂的、非理性的繁荣和萧条。当培根熏肉价格高企时，每个农民似乎都以饲养更多的猪来应对。然后所有的生猪会同时涌入市场，导致培根价格暴跌。现在面对低价时，这些农民声称会停止养猪，而这将再次导致猪肉短缺和培根涨价。穆斯对这些看法的结论是"胡扯！"，他挖掘了生猪价格的数据，发现养猪户不会愚蠢到认为今天的高价格会保证明天的价格也高。[2] 穆斯说，农民是理性的，这反驳了约翰·肯尼斯·加尔布雷思关于农民只有"坚强的脊背和羸弱的头脑"的看法。

如果人们有理性的预期，他们就不会犯系统性的错误。头一回，他们可能会被愚弄或被吓到，但他们会努力防止再度犯错。正如影片《星际迷航》（Star Trek）中的工程师斯科蒂（Scotty）所说："骗我一次，是你可耻；骗我两次，是我的耻辱。"

向经纪人掷飞镖

股市为理性预期提供了最具说服力的证据。学院派经济学家称，股市几乎是在瞬间吸收信息。换句话说，一旦信息公开，股价就会立即反映出来。如果你昨天在网上看到蒂芙尼（Tiffany）预计今年公司会有一个好年景，那你已经知道得太晚，来不及利用这个信息了。根据明年的前景，蒂芙尼的股票会立即上涨，而众人皆知的信息也就没什么用处了。再来看另一个例子，假设你颇具慧眼地观察到数百万大学生在感恩节前夕从波士顿涌向纽约。你还发现奇蒂航空（Kiddy Airlines）是许多学生的首选。于是在 9 月份，也就是感恩节客运高峰的前两个月，你买入了奇蒂航空的股票，期待着 11 月份股价会飙升。这就有点蠢了。因为奇蒂的股价已经反映出其在感恩节期间的预期利润。每个人都知道感恩节对奇蒂航空来说是大好时机。股价是基于预期利润和股息，而不仅仅是当前的财务数据。

如果这个被称为"有效市场假说"（Efficient Market Hypothesis）

的模型是正确的,那么你就无法通过密切关注某家公司的运营、阅读其财务报告或追踪过去的股价走势,来获得高于平均股票回报率的收益。市场已经高效地估计了未来的回报。股价不会被"高估"或"低估"(除非几乎所有人都误解了公司的某些特定情况,或者有未披露的信息)。市场价格成了一个一贯正确的标志,直到新的信息证明新的价格是合理的。(尽管如此,1987年10月的股市"崩盘"、2000—2002年的科技股崩盘以及2008年的金融危机也许表明,在股票交易员挺括的衬衫白领之下,仍然潜伏着原始的"动物精神"。)

在选股时,不管你是对股票经纪人的建议言听计从,还是把他削尖脑袋扔到飞镖靶盘上,对你的收益来说其实区别不大。以下是一个与有效市场假说一致的计划,可以让你像那些有名的股票顾问一样"成功":在你的狗面前放两碗狗粮,一碗的前面粘IBM的名字,另一碗粘的名字则是美孚(Mobil)。你的狗去吃哪一碗狗粮,你就去买对应的股票。如果你的狗不饿,那就把你的钱投到公司债券基金里吧。

20世纪90年代开始的大牛市,把道琼斯指数从1993年的3500点推高到2000年1月的11700点,再到2020年的27000点,这让基金经理们成了弃儿,因为被动型"指数"基金的表现超过了几乎所有专业选股者。等到人们支付了相应广告费用、研究费用和佣金后,绝大多数共同基金的回报还不如掷飞镖选股呢。保罗·萨缪尔森很久以前就曾建议,"大多数投资组合的决策者都该歇业了,他们可以改行去修水管或者教希腊语。"当然,根据有效市场假说,即使一个糟糕的投资组合经理也不会把事情搞得太糟(因为只有极度无能的人才会比靠飞镖选股的人表现还差得多),而一个糟糕的水管工可能会造成真正的麻烦!

许多经纪人和公关人员都极力吹嘘自己的预测有多准确。然而通过细致的研究可以发现,几乎没有理由去相信他们的鬼话。[3]当然,

| 第 12 章 | 理性预期与行为经济学的狂野世界

有些人可能会撞大运。拉斯维加斯的赌客有时也会赢。问题不在于经纪人通常会赔钱，而在于他们并不总能超过平均水平。即使一些明星分析师发现了一种解析数据的有效方法，其他人也会纷纷效仿，而这种方法就会过时。那么，为什么我们要为了获得区区平均回报而为所谓财务建议支付额外的佣金呢？你也可以选择一个平衡各种风险的多元化投资组合，或者投资于一个随市场平均水平浮动的宽基市场指数。面对这种逻辑，2019 年，嘉信理财（Charles Schwab）等主要经纪公司已将股票交易佣金降至零。

包括 1995 年诺贝尔奖得主罗伯特·卢卡斯和托马斯·萨金特（Thomas Sargent）在内的理性预期学派理论家指出，政府对市场几乎没有什么控制力。他们从股市开始分析，然后类推到经济中更广泛的市场。如果政府试图通过购买奇蒂航空的股票来临时推高其股价会如何？最初的股价代表了当前对未来收益和股息的"正确"感觉，这一价格将给出一个公平的回报率。如果政府买入股票并抬高股价，股东将立即意识到该股票被人为高估，并将抛售手中股票。而如果政府抛售股票，迫使股价大幅下跌，投资者就会买入，因为他们觉得这只股票值更高的价格。最后，无论政府做什么，股价都会回归"正确"的价值，除非新的信息使投资者相信新的价格是合理的。

在将这一结论推而广之到宏观经济领域之前，我们先来看两个要点。首先第一点，请注意，有效市场假说不包括内幕信息，即公司高层可能持有的关于未来盈亏的秘密情报。掌握非公开信息的投资者可能获得高于平均水平的收益。这似乎合乎逻辑，但不够公平。在董事会没有席位的可怜虫自不会获得与内部人士相同的收益。因此，内幕交易是非法的。美国证券交易委员会对内部人士的股票交易进行监控，并对非法行为制定惩罚措施，包括监禁和"罚没"非法利润。当然，并不是每个违反者都会被逮到，法律也并不涵盖所有掌握内幕消息者。他们应该受罚吗？玛莎·斯图尔特（Martha Stewart），一位文化偶像，以用圣诞松果球装饰自己的家，以及指导电视观众如何点燃法式焦糖布丁等危险事迹而闻名。2004年，她被判入狱5个月，并被软禁更长时间，只是因为她的股票经纪人助理告诉她，一家制药公司的总裁出售了自己持有的该公司股票。这名总裁获得内部消息称FDA将拒绝其药物批准申请。斯图尔特被判有罪，不是因为出售了她在该公司的股份，而是因为她就与经纪人助理的谈话向FBI撒谎。她的案例被拍成了电影《家政女皇入狱记》(*Martha Stewart: Behind Bars*)。

假设一家名为Fido的公司秘密计划通过购买Spot公司的股票来接管该公司。Fido的管理者将更有效地运营Spot，从而提高Spot资产的价值。因为这个原因，Fido愿意为股票支付更高的价格。卖出股票的Spot股东将会大赚一笔。收购计划是个秘密。只有Fido公司的总裁和副总裁以及他们的律师知道。当然，如果Fido的首席官员们在收购计划公布之前亲自下场购买Spot的股票，他们可能会因内幕交易而被捕。但是，如果是负责印刷公布消息的宣传文件的印刷公司员工在公告发布前购买了其现货股票呢？他应该被视为内部人士并受到惩处吗？根据最高法院的现成判例，并不会。

具有讽刺意味的是，当被最高法院宣判无罪的印刷工人文森特·基亚雷拉（Vincent Chiarella）被问及是否应对同样涉及内幕交易的伊凡·博斯基（Ivan Boesky）进行惩罚时，他的回答是"罚，而且要重重地罚"，伊凡数年后被宣判有罪。[4]

关于有效市场假说的第二个要点同样讽刺。选股是无效的，因为从事相关研究和股票分析的人太多了。当前的价格"正确"地反映了人们的预期，因为很多人都是根据现有的信息进行买卖的。你几乎没有机会持续以一种优于他人的方式解读信息。然而，如果只有你自己做研究，你的预测就可以比随机方法更有力。因此，如果每个人都接受了有效市场假说的信徒所给出的随机选股的建议，那么这个建议本身也过时了！

华尔街上的经济学家

直到最近，华尔街的经理们和经济学家们都觉得他们彼此之间是话不投机半句多。毕竟，萨缪尔森这样的经济学家已经给投资组合经理泼了盆冷水，让他们去修水管。普林斯顿大学教授伯顿·麦基尔（Burton Malkiel）写了一本鼓吹有效市场假说的书，名为《漫步华尔街》(*A Random Walk Down Wall Street*)，但华尔街的巨头们却告诉经济学家最好别来华尔街晃荡而是一边待着去。那些在股市中呼风唤雨的大腕们则说，学者们太过胆小，不敢在金融市场上对输赢下注。除了凯恩斯，他们中的大多数人即使鼓起勇气孤注一掷，也都未能成功。

不过，当一些经济学家嘲笑华尔街的选股能力时，另一些人则在构思创新发放，用以设计投资组合或是为公司和股票期权定价。这些都是极其困难的技术挑战，需要高等数学和经济学两方面的造诣。然而，这些研究人员面临的问题是，在20世纪60年代和70年代，没有哪个单一学科需要他们。经济学家认为他们的工作太过技术化，数学家则认为他们的研究太过世俗。不管怎样，1990年，诺贝尔奖委员会还是将诺贝尔经济学奖授予了三位具有开创性的金融经济学家，他们实际上是在帮助华尔街，而不是摧毁它。

1952年，一位名叫哈里·马科维茨（Harry Markowitz）的年轻研究生发表了一篇题为《投资组合选择》(*Portfolio Selection*)的论文，从此开启了一场金融革命。这篇论文为一句简单的格言建立了一个分析框架，"不要把所有的鸡蛋放在一个篮子里"。乍一看，这道理似乎显而易见，你可能会觉得不如把诺贝尔奖颁给"鹅妈妈"[①]或伊索的后人。

五百年前，莎士比亚笔下的威尼斯商人就告诉我们：
我的财产并不只靠一艘船，它们不在一个地方；
我的全部家当并不全指望今年的收益；
所以我并不担忧我的商品。

不过，在马科维茨于此倾注精力之前，这种民间智慧不过是老生常谈或经验法则罢了。事实上，就连伟大的凯恩斯也拒斥这一观点，他认为，对你熟悉的公司进行大笔投资，比分散成多笔较小的投资更安全。马科维茨并没有简单地表明投资对象多多益善，并不是有5家航空公司股票的投资组合就更安全。他表明的是股票的"种类"应该多样化。你的投资应该真正多样化，也就是说，彼此之间不相关。你最好分别持有达美航空（Delta Airlines）和强生（Johnson & Johnson）的股票，而不是同时持有两家航空公司或两家制药公司的股票。尽管最初存在质疑，但在过去50年里，华尔街一直在遵循马科维茨的教导。

然而，要成为一个开路者并不容易。马科维茨讲述过一个故事，是关于米尔顿·弗里德曼在马科维茨的研究生论文答辩时是如何刁难他的。马科维茨一直告诉自己："我知道他们对这个课题不太友好。但就连米尔顿·弗里德曼也不能拿我怎么样。"不过，在答辩开始几分钟后，弗里德曼就突然大声说道："哈里，我看不出这里的数学演算有什么问题，但我有一个问题。这不是一篇经济学论文，我们不能因为一篇不是经济学的论文就给你经济学博士学位。这不是数学，也不是经济学，甚至不是企业管理。"随后其他人也同样抱怨纷纷。答辩结束后，马科维茨坐在走廊里等待委员会的决定。好几分钟后，

---
① 传说中欧洲最早童谣集的作者。——译者注

一位资深教授走进来，看着他的眼睛说："恭喜你，马科维茨博士！"[5]

在 1990 年与马科维茨同获诺贝尔经济学奖的是斯坦福大学的威廉·夏普（William Sharpe）和芝加哥大学的默顿·米勒。夏普设计了"资本资产定价模型"（Capital Asset Pricing Model），该模型保证了每本经济学教科书中至少有一章是关于公司金融的，他还提出了"β系数"概念，它帮助投资者算出某只特定股票的风险有多大。特别是"β系数"会告诉你，一只股票是否会与整个市场同步波动。星巴克（Starbucks）的"β系数"是 1.0，这意味着如果纽约证券交易所的股指上涨 10%，星巴克的股价也可能上涨 10%。这是说得通的，因为强劲的市场意味着强劲的经济，如果消费者觉得自己更富有了，他们就能买得起高档咖啡。其他种类的股票可能"β系数"较低。即使经济不景气，人们也会购买糖果。因此不出所料，"窈窕淑男棒棒糖"（Tootsie Roll）的"β系数"较低，只有 0.51，这意味着如果整体市场下跌 10%，这家糖果公司的股价跌幅仅为 5% 左右。当人们想要他们的投资组合多样化时，他们就会持续关注"β系数"的计算，以确保他们所有的股票不会同步涨跌。

默顿·米勒通过研究公司的组织方式而成名。在米勒与弗兰科·莫迪利安尼合作开展研究之前，许多公司的财务主管认为，如果他们通过发行更多的债券和出售更少的股票来为公司运营提供资金，他们的公司看起来利润会更高。这样一来，股东就会相对较少，公司就可以把利润留给自己。然而，米勒和莫迪利安尼证明，无论你如何分割所有权，公司的总价值都取决于其未来的收益。例如，如果公司负债累累（发行了大量债券），贷方会要求支付更高的利息，这将抵消股东数量减少带来的好处。[6]

米勒用一桶全脂牛奶做了一个生动的类比。奶农可以把奶油单独出售，这样可以卖到更高的价格。但这样一来，他就只剩下价格更低的脱脂牛奶了。奶油加脱脂奶带来的总收入与全脂牛奶的相同。

不管你怎么搅和，一桶牛奶就是一桶牛奶。同样，公司利润流就是利润流，不管你把钱付给谁。

这三位 1990 年诺贝尔奖得主将他们的经济学培训重点放在了金融市场上，让华尔街赚得盆满钵满，而他们自己也所获颇丰！夏普和米勒为许多华尔街大公司做过咨询。著名的共同基金先锋集团（Vanguard Group）的主席约翰·C. 博格（John C. Bogle）告诫投资者不要忽视经济学家："虽然学术领域里有不少晦涩难解的天书……但最切实可靠的学术思想，无论多么复杂、深奥……都将会被应用到实践中，也会进入投资者市场。"[7]

不过，即使是诺贝尔奖得主也必须学会谦卑。1997 年诺贝尔奖得主罗伯特·默顿（Robert Merton）和迈伦·斯科尔斯（Myron Scholes）因对金融衍生品估值做出贡献而获奖，他们加入了一家名为长期资本管理（Long-Term Capital Management）的投资集团。他们的基金在 1998 年 8 月崩盘，让全球金融市场一片狼藉。这家公司不计后果地借了太多的钱，并大量押注世界各国利率会日益趋近。结果他们押错了，损失了数十亿美元。事实证明，"长期资本"也并不是那么长期持久，它在几天内就输掉了资本。我们能将此归咎于默顿和斯科尔斯获得的诺贝尔奖吗？未尝不可。毕竟，向长期资本提供大量贷款的银行真的相信，这些杰出人士及其同样杰出的合作伙伴不会误判风险。爱因斯坦可能是 20 世纪最伟大的科学头脑，但你可能不指望他给你汽车的散热器冷却液换个配方。同样的道理，仅仅因为某些人获得过诺贝尔奖并不意味着你应该把你的钱交给他们。

卢卡斯批判

在质疑理性预期理论之前，让我们先看看它对宏观经济有何显著影响。记住，理性经济人会不断更新他们的经济模型。因此，第一堂课告诉我们，计量经济模型是过时的，因为它们是基于过去的数据，而统计模型不能预测一个新的政府政策的效果。例如，如果政府发现棒球比赛和 GDP 之间存在稳定的、历史性的关系，因此试图通过增加棒球比赛的数量来提高 GDP，经济行为人就将把这一政策视为新的信息并以此改进他们的模型。因此，他们的旧有行为就无法为新政策的制定提供一个良好基础。这一含义被称为"卢卡斯批判"（Lucas Critique）。[8] 事实证明，芝加哥大学教授罗伯特·卢卡斯是一位非常优秀的理性预期理论导师。1995 年 10 月，当斯德哥尔摩的诺贝尔奖委员会宣布他获奖时，他前妻的律师透露，她已经预见到他可能获奖。早在 7 年前，她就在离婚协议中加入了一项条款，如果他赢得诺贝尔奖，她将获得他一半的诺贝尔奖奖金。这一基于她理性预期的条款最后价值 50 万美元。

遵循卢卡斯批判，罗伯特·霍尔（Robert Hall）提出，依赖过去收入、财富、利率和通货膨胀率等多个变量的主流消费模型其实和只有两个因素——去年消费和一个随机变量——的简单模型并无二致，都无法预测未来。霍尔认为，明年和今年消费水平之间的唯一差异只能用随机惊喜来解释，也就是新信息的出现。[9]

理性预期学派的第二堂课则抨击了政府的稳定政策，其认为：只有出人意料的策略才有效果。假设经济陷入以高失业率为标志的深度衰退，主流经济学家可能会敦促政府实施扩张性政策。大多数经济学家认为，更高的总需求将导致更高的产出和更多的就业，从而使经济走出低迷。

但这并非理性预期理论学家的说法。他们认为，经济行为人早已认识到，联邦政府总是通过刺激需求来施加迅速干预以治愈衰退。因此，企业不会允许它们的商品价格在经济衰退期间下跌或致力于提高产出，而是会简单地提高它们的商品价格。它们预测政府的政策。由于更高的需求即将到来，他们已经学会了在衰退中不让价格下跌。这就好像政府通过了一项法律，只要失业率达到 7%，美联储就会启动货币供给扩张政策。作为支持他们主张的证据，这些理论家指出，第二次世界大战前的衰退导致价格下跌，而第二次世界大战后的衰退在需求侧反应的预期下，反而导致价格更加稳定。1946 年的《就业法案》保证了最大限度的就业，其实际上是在告诉企业，"山姆大叔"最后总是会出手相助的。总之，如果"山姆大叔"做了众人预料之中的事情，他最终等于什么也没做。只有出人意料的举措才会影响产出水平。

想象一下这一理论将对凯恩斯主义者和货币主义者造成何等冲击。这使得后两者的政策建议就像喜剧演员格雷西·艾伦（Gracie Allen）提出的解决加州与佛罗里达州边界争端的荒谬提议一样毫无用处。

还有更令人震惊的呢。如果这个理论是正确的，美联储应该会发现降低通货膨胀率其实很容易。此话怎讲呢？根据主流方法论，紧缩政策首先会导致经济衰退，最终导致通货膨胀率下降。然而，在理性预期下，如果一个可信的联邦储备委员会宣布货币供给将以 0% 的速度增长，人们会自动期望更低的物价，并降低他们的劳动力价格和工资。他们会基于美联储的政策自动接受较低的通货膨胀率。由于他们没有"适应性预期"，他们在经历痛苦的衰退之前就会降低价格预测。

既然理性预期学派已经彻底羞辱了凯恩斯主义者和货币主义者，让我们再简单地看看他们对公共选择学派的经济学家又是如何施放毒箭的。詹姆斯·布坎南坚持认为，政客们助长了赤字支出，因此欺骗了我们的后代。另一位公共选择学派经济学家布鲁诺·弗雷（Bruno Frey）则坚信，民主国家存在政治周期，政客们为了赢得选举而操纵通货膨胀率和失业率。

这两种说法都与理性预期理论相冲突。首先，以政治周期理论为例。假如政客们真试图玩弄政策工具，以提高自己的当选机会，根据理性预期，选民在政客第一次如此尝试后就会看穿他们的伎俩。他们会发现，大选年的经济繁荣总是紧跟着高通货膨胀，于是他们会采取措施戳穿这种虚假的繁荣，因为他们很快就知道政府会在大选后猛踩刹车。这个解释是有道理的，而且可能解释了为何连续政治周期的存在证据相当薄弱。至于持续的预算赤字，哈佛大学经济学家罗伯特·巴罗（Robert Barro）——代表理性预期理论的一方——认为，投资者和储蓄者将未来的负担计算为长期利率。[10] 较高的长期利率肯定会影响当前经济的表现。因此，对未来的渴望和期望实际上已经体现在今天的资本市场上。巴罗的论证实际上源自大卫·李嘉图，被称为"李嘉图等价"（Ricardian equivalence）；后者指出，公共债务和税收相当相似，因为理性的人知道，债务将在某个时刻以更高的税收来偿还。因此，用于为赤字融资的政府债券推高了对未来税收的预期。对此，像詹姆斯·布坎南（James Buchanan）这样的公共选择学派经济学家则会回应说，未来几代人还没有政治发言权，即使他们在债券市场有间接表达意愿的权利。毕竟，布坎南认为这个问题既是一个经济问题，也是一个道德问题。

近年来，日本财务省曾引用李嘉图等价来解释为什么不能通过简单地向公众开支票来刺激经济。由于日本债台高筑（其债务与GDP之比在国际比较图表中高居榜首，约为200%），财务省认为，日本家庭正在囤积额外收入，因为他们知道，总有一天，他们或他们的孩子将需要偿还惊人的债务。

顺带一提，理性预期的理论学家也可以有证据来证明人们能看穿政治骗子的花招。想想20世纪80年代初的撒切尔夫人，她承诺要减少英国的预算赤字，甚至在经济衰退期间提高税收，以实现自己的承诺。她的两次连任是否表明，英国人已经理解并拒绝了旧工党随心所欲的政策？

在现实世界中，理性预期学派的教授获得了"债券义勇军"的一臂之力。这个听起来声名狼藉的团体到底是何方神圣？他们并不舞刀弄枪，但却可以让一个国家的财政部部长瑟瑟发抖。所谓"债券义勇军"，就是根据一个国家的经济表现和前景来买卖政府债券的交易员和投资者。他们可以在约束政府鲁莽行为方面发挥有益的作用。20世纪90年代初，债券和外汇交易员看到瑞典经济疲软，贸易逆差巨大，政府部门臃肿，货币坚挺使得瑞典出口商无法在海外参与竞争。在几年内，该国公共债务翻了一番，赤字翻了十倍，形势已是摇摇欲坠。警惕的交易员们预见到，这个国家正在急速陷入一个无力向世界其他国家偿还债务的未来。[11] 瑞典金融巨头斯堪蒂亚（Skandia）宣布"鉴于创纪录的预算赤字和快速增长的债务，其将抵制政府债券"。[12] 瑞典以外的债券和外汇交易员则开始抛售瑞典资产，推高利率，吓得瑞典政府不得不彻底重组其财政。在如此多富有远见的交易员的众目睽睽之下，政府不得不将赤字的GDP占比从1994年惊人的12%削减到1997年的2.6%，然后在1999年实现了实际盈余。自90年代中期以来，瑞典在国际债券市场上一时间竟极具竞争力。也许我们不太情愿，但还是得承认这要归功于债券义勇军们。

主流经济学的反击

最后，是时候回击理性预期理论了，它确实应该受些敲打。几乎每一位经济学家都觉得自己受到了这帮自命不凡的学术新贵的侮辱。我们将首先讨论一些理论难题，然后转向实际的经济事件。

理性预期学派理论家作为辩论对象，是一帮令人生畏又令人沮丧的群氓。就像挥舞着《古兰经》的宗教激进主义什叶派一样，他们对任何问题都有一个迅速而坚定的答案。他们的理论包含了许多怪异的假设，比如即刻调整的市场和超人般的信息吸收能力。如果我们承认这些假设，这个理论就显得固若金汤。我们该从何处下手？要驳倒一个经济学模型，我们要做的可不仅是嘲笑其不切实际的假设。正如米尔顿·弗里德曼曾效仿卡尔·波普尔（Karl Popper）所言，对一个模型的真正检验在于它的预测，而不是它对实际经济的忠实描述。[13]

大约在理性预期理论开始获得关注的同一时间，约瑟夫·斯蒂格利茨和乔治·阿克洛夫（George Akerlof，2001 年诺贝尔奖得主）便指出了商业交易中经常出现的一个问题，即一方通常比另一方知道得更多。例如，如果你想买一辆二手车，经销商可能比你更清楚这辆车是不是"蹩脚货色"。一个向你出售火灾保险的保险公司，肯定不可能像你一样清楚自己是否在床上吸烟，或者吸的是什么。这些"信息不对称"（information asymmetries）使理性主义模型趋于复杂化。

在宏观经济学中，理性预期理论预测，政府的刺激政策不会提振经济，政府的紧缩政策也不会伤害经济。让我们从后半条开始说起。在 1982 年，10.6% 的失业率听起来如何？在经历 1980 年和 1981 年的货币紧缩之后，经济陷入衰退。在 1975 年类似的危机之后，经济也开始下行。在那些时期，只有严重的失业率才能压低通货膨胀预期。卢卡斯和他的同僚们可能会将货币崩溃视为一个"意外"。他们可能会问："谁知道美联储是否会坚持其紧缩意图呢？"尽管有这样的反驳，但人们实际上经历了数个漫长而令人沮丧的财政季度才调整了他们的通货膨胀预期。如果理性预期理论通过宣称每一个经济事件都是意外来逃避批评，那么它就是金玉其外，败絮其中。

刺激经济的情况又如何？如果理性预期理论家们是正确的，那么在实施减税时就不会影响消费。税法一经签署，人们就会调整他们的消费，即使实际的减税要在数年后实施。然而，肯尼迪和里根的减税政策宣布时，消费表现稳定，并在政策实施后出现增长。普林斯顿大学的凯恩斯主义者艾伦·布林德（Alan Blinder）认为，理性预期学派理论者对财政政策的冷落尤其令人恼火："巴罗曾对我说，世界上没有任何证据表明财政政策是有效的。只要睁开眼睛，就会看到减税和政府支出增加的一幕幕场景上演。第二次世界大战又如何呢？这可是对产出产生了很大影响。"布林德还抨击了市场总是会出清的说法："这也很荒谬。不知何故，有些人明明睁着眼，却对非自愿失业视而不见。我认为在周期性衰退中，这种情况随处可见。我还看到到处都是卖不出去的商品，比如停满滞销汽车的停车场。"[14] 理性预期理论的辩护者能否一本正经地把大萧条解释为连续12年出人意料的"新"信息所致的呢？

为什么大多数经济学家在谈论股市时倾向于同意理性预期理论者的观点，而在谈到宏观经济时却爆发了分歧？事实上，股市是一个比其他市场更有效的市场。它的流动性很强，买卖很容易，几乎没有交易成本。投资者甚至可以利用收费很低的折扣经纪商来处理他的购买。相比之下，商品和服务的真实市场表现出了更多的复杂性和刚性。你能像卖掉股票一样轻易辞职吗？一家公司是否能像买卖股票那样迅速轻松地解雇员工、关闭工厂然后再新建工厂？当然不能。

在真实市场中，"契约"（contracts）发挥着重要作用。其增加了劳动力、资本和设备名义价格的确定性水平，但也降低了流动性和灵活性。即使奇蒂航空预计劳动力价格和工资会下降，它也可能会受到三年工会合同的约束而维持员工工资水平。即使它的管理者有理性的预期，契约也会将他们锁定在一条适应性的路径上。理性预期理论的批评者实际上提出了两个问题：①人们的理性预期是否胜过长期习惯？②即使他们确实有理性预期，他们的所行真能像他们所想的那样灵活吗？只要这两个答案都是否定的，理性预期理论对经济便是做出了错误的描绘。

行为经济学

心理学家们也急切地加入了这场大批判，试图对理性预期学派落井下石。你大致可以理解心理学家这种急于介入的心情。毕竟，如果人们是完全理性的，你为什么还需要那么多心理学家呢？伊曼努尔·康德对理性抱有极大的信心，他实际上建议精神错乱者应该接受哲学家的指导。既然这些精神病人在理性方面薄弱，那么逻辑推理方面的专家应该对他们的帮助最大。不过，自康德时代以来，我们已经了解到，当人们被迷惑以至于无法进行清晰的推理时，他们很可能有严重的情感问题，或者可能遭遇内分泌失调。让他们与康德或笛卡尔共处一室，可能只会让哲学家发疯，而不是让病人恢复。就像康德可能过分强调理性思维的力量一样，一些经济学家也可能犯了同样的错误。假设你要购买一台新相机，发现 ABC 商店出售与 XYZ 商店相同的型号，但价格为 200 美元，比 XYZ 商店的价格便宜 10 美元。大多数人会为了省下这 10 美元而多开几公里。现在，假设你正在购买一辆新车，并发现 ABC 经销商收取 30080 美元，比 XYZ 经销商多 10 美元。而大多数人会忽略这两者的差异。但心理学家们指出，10 美元就是 10 美元——为什么一台照相机便宜 10 美元就能让你多开上几个街区，而一辆车便宜 10 美元却让你的内心毫无波澜？

20 世纪 50 年代，两名以色列研究人员在军队服役时开始发展他们的想法，他们根据访谈和实际经验编写了一本非理性经济行为的虚拟百科全书。其中一人，丹尼尔·卡尼曼（Daniel Kahneman）在几十年前（当时他21岁，只是一个有着学士学位的中尉）曾为以色列军队设计过一种心理筛选测试；他与另一人阿莫斯·特沃斯基（Amos Tversky）证明，人们会迅速从规避风险转变为寻求风险。对于风险和恐惧，这两人都深有体会。小时候，卡尼曼及其家人曾在法国躲避纳粹禁卫军及其法国同谋的搜捕。并不是他所有的家人都逃出生天，他的父亲曾一度被送进了俘虏拘留营，离行刑只差一步。尽管他的父亲未被送往毒气室，但这家人一直在逃亡，他们知道"被追捕是什么感觉，就如同沦为猎物的兔子的心态"。对这个男孩而言，这可并不是抽象的比喻，因为一家人确实曾在鸡笼中苟且偷生。[15]特沃斯基比卡尼曼小几岁，是一位货真价实的战斗英雄。1956年，19岁的他是以色列国防军的一名伞兵，当时一名年轻士兵在铁丝网底部放置手榴弹时，因为不慎躺在了爆炸物上而一时间无法动弹，不得脱身。特沃斯基这位未来的风险专家明知道炸弹会在几秒钟内爆炸，却仍冲到那个年轻人身边，将他一把拉起来推到安全的地方，就在这时炸弹爆炸了，特沃斯基因此受伤。为此，以色列政府授予了他最高军事荣誉。

当然，卡尼曼知道，人们一般不会像兔子那样思考，但他也相当确定，人们不会像教科书上完全理性的模型"理性经济人"那样思考。在以色列军队服役结束后，他专注于研究压力和人体之间的联系，并发表了一项新的研究，显示当人们被要求更专注地集中注意力时，他们的瞳孔会放大。[16]尽管他是作为心理学家，而非经济学家接受培养的，但没过多久他就推测出，如果压力可以改变一个人瞳孔的大小，那么它也可能会影响一个人的财务决策。这两个以色列人联起手来，在与以色列战斗机飞行员合作时开始发展他们的理论。下面是一个古怪但常见的经济学思维的例子：一项调查显示，人们宁愿让通货膨胀率上升，也不愿让失业率从5%攀升至10%。然而，当被问及"比起就业率从95%下降到90%，是否更愿意通货膨胀率上升"时，他们的回答却是"不愿意"。[17] 这两个选择是相同的，只是措辞不同，结果答案迥异。

同样，另一项实验询问参与者，他们希望如何对抗亚洲疫情的暴发。方案 A 将拯救 200 人。方案 B 有 1/3 的机会救 600 人，2/3 的机会谁也救不了。72% 的受访者更看重方案 A 体现的确定性。人们喜欢确定性。行为经济学家发现，人们厌恶损失，有时甚至会因此手足无措，举棋不定。股票市场的投资者不喜欢承受小损失而抛出他们的股票，即使他们被警告若不如此就可能会蒙受更大损失。他们可能会对他们的股票、房子乃至工作产生情感依附。[18]

1996 年，特沃斯基因癌症去世。他是个谦逊的人，他说，他只是研究了每个二手车推销员和广告商都已经知道的事情。如何从语义措辞或数字表达上设计问题，可能就会决定你的产品是畅销还是滞销。特沃斯基在 1988 年曾登上报纸头版，当时他推翻了篮球界的所谓"热手"（hot hand）理论，证明了一个刚刚投篮得分的球员在投出下一个球时并不会拥有更高的命中率。为此，他查看了费城 76 人队在过去一年半时间里得到的每一分（然而，在 2018 年，其他研究人员重新检查了数据，并得出了相反的结论）。[19] 不过，特沃斯基最杰出的成就是和他的朋友卡尼曼一起做出的，卡尼曼在他获得诺贝尔奖后的自传中写道："阿莫斯和我分享了共同拥有一只能下金蛋的鹅的奇迹——我们证明了共同的思辨胜过独自一人的苦思冥想。"[20]

多年来，芝加哥大学教授理查德·塞勒（Richard Thaler）一直在《经济展望期刊》（*The Journal of Economic Perspectives*）上撰文描述经济反常现象，引发了许多课堂和教师会议上的讨论。但当诺贝尔奖委员会将 2002 年的诺贝尔奖授予卡尼曼时，行为经济学立刻成为一个明星学科，吸引了更多的研究生和企业赞助人。像丹尼尔·艾瑞里（Daniel Ariely）的《怪诞行为学》（*Predictably Irrational*）和卡尼曼的《思考，快与慢》（*Thinking, Fast and Slow*）等书都登上了畅销书排行榜。这些热门作品以各种奇趣研究取悦读者，比如面试官在与求职者见面前，如果收到一杯热咖啡，那么相比收到冷饮的面试官更有可能喜欢这个求职者。艾瑞里和卡尼曼都引用了一项研究，该研究表明，当受试者接触到与老年有关的词汇时，比如"bingo"（一种传统游戏）和"ancient"（古老的），他们走出房间的速度会更慢。对老年词汇的接触以某种方式"启动"和"约束"了他们的体验，使他们产生偏见①。对经济学家来说，一个更严肃的话题是"跨期选择"（intertemporal choice），即人们如何对未来估值。行为经济学家认为，人们其实很不重视未来。他们想要的是即时的满足，这可能会导致他们忽视自己不断缩水的退休储蓄和不断膨胀的腰围。行为经济学家指出，大约三分之一的美国员工忽视了他们公司的401（k）退休储蓄计划，如果雇主将员工的缴款等额给到薪资中，他们中的许多人就会放弃为自己争取最大利益。借助行为主义者的研究，2006年国会通过并由小布什总统签署的一项法律，使公司更容易建立退休金自动登记机制。以前，工人们必须主动选择参与退休金计划。现在，符合条件的工人将自动登记加入计划，除非他们主动选择退出。理性预期的思考者并不怎么担心人的惰性，而行为经济学家则对此忧心忡忡。

对跨期选择的调查必定充满混淆性。哈佛大学行为经济学家戴·莱布森（David Laibson）说，如果你问人们今天想要巧克力还是水果，他们会说"巧克力"。但如果你问他们下周会点什么，他们则会回答"水果"。[21] 也许我们今天会在海滩上惬意地读着约翰·格里沙姆（John Grisham）的通俗惊悚小说，但有朝一日我们却会费力地啃完普鲁斯特（Proust）那晦涩难懂的作品。对行为经济学家来说，这是个问题。尽管如此，一项研究表明，当你问那些表现出自律的

---

① 这就是心理学上所说的"启动效应"（priming effect）。——译者注

老人，他们是否为自己曾少吃巧克力、多吃富含麸质的格兰诺拉健康麦片而感到高兴时，他们会说不！现在回想起来，他们希望自己能活得更"放飞自我"！

卡尼曼和特沃斯基玩的这一套心理把戏和测验是否会让我们抛弃所有的经济理论，并用美国心理协会取代美联储呢？古老的供需曲线难道只是像魔术师手中的魔杖一样，是用来迷惑观众的障眼法？答案很可能并非如此。主流经济学不需要假设任何人在任何时候都是理性的。相反，它假设的是，随着时间的推移，经济力量将推动人和机构趋向于更理性的行为。在20世纪30年代，约瑟夫·熊彼特承认，人的行为"迅速而理性"的假设"在任何情况下都是虚构的"。但他补充说，"如果有足够时间把逻辑强加给人们，这种虚构就会足够接近现实。"[22] 还记得"重复法则"吗？这意味着人们最终会接受别人宣扬的名声。喊"狼来了"的男孩可能是一个伟大的行为心理学家，至少最初的几次是。

20世纪50年代，博学的决策理论家赫伯特·西蒙创造了"有限理性"（bounded rationality）一词，并注意到许多人并不以最大化为目标，而是"满足者"（satisficers），这个词是由"满足"（satisfy）和"足够"（suffice）拼合而来的。对很多人来说，做到"足够好"就足够好了，因为他们太忙了，没有时间去了解或消化所有可用的信息。你可能决定去打高尔夫球，不过在72杆的球场上打出平均100杆的成绩就让你自觉做得不错了，因为你没有时间或激情去进一步提高球技。但是，在竞争激烈的市场中，这种浅尝辄止的满足在更长时间内会有效吗？西尔斯百货曾经是美国最大的零售商，名号铭刻在世界最高的摩天大楼上，并宣称自己是"美国的购物之地"。到了90年代，西尔斯以风格单调、服务平庸而闻名。正因为西尔斯的高管们表现得像满足者，于是当好市多（Costco）、沃尔玛和塔吉特的老板们都在投资新的供应链技术时，西尔斯的高管们却坐到了破产法庭的最前排。他们打高尔夫的水平应该比零售业务更出色。

已故的、不那么伟大的厨师,但绝对出色的美食作家安东尼·波登(Anthony Bourdain)在他的畅销书《厨房秘事》(*Kitchen Confidential*)中告诫公众不要在周一在餐馆点鱼,因为干鱼片可能在周五就送到了。他说,更糟糕的是,厨师们会在周日的早午餐上用搅拌器倒腾出一种鱼胶状物质,以去除鱼肉中的腐烂部分,它们有着各种花里胡哨的名字,比如鳕鱼肉冻、鲭鱼酱,或是鲑鱼冻。在波登的此次揭露引发广泛讨论后,在菜单上卖弄辞藻就不那么有效了,餐馆老板必须拿出改善措施才行。

在金融市场中,行为经济学家认为许多人甚至会非理性地对他们亏损的股票恋恋不舍,这可能是对的,但专业人士不会被他们的亏损股票迷昏了头。这些弹无虚发的职业选手终会兵不血刃地碾压业余选手,并以实际行动给后者上两堂课:要么退出博弈,要么摆脱你的情感依附。[23]

另一个投资的例子会对我们有所帮助。在20世纪80年代初,一些研究人员发现,小公司的股票表现似乎优于大公司的股票,给投资者带来了更大的利润。这听起来像是一个非理性的结果,证伪了有效市场假说。然而,自这些研究结果公布以来,许多人涌入了小盘股基金,以至于到了90年代,这些小盘股基金的投资表现开始落后于大盘股。企图捡便宜的理性投资者纠正了非理性的历史趋势。

行为心理学家和经济学家偶尔也会在方法论上犯错。2012年,卡尼曼本人向社会科学领域发出了一封公开信,警告说,学科正在失去公信力,因为发表在期刊上的太多实验无法被复制,包括他在畅销书中引用的著名的老年词汇和行走速度关系的研究也是如此。在卡尼曼的公开信中,他把"启动效应"称为"体现对心理学研究真实性的怀疑的典型案例"。[24] 通常情况下,一项初始研究会登上头条,被转发到社交媒体上,然后未能通过进一步的检验。一份多所大学的报告显示，发表在《自然》(Nature)和《科学》(Science)杂志上的21项经常诉诸报道的行为研究中，只有13项在重复进行时产生了统计上的显著结果。其中包括2012年的一项研究，该研究声称，当人们准备采取更理性的行动时，他们就更加不相信上帝。在最初的研究中，研究人员向几十名加拿大本科生展示了罗丹的雕塑"思想者"(The Thinker)的照片（代表分析理性），然后询问他们是否信仰上帝。研究人员还向另一组大学生展示了一张不带立场的雕像照片，并询问相同问题。果不其然，受罗丹启发的一组人比中立的一组人更不虔诚。[25]这篇文章被引用了数百次，包括一篇题为《为什么奥巴马医改会产生更多无神论者》(Why Obamacare Could Produce More Atheists)的文章。[26]除了样本量小之外，这类报告中的调查还遭遇了一个普遍的问题：研究对象都是大学生。太多声称要证明广泛偏见的研究，自身却都是基于一小撮住在宿舍里的年轻人。

这两个年轻的思想流派，理性预期和行为经济学，经常陷入彼此争斗。我们可以运用行为经济学家的合理见解，把过于冒进的理性预期学派架到火上烤，直到它被烤得外焦里嫩。但我们也可以对行为主义者诟病一番，因为他们只是指出了特定的偏见和反常现象，但还没有建立起一致的、稳健的范式。这两个学派理应有更好的表现。如果我们不再拘泥于所谓"理性"的预期和假设，比如要求每个人都是超人的充分信息和魔术般迅速的市场出清，我们也能得到一些合理的观点，主流经济学家目前正试图将这些观点移植到他们的标准框架中。人们经过一段时间后，确实会看破政治和经济领域中的把戏。人们也会比渐进适应性模型所描述的更快改进想法，抛弃先前的期望。我们面临的挑战是，在认识到契约的存在和不完全信息问题的同时包容这些见解。[27]

理性预期理论家喜欢"语不惊人死不休"，这让他们听起来就像漫威漫画中跳出来的角色。如果有人假设人们总是完全理性地行动，为什么不干脆相信他们有 X 射线视力和飞行能力呢？氪星[①]肯定从来没有过滞胀。理性预期理论以一种激进的形式，为我们提供了一个对现实世界来说过于完美的模型。我们当然不能忽视这种理想和现实之间的差异。正如詹姆斯·托宾所言，用这种纯粹理论来解释这个世界，就像只在路灯下寻找丢失的钱包一样。[28] 问题在于，丢失的钱包通常落在暗处。当你在路灯发出的迷人光芒下徒劳地弯腰寻找时，现实会给你当头一棒。[29]

[①] 氪星是美国超级英雄漫画《超人》(*Superman*)系列中主角超人的故乡星球。——译者注

第 13 章

乌云背后的一线希望之光

CHAPTER 13

经济巨擘

从亚当·斯密开始，我们这趟旅程已经走了很远。这段路程如此漫长，我们走得又如此行色匆匆，以至于就像在卢浮宫里走马观花式地浏览历经数个世纪积累的名作，时间短到只够一瞥蒙娜丽莎那困惑的微笑。这也让我们明白经济学家其实挺可怜的。他要做的就是从如此浮光掠影的历史之旅中拣选出所谓"真相"，然后自信满满地向总统们提出建言。

可真相是，即使是最犀利的头脑也会被经济学搞得晕头转向，而夸夸其谈总是会自遗其咎。如果能把傲慢的经济学家推到普罗米修斯的位置上，让老鹰啄食他们的肝脏直到他们学会谦卑，大概会令其从中获益匪浅。为什么经济学让这么多人头疼不已，还让更多的人望而却步？与生物学家不同，经济学家无法利用受到严密监控的对照组进行科学实验。当然，不是所有的自然科学都有对照组。天文学家就无法给月亮找一个对照样本，就像经济学家也无法操纵家庭主妇的随机样本一样。但至少天文学家不必担心行星的运行轨迹会突然间变得反复无常，可消费者确实会如此。天文学家在预测哈雷彗星何时回归方面，有着相当出色的记录，而经济学家在预测家庭储蓄率方面的记录则是一团糟。

亚当·斯密和他的部分理性主义后继者试图将经济学描绘成一门有着精确规律的科学，但事实并非如此。经济学研究的与其说是精确规律，毋宁说是某种趋势和倾向。更高的产量通常意味着更低的价格，除非进入市场的是"凡勃仑式"的商品；更高的货币供给通常意味着更低的利率，除非对通货膨胀的担忧推高了利率；股票价格通常代表着对未来现金流的理性预测，除非"动物精神"驱使投资者陷入恐慌或兴奋等剧烈的情绪波动；投资者通常承担风险，直到边际收益等于边际成本，除非是熊彼特笔下重视价值更甚于市场的"超人"企业家。这些令科学方法失灵的不精确力量未必是非理性的（或者说，疯狂的）。它们可能是不可捉摸和不可预测的，但并非疯狂的。就像在量子物理中，电子不会"疯狂"地运动，它们只是以违背我们当前所构建原子模型的方式运动而已。作为经济学家，我们并没有洞察世间一切。但另一方面，故意对"名人堂"经济学家们发现的趋势置若罔闻，也是在自招经济灾难。价格支持、贸易保护主义和自由放任的污染政策会迅速带来高价格、高税收和污浊的空气。尽管经济学家以好辩而闻名，但只要受过正规经济学训练，就不会有人建议实施上述政策。

做一名经济学家并不容易。像往常一样，凯恩斯以最华丽的辞藻来形容经济学大师："他要像艺术家一样超然物外，但有时又要像政客一样与世浮沉。"[1]国王的所有人马都无法填补这个职位的空缺。

我们一路审视的经济学家中，没有一个能够完美地平衡一般与特殊、未来与现在，或是天堂与人间，也没有人能在微观经济分析和宏观经济分析这两方面等量齐观。他们都有自己的局限。其中一些人对此也心知肚明。

然而，他们都知道一件事：他们不能忽视政府和经济之间的相互作用。亚当·斯密抨击政府，是因为后者支持行业公会的贸易限制。马尔萨斯声称，《济贫法》反而会加剧贫困。李嘉图警告，保护主义可能会使英国陷入新的黑暗时代的深渊。马克思主张，政府只是一种剥削和压迫的工具。凯恩斯则试图将兀自酣睡的政府雇员摇醒。凡此种种，不一而足。

尽管仍有人大肆散布极端言论，但我们已经认识到，政府未必是非善即恶。他们既不是救世主，也不是撒旦，尽管他们的政策带来的后果可能是救赎，也可能是毁灭。

尽管如此，我们在书中介绍过的每一位经济学家，他们虽有许多不同之处，但都曾告诫我们，政府总是面临政治压力，继而采取可能破坏良好经济的措施。即使奉行"良好经济"，也一样会有"受害者"，需要美国国会议员用他们的整个职业生涯来加以抚慰。哪些受害者？国际自由贸易会损害部分国内生产商的利益，低通货膨胀率会伤害借款人，利率下降则会伤害债券买家，技术创新会伤害一些工人，污染税则会损害企业利益。

不过，不要就此以为，良好经济的受害者所失恰好抵消了受益者所得。良好经济并不是零和游戏，不是从张三那里收钱然后付给李四。事实上，我们可以把"良好经济"定义为产生积极收益的政策，即使其可能也会产生受害者。

正因为即使是好的经济政策也会产生受害者，所以经济学家很难说服民主政府从善如流。良好经济可能不是受欢迎的经济，尤其是在短期内。低通货膨胀和高投资带来的好处可能需要一段时间才能显现出来，尤其是你还会从电视新闻中看到农场主落魄和房主抑郁沮丧的画面（他们在通货膨胀率高企的20世纪70年代享受了资产价值的飙升，在80年代因通货膨胀缓和反而经历了更艰难的时期，在90年代末和21世纪初又开始搭上通货膨胀的快车）。不幸的是，媒体通常更喜欢宣传那些短时爆发的痛苦，暴力冲突的场面，而不是长期报道一派和平安宁的情景。

良好经济并不会在15秒的采访原声摘要中出彩。在15秒内，任一个说客的如簧巧舌都能辩倒一个公正的经济学家。经济学家真该学学如何用标语口号和宣传檄文来传达自己的思想，而新闻节目需要学的是耐心倾听晦涩难懂的论点。

不过，我们还是说点实在话吧。在很大程度上，媒体只是反映了观众对煽情故事的需求。显然，人们喜欢耸人听闻的新闻故事，就像他们喜欢恐怖电影一样。让如今的新闻节目变得如此愚蠢，部分错误在于我们自己。但我们也不能一边认同市场经济，一边又去抨击迎合大众的媒体网络。

作为公众，我们对经济学专业知识至少有三重心理障碍。第一，我们更喜欢简短而酷炫的信息。第二，我们更喜欢马上看到直接后果，并且会很快失去耐心。在这一点上，凯恩斯错了。从长远来看，我们，或者至少我们的后代，并不会死。如果我们屈服于今天的每一个要求，我们的明天将一无所有。如果我们不储蓄，如果我们只会借钱，如果我们只知夜夜笙歌，那明天就将是漫长而艰苦的一天。只有人们从长计议，社会才会繁荣。当然，这并不是说一个由守财奴组成的社会就一定会兴旺发达。中世纪对天堂来世的痴迷可能就耗尽了当时人们在人世间追求创新和卓越的精力，但我们这个世纪的人奉行的却是今朝有酒今朝醉，而不是把事情留待明天或后天。第三，尽管我们关注短期，可我们却很难辨别何时才是"美好时光"，即使我们身在此山中，也可能不识庐山真面目。经济上的幸福并不是财富的激增。工业革命是人类历史上最激动人心的经济事件，可当时的年增长率也只有5%左右。生活水平提高5%并不能让一个靠救济度日的穷光蛋住进富丽堂皇的王宫，也不能把施粥铺里的稀粥全都换成鹅肝酱。但当这名穷光蛋行将就木时，他可能会发现他的生活水平已经提高了4倍。生活几乎不会是无忧无虑的，通常只是得过且过。即使更高的生活水平可以带来幸福，它通常也是姗姗来迟。[2] 而当幸福最终到来的时候，我们也已经到了唱着怀旧歌曲缅怀旧日时光的年龄。当我们在时间这条道路上行驶时，每当向前看，我们用的是放大镜，紧盯任何可能的风险，而当我们往后看，用的却是戴着玫瑰色的滤镜，看到的都是美好。要是这样开车，这一路恐怕颇为困难，就连经济学家也很难给我们指出正确的方向。

报纸几乎不报道盛世，只有史书才会这样做。如今回想起来，20世纪60年代中期可说是经济学的盛世，持续的经济增长已延续多年，凯恩斯理论仍然强劲有力。然而，这一时期的新闻报道所凸显的却是人们的绝望和经济的不确定性。美好时光就这样悄无声息地过去了，似乎经济理所当然经久不衰一样。只有经济衰退才会登上头版头条。正如叔本华（Schopenhauer）[①]所指出的那样，和平时期在历史书中只是零星散落的短暂插曲，而战争和革命才是主旋律。贝卡里亚（Beccaria）[②]的表述更简洁精辟："幸福国度无历史。"

塞缪尔·高德温曾警告我们不要做任何预测，尤其是关于未来的。对这个建议，我们还是当作没听见吧。尽管有人悲叹世界末日即将来临，并给全球带来饥饿、绝望和苦难，但我们确实仍有理由乐观。对这种乐观，我们没有保证，没有压倒性的胜算，只是有些许理由。回想一下，国民收入依赖劳动力、资本、自然资源和技术，而这些生产要素的近期发展都指向长期的经济增长。

在美国以及其他西方民主国家，劳工似乎比10年或20年前更熟悉管理。得益于日本管理技巧的影响，大型工厂的工人在设计和改进生产流程中发挥了更大的作用。此外，工会也认识到，他们的繁荣发展取决于公司的成功，而非在生产率未见提高的情况下索要高工资。在经济衰退期间，美国工会似乎愿意接受较低的工资，而不是裁员，这让它们和公司兴衰与共。反过来，公司管理层也终于明白，公司的业绩应该与员工利害大有关系。现在，许多员工已获得股票期权作为薪酬的一部分。劳资双方更趋合作的关系会促进经济增长。

---

① 德国著名哲学家。哲学史上第一个公开反对理性主义的哲学者，开创了非理性主义哲学的先河。——译者注
② 18世纪意大利刑法学家。——译者注

第 13 章 乌云背后的一线希望之光

资本市场比 20 年前更有效率。国际金融资本跨境流动更加顺畅。那些效率低下的政府和企业感到了强烈的压力,他们必须及时自我纠正,以免失去对投资者的吸引力。公司发现,筹集资金建造新工厂和购买新设备变得更加容易了。从前,一家公司会在其可获得融资的地理区域周围画一个圈,作为融资的范围。一个世纪以前,这个圈的半径大概是 16 千米。如果当地人没有存足够的钱,这家公司就无法从银行借到任何东西。100 年来,这个圈的半径一直都在扩大。现在它的半径已与地球的相当。如今,一家匹兹堡公司可以在澳大利亚发行债券,即使它所有的邻居都把钱存到床垫里而不是存到共同基金里,也无所谓。

技术成为生产函数中最引人入胜和最不可预测的部分。谁知道下一个图灵或冯·诺依曼(von Neumann)[1]什么时候会出现,又会将我们带往何处?他们给我们带来了现代计算机,但即使是计算机的缔造者,也会对互联网将世界编织在一起的速度和力量感到惊讶不已。如今,一名印尼雅加达的女学生只需点击一下鼠标,就可以体验迪士尼世界的虚拟之旅,或观看美国国家航空航天局关于下一次火星任务的简报。身处刚果的前列腺癌患者可以从约翰霍普金斯大学(Johns Hopkins)的网站下载研究报告,并将其展示给他的医生以供参考。物理学家和化学家们正全力以赴研究超导性,这一技术将几乎消除摩擦给我们带来的任何障碍。超导材料和纳米技术将以令人难以置信的速度实现传输,不管对象是实在的身体还是虚拟的信息。生物学家们正努力通过重组 DNA 来改善营养来源,消除疾病的危害(当然我们还是希望他们步子不要迈得太大)。在机构层面,我们看到大学研究中心与企业之间的合作蓬勃发展。这两类机构的精

---

[1] 美籍匈牙利数学家、计算机科学家,被后人称为"现代计算机之父""博弈论之父"。——译者注

英所建立的风投企业，会让科学如闪电般的步伐进一步加速。

而且毋庸置疑的是，只要技术发展出新的开采、回收或补充地球资源（以及太空资源）的方法，我们的自然资源就会成倍增长。当然，我们不应该怀揣盲目乐观主义奔向未来。每一种带来积极发展的可能性背后，都伴随着风险和缺陷。再看下我们生产函数中的各项吧，代表劳动力的工会并不总是与资本的管理层同舟共济。工厂的创新可能会取代一些工人的岗位，可能会发生旷日持久的罢工，资本市场可能会因内幕交易和其他骗局而重挫，自然资源可能被缺乏社会责任的公司以自利为目的进行开发。诸如此类，不一而足。

最后，我们必须考虑塑造我们思想的所有其他政治、心理和制度因素。技术可以蓬勃发展，但族群禁忌会阻碍进步。例如，如果我们认为沙子是神圣的，我们可能就没有办法制造玻璃或半导体，更不用说在迈阿密海滩的度假屋了。当然，古代和中世纪对贷款的限制在几个世纪前就限制了经济发展。此外，正如诺贝尔奖得主罗伯特·索洛发现的那样，经济增长需要来自受教育民众的支撑。斯坦福大学的保罗·罗默（Paul Romer）敦促经济学家在填补"观念隔阂"上花的时间，要和他们在研究工厂和道路缺陷上花的时间一样多。罗默认为，大多数技术不是偶然出现的，也不是像普罗米修斯传火那样被神明交予人类之手的。既然如此多的人受益于像晶体管和化学疗法这样的发现，社会应该鼓励科学家和工程师，无论是通过税收减免还是通过让发现者得以暂时垄断利润的专利。有时候，想法确实始于灵光乍现的见解，甚至源自工匠的日常工作。看看如今任何一个机场的候机楼，你都会看到成千上万的人轻松地推着他们的行李箱来往穿梭。尽管一架新的波音737从外观上看与1967年制造的第一架原型机非常相似，但乘客们看起来却不一样了。当最初的一架波音737从装配线下线时，乘客们还是用手拖着或提着他们的行李。"行李"（luggage）的词源"lug"是一个动词，意为辛苦地拖拽，这可是个苦差事。轮式行李箱直到 1972 年才获得专利。自那时起，行李箱上的轮子和隐蔽式把手省去了人们无数次因腰酸背痛而前去按摩房和药店求救的次数。几年前，我曾灵感迸发，想出了让算术对孩子们更简便易懂的方法。我把 1 到 100 的数字排列在一个特殊的之字形矩阵里，称为"数学箭头"（Math Arrow）。结果发现，以前还没有人用这种方式展示数字，当它确实提高了一年级学生的考试成绩时，数学家们很想知道它是否可以取代教室里的数轴教具。[3] 尽管如此，要说服学校官员接受一个新想法并不容易。而且，许多最重要的发现并非灵光乍现，而可能来自多年全天候运转的实验室研究。乔纳斯·索尔克（Jonas Salk）在实验室埋首苦干了 7 年，直到 1955 年才研制出救命的脊髓灰质炎疫苗。

正如约瑟夫·熊彼特所言（在诺贝尔经济学奖设立之前），除了创新、洞见和灵感，经济增长还需要一种企业家精神的驱动。谁知道心灵和精神的力量是会推动我们前进，还是让我们原地转圈，甚至回归野蛮呢？在某种全方位监视下，企业家们会感觉有多自由呢？

熊彼特在他的大作《资本主义、社会主义与民主》（*Capitalism, Socialism, and Democracy*）中对资本主义的未来进行了推测。熊彼特认为，资本主义最大的威胁不是来自利润下降等经济因素，而是来自政治因素。事实上，资本主义的成功恰恰会摧毁资本主义。通过创造一个拥有大量闲暇时间的高学历阶层，资本主义将使新一代人开始质疑其道德框架。他们会开始对收入不平等、社会公正，以及污染等问题提出质问。最后，他们的这些尖酸问题将侵蚀资本主义脆弱的道德基础，他们将把国家转型为社会主义，并承诺为地球上那些渴望正义的人们提供物质福利和精神支持。在他如今已众所周知的质疑中，熊彼特自问自答道："资本主义还能生存吗？不。我认为它不能。"[4]

在 20 世纪 60 年代后期，随着披肩长发、邦戈鼓、迷幻色彩绘画和吸毒等现象的泛滥①，熊彼特的预言似乎正在成为现实。刚从欧洲殖民中解放出来的第三世界国家也纷纷转向了社会主义阵营。到70年代初，博士学位的获得者们一边开着出租车，一边抨击社会上层建筑。

但是80年代给我们带来了什么呢？雅皮士、短发和条纹衬衫。欠发达国家也不再阅读《资本论》，而是捧起了《穿出成功》(*Dress for Success*)这样的职场指南。就连苏联也在努力重振其僵化的经济，没有人再提倡集中计划了。以下是当时《纽约时报》(*New York Times*)专题报道的几个标题："南斯拉夫一头扎进资本主义""亚当·斯密在安哥拉挤走了马克思""拉丁美洲经济萎靡的根本诊断：一本促进企业家精神的书席卷该地区"。5 最后，我们来读读《纽约时报》的文章《全球迈向自由市场：随着世界经济变得更具竞争力，资本主义和共产主义国家都在转向亚当·斯密》中的几段话：

在莫斯科，有企业家精神的同志们经营着自己的美容院和汽车修理店，无论你看向哪里，政府似乎都在转向以市场机制——亚当·斯密那只巧妙的"看不见的手"——来刺激经济。经济学家们表示，资本主义国家和共产主义国家在给予市场更自由的重要性上达成了不同寻常的共识：这种主导机制有助于明确消费者欲望，鼓励发明创新，并惩戒低效的生产者。6

20世纪90年代到21世纪初，这些动向已成大势所趋，尽管俄罗斯和远东地区的表现不尽如人意。赢得民主选举时，他们承诺要实行资本主义准则。罗马尼亚曾经奉行比苏联更为严格的制度，却也在1998年与土耳其签订了自由贸易协定。桑地诺阵线的领导人丹尼尔·奥尔特加(Daniel Ortega)抛弃了他原先的马克思主义宗旨，打着支持资本主义的旗帜参加了尼加拉瓜总统竞选，只是结果受到

---

① 这些都是当时"嬉皮士"文化运动的典型代表符号。——译者注

了大赦国际的谴责。当英国和加拿大的工党政府取代保守党政府时,他们在紧缩预算和将国家工业私有化方面迈的步子比前任政府更大。英国首相托尼·布莱尔(Tony Blair)上任后的"头把火"之一就是将英格兰银行从政治支配中解放出来,以令其自行决定货币政策,而无须顾及神经质政客的压力。难怪撒切尔夫人对他夸赞有加。

虽说回归市场机制并不能立即化腐朽为神奇,化贫穷为富有,但至少各国政府已经抛弃了对市场经济体制那种僵化的、意识形态上的憎恶。最重要的是,通信技术奇迹般的进步给我们带来了互联网,也使得当代暴君几乎不可能让他们的人民继续懵然未知或保持沉默。

当然,物质繁荣并不能解决熊彼特所提出的那些会困扰高学历阶层的问题。不平等和贫困现象可能仍然存在。如何才能最大限度地缓和这些问题?那些不致打击发明创新和企业家精神的税收和再分配将对此有所助益。许多经济学家主张用消费税最终取代所得税。

不过,有一个问题可能无法靠市场或精明的政府来解决。新发明将使传统工作和职位日渐过时,人类能跟得上这步伐吗?人类能够以足够快的速度进行自我教育,以应对计算机和后计算机时代吗?绝大多数人应该能做到。但是,随着社会变得日益错综复杂,越来越多的人会被社会保障机制所遗漏,那些有心理、身体和智力障碍者的生存将举步维艰。与200年前相比,今天的世界更容易获取物质,但在心理上却更难以满足。20世纪的城市生活对人类精神的煎熬,就像过去的农村物质贫乏一样难熬。在现代社会,人们很容易失去立足之地,他们在工厂的流水线上运转不休,等到无用了便被弃如敝履,沦为无家可归的流浪汉,就像《摩登时代》(*Modern Times*)里的查理·卓别林(Charlie Chaplin)一样。

我们的生物钟可能也不再与我们的生活方式同步。200年前,妇女在20岁生育子女。在那个年龄,她们已知道这个世界能提供什么,她们能从事什么样的工作，她们能期待什么样的未来。他们可以教会自己的孩子如何生存。今天有多少 20 岁出头的年轻人知道他们 25 岁时能做什么或将要做什么？现代世界给我们提供了如此目不暇接的机会，以至于我们无法很好地预测自己的生活，更不用说我们孩子的生活了。我们的孩子不再是由了解这个世界的人抚养长大的了，不是因为父母变得愚蠢或懒惰，而是因为这个世界已经大到我们无法掌控。父母最终必须学会的是，教导他们的孩子如何应对不确定性，而不是教他们如何确保稳定。

在列举那些令人沮丧的消息时，我们还忽略了许多其他的可能性，包括自然灾害。加利福尼亚州可能会从美洲大陆分离，飘进太平洋。瘟疫可能夺去数百万人的生命，而干旱可能让更多人挨饿。战争可能使许多国家的青年失去生命。要想给美国乃至世界其他国家描绘一幅黑暗的未来画像，可以说是轻而易举。

经济学家必须研究所有这些事件。它们全都会扑面而来，砸在他的画架上，将他那副精心绘制的，想要展示给全世界的优雅画作溅得污迹斑斑，面目全非。

对这世上的大部分人而言，两条腿的生活未必就比四条腿的更好。因此，当经济学家在努力解释和描摹这些短暂而光辉的差异时刻时，给他一点赞美之词吧。

致谢

本书致力于通过探究那些最伟大经济学家的生平和思想，对现代经济学理论加以阐释。我们今天的许多经济问题也曾给我们的先辈带来挑战，正因此，亚当·斯密及其后继者们的余音至今仍回响在我们耳边。为了让读者更好地理解他们的理论，我用了一些当代的例子，希望读者会觉得富有趣味和启发性。

正如任何一个经济学的学生在他第一堂课上学到的那样，经济学是关于稀缺和选择的。我在书中也选择了对许多杰出的经济学家加以割爱，而把讲述重点放在英美传统沿革之上。因此，相比篇幅更长的著作，本书对瓦尔拉斯、杰文斯、门格尔等人的关注较少。我只希望读者能受到本书启发，因而有兴趣到其他文本中探寻这些人物的故事。套用培根的话说，我的目的不是为了提供冗长乏味的信息，而是为了短暂而富有成效地激发人们的思想。

我想向书中提到的那些至今仍健在的经济学家们道歉。正如本书英文原书名所示，本书是关于"已故经济学家"的，而无关乎仍健在者以及他们的个性或他们的公开演讲能力，如有雷同之处，责任也不在我。能与斯密、李嘉图、凯恩斯等人相提并论，他们也应该感到与有荣焉吧。

在此，我要对一些激发我的灵感，并让我得以发奋著书的个人和机构表达谢意。马丁·费尔德斯坦和劳伦斯·林赛（Lawrence Lindsey）对这个选题给予了鼓励，并要求哈佛学生阅读本书的初稿。我在哈佛的学生们听我发表了许多关于经济思想史的题外话。罗纳德·科斯和米尔顿·弗里德曼为阿尔弗雷德·马歇尔的章节提供了颇有助益的评论。弗里德曼身为20世纪最伟大的经济学家之一，还不吝拨冗写信给我，概述他的观点，并把我介绍给科斯，后者则对约翰·梅纳德·凯恩斯以及他的对手庇古和哈耶克颇为熟识。剑桥大学的杰弗里·米克斯（Geoffrey Meeks）和剑桥圣约翰学院的前任院长哈里·辛斯利爵士（Sir Harry Hinsley），让我得以在剑桥的回廊中徜徉和沉思，书中许多主角都经常在这些隐逸之所驻足。在撰写有关马尔萨斯、马歇尔和凯恩斯的章节之前，我曾出入那些古老的厅堂，寻访这些人的纪念资料和回忆传说，是他们的遗产激励着我继续前行。2009年，我曾回到剑桥大学，在国王学院研究庇古的遗物。我还要感谢迈克尔·穆尔（Michael Moohr），他激发了我对经济思想史的兴趣。

关于马丁·费尔德斯坦，我还要多说几句，他于2019年谢世，正如一篇悼文的醒目标题所述，他是"他那一代人中最具影响力的经济学家之一"，曾指导过美联储理事、财政部部长和白宫经济顾问委员会主席。美联储前理事杰里米·斯坦（Jeremy Stein）称他为"经济学领域杰出的架桥者"。[1] 在担任美国经济顾问委员会主席期间，马丁曾大胆挑战里根总统的财政部部长，而且在我还是个研究生的时候，他就好心地为这本书写了序。数学家经常提及他们的"埃数"（Erdos number），意即他们与以多产且与多人合著著称的匈牙利数学家保罗·埃尔德什（Paul Erdos）的离散程度。会有那么一天，也许从现在开始，经济学家们会分享他们的"费尔德斯坦数"。我很自豪，这本书会让我的这个系数加上"1"。

最后，我要感谢我的家人，他们的支持和幽默给了我希望，让我能从那些"阴郁"的科学家们身上学到一些教训之余，也带来一些笑声。如果经济学家们有幸认识我开朗可爱的妻子黛比（Debby），以及我们乖巧的女儿维多利亚（Victoria）、凯瑟琳（Katherine）和亚莉克西娅（Alexia），也许他们就不会如此阴郁沉闷了。我将这本书献给她们。

注释

前言

1. Albrecht Glitz and Erik Meyersson, "Industrial Espionage and Productivity," *American Economic Review* 110, no. 4 (April 2020), pp.1055–1103.

2. Maxim Pinkovskiy and Xavier Sala-i-Martin, "Parametric Estimations of the World Distribution of Income," National Bureau of Economic Research, Working Paper 15433 (2009), p. 57, fig. 32.

第1章 经济学家的困境

1. William Manchester, *The Last Lion*: *Winston Spencer Churchill* (New York: Dell, 1983), p. 35.

2. T. S. Kuhn, *The Structure of Scientific Revolutions,* 2nd ed. (Chicago: University of Chicago Press, 1970).

3. 随着量子力学及其推论（如海森堡原理）的兴起，即使是"硬"科学也没有那么硬了。

4. John Maynard Keynes, "Alfred Marshall," in *Essays in Biography,* in the *Collected Writings of John Maynard Keynes,* vol. 10 (London and New York: Macmillan/St. Martin's Press for the Royal Economic Society, 1972), p. 173.

5. 参见 Todd G. Buchholz, "Biblical Laws and the Economic Growth of Ancient Israel," *Journal of Law and Religion* 6, no. 2 (1988) 389–427.

6. 关于高利贷学说的精彩历史，参见 Benjamin Nelson, *The Idea of Usury* (Princeton, NJ: Princeton University Press, 1949).

7. Georges Duby, *The Age of the Cathedral,* trans. Eleanor Levieux and Barbara Thompson (Chicago: University of Chicago Press, 1981), p. 3.

第2章 卷土重来的亚当·斯密

1. Adam Smith, *Lectures on Justice, Police, Revenue, and Arms,* ed. Edwin Cannan (London: Oxford University Press, 1896), p. 179.这些讲座是基于学生的笔记。

2. Adam Smith, *Correspondence of Adam Smith,* ed. Earnest Campbell Mossner and Ian Simpson Ross (Oxford: Clarendon Press, 1987), p. 275.

3. Smith, *Correspondence,* p. 1.

4. Adam Smith, *An Inquiry into the Nature and Causes of the Wealth of Nations,* ed. R. H. Campbell, A. S. Skinner, and W. B. Todd, 2 vols. (Oxford: Clarendon Press, 1976 [1776]), vol. 1, p. 284.

5. Smith, *Lectures,* pp. 172–173.

6. Smith, *Wealth of Nations,* vol. 1, p. 274.

7. Smith, *Correspondence,* p. 102.

8. Peter Gay, *The Enlightenment: An Interpretation,* 2 vols. (London: Weidenfeld and Nicolson, 1967), vol. 2, p. 348.

9. Gay, *Enlightenment,* vol. 2, p. 349.

10. David Hume, *The Letters of David Hume,* ed. J. Y. T. Greig, 2 vols. (Oxford: Oxford University Press, 1932), vol. 2, p. 205.

11. Smith, *Wealth of Nations,* vol. 2, p. 678.

12. Thomas Hobbes, "The Introduction," in *Leviathan* (New York: Collier, 1962), p. 19.

13. Smith, *Wealth of Nations,* vol. 1, p. 341.

14. Smith, *Wealth of Nations,* vol. 1, p. 25.

15. Smith, *Wealth of Nations,* vol. 1, pp. 26–27.

16. Smith, *Wealth of Nations,* vol. 1, p. 456.

17. 美国唱片工业协会（Recording Industry Association of America), "U.S. Sales Database," https://www.riaa.com/u-s-sales-database/.

18. Smith, *Wealth of Nations,* vol. 1, p. 15.

19. Smith, *Wealth of Nations,* vol. 1, p. 20.

20. 之前的哈耶克引文和此处的怀特海引文都出自以下著作 F. A. Hayek, "The Use of Knowledge in Society," *American Economic Review* 35 (September 1945), pp. 526–528.

21. Smith, *Wealth of Nations,* vol. 1, p. 456.

22. 弗里德曼的观点基于 Leonard E. Read 的一篇文章"I, Pencil: My Family Tree," Foundation for Economic Education (December 1958).

23. James Ward, *The Perfection of the Paper Clip* (New York: Touchstone, 2015), p. 96.

24. Smith, *Wealth of Nations,* vol. 1, pp. 23–24.

25. 参见 Milton Friedman, *Capitalism and Freedom* (Chicago: University of Chicago Press, 1967), p. 109.

26. Smith, *Wealth of Nations,* vol. 2, pp. 782–785.

27. Paul A. Samuelson, "A Modern Theorist's Vindication of Adam Smith," *American Economic Review*: *Papers and Proceedings,* vol.67 (February 1977), pp. 43–44.

28. Smith, *Wealth of Nations,* p. 257.

29. Parmigiano Reggiano Consortium, "Specifications and Legislation," https: //www.parmigianoreggiano.com/consortium/rules _regulation_2/default. aspx; Cato Institute, "Reign of *Terroir*: How to Resist Europe's Efforts to Control Common Food Names as Geographical Indications," https: //www. cato.org/publications/policy-analysis/reign-terroir-how-resist-europes-efforts-control-common-food-names#cite-11.

30. 2012年，这些规定保护了价值720亿美元的商品。Tanguy Chever et al., *Value of Production of Agricultural Products and Foodstuffs, Wines, Aromatised Wines and Spirits, Protected by a Geographical Indication (GI)*, AGRI–2011–EVAL–042012, October 2012, 由 AND International 为欧盟委员会（European Commission）编写的报告，可在http: //ec.europa.eu/agriculture/external-studies/value-gi_en.htm上查阅。

31. Smith, *Wealth of Nations,* vol. 1, p. 145.

32. Smith, *Wealth of Nations,* vol. 1, p. 137.

33. 有关传略，参见 Todd G. Buchholz, *New Ideas from Dead CEOs*(New York: Harper Collins, 2007), pp. 241–259.

34. Steve Jobs, Stanford University commencement address, *Stanford Report,* June 12, 2005.

35. Sam Peltzman, "Industrial Concentration Under the Rule of Reason," *Journal of Law and Economics* 57, no. 4 (2014), article 7, https: // chicagounbound.uchicago.edu/jle/vol57/iss4/7.

36. 就连弗里德曼的主要对手、麻省理工学院（MIT）经济学家莱斯特·瑟罗（Lester Thurow）也基于这些理由反对政府拆分AT&T。参见 "Antitrust Grows Unpopular," *Newsweek,* January 12, 1981.

37. Smith, *Wealth of Nations,* vol. 1, p. 457.

38. Smith, *Wealth of Nations,* vol. 1, p. 471.

39. Bernie Sanders, "So-Called 'Free Trade' Policies Hurt US Workers Every Time We Pass Them,"*Guardian,*April 29,2015,https: //www.theguardian.com/commentisfree/2015/apr/29/so-called-free-trade-policies-hurt-us-workers-every-time-we-pass-them; Tessa Berenson, "Donald Trump Details Plan to Rewrite Global Trade Rules," *Time,* June 28, 2016, http: //time.com/4385989/donald-trump-trade-china-speech/.

40. W. Michael Cox and Richard Alm, "How Are We Doing?," *The American,* July 3, 2008, http: //www.aei.org/publication/how-are-we-doing/.

41. Mark Perry, "When It Comes to the Affordability of Common Household Goods, the Rich and the Poor Are Both Getting Richer," American Enterprise Institute, October 3, 2013, https: //www.aei.org/publication/when-it-comes-to-the-affordability-of-common-household-goods-the-rich-and-the-poor-are-both-getting-richer/.

42. Tom Jackson, *Chilled: How Refrigeration Changed the World and Might Do So Again* (London: Bloomsbury, 2015).

43. Felipe Garcia Ribeiro, Guilherme Stein, and Thomas Kang, "The Cuban Experiment: Measuring the Role of the 1959 Revolution on Economic Performance Using Synthetic Control," working paper (May 21, 2013), https: //onlinelibrary.wiley.com/doi /abs/10.1111/twec.12609.

44. David Dollar and AartKraay, "Trade, Growth and Poverty," World Bank,

June 2001, p. 2.

45. Heather Long, "Trump's Steel Tariffs Cost U.S. Consumers $900,000 for Every Job Created, Experts Say," *Washington Post,* May 7, 2019, https: // www.washingtonpost.com/business/2019/05 /07/trumps-steel-tariffs-cost-us-consumers-every-job-created-experts-say.

46. Gary Clyde Hufbauer and Sean Lowry, *US Tire Tariffs*: *Saving Few Jobs at High Cost,* Peterson Institute for International Economics, https: //piie.com/sites/default/files/publications/pb/pb12–9.pdf.

47. Smith, *Wealth of Nations,* vol. 1, p. 468.

48. Smith, *Correspondence,* pp. 245–246.

第3章 马尔萨斯：关于人口爆炸的悲观先知

1. William Wordsworth, *The Prelude*: *1799* (New York: W. W. Norton, 1979), p. 396.

2. William Godwin, *An Enquiry Concerning the Principles of Political Justice, and Its Influence on General Virtue and Happiness,* 2 vols. (London: 1798), vol. 2, p. 504.

3. Godwin, *Enquiry,* p. 528.

4. Nico Voigtländer and Hans-Joachim Voth, "How the West 'Invented' Fertility Restriction," *American Economic Review* 103 (2013), 2227–2264.

5. 按复利（R）百分比持有（N）年本金金额（P）的未来价值（FV）公式为$FV = P × (1 + R) N$。一个有用的经验法则是72法则，它表示一个数字以恒定速度增长时，翻倍所需的年数等于72除以这个数字。例如，如果经济以每年4%的速度增长，18年后将翻一番。

6. Thomas R. Malthus, *An Essay on the Principle of Population,* 1st ed. (London: Macmillan, reprint, 1909), pp. 139–140.

7. Malthus, *Principle of Population,* pp. 6–7, 92.

8. James Bonar, *Malthus and His Work* (London: Macmillan, 1885), p. 127.

9. Thomas R. Malthus, *An Essay on the Principle of Population,* 2nd ed. (London: Everyman Library, 1914), vol. 2, p. 168.

10. 引用见 Patricia James, *Population Malthus* (London: Routledge and Kegan Paul, 1979), pp. 110–111.

11. Charles Darwin, *The Autobiography of Charles Darwin* (New York: Barnes and Noble, 2005 [1867]), p. 45; Alfred Russel Wallace, *My Life* (London: Chapman and Hall, 1905), vol. 2, p. 232.

12. 参见 Paul Bairoch, "Agriculture and the Industrial Revolution," trans. M. Grindrod, in *The Industrial Revolution,* ed. C. M. Cipolla (Sussex: Harvester Press, 1976), pp. 452–501.

13. André Armengaud, "Population in Europe 1700–1914," in Cipolla, *Industrial Revolution,* p. 48.

14. Thomas R. Malthus, *Principles of Political Economy* (Boston: Wells and Lilly, 1821), pp. 4–5.

15. 参见 Todd G. Buchholz, *The Price of Prosperity* (New York: Harper-Collins, 2016), pp. 28–37.

16. Aristotle, *Politics,* bk. 2, http: //www.perseus.tufts.edu/hopper/text?doc= Perseus: abo: tlg,0086,035: 2.

17. "Family Planning," 华特迪士尼制作公司（Walt Disney Productions）为人口委员会（Population Council）制作, 1968, https: //www.youtube.com/watch?v= t2DkiceqmzU.

18. 参见 Dennis Meadows et al., *The Limits to Growth* (New York: Universe Books, 1972); Jay Forrester, *World Dynamics* (Cambridge: Wright-Allen Press, 1971); 以及 Robert Heilbroner, *An Inquiry into the Human Prospect* (New York: W.W.Norton, 1974).

19. Gerald O. Barney, ed., *The Global 2000 Report to the President* (Washington, D.C.: U.S. Government Printing Office, 1981).

20. Wassily Leontief, *The Future of the World Economy* (New York: Oxford University Press, 1977), p. 6.

21. Ashok Gulati, "Can India Solve Its Food Paradox?," Knowledge at Wharton 的采访, March 28, 2019, https: //knowledge.whar ton.upenn.edu/article/can-india-solve-its-food-paradox/.

22. 世界银行（World Bank）, *World Development Report* (Washington, D.C.:

World Bank, 1984). 参见 Allen C. Kelley, "Economic Consequences of Population Change in the Third World," *Journal of Economic Literature,* vol. 25 (December 1988), pp. 1685–1728.

23. Stephen Buckley, "Africa's Agricultural Rebirth," *Washington Post,* May 25, 1998, p. A18.

24. Charles Kenny, "Is Anywhere Stuck in the Malthusian Trap?," *Kyklos*63, no. 2, pp. 199–202.

25. Thomas R. Malthus, *An Essay on the Principles of Population,* 2nd ed. (London: J. Johnson, 1803), p. 393.

26. RihamAlkousaa, "Violent Crime Rises in Germany and Is Attributed to Refugees," Reuters, January 3, 2018, https: //www.reuters .com/article/us-europe-migrants-germany-crime/violent-crime-rises-in-germany-and-is-attributed-to-refugees-idUSKBN1ES16J.

27. William G. Powderly, "How Infection Shaped History: Lessons from the Irish Famine," *Transactions of the American Clinical and Climatological Association* 130 (2019), https: //www.ncbi.nlm.nih.gov /pmc/articles/PMC6735970/.

28. Noel Ignatiev, *How the Irish Became White* (New York: Routledge, 1995).

29. Ignatiev, *How the Irish Became White,* p. 37.

30. 参见 Andres Villareal and Christopher R. Tamborini, "Immigrants' Economic Assimilation: Evidence from Longitudinal Earnings Records," *American Sociological Review,* August 2018; 以及 George J. Borjas, "The Economics of Immigrants," *Journal of Economic Literature,* December 1994. 另见 Rachel M. Friedberg and Jennifer Hunt, "The Impact of Immigrants on Host Country Wages, Employment and Growth," *Journal of Economic Perspectives,* Spring 1995, pp. 26–27.

31. 参见 Todd G. Buchholz, *Market Shock* (New York: HarperCollins, 2000), pp. 237–256.

32. 参见 Spencer R. Weart, "The Discovery of the Risk of Global Warming," *Physics Today,* January 1997, p. 34.有关 IPCC 的最新报告，参见 R. T. Watson, M. C. Zinyowera, and R. H. Moss, eds., *Climate Change 1995*: *The Impacts, Adaptation, and Mitigation of Climate Change* (New York:

Cambridge University Press, 1996).

33. Robert Mendelsohn, William D. Nordhaus, and Daigee Shaw, "The Impact of Global Warming on Agriculture: A Ricardian Analy-sis," *American Economic Review* 83, no. 4 (September 1994), pp.753–755. 关于气候变暖的怀疑（和技术）观点，参见 R.S.Stone, "Variations in Western Arctic Temperatures in Response to Cloud Radiative and Synoptic-Scale Influence," *Journal of Geophysical Research* 102 (1997), pp. 21, 769–770, 776. 更易于阅读的是 Matt O'Keefe, "Solar Waxing," *Harvard Magazine,* May–June 1998.

34. Matthew E. Kahn, *The Review of Economics and Statistics* 87, no. 2 (May 2005), p. 271.

35. Sylvanus Urban, *Gentleman's Magazine and Historical Chronicle,* vol. 94 (London: J. Nichols and Son, 1824), p. 356.

第4章　大卫·李嘉图：自由贸易的呐喊

1. David Ricardo, letter to Thomas Malthus, *Letters of David Ricardo,* ed. James Bonar (Oxford: Clarendon Press, 1887), p. 16.

2. David Weatherall, *David Ricardo* (The Hague: Martinus Nijhoff, 1976), p. 2.

3. British History Online, "The Royal Exchange," https: //www .british-history.ac.uk/old-new-london/vol1/pp494–513.

4. David Ricardo, *The Works and Correspondence,* ed. Pierro Sraffa (Cambridge: Cambridge University Press, 1951–1955), vol. 6, p. 231.

5. 引文见 Robert Lekachman, *A History of Economic Ideas* (New York: Harper and Row, 1959), p. 143.

6. 如果机会成本相等，就不可能从贸易中获得收益。他们还不如自给自足。如果资源无法重新分配，价格极具"粘性"，这种模式就不那么有说服力。赫克谢尔-奥林-萨缪尔森模型（Heckscher-Ohlin-Samuelson model）等更复杂的方法研究了除劳动时间之外，是什么决定了机会成本和比较优势。

7. David Davies, *The Case of the Labourers in Husbandry Stated and Considered* (London, 1795); Frederick Morton Eden, *The State of the Poor*:

A History of the Labouring Classes in England, with Parochial Reports, ed. A. G. L. Rogers (London, 1928); Gregory Clark, *A Farewell to Alms* (Princeton, NJ: Princeton University Press, 2007), table 3.6, p. 30; Joel Mokyr, "Is There Still Life in the Pessimist Case? Consumption During the Industrial Revolution, 1790–1850," *Journal of Economic History* 48, no. 1 (1988), pp. 69–92; Malthus, *An Essay on the Principle of Population* (1798), ch. 1, p. 25.

8. 引用见 Harry Anderson, Rich Thomas, and James C. Jones, "Carving Up the Car Buyer," *Newsweek,* March 5, 1984, p. 72.

9. 如果英国人抛售美元，美元的价值（汇率）就会下降。因此，贸易逆差通常会导致货币贬值。但随着美元贬值，美国出口商发现向外国人销售产品更容易，而外国生产商在美国销售产品更困难。这一过程最终会减少贸易逆差。如果外国人认为美国经济是健康的，并且会获得比在本国投资更高的回报，他们也可以用手中的美元购买美国资产，比如房地产和工厂。虽然外国买家的"入侵"可能会让外国人在美国拥有更大的政治发言权，但到目前为止，外国所有权的比例仍然足够小，政治影响也微乎其微。与此同时，美国人会通过更多的就业机会，增加城镇、州和华盛顿的税收收入，外国技术和技术向美国转移等方式受益。

10. 参见 Murray Weidenbaum and Michael Munger, "Protectionism at Any Price?," *Regulation,* July–August 1983, pp. 14–22, 引用见 Benjamin M. Friedman, *Day of Reckoning* (New York: Random House, 1988), pp. 58–60.

11. "Economic Impacts of the Canadian Softwood Lumber Dispute on U.S. Industries," U.S. Senate, Committee on Commerce, Science and Transportation, Hearing Archives (February 14, 2006), pp. 1–53.

12. Frédéric Bastiat, *Economic Sophisms* (Princeton, NJ: D. Van Nostrand, 1964), pp. 56–57. 巴斯夏还讽刺地暗示，法国可以通过砍掉每个人的右手来增加对工作的需求。

13. Emily Glassberg Sands and Vinod Bakhavachalam, "Ranking Countries and Industries by Tech, Data, and Business Skills," *Harvard Business Review,* March 27, 2019.

14. 世界卫生组织（World Health Organization）, *Global Status Report on*

Road Safety 2018, https: //www.who.int/violence_injury_prevention/road_safety_status/2018/en/.

15. Todd G. Buchholz, "Burgers, Fries, and Lawyers," *Policy Review,* February–March 2004, no. 123, p. 54.

16. Paul Krugman, "Ricardo's Difficult Idea," MIT, http: //web .mit.edu/krugman/www/ricardo.htm.

17. Ricardo, *Works and Correspondence,* vol. 5, p. 55; vol. 1, p. 265.另见 Mark Blaug, *Ricardian Economics* (New Haven, CT: Yale University Press, 1958), p. 33. 德国历史学派后来拒绝李嘉图的方法，并将有机模型应用于各国。威廉·罗雪尔（Wilhelm Roscher）和古斯塔夫·施穆勒（Gustav Schmöller）认为国家会经历诞生、成长并最终被埋葬的过程。在一个国家的某一阶段行之有效的政策和原则，在另一阶段却未必奏效。

18. Ricardo, *Works and Correspondence,* vol. 1, p. 97.

19. Ricardo, *Works and Correspondence,* vol. 1, p. 70.

20. Ricardo, *Works and Correspondence,* vol. 1, p. 35.

21. Ricardo, *Works and Correspondence,* vol. 1, p. 120.

22. Ricardo, *Works and Correspondence,* vol. 8, p. 208; 另见 Ricardo 在 1820 年所写的 *Encyclopedia Britannica,* vol. 8, p. 179.

23. Henry George, *Progress and Poverty* (New York: Schalkenbach Foundation, 1929), p. 545.

24. "Taxing Commercial Properties: Economic Impact Report," Office of the Controller, City and County of San Francisco, Item 19005 (November 11, 2019), p. 4.

25. Eve Baty, "A Castro Restaurant's NIMBY Play to Thwart Competitor Has Failed," *San Francisco Eater,* October 28, 2019, https: //sf.eater.com/2019/10/28/20936988/castro-mediterranean-new-falafel-nimby.

26. Malthus, *Principles of Political Economy,* p. 186.

27. Smith, *Wealth of Nations,* pp. 337–338.

28. Malthus, *Principles of Political Economy,* p. 395.

29. John Maynard Keynes, "Thomas R. Malthus," in *Essays in Biography,* in *Collected Writings of John Maynard Keynes,* vol. 10 (London: Macmillan, 1972), p. 100.

30. Ricardo, *Works and Correspondence,* vol. 8, p. 184.

31. Robert Torrens, *Essay on the External Corn Trade* (London: J.Hatchard, 1815), pp. viii–ix.

32. Mark Blaug, *Economic Theory in Retrospect,* 3d ed. (Cambridge: Cambridge University Press, 1978), p. 140.

第5章 约翰·斯图亚特·穆勒的风暴之心

1. John Stuart Mill, *Autobiography* (London: Longmans, Green, Reader, and Dyer, 1873), p. 28.迈克尔·圣·约翰·帕克（Michael St. John Packe）对詹姆斯·穆勒的看法更为宽容，参见 *The Life of John Stuart Mill* (New York: Macmillan, 1954).

2. Mill, *Autobiography,* pp. 28, 30.

3. W. L. Courtney, *Life of John Stuart Mill* (London: Walter Scott, 1889), p. 40.

4. Mill, *Autobiography,* pp. 66–67.

5. Mill, *Autobiography,* pp. 98–100.

6. Jeremy Bentham, *Introduction to the Principles of Morals and Legislation* (New York: Haffner, 1948), p. 1.

7. Bentham, *Principles of Morals and Legislation,* pp. 30–31.

8. 引用自 Bentham, "Defence of a Maximum," in *Jeremy Bentham's Economic Writings,* vol. 3, ed. W. Stark (London: George Allen and Unwin, 1954 [1801]), pp. 247–302. 对于边沁主义公正的批判，参见 Todd G. Buchholz, "Punishing Humans," *Thought* 59 (September 1984).

9. Mill, *Autobiography,* pp. 40–41.

10. Beckles Willson, *Ledger and Sword,* vol. 2 (London: Longmans, Green, 1903), p. 429.

11. Willson, *Ledger and Sword,* p. 109.

12. Willson, *Ledger and Sword,* pp. 132–134.

13. Willson, *Ledger and Sword,* p. 49.

14. John Stuart Mill, *The Early Draft of John Stuart Mill's Autobiography,* ed. J. Stillinger (Urbana: University of Illinois Press, 1961), p. 184. 另见 A. W. Levi, "The Mental Crisis of John Stuart Mill," *Psychoanalytic Review* 32 (January 1945), pp. 86–101.

15. Lionel Robbins, *The Evolution of Modern Economic Theory* (London: Macmillan, 1970), p. 109.

16. John Stuart Mill, "Bentham," in *Essays on Politics and Culture,* ed. G. Himmelfarb(Garden City, NY: Doubleday, 1962 [1838]), pp. 85–131; "Coleridge," in *Essays* (1840), pp. 132–186.

17. Mill, "Bentham," pp. xix–xx.

18. Richard Garnett, *The Life of W. J. Fox* (London: John Lane, 1910), p. 98.

19. Mill, *Autobiography,* pp. 186–187.

20. John Stuart Mill, *On Logic* (1840), p. 617.

21. John Stuart Mill, *Principles of Political Economy,* ed. W. J. Ashley (New York: A. M. Kelly, 1965 [1848]), pp. 199–200.

22. George J. Stigler, "The Nature and Role of Originality in Scientific Progress," *Economica* 22 (November 1955), pp. 293–302.

23. Mill, *Principles of Political Economy,* p. 808.

24. Mill, *Principles of Political Economy,* p. 808.

25. Marcus Eliason and H. Ohlsson, "Timing of Death and the Repeal of the Swedish Inheritance Tax," *Journal of Socio-Economics* 45 (August 2013), pp. 113–123.

26. Joseph Stiglitz, "Notes of Estate Taxes, Redistribution, and the Concept of Balanced Growth Path Dependence," *Journal of Political Economy* 86, no. 2, pt. 2 (1978), pp. S137–S150.

27. Stiglitz, "Notes of Estate Taxes," p. 869.

28. Mary Daly and Joyce Kwok, "Did Welfare Reform Work for Everyone: A Look at Young Single Mothers," *Federal Reserve Bank of San Francisco*

Economic Letter, August 3, 2009.

29. Mill, *Principles of Political Economy,* p. 759.

30. Mill, *Principles of Political Economy,* p. 950.

31. Mill, *Principles of Political Economy,* p. 799.

32. Mill, *Principles of Political Economy,* p. 748.

33. Mill, *Principles of Political Economy,* p. 748.

34. Mill, *Principles of Political Economy,* p. 757.

35. 引用见 Gertrude Himmelfarb, "Introduction," in Mill, *On Liberty* (London: Penguin Books, 1986), p. 10.

36. Mill, *Autobiography,* p. 199.

37. Henry Fawcett, "His Influence at Universities," *Popular Science* 3 (July 1873).

38. Edmund Burke, *Reflections on the Revolution in France* (1790), in *The Works of the Right Honorable Edmund Burke* (London: F. C. and J. Rivington, 1808), vol. 5, p. 149.

第6章 卡尔·马克思：共产主义的先驱者

1. David McLellan, *Karl Marx: His Life and Thought* (New York: Harper and Row, 1973), p. 4. 参见 Karl Marx, "On the Jewish Question," in *The Marx-Engels Reader,* ed. Robert C. Tucker (New York: W.W. Norton, 1978), pp. 26–52; Gertrude Himmelfarb, "The Real Marx," *Commentary,* April 1985, pp. 37–43; 以及 "Letters," August 1985.

2. McLellan, *Karl Marx,* pp. 6–7.

3. McLellan, *Karl Marx,* p. 33.

4. Robert Payne, *Karl Marx* (New York: Simon and Schuster, 1968), p. 77.

5. McLellan, *Karl Marx,* p. 53.

6. Saul K. Padover, *Karl Marx: An Intimate Biography* (New York: McGraw-Hill, 1978), p. 179.

7. McLellan, *Karl Marx,* p. 99.

8. Karl Marx and Friedrich Engels, *Collected Works* (New York: International Publishers, 1982), vol. 38, p. 115.

9. Karl Marx, "Introduction to *A Critique of Hegel's Philosophy of Right,*" in K. Marx, *The Early Texts,* ed. D. McLellan (Oxford: Oxford University Press, 1971), p. 116.

10. Karl Marx, *The German Ideology,* in Tucker, *Marx-Engels Reader,* pp. 155–156.

11. Karl Marx, *A Contribution to the Critique of Political Economy,* trans. N. I. Stone (Chicago: Charles Kerr, 1904), preface.

12. Karl Marx, *The Eighteenth Brumaire of Louis Bonaparte,* in Tucker, *Marx-Engels Reader,* p. 595.

13. Karl Marx and Friedrich Engels, *The Communist Manifesto,* ed. Samuel Beer (Arlington Heights, IL: Harlan Davidson, 1955), p. 9.

14. Marx, *Critique of Political Economy,* preface.

15. Karl Marx, *Capital,* vol. 1 (Chicago: Charles Kerr, 1906), p. 13.

16. Marx and Engels, *Communist Manifesto,* pp. 13–14.

17. Marx and Engels, *Communist Manifesto,* pp. 13–14.

18. McLellan, *Karl Marx,* p. 98.

19. Padover, *Karl Marx,* pp. 291–293.

20. Payne, *Karl Marx,* p. 295.

21. McLellan, *Karl Marx,* pp. 264, 357.

22. McLellan, *Karl Marx,* p. 284.

23. Marx, *Capital,* vol. 1, pp. 649, 652.

24. Marx, *Capital,* vol. 1, p. 687.

25. Marx, *Capital,* vol. 1, p. 836.

26. Marx, *Capital,* vol. 1, p. 837.

27. Marx and Engels, *Communist Manifesto,* p. 46.

28. Marx, *Capital,* vol. 1, p. 21.

29. Marx and Engels, *Communist Manifesto,* pp. 31–32.

30. Marx, *Capital,* vol. 1, p. 637.

31. Payne, *Karl Marx,* p. 143.

32. Marx and Engels, *Communist Manifesto,* p. 22; Thomas Sowell, *Marxism: Philosophy and Economics* (New York: William Morrow, 1985), p. 138.

33. 相对贫困的问题是极其难以评估的。第一，由于贫富之间存在收入差距，即使穷人的财富以更快的速度增长，绝对财富的差距也可能扩大。让我们比较一下A和B两人，前者从1万美元开始，每年可以享受10%的加薪；后者从10万美元开始，每年只有5%的加薪。在大约7年的时间里，A赚了大约2万美元，而B赚了超过14万美元。第二，在美国，在一代人的过程中，有相当大的阶层向上和向下流动。一项重大研究显示，美国最富裕父母的子女中，约有三分之一的收入低于全国平均水平。此外，最贫困家庭的孩子中，约有三分之一的孩子达到并超过了全国平均水平。参见 Christopher Jencks et al., *Inequality: A Reassessment of the Effect of Family and Schooling in America* (New York: Basic Books, 1972), pp. 209–216. 关于国际阶层流动方式，参见 W. W. Rostow, *Why the Poor Get Richer and the Rich Slow Down* (Austin: University of Texas Press, 1980). 我们可以自信地说，在20世纪的大部分时间里，美国所有阶层都享有持续的绝对进步。尽管如此，在1974年至1982年的滞胀期间，所有收入阶层都失去了优势。特别是，女性为户主的家庭增加了40%左右，贫困阶层在经济和社会方面受到的影响更大。在80年代中后期，收入增长又达到并超过了1973年的高峰。

34. John Rawls, *A Theory of Justice* (Cambridge, MA: Harvard University Press, 1971).

35. John Maynard Keynes, *The Collected Writings of John Maynard Keynes,* vol. 28 (London and New York: Macmillan/St. Martin's Press, 1973), pp. 38, 42.

36. 参见 Stephen A. Marglin, "Radical Macroeconomics," Discussion Paper No. 902, Harvard Institute of Economic Research, 1982, pp. 1–26.

37. John Steinbeck, *The Grapes of Wrath* (New York: Penguin Books, 1986 [1939]), p. 537.

第7章　阿尔弗雷德·马歇尔和边际革命

1. 我们认为背包客不会为了更多的乐趣而回到意大利。此外，向前迈进的成本包括机会成本。例如，待在家里的乐趣。

2. Peter Groenewegen, *A Soaring Eagle* (Aldershot, UK: Elgar, 1995), p. 477.

3. Charles Dickens, *Oliver Twist,* ch. 50 (New York: Dover, 2002 [1839]), p. 318.

4. Peter D. Groenewegen, *Alfred Marshall*: *Critical Responses,* vol. 1 (London: Routledge, 1998), p. 38.

5. John Maynard Keynes, "Alfred Marshall," in *Essays in Biography* (London: Macmillan/St. Martin's Press for the Royal Economic Society, 1972), p. 164. 虽然凯恩斯的文章恢宏大气，但我们在文章中也发现了一些事实错误，参见 Ronald H. Coase, "Alfred Marshall's Mother and Father," *History of Political Economy* 16 (Winter 1984), pp. 519–527.

6. Keynes, "Alfred Marshall," p. 171.

7. "*Economic Journal* 125th Anniversary Special Issue," *Economic Journal* 125 (March 2015), p. 203.

8. A. C. Pigou, "In Memoriam: Alfred Marshall," in *Memorials of Alfred Marshall,* ed. A. C. Pigou (London: Macmillan, 1925), p. 89.

9. Keynes, "Alfred Marshall," p. 175.

10. *Alfred Marshall*: *The Correspondence of Alfred Marshall, Economist,* vol. 1, ed. John K. Whittaker (Cambridge: Cambridge University Press, 1996), pp. 21, 48.

11. C. R. Fay, "Reminiscences," in Pigou, *Memorials of Alfred Marshall,* pp. 74–75.

12. C. M. Guillebaud, "Some Personal Reminiscences of Alfred Marshall," in *Alfred Marshall*: *Critical Assessments,* vol. 1, ed. John Cunningham Wood (London: Routledge, 1993), p. 93.

13. J. M. Keynes, "Alfred Marshall, 1842–1924," *Economic Journal* 24, no. 135 (September 1924), p. 346.

14. Alfred Marshall, *Principles of Economics,* 9th ed., ed. C. W. Guillebaud

(London: Macmillan, 1961 [1920]), vol. 1, pp. 7–9.

15. Marshall, *Principles of Economics,* p. xv.

16. Marshall, *Principles of Economics,* p. 461.

17. Alfred Marshall, "Letter to Bowley," in Pigou, *Memorials of Alfred Marshall,* p. 427.

18. Keynes, "Alfred Marshall," p. 196.

19. John Neville Keynes, *The Scope and Method of Political Economy* (London: Macmillan, 1891), p. 217n.

20. Marshall, *Principles,* p. xiv.

21. Marshall, *Principles,* p. 366.

22. Marshall, *Principles,* p. 271.

23. Marshall, *Principles,* p. 316. 熊彼特认为，占主导地位的公司和垄断者可以对经济有利，因为他们的超额利润使他们能够在研究和开发上投入大量资金。熊彼特的立场仍然存在争议。

24. 想要了解萨尔诺夫的魅力，参见 Todd G. Buchholz, *New Ideas from Dead CEOs* (New York: HarperCollins, 2007).

25. John A. Byrne, "Is Your Company Too Big?," *BusinessWeek,* March 27, 1989, pp. 84–94.

26. Marshall, *Principles,* p. 348.

27. Mill, *Principles of Political Economy,* p. 99.

28. Mill, *Principles of Political Economy,* p. 118.

29. Ryan McPhee, "Grosses Analysis: Bruce Springsteen Ends Broadway Residency on High Note," *Playbill,* December 17, 2018, http://www.playbill.com/article/grosses-analysis-bruce-springsteen-ends-broadway-residency-on-high-note.

30. Keynes, "Alfred Marshall," p. 205.

31. Marshall, *Principles,* pp. 587–588.

32. Sharon Terlep, "Clorox Sales Fall as Glad Price Hike Backfires," *Marketwatch,* February 4, 2020, https://www.marketwatch.com/story/

clorox-sales-fall-as-glad-price-hike-backfires-2020-02-04.

33. Matthew Boyle, "'Restricted Living' Sparks Online Ramen Frenzy for Walmart," *Bloomberg,* April 3, 2020, https: //www.bloom berg.com/news/articles/2020-04-03/-restricted-living-sparks-online-ramen-frenzy-for-walmart.

34. This is a highly complex issue. See Ellen E. Meade, "Exchange Rates, Adjustment, and the J-Curve," in *Federal Reserve Bulletin* 74 (October 1988), pp. 633–644.

35. Alfred Marshall, *Money, Credit and Commerce* (London: Macmillan, 1923), p. 247.

36. F. Y. Edgeworth, "Reminiscences," in Pigou, *Memorials of Alfred Marshall,* p. 70.

37. Alfred Marshall, *Lectures to Women* [1873], ed. Rafaelli Tiziano, Rita MacWilliams Tullberg, and Eugenio Biagini(Aldershot, UK: Elgar 1995), p. 106.

38. Alfred Marshall, Letter to Lord Reay, in Pigou, *Memorials of Alfred Marshall,* p. 462; Marshall, *Principles,* p. 713.

39. Marshall, *Principles,* p. 3.

40. Keynes, p. 173.

第8章 新旧制度主义者

1. 奥古斯特·孔德给了穆勒同样的建议。不过新古典主义者并未听取。相反，他们嘲笑更不成熟的"软科学"。具有讽刺意味的是，新制度主义者今天与其他社会科学家在同一领域狭路相逢，部分原因是他们强迫自己进入人类学、犯罪学和社会学的领域。

2. Joseph Dorfman, *Thorstein Veblen and His America* (New York: Viking, 1934), p. 79.

3. Thorstein Veblen, "Why Economics Is Not an Evolutionary Science," *Quarterly Journal of Economics* 12 (July 1898), p. 389.

4. Thorstein Veblen, *The Theory of the Leisure Class* (New York: Modern Library, 1934), pp. 42–43.

5. Harvey Leibenstein, "Bandwagon, Snob, and Veblen Effects in the Theory

of Consumer Demand," *Quarterly Journal of Economics* 62 (May 1950), pp. 183–207.

6. Jonathan D. Glater and Alan Finder, "U.S. Universities Raise Tuition, and Applicants Follow," *International Herald Tribune,* December 12, 2006.

7. 虽然他规避了马克思的剥削理论，但凡勃仑接受了马克思关于私有财产制度伤害社会的指控。尽管如此，他对私有财产的反感并没有阻止他用一把斧头攻击入侵者，以保护他隐蔽的山中小屋。

8. 参见 Todd G. Buchholz, *New Ideas from Dead CEOs* (New York: HarperCollins, 2007).

9. Thorstein Veblen, *The Theory of Business Enterprise* (New York: Scribner's, 1904), p. 309.

10. Veblen, *Theory of Business Enterprise,* p. 286.

11. Thorstein Veblen, *The Engineers and the Price System* (New York: Viking, 1921), pp. 18–19.

12. Thorstein Veblen, *The Vested Interests and the Common Man* (New York: Capricorn Books, 1969), p. 165.

13. Veblen, *Engineers and the Price System,* p. 58.

14. T. Pare and Wilton Woods, "The World's Top 50 Industrial CEO's," in *Fortune* 116 (August 3, 1987), p. 23.

15. Wesley C. Mitchell, *What Veblen Taught* (New York: Viking, 1936), p. xviii; Joseph Dorfman, "Background of Veblen's Thought," in *Thorstein Veblen,* ed. Carlton C. Qualey(New York: Columbia University Press, 1968), p. 129.

16. John Kenneth Galbraith, *The Affluent Society* (Boston: Houghton Mifflin, 1976), p. 149.鉴于他做出的强有力的批评，加尔布雷斯同意（为惠特通信）写一本包含广告的精装书是颇有讽刺意味的！

17. Friedrich A. Hayek, "The *Non Sequitur* of the 'Dependence Effect,' " in *Southern Economic Journal* 27 (April 1961), pp. 346–348.

18. Bernie Sanders, "Bernie Sanders on His Plan for Journalism," *Columbia Journalism Review* (August 26, 2019), https: //www.cjr.org /opinion/ bernie-sanders-media-silicon-valley.php.

19. Lee Benham, "The Effect of Advertising on the Price of Eyeglasses," *Journal of Law and Economics* 15 (October 1972), pp. 337–352.

20. Joseph Pereira, "Pricey Sneakers Worn in Inner City Help Set Nation's Fashion Trend," *Wall Street Journal* (December 1, 1988), pp.A1–A10.

21. Robert Skidelsky, *John Maynard Keynes,* vol. 2 (London: Penguin, 1992), p. 449.

22. Marjorie S. Turner, *Joan Robinson and the Americans* (London: Routledge, 2015), p. 90.

23. Todd G. Buchholz, *Rush* (New York: Penguin, 2011), ch. 7, "How Time and Interest Rates Bring Us Closer"; Barbara A. Hanawalt, *Crime and Conflict in English Communities, 1300–1348* (Cambridge, MA: Harvard University Press, 1979).

24. Richard A. Swedberg, *Joseph A. Schumpeter* (Cambridge: Polity Press, 1991) p. 68.

25. Joseph A. Schumpeter, *History of Economic Analysis* (New York: Oxford University Press, 1954), p. 896.

26. Joseph A. Schumpeter, *The Theory of Economic Development,* trans. R. Opie (New Brunswick, NJ: Transaction, 2008 [1934]), p. 93.

27. Louis Brandeis, "The Living Law," *Illinois Law Review* 10 (1916).

28. 美国诉卡罗尔拖船公司案（United States v. Carroll Towing Co.), 159 F.2d 169 (2d Cir. 1947).

29. Ronald Coase, "The Problem of Social Cost," *Journal of Law and Economics* 3 (October 1960), pp. 1–44.

30. George J. Stigler, *Memoirs of an Unregulated Economist* (New York: Basic Books, 1978), p. 76.

31. 参见 Werner Z. Hirsch, *Habitability Laws and the Welfare of Indigent Tenants* (Los Angeles: University of California Press, 1978).

32. Maddy Savage, "The City with 20-Year Waiting Lists for Rental Homes," BBC, May 16, 2017, https: //www.bbc.com/worklife/article/20160517-this-is-one-city-where-youll-never-find-a-home.

33. Marc Beauchamp, "Bankrupt Landlords in Wonderland," *Forbes* (March

20, 1989), pp. 105–106. 租金管制是另一个将经济学家团结在一起的问题，无论他们是自由派还是保守派。参见 Alan Blinder's lucid *Hard Heads, Soft Hearts: Tough-Minded Economics for a Just Society* (Reading, MA: Addison-Wesley, 1987), pp. 194–195.

34. 参见 Gary Becker, "Crime and Punishment: An Economic Approach," *Journal of Political Economy* 78 (March–April 1968), pp. 169–217; I. Ehrlich, "Participation in Illegitimate Activities: A Theoretical and Empirical Investigation," *Journal of Political Economy* 81 (May–June 1973), pp. 521–565; D. L. Sjoquist, "Property, Crime and Economic Behavior," *American Economic Review* 63 (June 1973), pp. 439–446.

35. 参见 Todd G. Buchholz, "Revolution, Reputation Effects, and Time Horizons," *Cato Journal* 8 (Spring–Summer 1988), pp. 185–197.

36. Richard A. Posner, *Economic Analysis of Law,* 2nd ed. (Boston: Little, Brown, 1977), p. 22; 3rd ed. (Boston: Little, Brown, 1986), pp. 25–26. 另见 Todd G. Buchholz, "Punishing Humans," *Thought* 59 (September 1984), p. 290.

37. A. A. Berle and G. C. Means, *The Modern Corporation and Private Property* (New York: Macmillan, 1932).

38. 示例参见 Lucian Bebchuk and Jesse Fried, "Executive Compensation at Fannie Mae: A Case Study in Perverse Incentives, Nonperformance Pay and Camouflage," *Journal of Corporation Law* 30, no. 4 (2005), pp. 807–822.

39. Adam Grant and Jitendra Singh, "The Problem with Financial Incentives—and What to Do About It," Knowledge at Wharton, March 30, 2011, https://knowledge.wharton.upenn.edu/article/the-problem-with-financial-incentives-and-what-to-do-about-it/.

40. 参见 Dale Arthur Oesterle and John R. Norberg, "Management Buyouts: Creating or Appropriating Shareholder Wealth?," *Vanderbilt Law Review* 41 (March 1988), pp. 207–260; Michael C. Jensen, "Takeovers: Their Causes and Consequences," *Journal of Economic Perspectives* 2 (Spring 1988), p. 21; Benjamin J. Stein, "Loss of Values: Did Amsted LBO Shortchange Shareholders?," *Barron's* (February 16, 1987), p. 8.

41. Bruno S. Frey and Heinz Buhofer, "Prisoners and Property Rights,"

Journal of Law and Economics 31 (April 1988), pp. 19–46.

42. 关于1975年南越的理论模型和检验，参见 Todd G. Buchholz, "Revolution, Reputation Effects, and Time Horizons," *Cato Journal* 8 (Spring–Summer 1988), pp. 185–197.

第9章 凯恩斯：公子哥成了救世主

1. Bertrand Russell, *Autobiography* (London: Unwin Paperbacks, 1975), p. 69.

2. Robert Skidelsky, *John Maynard Keynes,* vol. 1 (London: Macmillan, 1983), p. 180.

3. Milton Friedman, *Dollars and Deficits* (Englewood Cliffs, NJ: Prentice-Hall, 1968), p. 15.

4. Justin Fox, "Bob Lucas on the Comeback on Keynsianism," *Time,* October 28, 2008, https://business.time.com/2008/10/28/bob-lucas-on-the-comeback-of-keynesianism/.

5. Robert Skidelsky, *John Maynard Keynes,* vol. 1 (New York: Penguin, 1983) p. 53.

6. R. F. Harrod, *The Life of John Maynard Keynes* (London: Macmillan, 1951), p. 50.

7. "Professor Keynes Is Optimistic," British Movietone, https://www.youtube.com/watch?v=0PYSFqCSsGU.

8. Skidelsky, *John Maynard Keynes,* vol. 1, p. 118.

9. DadieRylands in John Davenport-Hines, *Universal Man: The Lives of John Maynard Keynes* (New York: Basic Books, 2015), p. 293.

10. Harrod, *Life of John Maynard Keynes,* p. 101.

11. Skidelsky, *John Maynard Keynes,* vol. 1, pp. 165–166.

12. Skidelsky, *John Maynard Keynes,* vol. 1, pp. 173, 175.

13. Skidelsky, *John Maynard Keynes,* vol. 1, p. 177.

14. Joseph A. Schumpeter, *Ten Great Economists* (London: George Allen and Unwin, 1952), p. 265.

15. Andrew Sinclair, *The Red and the Blue* (London: Weidenfeld and Nicolson, 1986), p. 17; Michael Holroyd, *Lytton Strachey*: *A Critical Biography,* vol. 2 (New York: Holt, Rinehart and Winston, 1968), p. 17.

16. John Maynard Keynes, *Economic Consequences of the Peace* (New York: Harcourt Brace, 1919), p. 20.

17. Davenport-Hines, *Universal Man,* p. 91.

18. John Maynard Keynes, *The Collected Writings of John Maynard Keynes* (London: Macmillan/St. Martin's Press for the Royal Economic Society, 1973), vol. 10, pp. 413–415.

19. John Maynard Keynes, *The Economic Consequences of the Peace* (London: MacMillan, 1919), pp. 19, 24–25, 128.

20. Keynes, *Collected Writings,* vol. 17, p. 16.

21. 参见 Milo Keynes, *Lydia Lopokova*(New York: St. Martin's, 1983).

22. Skidelsky, *John Maynard Keynes,* vol. 2, p. 208.

23. David Chambers and ElroyDimson, "John Maynard Keynes, Investment Innovator," *Journal of Economic Perspectives* 27, no. 3 (2013), pp. 213–228.

24. Davenport-Hines, *Universal Man,* pp. 266–267.

25. 关于大萧条起因的不同观点，参见 Milton Friedman and Anna J. Schwartz, *A Monetary History of the United States, 1867–1960* (Princeton, NJ: Princeton University Press, 1963); Peter Temin, *Did Monetary Forces Cause the Great Depression?*(New York: Norton, 1976); 以及 Karl Brunner, ed., *The Great Depression Revisited* (Boston: Martinus Nijhoff, 1981).

26. November 15, 1978, Hayek Interviews, http: //hayek.ufm.edu/index.php?title= Leo_Rosten_Part_II.

27. Gene Epstein, "Mr. Market," *Barron's,* August 24, 1998, https: //www.barrons.com/articles/SB903738915698011000.

28. Lawrence H. White, "Did Hayek and Robbins Deepen the Great Depression?," *Journal of Money, Credit and Banking* 40, no. 4 (2008), 763.

29. F. A. Hayek, *The Denationalization of Money* (London: Institute of Economic Affairs, 1976).

30. Paul Samuelson, "Lord Keynes and the General Theory," *Econometrica* 14 (1946), p. 190.

31. Keynes, *General Theory,* in *Collected Writings,* vol. 7, p. 183.

32. Elizabeth S. Johnson and Harry G. Johnson, *The Shadow of Keynes* (London: Basil Blackwell, 1978), p. 102.

33. Keynes, *Collected Writings,* vol. 21, pp. 134, 144.

34. Keynes, *General Theory,* in *Collected Writings,* vol. 7, p. 128. 关于减税乘数小于政府和投资乘数的更详细证明和解释，请参阅任何经济学入门教科书。

35. Keynes, *Collected Writings,* vol. 21, p. 296.

36. Keynes, *General Theory,* in *Collected Writings,* vol. 7, pp. 380–381.

37. Keynes, *General Theory,* in *Collected Writings,* vol. 7, p. 129.

38. Samuelson, "Lord Keynes and the General Theory," p. 187.

39. Keynes, *General Theory,* in *Collected Writings,* vol. 7, p. 154.

40. Keynes, *General Theory,* in *Collected Writings,* vol. 7, p. 156.

41. Keynes, *Collected Writings,* vol. 12, p. 57.

42. Keynes, *Collected Writings,* vol. 12, pp. 162–163.

43. Keynes, *Collected Writings,* vol. 12, pp. 383–384.

44. Keynes, *Collected Writings,* vol. 9, pp. 321–332.

第10章　米尔顿·弗里德曼与货币主义者对抗凯恩斯之战

1. Valentina Sanchez, "Venezuela Hyperinflation Hits 10 Million Percent," CNBC.com, August 3, 2019, https: //www.cnbc.com/2019/08/02/venezuela-inflation-at-10-million-percent-its-time-for-shock-therapy.html.

2. A. C. Pigou, ed., *Memorials of Alfred Marshall* (London: Macmillan, 1925), p. 25.

3. John Maynard Keynes, *The Collected Writings of John Maynard Keynes* (London: Macmillan/St. Martin's Press for the Royal Economic Society, 1973), vol. 11, p. 294.

4. Milton Friedman, "Money: Quantity Theory," in *International Encyclopedia of the Social Sciences* (New York: Macmillan and Free Press, 1968), p. 438.

5. Milton Friedman, "Discussion of the Inflationary Gap," *American Economic Review* 32 (June 1942), pp. 314–320, reprinted in *Essays in Positive Economics* (Chicago: University of Chicago Press, 1953), p. 253.

6. John Kenneth Galbraith, *Economics in Perspective* (Boston: Houghton Mifflin, 1987), pp. 270–271.更多关于弗里德曼生平和职业生涯的信息，请参阅米尔顿·弗里德曼和罗斯·D.弗里德曼的回忆录, *Two Lucky People*: *Memoirs* (Chicago: University of Chicago Press, 1998).

7. 在NPR广播节目开始前的休息室里，斯蒂格利茨问我们将讨论什么话题。我解释说，因为他是克林顿总统推动北美自由贸易协定的代表，听众们会打电话给这个节目，抱怨他这样做是冒着美国就业机会流向墨西哥的风险。斯蒂格利茨看着我问："你怎么说？"

8. Milton Friedman and Simon Kuznets, *Income from Independent Professional Practice* (New York: National Bureau of Economic Research, 1945); Todd G. Buchholz, *The Price of Prosperity* (New York: HarperCollins 2016), pp. 119–121.

9. Milton Friedman, *Studies in the Quantity Theory of Money* (Chicago: University of Chicago Press, 1956).

10. Milton Friedman, *A Theory of the Consumption Function* (Princeton, NJ: Princeton University Press, 1957).

11. A. Ando and F. Modigliani, "Tests of the Life Cycle Hypothesis of Savings: Comments and Suggestions," *Bulletin of the Oxford University Institute of Statistics* 19 (1957).

12. Milton Friedman and Anna J. Schwartz, *A Monetary History of the United States, 1867–1960* (Princeton, NJ: Princeton University Press, 1963). 要看批判的观点，参见 Peter Temin, *Did Monetary Forces Cause the Great Depression?*(New York: Norton, 1976); and Karl Brunner, ed., *The Great Depression Revisited* (Boston: Martinus Nijhoff, 1981).

13. Valerie A. Ramey, "Ten Years After the Financial Crisis: What Have We Learned from the Renaissance in Fiscal Research?," *Journal of Economic Perspectives* 33, no. 2 (2019), pp. 89–114.

14. Gary Fromm and Lawrence R. Klein, "A Comparison of Eleven Econometric Models of the United States," *American Economic Review* 63 (May 1973), pp. 385–393.

15. Milton Friedman, "The Role of Monetary Policy," *American Economic Review* 58, no. 1 (1968), pp. 1–17.

16. Lawrence H. Summers, "The Great Liberator," *New York Times* (November 19, 2006), p. 13.

17. *Economic Report of the President* (Washington, D.C.: U.S. Government Printing Office, 1962), p. 68.

18. Paul A. Samuelson and William D. Nordhaus, *Economics* (New York: McGraw-Hill, 1985), p. 331.

19. *Economic Report of the President,* p. 55.

20. John B. Taylor, "Discretion Versus Policy Rules in Practice," Carnegie-Rochester Conference Series on Public Policy 39 (1993), p. 202; Ben S. Bernanke, "The Taylor Rule: A Benchmark for Monetary Policy?," Brookings, April 28, 2015, https: //www.brookings.edu/blog/ben-bernanke/2015/04/28/the-taylor-rule-a-benchmark-for-monetary-policy/.

21. Ben S. Bernanke, "On Milton Friedman's Ninetieth Birthday," Federal Reserve Board, November 8, 2002, https: //www.federalreserve.gov/BOARDDOCS/SPEECHES/2002/20021108/.

22. Marketplace staff, "It's Time to Ask What Pigou Would Do," December 26, 2008, https: //www.marketplace.org/2008/12/26/its-time-ask-what-pigou-would-do/.

23. D. G. Champernowne, "Arthur Cecil Pigou (1877–1959)," *Royal Statistical Society* 122, no. 2 (1959), p. 264.

24. Karen Lovejoy Knight, *A. C. Pigou and the Marshallian Thought Style* (London: Palgrave MacMillan, 2018), p. 44.

25. NahidAslanbeigui and Guy Oakes, *Arthur Cecil Pigou* (New York:

Palgrave/MacMillan, 2015), p. 257.

26. Nahid Aslanbeigui and Guy Oakes, "The Great War and the Genesis of Pigou's *A Study in Public Finance*," *OEconomia* 6, no. 4 (2016), pp. 487–488, https: //journals.openedition.org/oeconomia /2471.

27. A. C. Pigou, "Mr. J. M. Keynes' General Theory of Employment, Interest and Money," *Economica* 3, no. 10 (1936), p. 115. 当庇古试图在书中反驳凯恩斯时，凯恩斯说："对牛弹琴是没有用的。"(*Collected Writings,* vol. 14, September 1936, p. 87).

28. 参见 A. C. Pigou, *Employment and Equilibrium* (London: Macmillan, 1941), p. 126.

29. "Gazumping Returns to London Property Market," *Telegraph,* February 6, 2009, https: //www.telegraph.co.uk/finance/personal-finance/borrowing/mortgages/4535006/Gazumping-returns-to-London-property-market.html.

30. 关于这个问题的一本很好的入门读物是 Martin S. Feldstein, ed., *Taxes and Capital Formation* (Chicago: University of Chicago Press, 1987). 这本书收录了克林顿政府财政部副部长萨默斯的文章，以及里根和布什政府的重要顾问博斯金、费尔德斯坦和劳伦斯·林赛的文章。

31. RoyahNikkhah, "Sir Michael Caine Warns Further Tax Rises Will Force Him to Move Abroad," *Telegraph,* April 25, 2009, https: //www.telegraph.co.uk/finance/budget/5219642/Sir-Michael-Caine-warns-further-tax-rises-will-force-him-to-move-abroad.html.

32. Edward C. Prescott, "The Transformation of Macroeconomic Policy and Research," in *Federal Reserve Bank of Minneapolis 2004 Annual Report,* pp. 19–20.

33. Jason Furman, "Business Tax Reform and Economic Growth," September 22, 2014, p. 8, https: //obamawhitehouse.archives.gov/sites/default/files/docs/business_tax_reform_and_economic _growth_jf.pdf.

34. Austan D. Goolsbee and Peter J. Klenow, "Internet Rising, Prices Falling: Measuring Inflation in a World of E-Commerce," National Bureau of Economic Research, Working Paper 24649 (May 2018), https: //www.nber.org/papers/w24649.

35. Friedman and Friedman, *Two Lucky People,* p. 380.

第11章 公共选择学派：政治就是一门生意

1. James M. Buchanan, *Economics from the Outside In* (College Station: Texas A&M, 2007), pp. 49, 55.

2. David Vesey, "Personality Spotlight: James Buchanan; Nobel Prize Winner for Economics," United Press International, October 16, 1986.

3. Mancur Olson, *The Rise and Decline of Nations* (New Haven, CT: Yale University Press, 1982).

4. 引用见 Mancur Olson, "The Political Economy of Interest Groups," *Manhattan Report on Economic Policy* 4 (1984), p. 4.

5. Benjamin Franklin, *The Works of Benjamin Franklin,* vol. 10, ed. John Bigelow (New York: G. P. Putnam, 1904 [1783]), p. 72.

6. Todd G. Buchholz, *The Price of Prosperity* (New York: Harper-Collins, 2016), pp. 116–117.

7. George J. Stigler, "The Theory of Economic Regulation," *Bell Journal of Economics and Management Science 2* (Spring 1971), pp. 3–21.

8. James M. Buchanan, *The Consequences of Mr. Keynes* (London: Institute of Economic Affairs, 1978), pp. 20–21.

9. Joseph P. Newhouse, *Free for All*: *Lessons from the RAND Health Insurance Experiment* (Cambridge, MA: Harvard University Press, 1993); Matthew J. Eichner, "The Demand for Medical Care: What People Pay Does Matter," *American Economic Review* 88 (May 1988); Jonathan Skinner and John E. Weinberg, "How Much Is Enough?Efficiency and Medical Spending in the Last Six Months of Life," National Bureau of Economic Research, Working Paper 6513 (April 1998).

10. Burton A. Abrams, "How Richard Nixon Pressured Arthur Burns: Evidence from the Nixon Tapes," *Journal of Economic Perspectives* 20, no. 4 (June 2006), pp. 181, 187.

11. Mark M. Spiegel, "British Central Bank Independence and Inflation Expectations," *FRBSF Economic Letter,* November 28, 1997, https://www.frbsf.org/economic-research/publications/economic-letter/1997/

november/british-central-bank-independence-and-inflation-expectations/.

12. John Maynard Keynes, "The End of Laissez-Faire," in *Essays in Persuasion,* in *The Collected Writings of John Maynard Keynes,* vol. 7 (London: Macmillan/St. Martin's Press for the Royal Economic Society, 1973), p. 379.

13. Paul M. Sweezy, "John Maynard Keynes," *Science and Society* 10 (1946), reprinted in R. Lekachman, ed., *Keynes' General Theory: Report on Three Decades* (London: Macmillan, 1964), p. 303.

14. Keynes, "Am I a Liberal?," in *Essays in Persuasion, Collected Writings,* vol. 9, pp. 301–302.

15. Keynes, *Collected Writings,* vol. 27, p. 387.

16. Keynes, "My Early Beliefs," in *Essays in Biography, Collected Writings,* vol. 10, pp. 436, 437, 446.

17. Robert Skidelsky, *John Maynard Keynes,* vol. 1 (London: Macmillan, 1983), p. xviii.

18. Max Weber, "Politics as a Vocation," in *From Max Weber,* trans.and ed. H. H. Gerth and C. W. Mills (London: Routledge and Kegan Paul, 1948), p. 95.

19. Keynes, *Collected Writings,* vol. 7, p. 384.

20. Keynes, "Can Lloyd George Do It?," in *Collected Writings,* vol. 9, p. 125.

21. Keynes, "Can Lloyd George Do It?," p. 125.

22. Keynes, *Collected Writings,* vol. 10, pp. 440, 448.

23. Keynes, *Collected Writings,* vol. 19, p. 750. 另见 *Collected Writings,* vol. 2, p. 92; vol. 9, p. 212; vol. 21, p. 201; 以及 Geoff Hodgson, "Persuasion, Exceptions and the Limits to Keynes," *Keynes' Economics,* ed. Tony Lawson and HashemPesaran (London: Croom Helm, 1985), p. 23.

24. 引用见 Robert Skidelsky, "The Revolt Against the Victorians," in *The End of the Keynesian Era,* ed. R. Skidelsky (London: Macmillan, 1977), p. 7.

25. 引用见 Charles H. Hession, *John Maynard Keynes* (New York: Macmillan, 1984), p. 258. 另见 D. E. Moggridge, *Keynes* (London: Fontana, 1976), pp.

38–39.

26. F. A. Hayek, *New Studies in Philosophy, Politics, Economics and the History of Ideas* (London: Routledge and Kegan Paul, 1978), p. 287.

27. Keynes, *Collected Writings,* vol. 10, p. 448.

28. 参见 Leo Strauss, *What Is Political Philosophy?*(Westport, CT: Greenwood Press, 1973), p. 40; Douglas Sturm, "Process Thought and Political Theory," *Review of Politics* 41 (1979), pp. 383–384.

29. Keynes, *Collected Writings,* vol. 2, pp. 22–23. 凯恩斯在《和平的经济后果》中删除了他对劳埃德·乔治更尖锐的评论。这些评论见于14年后的《传记随笔》（*Essays in Biography*）中。参见 *Collected Writings,* vol. 10, pp. 22–26, and vol. 17, p. 41.

30. 参见 Arrow's "Impossibility Theorem," in Kenneth Arrow, *Social Choice and Individual Values* (New York: Wiley, 1951).

31. Keynes, *Collected Writings,* vol. 9, p. 295.

32. R. F. Harrod, *The Life of John Maynard Keynes* (London: Macmillan, 1951), p. 103.

第12章　理性预期与行为经济学的狂野世界

1. Ike Brannon, "Remembering the Man Behind Rational Expectations," *Regulation,* Spring 2006, p. 18.

2. John F. Muth, "Rational Expectations and the Theory of Price Movements," *Econometrica* 29 (1961), pp. 315–335; Dermot J. Hayes and Andrew Schmitz, "Hog Cycles and Countercyclical Production Response," *American Journal of Agricultural Economics* 69, no. 4 (November 1987), pp. 762–770.

3. 参见 P. H. Cootner, ed., *The Random Character of Stock Market Prices* (Cambridge, MA: MIT Press, 1964); Eugene Fama, "Efficient Capital Markets II," *Journal of Finance,* vol. 46, no. 5 (1991), pp. 1575–1617; Paul A. Samuelson, "Challenge to Judgment," *Journal of Portfolio Management* 1 (Fall 1974), p. 17.

4. 基亚雷拉诉美国案（Chiarella v. United States), 445 U.S. 222 (1980); 引

用见 *Wall Street Journal,* December 16, 1987, p. 29.

5. 马科维茨的开创性论文是 "Portfolio Selection," *Journal of Finance* 7, no. 1(March 1952), pp. 77–91.他在一本书中详细阐述了这个想法：Harry M. Markowitz, *Portfolio Selection*: *Efficient Diversification of Investments* (New York: Wiley, 1959). 这些引文来自 Peter L. Bernstein's *Capital Ideas* (New York: Free Press, 1992), p. 60. 题外话：1990年，自由出版社（Free Press）问我是否有兴趣写一本关于金融经济学家的书。因为这会违反白宫的规定，我拒绝了。结果，彼得·伯恩斯坦（Peter Bernstein）为那家出版社写了这本优秀作品。

6. Franco Modigliani and Merton Miller, "The Cost of Capital, Corporate Finance, and the Theory of Investment," *American Economic Review* 48 (June 1958), pp. 261–297. "MM"模型必须修改，以考虑到公司税法，该税法鼓励公司发行债券，支付的利息可以扣除。

7. 引用见 David Warsh, "Nobel-est in Economics: Three Americans Share Prize for Corporate Finance Theories," *Boston Globe,* October 17, 1990.

8. Robert E. Lucas Jr., "Understanding Business Cycles," in *Stabilization of the Domestic and International Economy,* ed. Karl Brunner and Allan Meltzer, Carnegie-Rochester Conference Series, vol. 5.

9. Robert E. Hall, "Stochastic Implications of the Life-Cycle-Permanent Income Hypothesis: Theory and Evidence," *Journal of Political Economy* 86 (December 1978), pp. 971–987.

10. Robert J. Barro, "Are Government Bonds Net Wealth?," *Journal of Political Economy* 82 (December 1974), pp. 1095–1117.

11. Urban Bäckström, "What Lessons Can Be Learned from Recent Financial Crises: The Swedish Experience," Kansas City Federal Reserve Board Symposium, 1997, pp. 1–12.

12. *Financial Times,* July 5, 1994, p. 20.

13. Milton Friedman, *Essays in Positive Economics* (Chicago: University of Chicago Press, 1966).

14. ArjoKlamer, *Conversations with Economists*: *New Classical Economists and Opponents Speak Out on Current Controversy in Macroeconomics* (Totowa, NJ: Rowman, 1984), pp. 159, 162.

15. David Shariatmadari, "Daniel Kahneman: What Would I Eliminate if I Had a Magic Wand? Overconfidence," *Guardian,* July 18, 2015, https: //www.theguardian.com/books/2015/jul/18/daniel-kahneman-books-interview.

16. Daniel Kahneman and Jackson Beatty, "Pupil Diameter and Load on Memory," *Science* 154, no. 3756 (December 23, 1966), pp. 1583–1585.

17. 关于他们的工作成果示例，参见 Daniel Kahneman and Amos Tversky, "Choices, Values, and Frames," *American Psychologist* 39, no. 6, pp. 341–350. Peter Bernstein 的 *Against the Gods*: *The Remarkable Story of Risk* (New York: Wiley, 1996), pp. 270–278, 清楚地陈述了他们的论点。

18. David Genesove and Christopher Mayer, "Loss Aversion and Seller Behavior: Evidence from the Housing Market," National Bureau of Economic Research, Working Paper 8143 (2001).

19. Joshua B. Miller and Adam Sanjuro, "Surprised by the Hot Hand Fallacy? A Truth in the Law of Small Numbers," *Econometrica* 86, no. 6 (2018), pp. 2019–2047.

20. Daniel Kahneman, "Daniel Kahneman: Biographical," SvergesRiksbank Prize in Economic Sciences in Memory of Alfred Nobel, 2002, https: //www.nobelprize.org/prizes/economic-sciences /2002/kahneman/biographical/.

21. 引用见 Craig Lambert, "The Marketplace of Perceptions," *Harvard Magazine,* March–April 2006, p. 53.

22. Joseph Schumpeter, *Theory of Economic Development* (New York: Routledge, 2017 [1934]) p. 80.

23. John A. List, "Neoclassical Theory Versus Prospect Theory: Evidence from the Marketplace," *Econometrica* 72 (March 2004), pp. 615–625.

24. Daniel Kahneman open letter, in "Kahneman on the Storm of Doubts Surrounding Social Priming Research," Decision Science News, http: //www.decisionsciencenews.com/2012/10/05/kahneman-on-the-storm-of-doubts-surrounding-social-priming-research/.

25. "Open Letter Urges Labs to Replicate Results to Avoid a Looming 'Train Wreck,' " Decision Science News, https: //journals .plos.org/plosone/article?id= 10.1371/journal.pone.0172636.

26. Chris Mooney, "Why Obamacare Could Produce More Atheists," *Mother Jones,* December 20, 2013, https://www.motherjones.com/politics/2013/12/why-do-atheists-exist/.

27. 参见 John Taylor, "Staggered Wage Setting in a Macro Model,"*American Economic Review* 63 (May 1979), pp. 108–113.

28. 参见 Mark H. Willes, " 'Rational Expectations' as a Counterrevolution," *Public Interest,* special issue 1980, p. 92.

29. 在1997年的一项判决中，最高法院基于证券交易委员会规则的变化，重新审视了内幕交易原则并予以强化。金融印刷商再也不能随意盗用内部信息了。United States v.O' Hagan 97 C.D.O.S. 4931 (1997).

第13章 乌云背后的一线希望之光

1. John Maynard Keynes, "Alfred Marshall," in *Essays in Biography,* in *The Collected Writings of John Maynard Keynes* (London: Macmillan/St. Martin's Press for the Royal Economic Society, 1972), vol. 10, p. 173.

2. 参见 Richard A. Easterlin, "Does Economic Growth Improve the Human Lot?Some Empirical Evidence," in *Nations and Households in Economic Growth*: *Essays in Honor of Moses Abramovitz,* ed. Paul A. David and Melvin W. Reder (New York: Academic Press, 1974), pp. 89–125.

3. "Math Arrow to Replace Number Line?," Mathematical Association of America, https://www.maa.org/news/math-news/math-arrow-to-replace-number-line/.

4. Joseph A. Schumpeter, *Capitalism, Socialism, and Democracy* (New York: Harper and Row, 1976), p. 61.保罗·罗默关于"观念隔阂"的讨论见于他的 "Idea Gaps and Object Gaps in Economic Development,"*Journal of Monetary Economics* 32, no. 3 (1993), pp. 543–573.

5. John Tagliabue, "Yugoslavia's Capitalist Tilt Becomes a Headlong Plunge," *New York Times,* August 14, 1988, p. E2; James Brooke, "Adam Smith Crowds Marx in Angola," *New York Times,* December 29, 1987, p. A6; Larry Rohter, "A Radical Diagnosis of Latin America's Economic Malaise," *New York Times,* September 27, 1987, p. E3.

6. Steven Greenhouse, "The Global March to Free Markets," *New York Times*, July 19, 1987, sec. 3, p. 1.

致谢

1. Rich Barbieri, "Martin Feldstein, One of the Most Influential Economists of His Generation, Has Died," CNN, June 12, 2019, https: //www.cnn.com/2019/06/11/economy/martin-feldstein-obituary/index.html.